# Der Berliner Bierboykott von 1894

*Für*
*Anna und Josef*
*und*
*Ellen und Klaus*

Detlef Brennecke

# Der Berliner Bierboykott von 1894

Lukas Verlag

Lukas Verlag für Kunst- und Geistesgeschichte
Kollwitzstraße 57
D 10405 Berlin
*www.lukasverlag.com*

Umschlag, Layout und Satz: Lukas Verlag
Druck und Bindung: BALTO print, Vilnius

Printed in EU
ISBN 978-3-86732-447-2

# Inhalt

Von der Warmherzigkeit der gesetzgebenden Gewalten 7
Vom zweischneidigen Schwert 13
Von einer Dummheit 21
Vom nivellierenden Charakter des Bairisch Biers 27
Vom »boykotten« 36
Von den Unruhen vor dem Sturm 44
Von der Suche nach der Ursache der Wirkung 57
Von Richard Roesicke 64
Von der Fron und vom Lohn und vom Sterben 75
Von der neuen Kampfzone 81
Von Bierschnüfflern und Flugblättern, Boykottbrechern und Konkurrenten 87
Von Ignaz Auer 97
Von der Versumpfung 107
Von – unter anderem – »B molle« 116
Vom Tumult in Nieft's Salon 129
Von der Schlüsselrolle der »Dreiunddreißig« 142
Vom Weihnachts(un)frieden, oder: Vom Weißbluten zum Schwarzärgern 150
Vom guten Ende 161

Anhang
Das Stenogramm eines unbekannten Verfassers über den Verlauf der Großen öffentlichen Volksversammlung am 30. Dezember 1894 in Eduard Wiersing's Salon in der Knesebeckstraße 77 in Rixdorf 171
Anmerkungen 174
Chronik 192
Auswahlbibliographie 223
Abbildungsnachweis 228
Dank 229
Hinweis 229
Über den Autor 230

»Rühret nicht daran«
Frei nach Emanuel Geibel (1815–1884), nach bekannter Melodie, aber sehr traurig:

»Wo still ein Faß voll Ringbier steht,
O rühret, rühret nicht daran;
Den sauren Tropfen trinkt nicht aus,
Fürwahr es ist nicht wohlgethan.«

C. M. Scävola: Rothe Bier-Boykott-Lieder.
Nach berühmten Mustern und Melodien, Berlin 1894, S. 6

# Von der Warmherzigkeit der gesetzgebenden Gewalten

Am Nachmittag des 25. Januar 1890 war die zweiundfünfzigste Sitzung des Deutschen Reichstags beendet, die letzte der siebten Legislaturperiode. In langatmigen Redebeiträgen hatte das Plenum in dritter Lesung den Entwurf eines Gesetzes »betreffend die Abänderung des Gesetzes gegen die gemeingefährlichen Bestrebungen der Sozialdemokratie, vom 21. Oktober 1878«[1] beraten. Und dann, am Schluss, als die erneute Verlängerung des Regelwerks abgelehnt und die Debatte beendet war und man sich eben zum Aufbruch in die kurzen Parlamentsferien rüstete, hatte sich der Präsident der Versammlung, Albert von Levetzow, erhoben und dazu hinreißen lassen, die Huldigungsadresse des Hohen Hauses an Kaiser Wilhelm II. zur Verblüffung der Abgeordneten mit dem Ausruf zu krönen: »*morituri te salutant*«.[2]

Wie bitte?

Manche wollten ihren Ohren nicht trauen: »Die Todgeweihten grüßen dich«?

Welch absonderlicher Einfall!

Waren doch die Urheber dieses Grußes nach den Berichten der römischen Historiker Sueton und Cassius Dio verurteilte Verbrecher gewesen, die sich zum Ergötzen Kaiser Claudius', eines Imperators, an dem die Geschichtsschreiber kaum ein gutes Haar gelassen hatten, gegenseitig totschlagen sollten.

Wollte von Levetzow, ein Deutschkonservativer, der mit Sozialdemokraten wie August Bebel, Karl Grillenberger, Paul Singer und Genossen gegen die abermalige Verlängerung der Gültigkeit des Sozialistengesetzes gestimmt hatte, subtilerweise darauf anspielen, dass in den Reihen der Volksvertreter ebenfalls »Verbrecher« saßen, Straftäter, die – wenn auch nicht zum Tode verurteilt, so doch – wegen Verstößen gegen jene Rechtsverordnung in Festungshaft gesessen hatten? Ja, barg sich in seiner Äußerung gar die Ahnung, dass die bisherigen Stützen der Gesellschaft demnächst ins Wanken und letztlich zu Fall gebracht werden? Oder aber stand am Ausgang einer hochkontroversen Epoche lediglich ein dummer Witz ohne Pointe?

Das stenographische Protokoll verzeichnet »Heiterkeit«.[3]

Den besten Grund zum Lachen hatten an jenem Nachmittag die elf Mitglieder der Fraktion der Sozialistischen Arbeiterpartei Deutschlands, der SAP. Nicht über den präsidialen Nonsens, wohl aber über das Ergebnis des soeben abgeschlossenen Wahlgangs.

Nicht eben das erste Szenarium, das einem vorschwebt, wenn die Rede von den Abgeordneten des Deutschen Reichstags ist – »Ave Caesar Morituri te Salutant« (Ölgemälde von Jean-Léon Gérôme [1824–1904], 1859)

Die West-Fassade des Reichstagsgebäudes am Königsplatz 1895

Denn sie hatten mit Unterstützung einer Reihe von weiteren Parteien, darunter das Zentrum, die Freisinnigen und die Deutschkonservativen, in namentlicher Abstimmung mit 169 gegen 98 Stimmen ein Gesetz zu Fall gebracht, das ihnen zwölf Jahre lang das Leben zur Hölle gemacht hatte (und noch bis Ende September Geltungsdauer besitzen sollte).

Wie ihre Gesinnungsgenossinnen und -genossen, die nach dem Sieg im deutsch-französischen Krieg von 1870/71 auf dem Spannungsfeld zwischen dem von Privilegien geschützten Besitzbürgertum und der ins Milljöh verdammten Unterschicht gestritten hatten, waren auch sie – geboren zwischen 1837 und 1850 – für den Interessenausgleich zwischen den Klassen angetreten. Entgegen stand ihrer Agitation freilich stets, schon vor dem Sozialistengesetz, der Paragraph 8 der nach wie vor gültigen *Verordnung über die Verhütung eines die gesetzliche Freiheit und Ordnung gefährdenden Mißbrauchs des Versammlungs- und Vereinigungsrechtes. Vom 11. März 1850*, kurz: das »Vereinsgesetz«.

Ein Totschlag-Instrument.

Denn es untersagte Vereinen, »welche bezwecken, politische Gegenstände in Versammlungen zu erörtern, […] mit anderen Vereinen gleicher Art zu gemeinsamen Zwecken in Verbindung [zu] treten«.[4] Wobei es der Willkür dienstfertiger Schutzleute und Schranzen überlassen war festzustellen, ob beispielsweise die Zusammenkunft von Gleichgesinnten dem Treffen eines Vereins entsprach, oder zu bestimmen, kraft welcher Formulierung ein Diskurs öffentliche Dinge berührte, oder zu erklären, worin sich bei der Kontaktaufnahme einer Gruppe mit einer anderen die Verfolgung desselben Ziels offenbarte.

Was überhaupt waren »politische Gegenstände«? Welcher Arbeiter, der auf einer Geselligkeit alle möglichen Themen spontan zur Sprache brachte oder streifte, hatte in seiner Joppe eine Kommentarausgabe, die ihn bezüglich der Wahl seiner Wörter folgendermaßen warnte: »Sobald sie […] den Staat als lebenden Organismus affiziren und Interessen berühren, welche den Staat als Gesammtheit und als organische Persönlichkeit betreffen, so werden sie politische.«[5] Ganz zu schweigen davon, dass dem Mann der Staat »als organische Persönlichkeit« nun vollends böhmische Dörfer – oder schnuppe – gewesen sein dürfte.

Bald waren die Zeitungen voll von Berichten über Prozesse gegen Mitglieder von Arbeiterzusammenschlüssen, seien es Vereine, Parteien oder Gewerkschaften, und fast immer endeten diese Verhandlungen mit der Verhängung von Geldbußen und drakonischen Haftstrafen. Schon ein offenes Fenster in einem Raum konnte zum Abbruch der Veranstaltung führen, da der wachhabende Gendarm sie zu einer Konferenz »unter freiem Himmel« erklärte, was nach Paragraph 9 des »Vereinsgesetzes« einer aufwendigen Antragsprozedur bedurfte.[6]

Obwohl Otto von Bismarck, seit 1871 Kanzler des Deutschen Reiches, die »Verbesserung des Looses der Arbeiter«[7] nach eigenem Bekunden am Herzen lag, war er hierzu nur unter dem Vorbehalt bereit, dass jeglicher Fortschritt auf diesem Gebiet nach seinen Vorstellungen vonstatten zu gehen habe.

Vorerst galt es deshalb, das rote Unwesen zu bannen und Maßnahmen einzuleiten gegen jene Bewegung, die Bismarck am 12. August 1878 in einem Brief an Ludwig II. von Bayern das »Anwachsen der socialdemokratischen Gefahr« nannte. Konkret also gegen die, wie er im Ordnungshüterjargon hinzusetzte, »jährliche Vermehrung der bedrohlichen Räuberbande, mit der wir gemeinsam unsre größern Städte bewohnen«.[8]

Hier bot das »Vereinsgesetz« ein probates Antidot.

Durch seinen Einsatz bei der Jagd auf Sozialdemokraten entstand im Reich ein Klima von Hass und Hetze, aus dem heraus am 11. Mai und 2. Juni 1878 zwei – wie Golo Mann sie nannte – »hirnlose Mordversuche«[9] am Kaiser dem Kanzler und dessen Unterstützern im Reichstag wie gerufen kamen und die Begründung lieferten, das scheinbar den Staat untergrabende Übel an der Wurzel zu packen – und zwar mit dem *Gesetz gegen die gemeingefährlichen Bestrebungen der Sozialdemokratie.*

Fürst Bismarck in der Uniform seines Kürassier-Regiments

»Das Attentat auf den Kaiser Wilhelm Unter den Linden in Berlin am 11. Mai«, nach den Angaben eines Augenzeugen gezeichnet von Hermann Lüders (1836–1908), 1878

»Das Attentat auf den deutschen Kaiser am 2. Juni 1878«, Holzstich von Régnier Barbant nach einer Zeichnung von Paul Adolphe Kauffmann (1849–1940), 1878

Dabei war weder der eine Attentäter, der Klempnergeselle Max Hödel, dessen Revolverschüsse ins Leere gegangen waren, noch der andere, der Büroangestellte Karl Eduard Nobiling, der den Kaiser durch eine Schrotsalve schwer verletzte, sich vorab darüber im klaren gewesen, dass er mit seiner Tat denen Schützenhilfe leisten werde, die er zu bekämpfen meinte.

So aber gelang es nicht zuletzt rechts orientierten Medien wie der *Norddeutschen Allgemeinen Zeitung* und der *Kreuzzeitung*, die beiden Wirrköpfe ohne ideologische Couleur als sozialistische Königsmörder zu charakterisieren, als Repräsentanten jener Bevölkerungsgruppe, die angeblich dabei war, das Gemeinwesen aus den Angeln zu heben.

Bismarck griff die Injurie vom Königsmord in der Beratung des Gesetzentwurfs am 17. September 1878 auf und steigerte die Verächtlichmachung seiner politischen Widersacher, indem er sie als Anhänger einer »jetzigen Sekte«[10] schmähte. Gegen die galt es, sich mit »Kampf- und Ausnahmegesetzen im Zustande der Nothwehr«[11] zu wappnen, wie es der Vertreter der Deutschen Reichspartei Eduard Georg Graf Bethusy-Huc im Laufe des monatelangen Rechtsetzungverfahrens schon vor den Attentaten am 23. Mai 1878 im Reichstag formuliert hatte - »aus unserem Selbsterhaltungstrieb heraus«.[12]

Als das Gesetz am 19. Oktober 1878 schließlich verabschiedet wurde, enthielt sein Paragraph 1 die Weisung, »Vereine, welche durch sozialdemokratische, sozialistische oder kommunistische Bestrebungen den Umsturz der bestehenden Staats- oder Gesellschaftsordnung bezwecken, sind zu verbieten.«[13]

Dieses Gesetz, dessen Laufzeit im folgenden Jahrzwölft viermal verlängert wurde und in dem linke Parteien und Personen durchweg suggestiv mit dem Mord und Totschlag suggerierenden Schreckenswort »Umsturz« in Verbindung gebracht wurden, dieses verlogene Regelwerk, das schon in seinem dritten Satz im Widerspruch zur eigenen Notwendigkeit eine bestehende »Eintracht der Bevölkerungsklassen«[14] behauptete, war hinfort der Leitfaden für zahllose Drangsalierungen und Schikanen vonseiten der Polizei und der Justiz. Diese konnte Zuwiderhandlungen mit Strafen von bis zu eintausend Mark und einem Jahr Haft ahnden und sogar den Entzug von Aufenthaltsgenehmigungen, die Ausweisung oder Expatriation verfügen.

Eine bei den Schergen der Obrigkeit beliebte Bösartigkeit war es, dass auf einer Versammlung von Sozialisten aus heiterem Himmel plötzlich ein Unbekannter aufsprang und ein Hoch! auf den Kaiser ausbrachte. Wer sich nicht augenblicklich erhob, seine Kappe vom Kopf riss und der Huldigung anschloss, konnte wegen Majestätsbeleidigung für fünf Jahre im Gefängnis landen.[15]

Dass die Sozialistische Arbeiterpartei Deutschlands 1875 bei ihrer Gründung in Gotha programmatisch versichert hatte, jedwede gesellschaftliche Neuordnung »mit allen gesetzlichen Mitteln«[16] anzustreben, wurde vielstimmig übertönt. Und zwar aus üblem Grund – denn die behauptete Bedrohung des Staatswesens lag nicht in irgendeinem verbrecherischen Tun und Treiben seiner Kritiker, sondern im Infragestellen seiner Gerechtigkeit. Hierin lauerte die elementare oppositionelle Brisanz der Linken. »Weil«, so hatte der SAP-Abgeordnete Wilhelm Bracke am 17. September 1878 dem Bismarck'schen Anhang entgegengeschleudert, »wir keine Ausschreitungen begehen, uns in dem Rahmen der Gesetze halten und halten wollen, deshalb, meine Herren, sind wir gefährlich.«[17]

»Polizeiliche Auflösung einer Arbeiter-Wahlversammlung in Berlin [im Jahr 1890]«, Zeichnung von Friedrich Wilhelm Wittig (1854–1912), 1890

Da halfen alle Repressalien nichts, weder die allgemeine Gesinnungsschnüffelei noch die Massenentlassungen von vermeintlichen oder wahrhaftigen Sozialisten, weder der Bruch des Briefgeheimnisses noch die Hausdurchsuchungen, noch die Beschlagnahme von Flugschriften und Büchern, weder die Einkerkerung noch die Verbannung von Mitgliedern der verfemten »Sekte«.

Hinzukam die bizarre »institutionalisierte Form der Halbillegalität«[18], in der die Sozialisten ihre gewählten Kandidaten dank deren Immunität nach wie vor in den Reichstag entsenden konnten. Dort durften sie in flammender und am folgenden Tag von der Presse seitenlang und wörtlich referierter Rede all jene Propaganda und Polemik vortragen, die ihren Mitstreitern draußen im Lande verboten war.

Auf die Dauer wuchs aus der Solidarität mit den Verfolgten, aus dem Trotz gegen die fortschrittsfeindliche Politik der Obrigkeit und aus der Enttäuschung über die kaum verbesserten Lebensumstände der unteren Schichten des Volkes sowie aus dem geschickten strategischen Lavieren der SAP im Parlament die Akzeptanz der Sozialisten.

Darüber hinaus klangen manchem Bürger als Misston nach wie vor die Worte Wilhelms II., des jungen Kaisers, im Ohr, der am 14. Mai 1889 unter dem Eindruck eines Streiks von Bergarbeitern an der Ruhr jeden Sozialisten als »Reichs- und Vaterlandsfeind« beschimpft und im selben Absatz tollwütig angekündigt hatte, er werde alle, die sich unter dem Einfluss solcher Leute den Behörden widersetzten, »über den Haufen schießen lassen«.[19]

Kaiser Wilhelm II. im Jahr 1894

War der Stimmenanteil der SAP in der »Attentatswahl« von 1878 gegenüber dem Urnengang vom Vorjahr noch von 9,1 Prozent auf 7,6 Prozent und 1881 auf 6,1 Prozent gesunken, so stieg er 1884 auf 9,7 Prozent, 1887 auf 10,1 Prozent und am 20. Februar 1890 auf 19,7 Prozent – wodurch die Sozialisten mit Abstand die meisten Stimmen im Deutschen Reich gewonnen hatten.

Mittwoch, der 1. Oktober 1890:
Die trauernden Hinterbliebenen, die konservativen Kartellparteien, die Bismarck einst unterstützt hatten, tragen das Sozialistengesetz einen Tag nach dem Ende seiner Gültigkeit zu Grabe.

Nicht vier Wochen waren da vergangen, seit am 25. Januar das Sozialistengesetz mit Pauken und Trompeten gescheitert, der Eiserne Kanzler düpiert und sein Abgang absehbar war. Er spürte selbst, wie er in seinen *Gedanken und Erinnerungen* bei der Abrechnung mit Wilhelm II. schrieb, »dass der Kaiser mich los sein wolle«.[20]

Der Monarch nahm diese Entwicklung zum Anlass, am Abend des 25. Januar im Weißen Saal des Schlosses zu verkünden, dass sich nunmehr auf den Grundlagen, welche die »berufenen Vertreter des Volkes« gewonnen hätten, weiter bauen lasse, »um den arbeitenden Klassen die Gewissheit zu verschaffen, dass die gesetzgebenden Gewalten für ihre berechtigten Interessen und Wünsche ein warmes Herz haben, und dass eine befriedigende Gestaltung ihrer Lage nur auf dem Wege friedlicher und gesetzmäßiger Ordnung zu erreichen ist«.[21]

Zumindest die elf Mitglieder der SAP-Fraktion dürften am Ende der zwölfjährigen Hexenjagdsaison des Kaisers traumverlorene Auslassung über die Warmherzigkeit der gesetzgebenden Gewalten gegenüber den Interessen der arbeitenden Klassen für den zweiten dummen Witz an jenem Sonnabend gehalten haben.

Schon zu Beginn der neuen Woche demonstrierten Angehörige dieses Standes, wie wenig mit ihnen zu spaßen war.

# Vom zweischneidigen Schwert

Am 28. Januar 1890 richteten der brandenburgische Gauverband der Bierbrauergesellen und seine Berliner Untergruppierung – zwei gewerkschaftliche Organisationen innerhalb eines der stärksten Wirtschaftszweige des Reiches – ein Gesuch an den Verein der Braumeister von Berlin und Umgegend. Darin beklagten sie diverse Mängel bei den Arbeitsbedingungen ihrer Mitglieder und baten den Adressaten ihrer Eingabe um ein Gespräch. In diesem sollten die genannten Probleme mit dem Ziel erörtert werden, sie möglichst zu lösen. Neben anderem ging es um die Reduzierung der Arbeitszeit, den Umstieg der Lohnzahlung von einer monatlichen auf eine wöchentliche, die Nichteinstellung von Ungelernten, die Einrichtung einer zentralen Herberge für die Arbeiter sowie die Abschaffung der ihnen oftmals auf den Werksgeländen zugewiesenen »Strohlager mit vielfach zerrissenen Decken, in die man sich kaum einhüllen könne«.[22]

Dieses Schreiben, das aus dem Siegesrausch seiner Verfasser nach dem seit Samstag bejubelten Aus der Sozialistengesetze hervorgegangen war und von dessen Existenz die Öffentlichkeit erst Monate später erfuhr, ist die Keimzelle einer historischen Episode, welche die Gemüter der Zeitgenossen eines Tages über die Maßen beschäftigen und eine bis heute geltende Bedeutung gewinnen sollte, deren Tragweite sie fraglos nicht ahnen konnten.

Einstweilen jedenfalls werden die Gesellen in mehrfacher Hinsicht guter Dinge gewesen sein, denn ähnlich geartete Initiativen von Kollegen zur Verbesserung ihrer Lage konnten im vorigen Jahr exemplarisch mit der Patzenhofer Brauerei in beiderseitigem Einvernehmen geregelt werden. Hatten die Brauergesellen auch ein wenig kiebig die Hoffnung durchblicken lassen, »dass wir nicht gezwungen werden, insgesamt unsere Arbeit niederzulegen«[23], so eilten sie doch gleich darauf zu versichern, es werde »zu einer allgemeinen Arbeitsniederlegung der Berliner Brauereien auf keinen Fall kommen«.[24]

In ähnlicher Weise, hofften sie, werde man ihr Anliegen auch in diesem Jahr regeln. Als sie dann am 4. Februar eine Antwort auf ihr Ersuchen vom Januar erhielten, war deren Inhalt allerdings ausweichend und hinhaltend. Daher machten sie Nägel mit Köpfen und beriefen zum 2. April, »Abends 8½ Uhr«, in den hochvornehmen Wintergarten des Grand Hotels am Alexanderplatz eine Versammlung aller Brauergesellen Berlins ein, »in welcher die Arbeitsverhältnisse der Berliner Brauergesellen in den Brauereien besprochen werden«.[25]

Allein diese Bekanntmachung glich einer Kampfansage. Die *Berliner Börsen-Zeitung* kam aus ihrem altväterlichen Staunen über die Aufmüpfigkeit der Jungen nicht heraus:

Das Grand Hotel am Alexanderplatz, Alexanderstraße 46–48, kurz nach seiner Fertigstellung im Jahr 1884

Der Alexanderplatz – links oben Blick in die Königstraße mit dem Bahnhof Alexanderplatz, rechts daneben das 1890 fertiggestellte Polizeipräsidium und unten links das Grand Hotel

»Die Brauergesellen oder ›Brauerburschen‹, wie noch die alte Handwerksbezeichnung lautet, wollen auch in die Lohnbewegung eintreten.«[26]

Das Bürgertum legte die Stirn in Falten.

Der Saal war überfüllt. Mit Vorhaltungen und unverhüllten Drohungen machten die Teilnehmer der Veranstaltung unter Leitung des Vorsitzenden des Berliner Verbandes Paul Hilpert ihrer Unzufriedenheit, ihrem Ärger und ihrer Wut Luft. Zur Sprache kamen die Wortbrüche der Arbeitgeber, die schäbige Behandlung der Gesellen in den Unternehmen, die Ungesundheit ihrer Tätigkeit, die Überlänge ihrer Arbeitszeit und die Verschleierung der Niedrigkeit ihres tatsächlichen Lohns. »Im Laufe der Diskussion«, notierte der Berichterstatter des *Berliner Volksblatts*, des *Organs für die Interessen der Arbeiter*, »wurden der herrschenden Missstände noch gar viele zu Tage gefördert, deren Aufzählung ein Ding der Unmöglichkeit ist.«[27]

Weit nach Mitternacht wurde eine Resolution verabschiedet und dem Braumeister-Verein zugestellt, in der die Gesellen im wesentlichen statt Brauerbüchern, die immer das Potential in sich trugen, als Schwarze Listen missbraucht zu werden, individualisierte

Arbeitszeugnisse verlangten, ferner einen Wochenlohn von dreißig Mark, »6 Liter gutes Freibier täglich«[28], obendrein die Einsetzung eines neutralen Arbeitsnachweises – einer von politischen Parteien unabhängigen Arbeitsvermittlungsstelle – sowie die Schaffung einer betriebsfernen Unterkunft zum Schlafen und die Einführung von zwölfstündigen Tag- und Nachtschichten mit solchen Essens- und Ruhepausen, dass sich eine Gesamtarbeitszeit von jeweils zehn Stunden ergab.[29] Wohlgemerkt: an sechs Tagen in der Woche.

Man erwartete, dass die Braumeister bis zum 5. April auf diese Forderungen eingingen – »andernfalls in einer am Abend des betreffenden Tages einzuberufenden außerordentlichen Versammlung der Berliner Brauergesellen die nötigen Schritte gethan würden«.[30]

Das war so unmissverständlich, dass der Braumeister-Verein am 4. April zusammentrat und, um die Gemüter zu beruhigen, ein paar der eher geringeren Wünsche – wie die sechs Liter Freibier – erfüllte. Bezüglich der gewichtigeren Posten bat er sich Bedenkzeit aus, um Rücksprache mit den Inhabern der Brauereien, den eigentlichen ›Brotherren‹, zu halten.

— 1 —

Verein der Braumeister von Berlin

**Brauer-Buch**

für den Brauer

Vorname: ____

Zuname: ____

Geburts- Ort: ____

Geburts- Tag: ____

Eintritt in Berlin: ____

— 2 —

Nach Beschluss der vereinigten Braumeister von **Berlin, Charlottenburg, Friedrichshagen, Fürstenwalde, Pichelsdorf, Potsdam, Spandau** und **Spandauer Berg** vom **2. September 1871** hat sich jeder Brauergeselle vom 1. October cr. ab mit einem Brauerbuche zu versehen, das er bei dem Arbeits-Antritt seinem Meister übergiebt und von diesem bei dem Verlassen der Arbeit zurückfordert.

Das Brauerbuch hat nur Gültigkeit für den ununterbrochenen Aufenthalt in Berlin und den Bezirk der oben angeführten Brauereien.

Jeder Brauer hat sich mit dem auf der Herberge und in den Brauereien aushängenden Reglement bekannt zu machen, sich darnach zu halten und für gute Sitte und Aufrechterhaltung der Ordnung beitragen zu helfen.

Sollte einem Brauergesellen die ihm obliegende Arbeit nicht passen oder er sich veranlasst fühlen, seine Stellung aus irgend welchem Grunde verlassen zu wollen, so hat er seine Entlassung bei seinem Braumeister zu beantragen, der ihm dieselbe auf Wunsch sofort gewähren wird.

In dem gleichen Maasse hat auch der Braumeister das Recht, den Brauergesellen nach Bedürfniss zu jeder Tageszeit zu entlassen ohne dass derselbe einen **Anspruch** auf weitergehendes Gehalt hat.

Berlin, den 1. October 1873.

**Der Verein der Braumeister von Berlin.**

Ich erkläre ausdrücklich, dass vorstehende Bestimmungen für mich bindende Kraft haben sollen, was ich hiermit durch meine Unterschrift anerkenne.

Berlin, den 18

Formular eines Brauer-Buches, das nach dem Beschluss des Vereins der Braumeister von Berlin und seinen Vororten aus dem Jahr 1871 jeder Brauergeselle beim Antritt einer Arbeitsstelle seinem Meister übergeben musste

Das Brauer-Buch enthielt einen Verhaltenskodex für seinen Inhaber, aus dem unter anderem hervorging, dass ein Meister das Recht hatte, »den Brauergesellen nach Bedürfniss zu jeder Tageszeit zu entlassen ohne dass derselbe einen Anspruch auf weitergehendes Gehalt hat«.

Der Königgrätzer Garten in der Königgrätzer Straße 111 am Anhalter Bahnhof

Am 8. April wollte man nochmals zusammenkommen, drei Arbeitgeber-, drei Arbeitnehmervertreter. In diesem Gremium, dem sogenannten Einigungsamt, verständigte man sich im großen und ganzen auf die Annahme der von den Brauergesellen am 2. April erhobenen Forderungen. Offen blieb die Frage des Arbeitsnachweises und des Lohns. Die Brauereien, die vorher achtundzwanzig Mark geboten hatten, waren auf einmal nur bereit, siebenundzwanzig Mark wöchentlich zu zahlen, während die Arbeiter auf achtundzwanzig Mark beharrten.

Weil keine der beiden Seiten bevollmächtigt war, einen Abschluss über den einen oder den anderen Betrag zu unterschreiben, vertagten sie sich auf den 9. April. Die Arbeitnehmerdelegation wollte sich noch zu einer Versammlung der Brauergesellen begeben, um ihr Bericht zu erstatten über den Stand der Dinge.

Die Herren hatten den Verhandlungsraum kaum verlassen, da setzte der Sprecher der Abordnung der Arbeiter, die sich »Lohn-Kommission« nannte, Paul Hilpert, ein Schreiben an die Arbeitgeber auf, in dem er einen Wochenlohn von dreißig Mark verlangte, und schickte es eiligst ab.

Dieses Dokument nahmen die Brauereivorstände am nächsten Morgen auf einer Besprechung im Königgrätzer Garten am Anhalter Bahnhof zunächst mit Verwunderung zur Kenntnis, kamen dann jedoch überein, die achtundzwanzig-Mark-Forderung der Brauergesellen vom Vortag anzuerkennen und ihnen diesen Beschluss stehenden Fußes mitzuteilen. Von Hilpert verlangten sie Aufklärung über seinen befremdlichen Brief.

Währenddessen hatten sich auch die Brauergesellen erneut versammelt und, als die Nachricht vom Einlenken der Arbeitgeber bei ihnen eintraf, dieselbe freudig begrüßt.

Paul Hilpert aber antwortete den Brauereibesitzern wahrheitswidrig, die Brauergesellen seien hinsichtlich der offenen Frage des Wochenlohns gestern Abend an nichts gebunden und die Arbeitervertreter somit berechtigt gewesen, den ursprünglichen Anspruch vom 2. April erneut zu erheben. »In der allgemeinen Brauerversammlung vom 9. April [also vom heutigen Vormittag] fand dann unsere veränderte Forderung Annahme«[31] – also nach dreißig Mark für die Woche.

Das war eine faustdicke Lüge.

Und ein noch stärkeres Stück war es, dass die Lohn-Kommission die Dreistigkeit des Hilpert'schen Alleingangs am 10. April sanktionierte, in eine Entschließung ummodelte und zur Grundlage ihres weiteren Vorgehens machte.

Auch wenn Paul Hilpert, einst Mitbegründer des Berliner Bierbrauergesellen-Vereins und seit Juli 1893 Gastwirt mit einem »geräumigen, mit einem gewissen Luxus eingerichteten Destillations- und Bierausschankgeschäft«[32], kein Kollege im eigentlichen Sinne mehr war, schien er zu glauben, der Sache seiner Gewerkschaftsgenossen dienen zu können, indem er ein auf friedliche Weise – es gab das Wort »Harmonie-Apostel«[33] – zwischen Arbeitnehmern und Arbeitgebern ausgehandeltes Übereinkommen torpedierte und sich mit dem Klassenfeind nicht schon in der zweiten Verhandlungsrunde einigte. Er meinte vermutlich, da ginge noch mehr.

Und es ging schief.

Am 15. April traten neununddreißig Brauer der Schöneberger Schloßbrauerei in den Ausstand. Am 17. wies der Braumeister-Verein das Hilpert'sche Lügen-Papier zurück. Am 18. rief der Böttcher Hermann Hager – freilich ohne größeren Nachhall – zum Generalstreik auf. Und am 20. April legten die Brauer sämtlicher Berliner Brauereien die Arbeit nieder.

Eine knappe Woche später, am 26. April, platzte in das allseitige Rüber und Nüber von Stellungnahmen und Verlautbarungen die Kunde, dass die Arbeitgeber einen aus dreiundzwanzig Gesellschaften bestehenden Verein der Brauereien Berlins und der Umgegend[34] gegründet hatten, dem noch am selben Tag – bis auf das Münchener Brauhaus von Adolf

Wie die meisten anderen Berliner Brauereien unterhielt auch die Brauerei F. Happoldt einen florierenden Biergarten.

Arendt, der mit den Meuterern sympathisierte – zehn weitere Berliner Brauereien beigetreten waren. Aus dem Nichts hatte sich ein Verteidigungsbündnis gebildet, das dreitausendfünfhundert Menschen Lohn und Brot gab. Als Präsident war Max Happoldt bestallt.

Der Vorstand dieses Vereins oder »Rings« wurde, als er im Kraftgefühl seiner frisch beurkundeten »Zusammengehörigkeit«[35] abermals mit der Lohn-Kommission an den Verhandlungstisch trat, mit einem Beschluss konfrontiert, den eine Versammlung der Brauergesellen am Vorabend im Böhmischen Brauhaus an der Landsberger Allee gefasst hatte. Dort hatten die Teilnehmer unter lebhaftem Beifall bei Selterswasser die Nachricht des Vereins zur Wahrung der Interessen der Gast- und Schankwirte Berlins und der Umgegend begrüßt, »von denjenigen Brauereien, welche die Forderungen der Brauergesellen nicht bewilligt haben, kein Bier zu beziehen«[36], und mit einer »Sperre«[37] gedroht.

Die Brauereien aber, gestärkt durch ihren Zusammenschluss, teilten tags darauf der Lohn-Kommission in schneidender Kürze »ergebenst« mit, dass ihr Verein sämtliche Ansprüche, »soweit sie von den Brauereien bisher noch nicht genehmigt waren, […] ablehnen muss«.[38]

Wer die von da an fast jeden Morgen und jeden Abend in den Zeitungen erscheinenden Meldungen über den Fortgang der Auseinandersetzung liest, dem wird deutlich, wie schwach die Position der Brauereiarbeiter gegenüber ihren Firmeninhabern war. »Redner bedauerte sehr«, hieß es am 27. April im *Berliner Volksblatt* über die Versammlung im Böhmischen Brauhaus, »dass die Organisation unter den Brauergesellen nicht eine derartige sei, dass ein festes Zusammenhalten ermöglicht würde und dass der Kampf, welcher durch Einigkeit sehr leicht beizulegen gewesen wäre, durch die Uneinigkeit der Kollegen erschwert resp. verlängert werde.«[39]

Immer wieder verschiebt sich die Gewichtung einzelner Ansprüche, mal steht die Lohnfrage im Vordergrund, mal der Arbeitsnachweis, von *dem* Streik wird gesprochen, wo es sich nur um den Ausstand von genau einhundertzweiundachtzig Arbeitern handelt, ständig werden Korrekturen von Gesagtem vorgenommen und wird peinlich darauf geachtet – das Sozialistengesetz gilt noch! –, verbal jede Nähe zur SAP zu vermeiden. Was die Polizei dennoch nicht daran hindert, fünf Veranstaltungen auffliegen zu lassen. Leer ist nicht nur die Streikkasse, sondern auch das Arsenal der eigenen Druckmittel. Es beschränkt sich darauf, »von denjenigen Brauereien, welche die Forderungen der Brauergesellen nicht bewilligt haben, kein Bier zu beziehen«[40] – auf die »Sperre« oder »Biersperre«[41], auf den »Verruf«.[42]

Beim Durchblättern der Ausgaben des *Berliner Volksblatts* spürt man von Tag zu Tag mehr, wie im Kontext der Protestbewegung der Brauer der moderne Terminus, dieser bar aller Betulichkeit so kraftvolle Ausdruck gemieden wird. Noch am 11. Mai wird er in einem Aufruf »An die Arbeiter Berlins!« nur indirekt angesprochen: »Nicht pekuniäre Opfer habt Ihr zu bringen, nur trinkt kein Bier aus einer der 31 Brauereien […].«[43]

Als erste hatten die Brauereien das Tabuwort ins Spiel gebracht, als sie am 24. April in einer Stellungnahme im *Volksblatt* bei der Erwähnung »einer boykottirten Brauerei«[44] das Kind – im Partizip – beim Namen nannten.

Danach aber hieß es auf Seiten der Brauergesellen weiterhin »Biersperre« – noch am 27. April[45] und noch am 30. April.[46] Ihre Hemmung, ihre Vorsicht, die brisante Vokabel in den Mund zu nehmen, ist unübersehbar.

Bis sie dann am 13. Mai explizit – der Leser möchte erleichtert ausrufen: endlich! – auch von ihnen verwendet wird: in einem Leserbrief von zwei selbstbewussten Kritikern zanksüchtiger Parteigenossen. Die sind doch in der Minderheit! Wird nicht gemunkelt, daß »nur $^1/_{10}$ der gesammten Brauergesellen Berlins sich am Streik betheiligt haben [und] sämmtliche Brauereien sich in vollem Betrieb befinden«?[47] Es fehlt so gut wie jeder Grund,

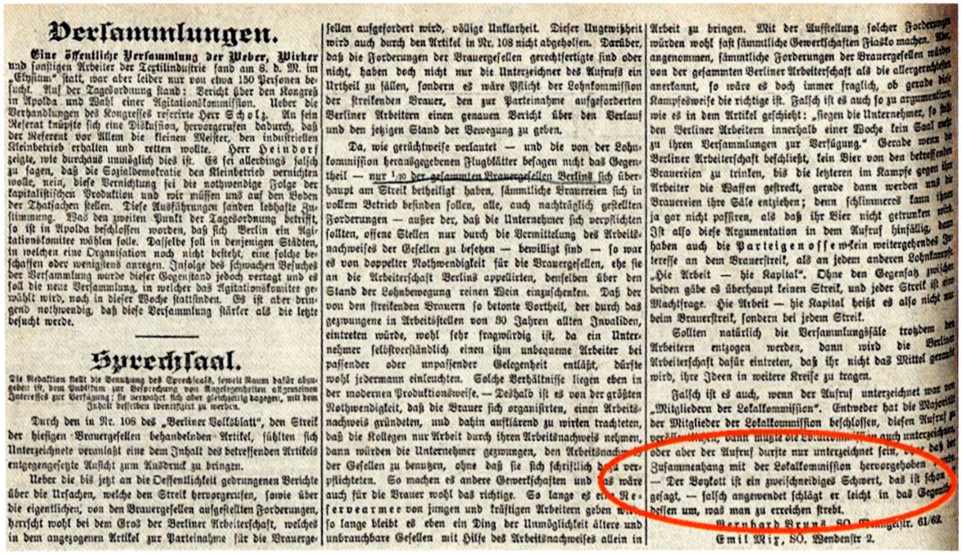

## Versammlungen.

**Eine öffentliche Versammlung der Weber, Wirker** und sonstigen Arbeiter der Textilindustrie fand am 8. d. M. im „Elysium" statt, war aber leider nur von etwa 150 Personen besucht. Auf der Tagesordnung stand: Bericht über den Kongreß in Apolda und Wahl einer Agitationskommission. Ueber die Verhandlungen des Kongresses referirte Herr Scholz. An sein Referat knüpfte sich eine Diskussion, hervorgerufen dadurch, daß der Referent vor Allem die kleinen Meister, den industriellen Kleinbetrieb erhalten und retten wollte. Herr Heindorf zeigte, wie durchaus unmöglich dies ist. Es sei allerdings falsch zu sagen, daß die Sozialdemokratie den Kleinbetrieb vernichten wolle, nein, diese Vernichtung sei die nothwendige Folge der kapitalistischen Produktion und wir müssen uns auf den Boden der Thatsachen stellen. Diese Ausführungen fanden lebhafte Zustimmung. Was den zweiten Punkt der Tagesordnung betrifft, so ist in Apolda beschlossen worden, daß sich Berlin ein Agitationskomitee wählen solle. Dasselbe soll in denjenigen Städten, in welchen eine Organisation noch nicht besteht, eine solche beschaffen oder wenigstens anregen. Infolge des schwachen Besuches der Versammlung wurde dieser Gegenstand jedoch vertagt und es soll die neue Versammlung, in welcher das Agitationskomitee gewählt wird, noch in dieser Woche stattfinden. Es ist aber dringend nothwendig, daß diese Versammlung stärker als die letzte besucht werde.

## Sprechsaal.

Die Redaktion stellt die Benutzung des Sprechsaals, soweit Raum dafür abzugeben ist, dem Publikum zur Besprechung von Angelegenheiten allgemeinen Interesses zur Verfügung; sie verwahrt sich aber gleichzeitig dagegen, mit dem Inhalt desselben identifizirt zu werden.

Durch den in Nr. 106 des „Berliner Volksblatt", den Streik der hiesigen Brauergesellen behandelnden Artikel, fühlten sich Unterzeichnete veranlaßt eine dem Inhalt des betreffenden Artikels entgegengesetzte Ansicht zum Ausdruck zu bringen.

Ueber die bis jetzt an die Oeffentlichkeit gedrungenen Berichte über die Ursachen, welche den Streik hervorgerufen, sowie über die eigentlichen, von den Brauergesellen aufgestellten Forderungen, herrscht wohl bei dem Groß der Berliner Arbeiterschaft, welches in dem angezogenen Artikel zur Parteinahme für die Brauergesellen aufgefordert wird, völlige Unklarheit. Dieser Ungewißheit wird auch durch den Artikel in Nr. 108 nicht abgeholfen. Darüber, daß die Forderungen der Brauergesellen gerechtfertigte sind oder nicht, haben doch nicht nur die Unterzeichner des Aufrufs ein Urtheil zu fällen, sondern es wäre Pflicht der Lohnkommission der streikenden Brauer, den zur Parteinahme aufgeforderten Berliner Arbeitern einen genauen Bericht über den Verlauf und den jetzigen Stand der Bewegung zu geben.

Da, wie gerüchtweise verlautet — und die von der Lohnkommission herausgegebenen Flugblätter besagen nicht das Gegentheil — nur 1/10 der gesammten Brauergesellen Berlins sich überhaupt am Streik betheiligt haben, sämmtliche Brauereien sich in vollem Betrieb befinden sollen, alle, auch nachträglich gestellten Forderungen — außer der, daß die Unternehmer sich verpflichten sollten, offene Stellen nur durch die Vermittelung des Arbeitsnachweises der Gesellen zu besetzen — bewilligt sind — so war es von doppelter Nothwendigkeit für die Brauergesellen, ehe sie an die Arbeiterschaft Berlins appellirten, denselben über den Stand der Lohnbewegung reinen Wein einzuschenken. Daß der von den streikenden Brauern so betonte Vortheil, der durch das gezwungene in Arbeitsstellen von 80 Jahren alten Invaliden, eintreten würde, wohl sehr fragwürdig ist, da ein Unternehmer selbstverständlich einen ihm unbequeme Arbeiter bei passender oder unpassender Gelegenheit entläßt, dürfte wohl jedermann einleuchten. Solche Verhältnisse liegen eben in der modernen Produktionsweise. — Deshalb ist es von der größten Nothwendigkeit, daß die Brauer sich organisirten, einen Arbeitsnachweis gründeten, und dahin aufklärend zu wirken trachteten, daß die Kollegen nur Arbeit durch ihren Arbeitsnachweis nehmen, dann würden die Unternehmer gezwungen, den Arbeitsnachweis der Gesellen zu benutzen, ohne daß sie sich schriftlich dazu verpflichteten. So machen es andere Gewerkschaften und das wäre auch für die Brauer wohl das richtige. So lange es eine Reservearmee von jungen und kräftigen Arbeitern geben wird, so lange bleibt es eben ein Ding der Unmöglichkeit ältere und unbrauchbare Gesellen mit Hilfe des Arbeitsnachweises allein in Arbeit zu bringen. Mit der Aufstellung solcher Forderungen würden wohl fast sämmtliche Gewerkschaften Fiasko machen. Aber angenommen, sämmtliche Forderungen der Brauergesellen würden von der gesammten Berliner Arbeiterschaft als die allergerechtesten anerkannt, so wäre es doch immer fraglich, ob gerade diese Kampfesweise die richtige ist. Falsch ist es auch so zu argumentiren, wie es in dem Artikel geschieht: „siegen die Unternehmer, so steht den Berliner Arbeitern innerhalb einer Woche kein Saal mehr zu ihren Versammlungen zur Verfügung." Gerade wenn die Berliner Arbeiterschaft beschließt, kein Bier von den betreffenden Brauereien zu trinken, bis die letzteren im Kampfe gegen ihre Arbeiter die Waffen gestreckt, gerade dann werden uns die Brauereien ihre Säle entziehen; denn schlimmeres kann ihnen ja gar nicht passiren, als daß ihr Bier nicht getrunken wird. Ist also diese Argumentation in dem Aufruf hinfällig, dann haben auch die Parteigenossen kein weitergehendes Interesse an dem Brauerstreik, als an jedem anderen Lohnkampfe. „Hie Arbeit — hie Kapital". Ohne den Gegensatz zwischen beiden gäbe es überhaupt keinen Streik, und jeder Streik ist eine Machtfrage. Hie Arbeit — hie Kapital heißt es also nicht nur beim Brauerstreik, sondern bei jedem Streik.

Sollten natürlich die Versammlungssäle trotzdem den Arbeitern entzogen werden, dann wird die Berliner Arbeiterschaft dafür eintreten, daß ihr nicht das Mittel genommen wird, ihre Ideen in weitere Kreise zu tragen.

Falsch ist es auch, wenn der Aufruf unterzeichnet war von „Mitgliedern der Lokalkommission". Entweder hat die Majorität der Mitglieder der Lokalkommission beschlossen, diesen Aufruf zu veröffentlichen, dann mußte die Lokalkommission auch unterzeichnen, oder aber der Aufruf durfte nur unterzeichnet sein, ohne daß der Zusammenhang mit der Lokalkommission hervorgehoben wurde. — Der Boykott ist ein zweischneidiges Schwert, das ist schon gesagt, — falsch angewendet schlägt er leicht in das Gegentheil dessen um, was man zu erreichen strebt.

Bernhard Bruns, SO. [illegible]str. 61/62.
Emil Mix, SO. Wendenstr 2.

Zwei mutige Brauergesellen protestieren öffentlich dagegen, wie sie von der Arbeiterführung für dumm verkauft werden, und sprechen beherzt das B-Wort aus

»kein Bier von den betreffenden Brauereien zu trinken«.[48] Warnend fügen Bernhard Bruns und Emil Mix hinzu – und jetzt fällt das B-Wort –: »Der Boykott ist ein zweischneidiges Schwert.«[49]

Kaum eine Erörterung des Druckmittels Boykott wird in Zukunft auf diese Metapher verzichten.

# Von einer Dummheit

Bei der immer schärferen Zuspitzung des Geschehens war die fast gleichzeitige Erweiterung des Vereins der Brauereien Berlins und der Umgegend auf bald schon mehr als dreißig Unternehmen eine weitere machtvolle Demonstration der Stärke und Geschlossenheit der Boykottierten.

Ihr Kopf war der Chef der Schultheiss-Brauerei AG Kommerzienrat Richard Roesicke. Seit dem 20. Februar für die Deutsche Freisinnige Partei Mitglied des Reichstags, aber trotzdem fraktionslos. Ein gebildeter unabhängiger Geist, der die Anschauung vertrat, es sei »nicht gesagt, dass alles, was die Sozialisten erstreben, unberechtigt sei«.[50]

Der nun lud die Verhandlungsdelegation der Brauer, die Lohn-Kommission, zum 8. Mai in seine Wohnung in der Wilhelmstraße ein und war unangenehm berührt, dass sich seinen Gästen ein Genosse Wilhelm Werner angeschlossen hatte, ein Buchdrucker, der die Zeitung *Der Sozialist* verlegte und weder gewähltes Mitglied der Lohn-Kommission

Werbeplakate der Schultheiss Brauerei

noch jemals Brauer gewesen war. Er stand im Ruf eines gerichtsnotorischen Scharfmachers und Anarchisten, der den Spitznamen »der Elefant« trug.[51] Roesicke spricht in Zukunft von ihm als von »diesem Buchdrucker Werner«.[52]

Ungeachtet solcher Irritation gingen die Herren daran, den zwölf Punkte und einen Nachtrag umfassenden Katalog mit den inzwischen sattsam bekannten Forderungen abzuarbeiten. Dabei ergab sich, dass sich einige der Probleme entweder längst erledigt hatten (wie die Abschaffung der Brauerbücher und die Festlegung der Arbeitszeit auf zehn Stunden) oder demnächst gelöst werden konnten (wie die Frage der Schlafstellen oder die der Berechnung des Wochenlohns).

Offen blieb der Nachtrag: wie mit jenen knapp zweihundert Brauergesellen zu verfahren sei, die inzwischen nach dem Vorbild ihrer Schöneberger Genossen die Arbeit niedergelegt und »sich ihren Vorgesetzten gegenüber unpassend benommen haben«.[53] Sie waren entlassen und durch auswärtige Kräfte ersetzt worden, erwarteten aber nun ihre Wiedereinstellung.

Roesicke formulierte einen Kompromissvorschlag, der unter anderem einen Wochenlohn von achtundzwanzig Mark sowie die Gründung eines Arbeitsnachweises vorsah. Doch weil sich die Lohn-Kommission nicht befugt sah, darüber hier und heute eine Entscheidung zu fällen, ließ man die Sache offen. »Herr Roesicke fragt schließlich«, so die Niederschrift der Zusammenkunft, »ob die Gesellen auf die Unterzeichnung der früheren Resolution [vom 10. April] verzichten. Die anwesenden Vertreter der Lohn-Kommission bejahten diese Frage und erklären, sich für den Fall einer Einigung damit zufrieden zu geben, daß ein entsprechendes Protokoll von beiden Theilen unterzeichnet wird.«[54]

Tags darauf allerdings erschien der Wortführer der Lohn-Kommission Friedrich Lieberich im Comptoir Roesickes und teilte mit, dass eine Versammlung der Brauergesellen am Vormittag beschlossen habe, auf sämtlichen Forderungen zu bestehen und den Vermittlungsvorschlag Roesickes in Bezug auf die entlassenen Brauergesellen zurückzuweisen.

Roesicke indes, den die Bierbrauergesellen von Berlin bald nach der Gründung ihres Vereins 1885 zum Ehrenmitglied ernannt hatten, gab nicht auf. Zumal sieben- bis achthundert seiner Ex-Vereinsbrüder auf einer Versammlung am 13. Mai im Kleinen Saal des Böhmischen Brauhauses hoch und heilig versicherten, »daß sie sich durchaus nicht solidarisch erklären wollten mit der socialistischen Arbeiterschaft Berlins«[55], ja (man hörte und staunte), dass sie »mit ihren Arbeitsbedingungen zufrieden seien«.[56] Gegenteiliges höre man nur aus dem Mund von »professionellen Hetzern«.[57]

Kaum dass diese Äußerungen publik geworden waren, schäumte Lieberich und beschimpfte die zufriedenen Gesellen in einem Leserbrief im *Vorwärts* als »Werkzeuge der Vorgesetzten«,

Die Andreas-Festsäle in der Andreasstraße 21, zu denen auch Joel's Salon gehörte

als »Stimmmaterial« und Teile einer »gefügigen Minderheit«[58] und rief neuerlich zum Boykott der Biere aller Brauereien auf, die die bekannten Forderungen nicht erfüllen würden.

Tiefer konnte die Kluft in der Arbeiterschaft nicht sein.

Da endlich, in dem Augenblick, in dem sich in ihr anti-sozialistische Töne öffentlich artikulierten und der Linken die Initiative im Machtpoker zu entgleiten begann, schien es der Führung der SAP an der Zeit, sich in die Kontroverse einzuschalten. Deshalb vermittelte der Abgeordnete der Partei Paul Singer am 19. Mai eine Unterredung der exponiertesten Köpfe des Streits, des Direktors Richard Roesicke und des Agitators Wilhelm Werner im Reichstag.

Einzelheiten ihrer Begegnung sind nicht überliefert[59], jedoch das Resultat. Werner gab im Namen der Brauergesellen die Zusage, Roesickes am 8. Mai beiseitegelassenen Vorschlag zu akzeptieren, bis auf die Kollegen, die sich in grober Weise gegen ihre Vorgesetzten vergangen hätten, alle anderen wieder einzustellen. Zudem versicherte Werner: »Wenn der Verein der Berliner Brauereien dies annähme, so wollten sie und die Berliner Arbeiterschaft den Streit als erledigt betrachten.«[60]

Das Versprechen hielt von Montag bis Freitag.

Die Aktienbrauerei Friedrichshain, Am Friedrichshain 22–29

Da, am 23. Mai, beschloss eine gewerkschaftlich organisierte Versammlung von Arbeitern aller Branchen in Joël's Salon in der Andreasstraße, auf der auch Wilhelm Werner, »der Elefant«, gesprochen hatte, »das Bier der 31 Brauereien nicht eher zu trinken, bis die Forderungen der Brauer bewilligt sind und der Bierring gesprengt ist«.[61]

Unter gingen im Klassenkämpfertaumel die selbstkritischen Einwände und Mahnungen, dass »nur ein geringer Bruchtheil der Arbeiter sich im Ausstand befindet«, dass die Brauer »so schlecht organisirt sind«, dass sich bestenfalls dreihundert von ihnen der Arbeiterbewegung anschließen wollten, »1000 [gehen] arbeiten und geben diese Erklärung nicht ab«, und schließlich, dass sich in den letzten Wochen die Situation »im wirthschaftlichen Kampf zwischen Arbeit und Kapital zu Ungunsten der Arbeiter verschoben« hat.[62]

Der Schlachtruf lautete bei vier Gegenstimmen: »Boykott!«

Gleichwohl – je länger sich das Gezerre zwischen der Arbeiterschaft und den Brauereien hinzog, desto offenbarer wurde, dass die Lokal-Kommission die Lage falsch eingeschätzt und dann beschönigt und das *Berliner Volksblatt* sich auf eigene Faust als Einpeitscher betätigt hatte.

Das kam noch einmal am 19. Juni bei einer Debatte im Saal der Aktienbrauerei Friedrichshain aufs Tapet, als in Anwesenheit August Bebels Bilanz gezogen und Tacheles geredet wurde.

Niemand leugnete mehr, dass »die Versammlungen durchweg schwach besucht«[63] gewesen waren und der Boykott im Volk auf kein Verständnis stieß und wenig Sympathie genoss, »die große Masse habe sich nicht für denselben erwärmen können und doch Bier getrunken«.[64]

Dann erhob sich Bebel und las den Anwesenden die Leviten: »Von dem Augenblicke an, wo der Beschluß gefaßt worden sei, 32 Brauereien zu boykottiren, habe er gewußt, daß er ins Wasser fallen müsse, da die Arbeiter nicht einzelne Gegner, sondern eine ganze Koterie [einen ganzen Verband] von Interessenten gegen sich habe.«[65] Eine »große Dummheit«[66] sei er gewesen. Und die an seiner Spitze gestanden hätten, seien »sehr schlechte Führer gewesen, auf deren Geheiß die Masse den Beschluß des Boykotts gefaßt habe«.[67]

Weniger deutlich kam zur Sprache, dass die Phalanx der Linken zersplittert, wenn nicht gar zerstritten war. Sie bestand hier aus der Partei, da aus den Gewerkschaften, beziehungsweise den Brauergesellenvereinen und dort aus der Redaktion des *Berliner Volksblatts*. Und noch nicht einmal innerhalb dieser Formationen herrschte Eintracht, wie Paul Hilpert jüngst gezeigt hatte oder Wilhelm Werner mit fast jedem seiner Auftritte bewies.

Nahezu beiläufig folgte am Ende des seitenlangen Berichts über Bebels Philippika die Mitteilung, dass die Versammlung beschlossen habe, »den Boykott aufzuheben«.[68]

Nach dem Verzicht der Arbeiter auf die Nutzung dieses Kampfmittels waren auch die Brauereibesitzer bereit einzulenken. Und so fanden, nachdem die Kontrahenten das Für und Wider überschlafen hatten, »Friedensverhandlungen«[69] statt, in denen die Arbeitgeber mit der Lohn-Kommission übereinkamen, zum 1. Juli einen Arbeitsnachweis einzuführen.

Seither ist offen, wer gewonnen hat und wer verloren …

Der Überzeugung, dass die Sozialdemokraten eine Niederlage erlitten hatten, war der bayrische Reichstagsabgeordnete Karl Grillenberger. Am 16. Oktober 1890 wies er auf dem Parteitag der SPD in Halle auf einen beispiellosen Misserfolg beim Einsatz dieses Kampfmittels hin. »Ich meine den großen Bierboykott in Berlin, von dem sich die Parteigenossen außerhalb Berlins sofort gesagt haben, daß derselbe nie und nimmer zu einem glücklichen Erfolge führen könnte, weil es ein Unding war, sämmtliche Aktiengesellschaften boykottieren zu wollen, blos um sie zur Schlichtung einer untergeordneten Differenz mit ihren Brauergesellen zu bringen.«[70]

Um den Genossen eine Richtschnur für ihr künftiges Handeln zu geben, legte er eine Erklärung vor, die am Ende des Tages einstimmig angenommen wurde. In ihr wurde unter

… das kann jeder behaupten. Wo ist der Beweis?

Nein, am 26. Januar 1892 wurde auf der Vielzweckbühne des Feen-Palasts nicht vorgeführt, wie man endlich zu zweien, sondern ausgeführt, wann ein Boykott gerechtfertigt ist.

Verwendung des mittlerweile abgedroschenen Bildes von der Zweischneidigkeit dieser Waffe, die – »am unrechten Ort oder zur unrechten Zeit angewendet«[71] – mehr schaden als nutzen könnte, den deutschen Arbeitern die Empfehlung gegeben, sich genau zu überlegen, unter welchen Umständen sie von ihr Gebrauch machen sollten.

Das jedoch war in seiner stupenden Unverbindlichkeit als Entscheidungsgrundlage ebenso wenig tragfähig wie der Inhalt des Referats über das Thema »Der Boykott und dessen Bedeutung für die Arbeiterbewegung«, in dem sich das Mitglied des Parteivorstands der deutschen Sozialdemokratie Ignaz Auer auf einer Volksversammlung am 26. Januar 1892 im Feen-Palast an der Burgstraße 22 bemühte, dem Publikum zu erläutern, wann die »Dummheit« des Boykotts keine ist.

Das Mittel sei zwar probat, wenn es sich darum drehe, von Wirten, die sich weigerten, den Sozialdemokraten Säle für Parteiveranstaltungen zu überlassen, deren Bereitstellung zu ertrotzen. Anders aber sähe es aus, wenn der Boykott »als Waffe in den Kämpfen zwischen den Arbeitern und den Unternehmern in Anwendung zu bringen sei«.[72] Dagegen habe schon August Bebel »besonders entschieden«[73] Stellung bezogen. Auch der Parteitag in Halle habe sich gegen »Boykotts ›am unrechten Orte oder zur unrechten Zeit‹«[74] ausgesprochen. Und er, Ignaz Auer, teile diese Meinung »vollkommen«.[75]

Als schließlich nach so vielen schneidigen Bekundungen der Gewissheit, wann ein Boykott nie deklariert werden darf, von der Versammlung eine Resolution verabschiedet wurde, die klipp und klar festlegen wollte, wann die Ausrufung eines Konsumverzichts als Druckmittel erlaubt ist, lautete deren Kernaussage, dass er überall dort berechtigt sei, wo es für die Arbeiterklasse gelte, »ihre soziale und politische Lage innerhalb der bürgerlichen Gesellschaft zu verbessern«.[76]

Vager hätte man's nicht fassen können, sodass sich manch einer schon auf dem Nachhauseweg aus dem Feen-Palast gefragt haben dürfte, warum man diese Motivation nicht auch den boykottfreudigen Brauerei-Arbeitern zugestanden hatte und ihnen stattdessen vorhielt, sich törichterweise einen Gegner ausgesucht zu haben, der kräftiger war als sie.

Nein, alles ideologische Pathos bei der Begründung des von Bebel, Auer und Genossen mit drei Kreuzen abgesegneten Boykotts war Schall und Rauch, da die Rechtfertigung, ihn zu erklären, einzig und allein von der Bejahung der Banalfrage abhing: Sind wir stark genug, den Kampf zu gewinnen?

# Vom nivellierenden Charakter des Bairisch Biers

Dass sich die Partei der Arbeiter im ersten Halbjahr 1890 mit solchem Eifer in den Schlagabtausch zwischen den Berliner Brauern und ihren Prinzipalen eingemischt hatte, lag in der Bedeutung des Gegenstands, um den es hier ging: des Biers.

Bier war für das Leben der Menschen von fundamentaler Wichtigkeit – und zwar in fast allen Schichten. Es war ein Grundnahrungsmittel. Wasser aus dem Hahn in der Wohnung oder der Schwengelpumpe auf der Straße war keine, zumindest keine gesunde Alternative, solange sich Abwässer und Unrat aus den Häusern über offene Rinnsteine in die Spree und ihre Seitenarme ergossen, die Cholera verbreiteten und mit ihrem Gestank die Umwelt verpesteten. »Du glaubst gar nicht, wie sehr ich unter der Berliner Luft leide«, schreibt Theodor Fontane am 1. Juni 1885 aus der Sommerfrische im Riesengebirge an seine Frau.[77] Brauereien soll es gegeben haben, die ihr Wasser aus der Spree bezogen und – bevor der Gerstensaft hergestellt wurde – Schilder postierten, auf denen stand: »Ab Mittwoch darf nicht mehr in den Bach geschissen werden. Am Donnerstag wird gebraut.«[78]

Arbeiter bei der Reinigung der kürzlich fertiggestellten Kanalisation von Berlin, Holzstich von Ferdinand Tegetmeyer (1844–1912) nach einer Zeichnung von Carl Koch (1827–1905), 1881

Bei so viel Vorsicht war Bier das bessere, das optimale Getränk, zumal es durch die Erhitzung während seines Produktionsprozesses und durch seinen Alkoholgehalt weitgehend keimfrei war und damit in Zeiten von periodisch auftretenden Cholera-Epidemien ein zusätzliches positives Qualitätsmerkmal aufwies. Im Endeffekt war Bier bekömmlicher als Muttermilch, weshalb so manch ein Säugling nicht die Brust, sondern die biergefüllte Nuckelpulle bekam.

»In Gegenden, wo die Wasserverhältnisse nicht besonders glücklich liegen«, wurde Bier, wie es 1913 im Rückblick auf die Geschichte der Brauerei Friedrichshöhe zugespitzt hieß, »in gesundheitlicher Hinsicht geradezu zur Notwendigkeit.«[79]

Berlin und das Bier – Historikern mit ausgeprägtem Lokalpatriotismus ist es gelungen, diese Beziehung bis in die Völkerwanderungszeit anderthalb Jahrtausende zurückzudatieren, nachdem im März 1951 bei Ausschachtungsarbeiten in Britz zwei Skelette gefunden wurden. In einem Gefäß, das als Grabbeigabe neben dem männlichen Individuum lag, stellte man eine Substanz fest, die Anlass zu der Vermutung gab, »es habe ursprünglich Bier enthalten«.[80] Bei der seit Tacitus bekannten Vorliebe der Germanen zum Bier – »als Getränk dient ein Saft aus Gerste oder Weizen«[81] – keine wirklich überraschende Entdeckung.

Wann immer wir die Geschichte Berlins und seiner Umgebung rekapitulieren, stoßen wir auf Daten oder Begebenheiten, welche die Bedeutung des Biers belegen. Schon 1370

»Der Bierbreuwer«, Holzstich von Jost Amman (1539–1591), 1568

war sie so groß, dass der Rat der Stadt eine Satzung erließ, nach der ausschließlich Inhaber des Bürgerrechts Bier brauen durften. Die Sorge galt der Gewährleistung eines reinen und kräftigen Biers. »Man hatte erkannt«, schreibt Ernst Fidicin 1842 in seiner *Geschichte Berlins*, »daß in unserm Klima ein tägliches Getränk erforderlich sei, welches erwärmen und zu schweren Arbeiten Kraft geben sollte; indem die Arbeiter beim bloßen Wassertrinken erschlafft sein würden, und warme Getränke nicht ohne Umstände zur Hand sein konnten. [...] Insofern gehörte das Bier ebenfalls zu den nothwendigsten Lebensbedürfnissen, von dessen Güte und Überfluß die Rüstigkeit der mit der Hand arbeitenden Volksklasse, ja des ganzen Volkes abhing, so daß man diesem Nahrungsmittel schon früh die Aufmerksamkeit widmete, die ihm gebührte.«[82]

So beflissen die Obrigkeit auf die Qualität des Biers bedacht war, so scharf hatte sie es als munter sprudelnde Steuerquelle im Auge – ein sensibles Objekt, denn jede Veränderung der Höhe der »Bierzise« führte unweigerlich zu Aufruhr und Empörung jener, die sie zu entrichten hatten. Der Bierkrawall in der Altmark, der im Februar 1488 ausgebrochen und erst im Mai mit der Enthauptung der Rädelsführer beendet worden war, blieb lange in Erinnerung.

An der Nachfrage nach dem – im damaligen Sprachgebrauch »ordinären«[83] – Getränk änderte das alles wenig. Sie verharrte auf hohem Niveau. Und natürlich blieb es nicht aus, dass es immer mal wieder zu Auswüchsen kam.

Friedrich Wilhelm, Kurfürst von Brandenburg und Herzog von Preußen, zu dessen Lebzeiten Berlin fünfzehntausend Einwohner und zweihundertfünfzig Brauhäuser besaß – eine Braustelle für sechzig Zecher! –, sah sich aufgrund dessen 1662 genötigt, seines Amtes zu walten. »Im May d. J. entstand zwischen betrunkenen Soldaten und den Mühlenknechten, auf dem Mühlendamme, ein heftiger Tumult; worinnen verschiedene von den Streitern verwundet und mancherley Schaden angerichtet wurde. Dies bewog dem Churfürsten eine Verordnung wegen Schlagens und Tumultirens ergehen zu erlassen, und befahl darinnen, daß nach dem Zapfenstreiche keine Biergäste in den Kellern gelitten werden sollten.«[84]

In einer Fußnote fügte der Chronist hinzu, so viel sei gewiss, »daß der Genuß des damaligen reinen, unverfälschten, und konsistenten Bieres, der Gesundheit der Märker äußerst zuträglich war, daß ihre feste und nervigte Körper dadurch gestärkt und erhalten wurden.«[85] Ein Grund mehr für Friedrich Wilhelm, selbst eine Brauerei zu gründen, die jährlich viertausend Tonnen Gerstensaft ausstieß.

Hatte der Große Kurfürst dem Volksgetränk bereits hiermit einen Ritterschlag erteilt, so erhielt es die allerhöchsten Weihen unter König Friedrich Wilhelm I. Der ließ 1719

»mit Freuden«[86] in Charlottenburg ein städtisches Brauhaus errichten, war er sich doch im klaren über die segensreichen Folgen einer solchen Einrichtung für das Gemeinwohl: »Auf diese Weise würde 75 Wirten eine neue Nahrung zugewendet, welche bishero allhier nicht gewesen, wodurch zugleich die übrigen bereits dort befindlichen Handwerker mehreren Verdienst und Brot finden würden.«[87]

Und dann, am 21. August 1731, gab er zum weiteren Nachweis seines Wissens um die Bedeutung des Biers die Instruktion, sein Sohn Friedrich, dereinst Friedrich der Große oder der Alte Fritz, möge in der Kunst des Brauens unterwiesen werden. Die Order lautete, ihm sei vom »Brauwesen aller nöthige Unterricht zu geben und zugleich zu zeigen, wie das Brauwesen muß tractiret, gemaischet, das Bier gestellt, gefaßt und überall dabei verfahren, auch das Malz zubereitet werden und beschaffen sein muß, wenn es gut ist.«[88]

Kein deutscher Fürst war je ein solcher Kenner und Freund des Gerstensafts wie Friedrich Wilhelm I. von Preußen. »An der königlichen Tafel wurde Bier getrunken und in dem berühmten Tabakscollegium war Bier das einzige Getränk.«[89] Das zeigt wie zur Pointierung dieser Ausschließlichkeit das Georg Lisiewski zugeschriebene Gemälde, auf dem vor jedem

Der Generaldirektor der Schultheiss Brauerei und Abgeordnete des Deutschen Reichstags Richard Roesicke hatte es nicht weit zur Wahrnehmung des einen wie des anderen Amtes.

»Das Tabakskollegium König Friedrich Wilhelms I. von Preußen«, Gemälde von Georg Lisiewski (1674–1750), möglicherweise zu Unrecht zugeschrieben, um 1737

Teilnehmer der Männerrunde eine hochhalsige Flasche und ein Glas mit Bier der weiland berühmten Brauerei Duckstein aus Königslutter am Elm im Braunschweigischen stehen.[90]

Inzwischen war die Zahl der Brauhäuser bis ins Jahr 1750 auf dreihundertzwölf angestiegen, nahm hernach aber stetig wieder ab, weil unterdessen immer mehr Biere von Nicht-Berliner Herstellern auf den Tresen erschienen.

Dadurch wurde der Verbrauch der Bevölkerung endgültig unüberschaubar – nur einzelne Daten sind überliefert wie die, dass in den Berliner Gastwirtschaften im Jahr 1800, als Berlin exakt 172 132 Einwohner hatte, genau 1285 Tonnen Bier verzapft wurden. Doch sind Angaben dieser Art wenig aussagekräftig, weil wir nichts über den zusätzlichen häuslichen Konsum wissen.

Feststeht, dass der Bedarf an Berliner Bieren um die Jahrhundertwende stagnierte, jedoch mit dem Einsetzen und der sich immer stärker beschleunigenden Industrialisierung wieder anstieg. Mit dem Zuwachs der Bevölkerung, vor allem der niederen Schichten, und wegen der mit ihm einhergehenden Zunahme der Wirtshäuser stieg auch die Anzahl der Brauereien aufs Neue. Waren es 1842 noch fünfunddreißig gewesen, so waren es 1868 schon fünfzig.

Ein weiterer Faktor, der dies Wachstum begünstigt hatte, war die in den Vierzigerjahren einsetzende Verbreitung von untergärigem Bier, das dem bislang getrunkenen obergärigen mit jeder Brauperiode mehr den Rang ablief und das Berliner Leben, wie der Kulturhistoriker Robert Springer 1850 schrieb, »in ein neues Stadium«[91] eintreten ließ.

Dieses untergärige Bier, das von Braumeistern aus Bayern – allen voran der aus Pommersfelden bei Bamberg stammende Conrad Bechmann – in Berlin eingeführt worden war und seither gelegentlich als »echtes«, gemeinhin aber als »Bairisch Bier« bezeichnet wurde, verdankte seine Beliebtheit bei den Wirten seiner Haltbarkeit und bei den Gästen seinem Geschmack. Beides ging auf den Unterschied in jener Phase des Herstellungsvorgangs zurück, in der die Hefe nach der Gärung – wie der Name sagt – im Sud aufsteigt, während sie im anderen Fall in diesem Stadium allmählich auf den Boden des Bottichs hinabsinkt.

Da die untergärige Hefe dabei nicht wie die obergärige zwischen 15 bis 20 Grad Celsius ›arbeitet‹, sondern nur bei einer vergleichsweise niedrigen Temperatur zwischen 4 und 9 Grad, benötigt sie zu ihrer Reifung eine ausdauerndere, zwölf bis vierzehn Tage währende Lagerzeit (der die untergärigen Biere auch den Namen »Lagerbier« verdanken).

Am Ende besaß das so entstandenen Bier gegenüber dem in Berlin bisher vertrauten Weißbier, dem »hauptstädtischen Nationalgetränk«[92], eine dunklere Farbe und einen stärkeren, volleren Geschmack – und dadurch einen Vorteil beim Absatz. Anno 1872 standen einer Erzeugung von mehr als fünfhunderttausend Hektolitern obergärigem Bier bereits knapp neunhunderttausend untergäriges gegenüber, eine Differenz, die sich ungeachtet saisonaler Schwankungen auf die Dauer immer mehr vergrößerte.[93]

Gustav Stresemann erklärte in seiner Dissertation über *Die Entwicklung des Berliner Flaschenbiergeschaefts* den Siegeszug des untergärigen Biers mit der massenhaften Zuwanderung in die Metropole, dem damit einhergehenden Wandel der Bevölkerungsstruktur und der dadurch bedingten Zurückdrängung des Berlinertums. »Denn das Berliner Weissbier ist, wie u.a. auch der Name besagt ein spezifisch berlinisches Getränk und seine Eigenart wie seine Vorzüge werden infolgedessen auch nur von ›echten‹ Berlinern in richtiger Weise eingeschätzt und gewürdigt. Wie die Form der [kelchartigen] Gläser und die Natur des Bieres ein hastiges Heruntergiessen verbieten, vielmehr Ruhe und Behaglichkeit zum Geniessen des Weissbieres Vorbedingung sind, so kann man vielleicht sagen, dass in der Eigenart dieses Bieres sich das Bild des behäbigen, bedächtigen und etwas philiströsen alten Berliner Bürgertums spiegelt. Welcher Gegensatz zwischen einer Weissbierstube im alten Berlin und den in den letzten Jahren entstandenen berühmten Aschinger'schen Bierquellen! Dort die Bürger etwas ehrwürdig an den einfachen Tischen vor den runden

»Bockstilleben«, Ölgemälde von Johann Wilhelm Preyer (1803–1889), 1839 – auf dem Tisch das erste Exemplar des *Münchner Bock-Blatts* vom 2. Mai 1839 und an der Wand die Noten des *Bockwalzers* (1827) von Karl Leibl (1784–1870)

grossen Gläsern vereinigt, Zeitung lesend oder in Ruhe und Behäbigkeit sich unterhaltend. Hier ein ewiges Hasten und Treiben, Kommen und Gehen, die Einzelnen kaum sich Zeit lassend, um Platz zu nehmen, sondern im Stehen eines der obligaten belegten Brödchen essend oder einen schnitt echten Bieres herunterstürzend und mit dem Blick auf die Uhr nach einigen Minuten wieder forteilend, um anderen Platz zu machen, welche ebenso wie sie ›in der Eile‹ etwas ›geniessen‹ wollen.«[94]

Irgendwann hatte das untergärige Bier eine solche Beliebtheit erreicht, dass es – dieser Eindruck entsteht, wenn man im *Liederbuch des Vereins der Angestellten der Großen Berliner Straßenbahn* blättert – als *das* Bier besungen wurde, das man im Deutschen Reich trank:

> Frankreich schwärmt für seine Weine,
> Rußland für den Spiritus,
> Doch der Deutsche preist das reine
> Bairisch Bier als Hochgenuß.[95]

In eher intellektuellen Kreisen war das Bairisch Bier – zumindest für den einen oder anderen – ein Zeichen des Abschieds vom Alten, hier hob man das schlanke Glas mit einem Prost auf die Moderne. Hier war sein Genuss eine Demonstration, ein Lippenbekenntnis. Hier war Berlin auf dem Kien.

Insofern lag die social-politische Wochenschrift *Berliner Revue* nicht falsch, als sie das neue Genussmittel zum Anlass einer soziologischen Reflexion über kommende Umbrüche nahm: »Das bairische Bier zeigt dem geschärften Auge des Culturhistorikers sogleich eine tiefere Verwandtschaft mit dem Charakter der neueren Zeit. […] Es hat einen kosmopolitischen und nivellierenden Charakter, dies Bier. Und dabei werden alle Anstrengungen gemacht, es zum Getränk des letzten Standes zu machen. Immer billiger wird es bereitet, und eine neue Actienbrauerei zu Tivoli beim Kreuzberge schickt sich an, ein halbes Quart davon für einen Silbergroschen zu verkaufen. So sehen wir in einem kleinen Bilde, was wir neulich bei den Schilderungen der Pariser Arbeiter-Cafés im Großen sahen, daß ein ganz besonderes Streben der Zeit darauf geht, das einmal vorhandene Nivellement der Gesellschaft dahin zu benutzen, daß auch für alle verschiedenen Geldklassen dieselben Genüsse beschafft werden.«[96]

Wer immer das Feuilleton geschrieben hatte, war ein guter Deuter der Zeichen seiner Zeit. Trank nicht auch Fürst Bismarck gerne, um sich »zu verpusten«[97], das dunklere ›echte‹ Bier? Seine regelmäßige Einkehr in Carl August Schwarzens Destille in der Leipziger Ecke Friedrichstraße, die für das hier gezapfte Untergärige bekannt war, lieferte ebenso eine

»Festbankett der Industrie mit Fürst Otto von Bismarck«, Ölgemälde von Ernst Henseler (1852–1940), 1896

Bestätigung für den »nivellierenden Charakter« des schichtenübergreifenden Getränks wie der Ausschank von Bairisch Bier bei Bismarcks legendären parlamentarischen Abenden oder Festbanketten im Reichskanzlerpalais.

Was auch bedeutete, dass in den Kneipen Weiß- und Bairisch Bier nebeneinander ausgeschenkt wurde. Man betrachte nur Heinrich Zilles Lithographie »Der Budiker« von 1916. Auf ihr wird auf einem Schild rechts neben dem angemessen grimmig dreinblickenden Wirt des Restaurants Zum Groben Gottlieb »Bairisch & Weiss Bier« in dieser gebührenden Rangordnung angepriesen[98] – zur Verstärkung des Vergnügens zusammen mit Nordh[äuser] Korn, auf berlinerisch »mit Strippe«.

Apropos Zille.

Wo Ärzte ihren Lehrbüchern (!) zum Stichwort Bairisch Bier entnehmen konnten, sie »sind schwer und enthalten 3–5% Alkohol und wirken ausgezeichnet in der Reconvaleszenz

Der Grobe Gottlieb war ein kluger Wirt: Bei ihm gab es zur juten Wurst sowohl das untergärige Bairisch als auch das obergärige Altberliner Weiss Bier – mitsamt einem Nordhäuser Korn. »Der Budiker«, Lithographie von Heinrich Zille (1858–1929), 1916

nach schweren Krankheiten«[99], hätte Pinselheinrich die Stammtischbesuche eines Emil, Orje oder Paule mit hippokratischem Placet getrost als Kuraufenthalte darstellen können. Als Zecherei auf Rezept.

Die *Statistischen Jahrbücher der Stadt Berlin* ermöglichen es, nicht nur den Zuwachs der Bevölkerung der Metropole zu verfolgen, sondern auch die mit ihm einhergehende Zunahme der Anzahl der Brauereien sowie die sich daraus ergebende Steigerung der Bierproduktion. Und weil es die preußischen Beamten bis auf die zweite Stelle hinterm Komma sehr genau zu nehmen pflegten mit den ihnen übermittelten Werten, lässt sich gleichzeitig nachvollziehen, wie sich der Abstand zwischen der Herstellung von obergärigen und der von untergärigen Bieren immer mehr vergrößerte.

Bereits 1885 war der Ausstoß von Bairisch Bier nach Aussage der folgenden Tabelle mehr als doppelt so hoch wie der von Altberliner Sorten. Ein Verhältnis, das auch zehn Jahre später bestand, als neunundsechzig Brauereien etwas mehr als eine Million Hektoliter obergäriges erzeugten, demgegenüber aber knapp zwei Millionen untergäriges.

| Jahr | Einwohner | Brauer | obergärig | untergärig |
|---|---|---|---|---|
| 1880 | 1122 330 | 57 | 708 267 | 1083 357 |
| 1881 | 1156 382 | 68 | 712 521 | 1140 159 |
| 1882 | 1192 073 | 69 | 714 522 | 1262 402 |
| 1883 | 1226 378 | 67 | 723 302 | 1417 605 |
| 1884 | 1263 196 | 68 | 700 616 | 1468 998 |
| 1885 | 1315 287 | 69 | 702 451 | 1470 200 |
| 1886 | 1362 458 | 69 | 798 555 | 1660 708 |
| 1887 | 1413 432 | 70 | 836 898 | 1762 263 |
| 1888 | 1470 230 | 74 | 1010 174 | 1772 973 |
| 1889 | 1526 061 | 78 | 1037 913 | 2044 118 |
| 1890 | 1579 530 | 69 | 1059 430 | 1992 777[100] |

»Seit zehn Jahren«, heißt es in der Interpretation einer Statistik für dieses Jahr 1890, »hat sich die Production an obergährigem Bier um 54.08, an untergährigem um 81.99, überhaupt um 71.22 Pc. vermehrt.«[101]

Dieses Wachstum war den achtunddreißig Brauergesellen nicht entgangen, die kurz nach der mit großem finanziellem Aufwand durchgeführten Sanierung und Modernisierung des Betriebs[102] sowie der eben bekanntgegebenen Ausschüttung einer Dividende in Höhe von zwölf Prozent an die Aktionäre[103] am 15. April 1890 in der Schöneberger Schloßbrauerei die Arbeit niedergelegt hatten.

Darum begehrten sie auf. Sie, die in einem so wichtigen und kraftvoll sich entwickelnden Wirtschaftszweig bisher nur zu arbeiten und kaum etwas zu sagen hatten, stritten fortan um die Teilhabe an diesem Erfolg – um Mitsprache und Mitbestimmung.

Die Hoffnung ihrer Hintermänner war, dass der Streik in einen Boykott der Berliner Ringbrauereien münden und dieser die Arbeitgeber am Ende in die Knie zwingen würde. Denn das hatten die Strategen des Boykotts längst erkannt: dass er die größte Aussicht auf Erfolg dort hat, wo er sich auf die Hersteller eines Erzeugnisses richtet, das ein Konsumartikel einer möglichst großen und dabei homogenen und im Idealfall gut organisierten Bevölkerungsgruppe ist.

Nichts erfüllte den gedachten Zweck im ausgehenden 19. Jahrhundert in Berlin besser als das Grundnahrungsmittel der Arbeiter: das Massengetränk Bier.

Eine Werbemarke der Schloßbrauerei Schöneberg

# Vom »boykotten«

Ein Gegenüber mit einem Konsum- oder Kontaktverzicht oder der Behinderung seiner Entfaltungsmöglichkeiten zum Umdenken und tunlichst zur Änderung seines Handelns zu bewegen, gehört zum Alltag der Menschen. Bekanntermaßen mit Mängeln behaftete Waren werden von Verbrauchern gemieden. Ist ein Wirt als unfreundlich verschrien, kann er lange auf Gäste warten. Ein Land, das seine Nachbarstaaten bedroht und bedrängt, dessen Außenkontakte werden mit Sanktionen belegt.

Alle Facetten solcher und ähnlicher Interaktionen vereinen sich in dem Wort »Boykott«.

Doch woher stammt es?

Im Februar 1880 war der schottisch-amerikanische Schriftsteller und Journalist James Redpath nach Irland gereist, um von dort über die Armut und die politische Situation auf der Grünen Insel zu berichten. Dabei gelangte er in den Lough Mask District im mitt-

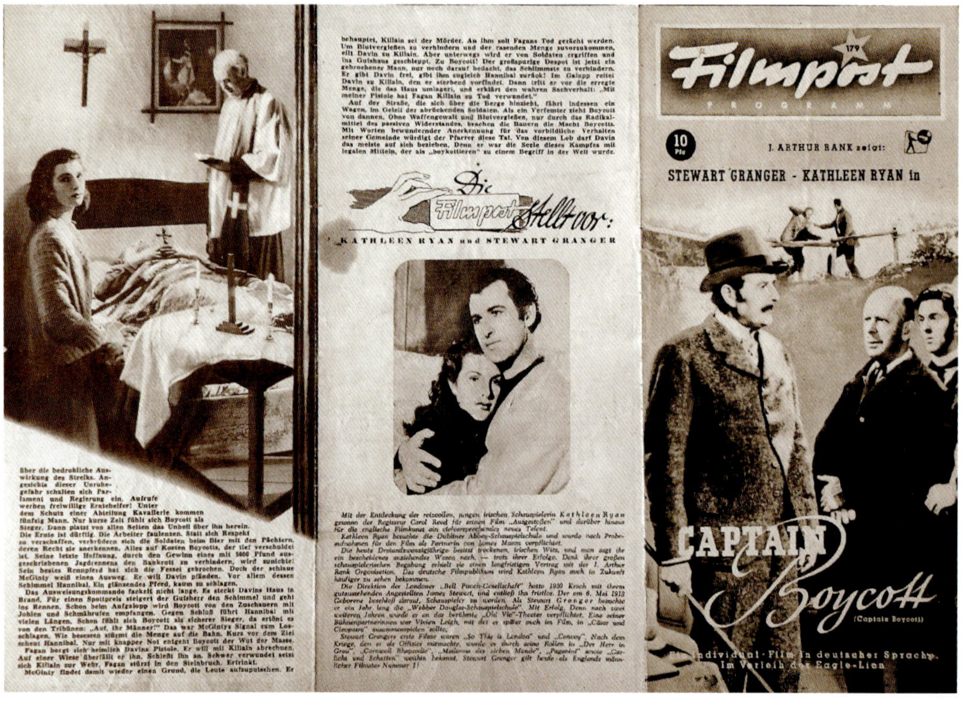


Ein Programmzettel zu dem englischen Film *Captain Boycott* (1947), dem die *New York Times* »Seele, Humor und Charme« attestierte leren Westen, wo er sich über das Unwesen eines die Menschen schindenden britischen Gutsverwalters informieren wollte.

Charles Cunningham Boycott hatte sich in der Gegend einen Namen gemacht durch sein ausbeuterisches Gebaren gegenüber seinen Pächtern. Die wussten sich zuletzt nicht mehr anders zu wehren, als dass sie sich weigerten, seine Ernte einzubringen. Die Schäfer weigerten sich, seine Herden zu hüten. Die Schmiede weigerten sich, seine Pferde zu beschlagen. Die Wäscherinnen weigerten sich, sein Zeug zu waschen. Die Bäcker weigerten sich, ihm Brot zu verkaufen. Die Kutscher weigerten sich, ihn auszufahren. Und der Postbote weigerte sich, ihm seine Briefe zuzustellen. Zermürbt setzte sich Boycott nach England ab.

Alles das erfuhr James Redpath aus dem Mund des Pfarrers des Lough Mask Districts, Father John O'Malley. Und der wusste, wie es zu dem Wort »Boykott« gekommen war.

Redpath erzählte es späterhin einem Interviewer: »Ich sagte zu Father John: ›Wenn die Leute einen Mann wie den ächten, den Ihr Land-Klauer nennt, dann nennen wir das soziale Exkommunikation. Aber für einen Gutsverwalter oder Grundstücksverscherbler vom

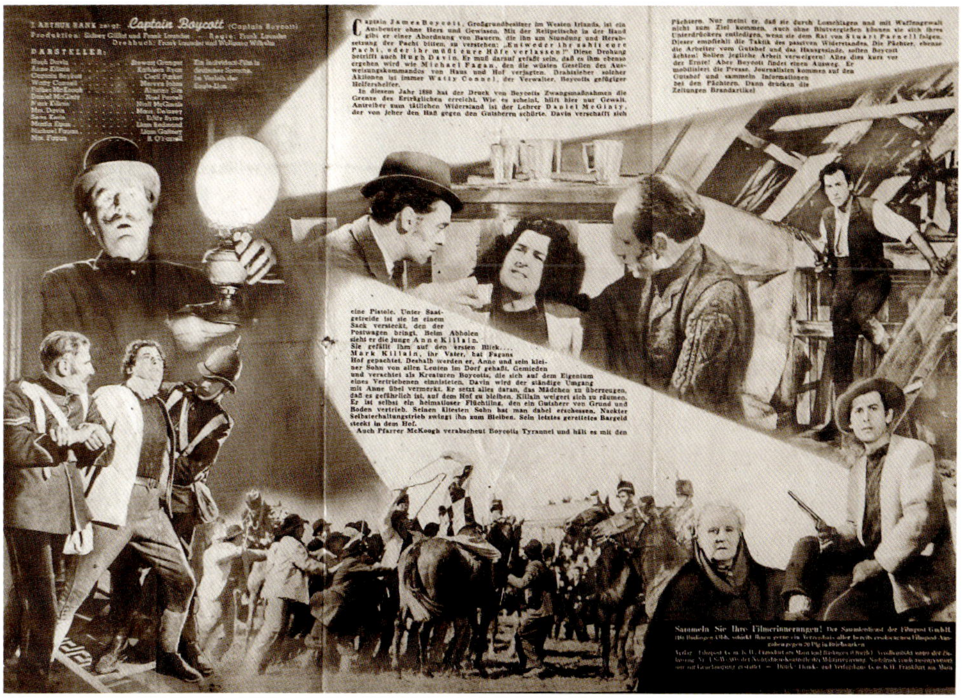


Der englische Kritiker rühmte an dem Film »die professionelle Machart, das geistreiche Script, die hervorragende Besetzung und die enorme Unterhaltsamkeit«.

Schlage Boycotts sollten wir eine anderen Namen haben. Ostrazismus [also Ausgrenzung] trifft es nicht – die Leute würden das Wort auch gar nicht verstehen – nur, was anderes fällt mir nicht ein.‹

›Nein‹, entgegnete Father John, ›Ostrazismus trifft es nicht.‹

Er senkte den Kopf, dann schlug er sich an die Stirn und fragte:

›Wie wär's mit ‚boycotten'?‹

Ich war begeistert und erwiderte: ›Ja, sagen Sie Ihren Leuten, sie sollen in Zukunft ‚boycotten' dazu sagen.‹«[104]

Das Wort mit seiner einprägsamen Herkunftsgeschichte verbreitete sich in Windeseile von England aus in die U.S.A. und von dort in die ganze Welt. Im Deutschen Reich wurde es zunächst in der Schreibweise »boycotten« gebraucht – so wie anfangs auch »Streik« in der englischen Form »Strike« –, dann trat ein »k« an die Stelle des »c«, bis sich schließlich »boykottieren« einbürgerte mitsamt dem dazugehörigen Substantiv »Boykott«. Das *Berliner Volksblatt* definierte es 1885 als »System des wirthschaftlichen Terrorismus«.[105]

Obwohl nach dem Bebel'schen Machtwort von der »Dummheit« des leichtfertigen und übertreibenden Boykottierens seit 1890 zu erwarten gewesen wäre, dass Auflehnungen dieser Art hierzulande zurückgehen würden, scheint es, als habe der Import der griffigen Bezeichnung die Anwendung des damit Gemeinten nachgerade beflügelt.

Alle Nase lang meldeten die Zeitungen Boykotte aus den Städten und Gemeinden des Reichs, aus Berlin, aus Leipzig, von überall her. Boykotte haussierten.

Auch in Halle hatten Arbeiter einen Boykott gegen eine Brauerei inszeniert. Was der Reichstagsabgeordnete und Brauereibesitzer Richard Roesicke am 13. Januar 1892 im Hohen Hause zu einer Attacke gegen die Sozialdemokraten nutzte, in der er ihren Akteuren unterstellte, Maßnahmen dieser Art zuweilen als pure Machtdemonstration durchzuführen.

Wohl nicht zum geringen Erstaunen Roesickes bat ihn sein Parlaments-Kollege, das Mitglied der Parteileitung der SPD August Bebel, in seiner Erwiderung, »sich zu erinnern, daß, als vor 1½ Jahren hier in Berlin eine Versammlung stattfand, in der es sich um den Bierboykott handelte, der in Berlin verhängt war, ich aufgetreten bin und das Vorgehen eines Theils meiner Parteigenossen in diesem Brauereistreike entschieden mißbilligt habe.«[106]

Und er scheute sich obendrein nicht, in aller Offenheit zuzugeben: »Was in Berlin geschah, geschah von unseren Parteigenossen vollständig selbständig, aber nicht immer unter unserer Billigung; und bei der ersten Gelegenheit, wo mir die Möglichkeit gegeben war, mich öffentlich über diese Sache auszusprechen, habe ich das in der rücksichtslosesten Weise gethan, und die Herren Roesicke und Genossen haben ja damals mit besonderer

Eidelstedt im Nordwesten Hamburgs ist heute ein Teil der Hansestadt.

Freude konstatirt den Riß, der dadurch in der Sozialdemokratie offenkundig geworden sein soll.«[107]

Vielerorts hat dieses Eingeständnis Aufsehen erregt und durch seine Noblesse teilweise Hochachtung geweckt – nur zur Einsicht bei den Parteigenossen hat es kaum geführt. Die Lust am Anzetteln von Boykotten bestand weiter, so zum Beispiel 1891 in Leipzig und 1892 in Halle, wobei jener, der sich im August desselben Jahres, 1892, in Hamburg abspielte, von besonderer Absurdität war.

Dort hatte am 9. des Monats der Braumeister Steinmeyer der seit kurzem zur Barmbeker Brauerei AG gehörenden Tivoli-Brauerei in Eidelstedt den Flaschenkeller-Arbeiter Richter, »der keineswegs«, wie die *Kölnische Zeitung* süffisant einschob, »als hervorragendes Mitglied der Socialdemokratie gilt«[108], entlassen, weil er ihn für einen Trunkenbold hielt.

Daraufhin forderte die Lohn-Kommission der Brauer, der Brauereihilfsarbeiter und der Küfer die unverzügliche Wiedereinstellung des Mannes. Dieses Ansinnen wies der Direktor der Brauerei Ferdinand Strauß am nächsten Tag zurück, und als vierundzwanzig weitere Stunden vergangen waren, verbreitete sich die Nachricht, dass die Brauerei-Arbeiter zum Boykott des Biers der Eidelstedter und Barmbeker Brauereien aufgerufen hatten.

Aus den Berliner Erfahrungen klug geworden verbündeten sich am 12. August sechzehn Hamburger Brauereien und stellten den Arbeitern ein Ultimatum, dass, wenn sie ihren Aufruf nicht auf dem schnellsten Weg zurückzögen, die Brauereien eintausendzweihundert in ihren Betrieben tätige und gewerkschaftlich organisierte Arbeiter an die Luft setzen würden – was sie, als der Rückzug ausblieb, am 16. August um zwölf Uhr mittags auch taten.

Die bürgerliche Presse nahm es am nächsten Morgen mit Befriedigung zur Kenntnis und schrieb: »Das Beispiel der Hamburger Brauereibesitzer wird, so steht zu hoffen, ernüchternd wirken und den ›Genossen‹ vor Augen führen, dass man sich nicht ungestraft über Pflicht und Recht erhebt.«[109] »Mit größerm Leichtsinn ist wohl kaum je ein Massenausstand veranlaßt worden«[110], ergänzte die *Kölnische Zeitung*.

Solcher Bewertung schlossen sich kurz darauf die Gast- und Schankwirte sowie die Flaschenbier-Händler Hamburgs an, die über das Gebaren der Lohn-Kommission entsetzt waren. Sie hatten mittlerweile dadurch, dass die Leute kein Bier mehr bei ihnen tranken oder kauften, spürbare Verdienstausfälle zu beklagen und waren umso erleichterter, als ihnen am 18. August der Gewerkschafts-Verband beisprang, der das »eigenmächtige, gelinde gesagt unbedachtsame Vorgehen«[111] einer einzelnen Lohn-Kommission rügte. Ein Boykott sei »kein Kinderspiel«.[112] Durch ihren »unüberlegten Schritt«[113] hätte sie den Großbrauereien zu einem billigen Triumph verholfen. »Leichtfertiger Weise«[114] sei sie vorgegangen.

Gleichermaßen aufgeschreckt von den Wellen, die das unbewiesene Besäufnis des Genossen Richter und die falsch verstandene Kumpelhaftigkeit der Arbeitsbrüder im Nu geschlagen hatten, verwahrte sich der Reichstagsabgeordnete der SPD Wilhelm Metzger im *Berliner Tageblatt* »gegen die Insinuationen der Brauerei-Direktionen, daß die sozialdemokratische Partei oder das Hamburger Gewerkschafts-Kartell ihre Hände bei den vorliegenden traurigen Konflikten im Spiele gehabt hätten. Er […] werde sich schön hüten, eine Verantwortung für die dummen und frivolen Streiche, wie sie thatsächlich von den Brauern ausgeführt zu sein schienen, auf sich zu nehmen«.[115]

Zum zweiten Mal fiel im Zusammenhang mit dem Wort »Boykott« das Wort von der »Dummheit«.[116]

Nach dieser Intervention kam es an allen Fronten zu Rückzugsgefechten, bis die streitenden Parteien sich am 24. August darauf einigten, dass die Brauereien die Entlassung der eintausendzweihundert Arbeiter und die Lohn-Kommission den Boykott-Aufruf zurücknehmen werden. Sofern die Stellen der entlassenen Arbeiter inzwischen nicht durch auswärtige Kräfte besetzt worden seien, dürften sie auf ihre alten Posten zurückkehren.

Die Teilnehmer des 5. Delegiertentages des Allgemeinen Brauerverbandes im Jahr 1890 in Hamburg – in der ersten Reihe der fünfte von rechts: Paul Hilpert

Um deutlich zu machen, dass die Maßnahmen der Hamburger Brauereien keinerlei weltanschaulichen Hintergrund hatten, gaben sie gegenüber der Kartell-Kommission in weiser Voraussicht die Versicherung ab, dass sie »ihren Angestellten nach wie vor völlige Freiheit der Bewegung in politischer wie gewerkschaftlicher Beziehung gewähren«.[117]

Der einzig greifbare Effekt der gesamten Aktion war am Ende, dass zweihundertsechsunddreißig Arbeiter keine Anstellung fanden, sodass sie mithilfe einer Spendensammlung ihrer Kollegen über Wasser gehalten werden mussten.

Einige Monate danach sprach der Gewerkschaftler Friedrich Appelt – nebenbei bemerkt in Gegenwart des Einpeitschers Paul Hilpert – in einer Versammlung über die Arbeitsverhältnisse der Hamburger Brauer und Böttcher. Dabei geißelte er »das ablehnende Verhalten der politischen Partei der Gewerkschaftsbewegung gegenüber«[118], was die Redaktion des *Vorwärts* mitten in der Wiedergabe des Referats zu einer längeren Zwischenbemerkung veranlasste: »Wenn die Stellung der Hamburger Brauerei-Arbeiter durch irgend etwas erschwert wurde, so war dies durch die thörichte Boykott-Proklamirung der Fall. Diese kommt aber nicht auf das Konto der politischen Partei, sondern war nach unseren Informationen ausschließlich das Werk des Genossen Appelt.«[119]

Der Chronist der Brauereiarbeiterbewegung Eduard Backert[120] hinwieder führte den Ausgang der Fehde, den er »ungünstig«[121] nannte, in einer diplomatischen Volte »zum Teil auf die damals in Hamburg herrschende Choleraepidemie«[122] zurück, während der Unternehmen, die bisher pro Tag fünf- bis sechshundert Hektoliter Bier verkauft hatten, jetzt nur noch vierzig bis fünfzig absetzen konnten.

Da nun aber, wofür Hamburg allemal ein Beispiel war, die Boykotte im Reich aufgrund der intensiven Durchmischung der Arbeiterbewegung mit sozialistischem Gedankengut in der Zwischenzeit zugenommen hatten, hielt es die Redaktion des *Vorwärts* am 30. Dezember 1892 für geboten, im Geiste August Bebels ihrerseits darauf hinzuweisen, dass ein Boykott nicht wegen jeder Bagatell-Zwistigkeit auszurufen sei …

… um im selben Atemzug hinzuzufügen, dass er wenn schon, denn schon »bis zur Vernichtung«[123] des Gegners durchgeführt werden müsse. Doch, wie gesagt, Vorsicht! »Diese Waffe aber aus Anlaß jedes Streites zwischen Arbeitern und Unternehmern im Gastwirthsgewerbe oder Brauereien in Anwendung bringen zu wollen – stumpft dieselbe in kürzester Zeit ab und macht sie zu einem bedeutungslosen Spielzeug.«[124]

Dieser Nadel-im-Heuhaufen-Fund offenbart *in nuce* das Dilemma, in dem sich die sozialistischen Arbeiter der Brauereien befanden. Hier sie, die bereit waren zu kämpfen, bis sie – siehe Barmbek – den Ast, auf dem sie saßen, durchgesägt hatten. Auf der anderen Seite die Führung der Sozialdemokratischen Partei Deutschlands, der SPD – der Nachfolgerin der SAP –, die nach wie vor bestrebt war, sich den Boykott als letztes Mittel im Streit um grundsätzliche politische Themen warm zu halten. Nicht als Kinderkram, mit dem man herumfuchtelt, um sich einen Abend mit Genossen in der Schänke eines widerborstigen Wirts zu erzwingen.

Nach ihrer Knebelung durch das Sozialistengesetz hatten die Männer drei Jahre lang den Aufstand in allen möglichen Varianten geprobt, sodass 1893 Heerschau der beteiligten Akteure gehalten werden konnte.

Ein Mann der Feder, der daneben über künstlerisches Talent verfügte, hätte dazu ein personenreiches Tableau zeichnen können. Auf diesem wären links von der Mitte die radikalen Brauer mit ihren Lohn-Kommissionen zu sehen gewesen, weiter links die Mitglieder der Gewerkschaften mit ihrem Schwanken zwischen Sozialismus-Ferne oder Sozialismus-Nähe und ganz am linken Rande die Genossen der Sozialdemokratischen

Partei mit ihrer Auffassung, dass ein Boykott nur das letzte Mittel bei der Austragung einer gesellschaftspolitischen Auseinandersetzung sein darf. In der Mitte die Kneipen, die Mietskasernen der Stadt und die Brauereien. Rechts von der Mitte ständen die Direktoren der Betriebe in einem Ring, in dem sie ihre Schutzmaßnahmen gegen die Attacken der Arbeiter aufeinander abstimmten.

Im Hintergrund schimmerte als Vorzeichen des nächsten Jahres hoch droben auf dem Spandauer Berg die Silhouette der Spandauerberg Brauerei.

# Von den Unruhen vor dem Sturm

August Bechmann (1840–1912)

Die Spandauerberg Brauerei, auf Charlottenburger Seite direkt an der Grenze zu Spandau gelegen, war eine Gründung des Pommersfeldener Braumeisters Conrad Bechmann.

1842 hatte der Franke auf der Südseite der nachmals so benannten Spandauer Chaussee ein Ausflugslokal eröffnet, den »Spandauer Bock«, der bei den Spandauern, Charlottenburgern und Berlinern so viel Zuspruch gewann, dass er fünf Jahre später auf der gegenüberliegenden Straßenseite ein Schwesterlokal erhielt, das der Berliner Witz auf den Namen »Zibbe« taufte, weibliches Schaf.

1854 errichtete Bechmann östlich der »Zibbe« eine große Brauerei, die nach seinem Tod im Jahr 1881 von seinen Söhnen Johannes und August weitergeführt und 1885 in eine Aktiengesellschaft umgewandelt wurde, die Spandauerberg Brauerei vorm C. Bechmann A.-G. Ihr Direktor respektive Vorstand war seither Wilhelm Brähmer, ein Berufsleben lang dem Unternehmen verbunden, aber *in rebus politicis* kein allzu brillanter Stratege.

Der Spandauer Bock – der berühmte Biergarten der Spandauerberg Brauerei

Das zeigte sich, als Spandauer Sozialdemokraten wie schon bei früheren Anlässen im Vorfeld der Wahl zum 9. Deutschen Reichstag am 15. Juni 1893 ›auf dem Bock‹ eine Lokalität für ihre Volksversammlung mieten wollten – und zwar am Mittwoch, dem 14. Juni, dem Abend vor dem Urnengang.

»Mittwoch«, erfuhr der Vertrauensmann der Spandauer Parteigenossen indessen, »ist Familienfest der Brauereibeamten, und Dienstag hält eine Loge ein Fest ab. Auf sein Ersuchen, ihm dann den Saal Montag vor der Wahl zu geben, antwortete der Oekonom [der Geschäftsführer]: Da muß ich erst den Direktor Brähmer fragen und werde ihnen telegraphisch antworten. Die Antwort kam, aber ablehnend und mit dem Bemerken, daß nach der Wahl jederzeit wieder der Saal zu haben sei.«[125]

Die Gelegenheit bot sich bei einer Stichwahl am 24. Juni.

Versuchsweise nahm der Emissär einen zweiten Anlauf und wurde beim Direktor persönlich vorstellig. Der tischte ihm eine neue Version der Umstände auf, die zu seinem Bedauern eine Vermietung des Saals vor der Wahl verhinderten: Der werde renoviert. Genauso wie alle anderen …

Johannes Bechmann (1838–1894)

Adolf Winkels Restaurant Wilhelmshöhe in Pichelswerder

Auf das Angebot des Genossen, Brähmer möge die Handwerker um Aufschiebung ihrer Arbeiten bitten, die Partei lege dafür gerne dreihundert Mark auf die Saalmiete drauf, fruchtete nichts. »Nach der Wahl, jetzt nicht.«[126]

Spätestens da war den Spandauern klar, dass sie von Brähmer an der Nase herumgeführt wurden, sodass sie für den 6. Juli die Spandauer, Charlottenburger und Berliner Lokal-Kommissionen zusammentrommelten.

Der Rest war Routine.

Eine Volksversammlung in Adolf Winkels Lokal Wilhelmshöhe in Pichelswerder beschloss am 12. Juli, ab sofort die Spandauerberg Brauerei zu boykottieren und sämtliche Gaststätten, deren Restaurateure das Bier des Unternehmens ausschenkten oder in Flaschen verkauften, zu bannen. Um obendrein den Mitgliedern der Ringbrauereien die Möglichkeit zu nehmen, Absatz- und Verdienstausfälle der Spandauerberg Brauerei durch eine Ausgleichsvergütung zu kompensieren, wurde »die Arbeiterbewegung im allgemeinen«[127] aufgefordert, auch vom Ring kein Bier mehr zu trinken, sondern nur von ihm nicht angehörenden Firmen wie dem Münchener Brauhaus.

Dieser Aufruf war so durchschlagend, dass Richard Roesicke zusammen mit einem Vorstandsmitglied des Verbandes Berliner Brauereien am 30. Juli im *Vorwärts* eine Erklärung abgab, wonach – da auf dem Bock inzwischen tatsächlich die Böden gefirnisst und Paneele repariert worden seien – »nur ein Mißverständniß zu der Verrufserklärung geführt habe«.[128]

Er fügte hinzu, »daß die Direktion der Spandauerberg- Brauerei-Aktiengesellschaft nach wie vor bereit ist, ihren Saal allen Parteien, ohne Rücksicht auf ihre politische Stellung, also auch der sozialdemokratischen Partei, zur Verfügung zu stellen.«[129]

Eine Zeile tiefer folgte eiskalt und unerbittlich eine Aufstellung der Redaktion des *Vorwärts*, der die Leser entnehmen konnten, welche Lokalinhaber entgegen allen Appellen der Sozialdemokraten Bier von den boykottierten Spandauern beziehen, auf dass man sie ächte.

Tag für Tag druckte das Blatt Prangerlisten mit Boykott-Brechern, Berichtigungen fälschlicher Denunziationen und Berichte darüber, mit welcher Schärfe die Durchführung des Boykotts überwacht wird. Das ging so weit, dass sich die Lokal-Kommission wie in Wahrnehmung hoheitlicher Aufgaben »Einsicht in die Braubücher«[130] eines Wirts geben ließ.

Immer wieder tauchten Leserbriefe auf, in denen zu Unrecht des Boykottbruchs Bezichtigte inständig baten, dies umgehend richtigzustellen. »Es wäre doch sehr zu empfehlen, daß bei solcher Gelegenheit mehr Rücksicht auf die kleinen Geschäftsleute genommen würde«, riet der bedrängte Gastwirt Hermann Müller aus der Havelberger Straße Nr. 7.[131]

Die Spandauerberg Brauerei von Süden her gesehen – nach der Elektrifizierung der Straßenbahn im Jahr 1882

Inzwischen aber waren immer mehr Zeugen dafür gefunden worden, dass die Geschichte von der »Renovierung« erstunken und erlogen war und die Ringbrauereien und allen voran die Spandauerberg Brauerei bei dem Disput einen denkbar schlechten Stand hatten.

Zermürbt und blamiert trat Wilhelm Brähmer den Gang nach Canossa an, traf sich am 29. August 1893 mit den beteiligten Lokal-Kommissionen und unterschrieb am Ende die folgende Kapitulationsurkunde: »Als Vorstand der Spandauer Bergbrauerei erkläre ich, daß die Gründe, die unsererseits vorgegeben wurden, die Säle während der Wahlagitation zu verweigern, keine stichhaltigen waren; ich verpflichte mich, in Zukunft der sozialdemokratischen Partei die Säle jederzeit zur Verfügung zu stellen.«[132]

Mit der nüchternen Generosität von Siegern verkündeten im Gegenzug die Unterhändler der sozialdemokratischen Brauereiarbeiter, den Boykott über die Spandauerberg Brauerei für beendet.

Der Generalsekretär des Vereins der Berliner Brauereien Emil Struve kam nicht umhin einzuräumen, »wie empfindlich und peinlich diese Erklärung der Spandauer Bergbrauerei speziell auf den Vorstand des Brauereien-Verbandes zurückwirken mußte, der auf die ihm gemachten gegenteiligen Erklärungen hin öffentlich für die Brauerei Stellung genommen hatte«.[133]

Im Blütenkranz angehimmelt: August Bebel (1840–1913)

Bitter für das Unternehmen selbst war der Blick in die Geschäftsbücher – die zeigten, dass es im Abrechnungsjahr 1893/94 mit 108 069 Hektolitern im Vergleich zum Vorjahr 1892/93 mit 121 192 Hektolitern einen Rückgang des Absatzes von 13 123 Hektolitern oder 10,83 Prozent zu beklagen hatte.[134]

Die Aktionäre konnten die Folgen von Brähmers Lüge ihren Kontobüchern entnehmen, wurde ihnen doch 1893/94 gegenüber den bisher gewohnten sieben bis neun Prozent eine Dividende von lediglich fünf Prozent ausgeschüttet – die schlechteste Rendite seit Jahren.[135]

Ähnlich waren die Zahlen bei den größeren Brauereien, wobei Schultheiss bei einem Absatz, der auf die halbe Million Hektoliter zusteuerte, den Rückgang von sechstausend Hektolitern spielend verkraftete.[136]

Schwerwiegender als der materielle Schaden war im Hinblick auf die Brauereien der politische. Denn immer energischer ging es schon seit einer Weile in der Agitation der Sozialisten darum, neben Erfolge bei der Verbesserung der Arbeitsbedingungen zugleich sichtbare Marksteine der Arbeiterbewegung zu setzen.

Wie die Feier des 1. Mai.

Seit der Einführung dieses Datums als Kampftag der Arbeiterklasse auf dem Gründungskongress der Zweiten Internationale 1889 in Paris war bei Reibereien der Arbeiter mit den Unternehmern immer öfter die Forderung aufgetaucht, den 1. Mai in Arbeitsfreiheit begehen zu können.

Nach dem Debakel der Ringbrauereien im August 1893 sahen nun auch ihre Berliner Mitarbeiter diesem Tag im kommenden Jahr mit breiter Brust entgegen: »Achtung! Brauereiarbeiter. Achtung! Große öffentliche Versammlung sämmtlicher in den Brauereibetrieben beschäftigten Arbeiter Berlins und der Umgegend […] Tagesordnung: 1. Die Bedeutung des 1. Mai und Stellungnahme zur Maifeier. 2. Diskussion.«[137]

Mit diesem Inserat im *Vorwärts* vom Dienstag, dem 10. April 1894, nahm ein Geschehen seinen Anfang, das Berlin und seiner Umgebung sowie dem Deutschen Reich weit über dessen Grenzen und Bestehen hinaus bis in unsere Zeit Stoff für akademische Diskurse, aber auch für unterhaltende Darstellungen liefern sollte bis hin zu Scherz, Satire, Ironie – zuweilen durchsetzt mit tieferer Bedeutung.

Ort der angekündigten Zusammenkunft war am Mittwoch, dem 11. April, die Ressource in der Kommandantenstraße, wo sich die Anwesenden darin einig waren, man solle die Berliner Brauunternehmer dazu bewegen, ihnen am 1. Mai freizugeben.

Dieser Resolution schlossen sich am Sonnabend danach die Böttcher Berlins und der Umgegend an, verschärften aber ihre Solidaritätsbekundung im Vertrauen auf ihre straffe

Der Große Saal der Berliner Ressource in der Kommandantenstraße 57

Organisation am 24. April bei einem weiteren Treffen, indem sie fern von allem Verständigungswillen zur feierlichen Begehung ihres Ehrentags die Arbeitsruhe bekanntgaben.

Punktum.

Diese Entschließung schickten sie zur Kenntnisnahme an alle Werksdirektoren und setzten sich durch diesen Coup in der Arbeiterschaft der Brauereien nach eigenen Worten »bahnbrechend«[138] als Pioniere stolz an die Spitze der Bewegung.

Einer Bewegung, die bereits zahllose Betriebe und Gewerke erfasst hatte. Denn es ging jetzt nicht mehr allein um die Durchsetzung branchenspezifischer Interessen, sondern um ein zentrales Anliegen aller Beschäftigten – die gemeinsame Aufrichtung und Festigung des Symbols der Arbeiterbewegung.

Seine Verankerung im Kalender war, wie es ein ungenannter Redner am 10. Mai auf der Streikversammlung der Berliner Böttcher in der Gastwirtschaft von Emil Heise in der Lichtenberger Straße in ebenso verkorkster wie einprägsamer Metaphorik ausgedrückt hatte, »der springende Punkt […], um den sich der Kampf schließlich drehen würde«.[139]

Die Fassfabrik oder Böttcherei der Schultheiss Brauerei, die an der damaligen Treskowstraße lag, zu der die hohen Rundbogenfenster links hinausgehen

Weil also der 1. Mai ein Demonstrations- und Kundgebungstag war, waren die Seiten des *Vorwärts* sowohl im redaktionellen wie im Anzeigenteil tagtäglich voll von Aufrufen der Tabak-Arbeiter und -Arbeiterinnen, der Graveure und Ziseleure, der Kürschner und Steinarbeiter, der Sattler, Zimmerer und Putzer, der Herren-Konfektionsschneider und Schmiede, der Klempner, der Lohgerber und Lederzurichter, der Porzellanarbeiter und Kistenmacher, der Bau-Anschläger, Zinkgießer und Stürzer, kurz, aller denkbaren (und teilweise für uns Heutige nicht mehr denkbaren) Berufe.

Die Replik der Brauereien vom 30. April auf den Brief der Böttcher vom 24. enthielt unter Hinweis darauf, »daß der Betrieb eines Brauereiunternehmens, namentlich während der Dauer der Mälzungsperiode«[140], nicht willkürlich unterbrochen werden kann, die Warnung, dass alle Arbeiter, welche »am 1. Mai zur Arbeit nicht erscheinen, nicht vor Montag den 7. Mai d. J., zur Arbeit wieder zuzulassen [sind]. Diejenigen Arbeiternehmer, welche für diese Zeit der Arbeitsruhe Lohnzahlung beanspruchen, sind zu entlassen«.[141]

Eingeschüchtert von solchem Ton, gaben die Brauer klein bei. Zweihundertfünfzig Böttcher dagegen blieben, weil die Brauereien weitere Gespräche mit ihnen ablehnten, am

# Böttcher für Berliner Brauereien gesucht.

Die Brauereien des unterzeichneten Vereins wünschen sofort Böttcher einzustellen zu den Bedingungen des Lohntarifs der Berliner Böttchergesellen von 1890.

**Wochenlohn mindestens 27 Mark.**
**Tägliche Arbeitszeit 9½ Stunden.**

Ueberstunden 60 Pfennige, du jour-, Sonn- und Feiertags-Arbeit wird bezahlt. Mindestens 4 Liter Freibier. Nach 14tägiger Arbeit Ersatz der Reisekosten

**Der Verein der Brauereien Berlins und der Umgegend.**

| | |
|---|---|
| Aktienbrauerei Friedrichshöhe (Patzenhofer). | Aktienbrauerei Friedrichshain |
| Aktienbrauerei Moabit. | Brauerei F. Happoldt. |
| Schloßbrauerei Schöneberg. | Brauerei Königstadt. |
| Bergschloßbrauerei. | Brauerei Pfefferberg. |
| Berliner Bockbrauerei. | Bürgerliche Brauerei. |
| Unionsbrauerei. | Bürgerliches Brauhaus. |
| Böhmisches Brauhaus. | C. Habel's Brauerei. |
| Brauerei Oswald Berliner. | Gebrüder Josty. |
| Brauerei Julius Bötzow. | Norddeutsche Brauerei. |
| Brauerei Borussia, Niederschönweide. | Schultheiß Brauerei. |
| Brauerei Carlsberg, Charlottenbg. | Spandauerberg-Brauerei, Charlottenburg. |
| Brauerei Karl Gregory. | Vereinsbrauerei Rixdorf. |
| | Viktoria-Brauerei. |

**Der Verein der Brauereien Berlins und der Umgegend**

giebt hiermit bekannt, daß in den ihm angehörenden Brauereien **keine Böttcher** mehr gebraucht werden.

Berlin, den 17. Mai 1894.

**Der Vorsitzende.**
**M. Happoldt.**

Es war den Ringbrauereien ein Leichtes, auf dem Weg über Zeitungsanzeigen Ersatz für die streikenden Böttcher zu finden …

… schon zehn Tage nach ihrer Annonce in der *Volks-Zeitung* vom 8. Mai konnten sie im selben Blatt verkünden, dass alle Stellen besetzt sind.

1. Mai zu Hause oder trafen sich mit Freunden und Genossen um neun Uhr bei Heise oder fuhren mit dem Kremser ins Jrüne, obwohl der Himmel grau und es kühl war, was aber die Stimmung beim Weltfest der Arbeiter nicht trübte.

Wie die Manöverkritik am 2. Mai ergab, hatten in Berlin vierundzwanzig Gewerkschaftsveranstaltungen stattgefunden. Besucht hatten sie circa fünfundzwanzigtausend Teilnehmer. »Wie wir hören,« schrieb das *Berliner Tageblatt*, »haben nun wohl die meisten Böttcher thatsächlich nicht gearbeitet, so z. B. in der Schultheißschen, Schöneberger, Vereins-Brauerei, wo kein Mann angetreten ist. […] Die Böttchergesellen sind es also, welche sich dazu ausersehen glauben, in der Frage der Maifeier ›bahnbrechend‹ vorzugehen.« [142]

Dieser Einschätzung blieben die Streiter treu. Und es verunsicherte sie nicht im geringsten, dass sich von auswärts scharenweise Arbeit suchende Böttcher meldeten, die nur zu gern an ihre Stelle treten wollten. Als die Berliner Kollegen am 3. Mai in der Gastwirtschaft von Emil Heise in der Lichtenberger Straße erneut zusammenkamen, polemisierten sie einmal mehr gegen »die Provokation der Unternehmer«[143] und proklamierten den Generalstreik über die Ringbrauereien.

Das bildgewordene Stichwort »Rixdorf«

*Peu à peu* wurde der Ton rauer – und zwar allein zwischen den Arbeitern und ihren Betrieben. Die Gewerkschaften und die Sozialdemokraten hatten sich bisher in die Auseinandersetzung nicht eingemischt.

Als dann jedoch die Verantwortlichen der Vereinsbrauerei Rixdorf AG – wie vom Ring angekündigt – jenen ihrer Böttcher den Zutritt zur Brauerei verweigerten, die statt zu arbeiten gefeiert hatten, rief ihr soeben »in Funktion«[144] getretenes Gewerkschaftskartell in seiner ersten Amtshandlung am Vormittag des 6. Mai in einer »nur ganz schwach besuchte[n]«[145] Runde in Carl Gröplers Salon in der Rixdorfer Bergstraße nassforsch und unerfahren »sofort von Mittag 1 Uhr ab«[146] zum Verruf des Biers der eigenen Firma auf.

Rixdorf …!

Wer wollte die Hand dafür ins Feuer legen, dass nicht bei der Erwähnung von Rixdorf, dem größten Dorf Preußens[147], in der Kaiserstadt Berlin immer auch ein Vorurteil mitschwang?

Rixdorf war seit Jahrhunderten der Inbegriff von »Vergnügungssucht«[148], von »Soldaten und ›Mädchen dienenden Standes‹«[149], ein Vorort-Babylon, in dem nach amtlicher Auskunft noch 1908 »kein anständiger Mensch leben könne«[150] (sodass man es, um seinen

Karl Anders' großer Concordia-Festsaal in der Andreasstraße 64

schlechten Ruf zu übertünchen, 1912 in Neukölln umtaufte). Dass der Berliner Bierboykott von 1894 seinen Anfang ausgerechnet in Rixdorf nahm, entsprach dem Bild, das man von den dortigen »Elementen«[151] hatte.

Beeindruckt von der Wehrhaftigkeit der Genossen jener Kommune traten am Abend des 6. Mai in Berlin achthundert Brauerei-Hilfsarbeiter im großen Saal der Concordia in der Andreasstraße zusammen. Die Stimmung war aufgeheizt und feindselig. Im Mittelpunkt der Angriffe stand der »Bierkönig« Rösicke, »der Matador des Ringes«, der zur Zeit bemüht sei, überall im Lande Leute zusammenzutrommeln, die die Aufgaben der streikenden Böttcher übernehmen könnten. Angesichts der in diesem Bemühen zum Ausdruck kommenden zentralen Bedeutung ihrer Tätigkeit, so der Genosse Stabernack, rechne es die Arbeiterschaft den Böttchern hoch an, »in der Frage der praktischen Durchführung der Maifeier die Initiative ergriffen zu haben«.[152]

Um Mitternacht wurde von den achthundert Anwesenden einstimmig folgende Resolution verabschiedet: »Die Versammlung der Brauerei-Arbeiter erklärt sich mit dem Vorgehen der Böttcher einverstanden und macht es allen Arbeitern zur Pflicht, die Böttcherarbeiten streng zurückzuweisen; ebenso verpflichten sich dieselben zur pekuniären Unterstützung der ausgesperrten Böttcher. Die Unterstützung wird auch den dieserhalb gemaßregelten Hilfsarbeitern zu theil.«[153]

Damit war die Führung der Arbeiterpartei, die sich mehrfach und prononciert gegen Kampfmaßnahmen solcher Art ausgesprochen hatte, in eine Zwickmühle gebracht.

Der *Vorwärts* aber rettete sich aus der Klemme, indem er zunächst einmal stumm blieb.

Denn auf der Stelle hatte man in der Redaktion die Explosivität des Rixdorfer Beschlusses erkannt. Erst als sich nichts mehr zurückdrehen ließ und das Blatt in einer Versammlung von Parteigenossen am 8. Mai in Hoffmann's Festsälen in der Rixdorfer Bergstraße mit Vorwürfen überschüttet wurde, nahm es am 10. Mai in einer Parenthese Stellung zu seinem Schweigen: »Es ist richtig, daß wir den Bericht zurückgestellt haben, wir haben dies in Verfolgung eines Beschlusses der Preßkommission des ›Vorwärts‹ gethan, wonach derartige Beschlüsse vo[r] der Veröffentlichung den zuständigen Organen der Partei zur Begutachtung vorzulegen sind. Wir würden bei dieser Gelegenheit den Rixdorfer Genossen aufs wärmste empfehlen, sich der gleichen Praxis zu bedienen, wenn sie wieder gesonnen sind, Beschlüsse zu fassen, deren Durchführung nur unter Zuhilfenahme weitester Parteikreise möglich ist.«[154]

Das waren deutliche Worte.

Aber sie kamen zu spät.

Noch anderthalb Jahrzehnte danach kann man in Eduard Bernsteins Rückblick auf jene Zeit – der Autor hatte sie seit 1888 von seinem Exil in London aus verfolgt – die Skepsis, wenn nicht gar das Erschrecken verspüren, mit dem die Parteiführung der SPD die Entscheidung dieser Volksversammlung aufgenommen hatte: »Unter den erfahrenen Vertretern der Arbeiterbewegung Berlins sagte man sich sofort, als der Beschluß bekannt wurde, daß er mindestens eine große Voreiligkeit war und für die Allgemeinheit Folgen nachziehen könne, über welche diejenigen, die ihn gefaßt, schwerlich sich Rechenschaft abgelegt hatten.«[155]

In der Tat brachte der 6. Mai auf der Chefetage der Vereinsbrauerei das Fass zum Überlaufen. Nach achtundvierzig Stunden, am 8. Mai, parierte sie die Angriffe auf ihr Unternehmen – so wie die Hamburger Brauereien in ihrer Abwehr des Verrufs im Sommer 1892 – mit der Drohung, zwanzig Prozent der Arbeiter des Unternehmens an die Luft zu setzen, sollten sie den Boykott-Aufruf nicht rückgängig machen.

Es war ein Hauen und Stechen von und nach allen Seiten, das der Verein der Brauereien Berlins und der Umgegend, um das Heft in die Hand zu bekommen, mit einem Pauken-

Die Vereinsbrauerei Rixdorf in der Jägerstraße 16–40

schlag auf eine neue Stufe hob. Auf dieser allerdings befreite er, wie sich zeigen sollte, die Führung der Arbeiterpartei auch schon wieder – gleichgültig, ob das taktisch geschickt war oder nicht – aus ihrer Zwickmühle, denn von Stund an konnten sich ihre Leute als Unschuldslämmer und Märtyrer gerieren.

Am 9. Mai ließ der Ring in großformatigen Anzeigen in der Presse verlauten, dass seine Mitglieder sich mit der Vereinsbrauerei in Rixdorf solidarisch erklären und alle miteinander die Dezimierung ihres Personals in derselben Weise vornehmen werden, in der die Rixdorfer Kampfgefährten es im eigenen Fall angekündigt hatten. Unter Verwendung des Präsens, welches die dräuende Gefahr vergegenwärtigen sollte, hieß es: »Die Brauereien entlassen 20 Prozent ihrer Arbeitnehmer, und zwar in erster Linie diejenigen, welche sich bisher an den Bestrebungen hiesiger Arbeiter, durch Boykottierung einzelner Brauereien Zugeständnisse in Sachen des Böttcherstreiks zu erzwingen, betheiligt haben.«[156]

Das traf die Ausständischen empfindlich. Hatte doch die *National-Zeitung* erfahren: »Die Kasse der Strikenden ist leer; der frühere Vorsitzende des Böttchergesellenvereins gab dies selbst zu«.[157]

Weil sich die Böttcher dennoch im wahren Sinn des Wortes nicht bewegten, weder am Verhandlungstisch noch in ihren Werkshallen, entließ der Ring am 16. Mai 1894 auf einen Schlag wenn auch nicht zwanzig, so doch circa zwölf Prozent seiner Brauereiarbeiter, mithin vierhundertneunundzwanzig[158] Männer, darunter solche, die zehn und sogar achtzehn Jahre lang im selben Betrieb beschäftigt gewesen waren.

Dabei schwankte die Zahl der pro Unternehmen entlassenen Arbeiter im selben Maß, in dem sich die zum Ring gehörenden dreiunddreißig Brauereien in ihrer Größe voneinander unterschieden.

Dass das Wahrmachen der Drohung genau genommen nur einhundertneunundzwanzig Brauereiarbeiter betraf, weil das traditionelle jährliche Ende des Mälzereibetriebs bevorstand und von den vierhundertneundzwanzig Entlassungen der weitaus größte Teil, nämlich dreihundert, somit betriebsbedingt war, wurde auf sozialistischer Seite – da für die Agitation kontraproduktiv – bis zum Schluss bedachtsam verschwiegen.

Am 17.Mai bekamen die Männer ihre Papiere.

# Von der Suche nach der Ursache der Wirkung

»Unter aufsehenerregenden Umständen vollzog sich am Mittwoch die Maßregelung der von der Direktion der Rixdorfer Vereinsbrauerei auf die Proscriptionsliste gesetzten Arbeiter. Mittags 12 Uhr wurden etwa 25 Mann in das Bureau der Brauerei berufen, wo man ihnen, soweit sie auf Kündigungsfrist Anspruch zu machen hatten, den schuldigen Lohn für 14 Tage auszahlte und ihnen dann erklärte, daß sie entlassen seien.«[159]

Ein nüchterner und ohne viel Aufhebens vollzogener Verwaltungsakt mit einer stupenden Pointe, denn: »Die gemaßregelten Arbeiter waren beim Abschied aus der Brauerei nicht wenig erstaunt, als sie bemerkten, daß die Geschäftsleitung aus einem nicht ersichtlichen Grunde etwa vier Gendarmen in einem Schuppen placiert hatte.«[160]

Gedemütigt, »als ob sie etwa aus dem Zuchthause entlassene Spitzbuben«[161] wären, dürften die Männer am Ende der zurückliegenden Tage und Wochen voller Reden und Widerreden, voller Provokationen und Reaktionen, am heimischen Küchentisch schwerlich fähig gewesen sein, die Machinationen zu durchschauen, die sie in ihre gegenwärtige Lage gebracht hatten.

Hatten sie denn nicht, mussten sich die Rixdorfer fragen, alles richtig gemacht? Hatten sie nicht vor ihrem Boykott-Beschluss vom 6. Mai bei den Streitgesprächen mit der Direktion der Vereinsbrauerei, wie im *Vorwärts* vom 10. Mai schwarz auf weiß zu lesen war, »eine Vertrauensperson der politischen Partei und einen Vertreter des Gewerkschaftskartells«[162] zu Rate gezogen?

Aber dann, als das Bündnis der dreiunddreißig Brauereien Berlins und der Umgegend diesen scheinbar in alle Richtungen abgesicherten Entscheid am 8. Mai zum Anlass für seine Massenentlassung genommen hatte und sie vor aller Welt als unbedarfte Auslöser dieser Rigorosität dastanden, mussten sie erkennen, dass sie allein auf weiter Flur waren.

Denn so, wie ein ertappter Bösewicht ausruft »Ich war's nicht!«, antwortete der Sekretär des geschäftsführenden Ausschusses der Berliner Gewerkschafts-Kommission Hermann Faber dem Ring: »Die Berliner Gewerkschaftskommission steht dem Beschlusse der Volksversammlung vom 6. Mai in Rixdorf, betreffend den Boykott der Vereinsbrauerei, vollständig unbetheiligt gegenüber. Dieser Beschluß ist ohne unser Zuthun gefaßt worden. Wir haben bisher weder Anlaß gehabt, uns zustimmend zu demselben zu äußern, noch sind wir in der Lage, […] denselben rückgängig zu machen.

»Auf dem Festplatz geht es drunter und drüber« – oder: Rixdorf ist überall.

Die Berliner Gewerkschaften, welche zu vertreten wir die Ehre haben, haben bisher weder einen solchen oder ähnlichen Beschluß gefaßt, noch ist die Absicht laut geworden unsererseits, in gleicher Weise vorzugehen.«[163]

Und weil er die Brandgefährlichkeit des Ereignisses erkannt hatte, bekräftigte Hermann Faber weiter unten, der Vorschlag (*sic*!) zum Boykott »ist weder von uns noch von irgend einer anderen Organisation der Berliner Arbeiterschaft bis jetzt in Erwägung gezogen worden«.[164]

Formal war Faber im Recht, denn das Handeln von Vorstadt-Genossen hatte seine Gliederung nicht zu verantworten. Um deshalb an der Distanzierung der Berliner vom Treiben der Rixdorfer auch nicht den leisesten Zweifel zu lassen, fügte der *Vorwärts* hinzu, dass Faber sein Schreiben abgeschickt hatte, »nachdem eine Anzahl einflußreicher und an leitender Stelle sich befindender Genossen der sechs Berliner Wahlkreise mit dem Inhalt bekannt gemacht worden sind und ihr Einverständnis bekundet haben«.[165]

Die Parteifreunde, denen in ihrem Jottwede nach dieser Klarstellung allerdings Zweifel am Zusammenhalt von Sozialisten gekommen war, ließ die Gewerkschafts-Kommission scheinheilig wissen, dass bei einer Verschärfung der Lage »die Arbeiterschaft Berlins ihre oft bewährte Solidarität aufs Neue und zwar in glänzender Weise bethätigen würde«.[166]

Reduziert man die Abläufe der zehn Tage vom 6. bis zum 16. Mai 1894 auf das Wesentliche, dann ergibt sich, dass die Rixdorfer Volksversammlung »auf eigene Faust«, wie der *Vorwärts* es ausdrückte[167], einen Streik beschlossen und damit eine Entwicklung heraufbeschworen hatte, die Hunderte von Familien mit rund tausend Vätern, Müttern und Kindern in Sorgen, Not und Elend gestoßen hatte.[168]

Das falscheste Spiel mit den armen Leuten von Rixdorf betrieb der *Vorwärts*.

Minuten vor Redaktionsschluss in der Nacht vom 15. auf den 16. Mai dringt aus einer letzten Meldung des diensthabenden Redakteurs sein Staunen, dass die Ringbrauereien am kommenden Mittag tatsächlich ernst machen werden.

Es war spät. Allmählich hatte den Mann die Konzentration schon verlassen und damit die Rücksicht auf die interne Sprachregelung. Sonst hätte er es vermieden, einen Satz von glasklarer Deutlichkeit in die Druckerei zu geben.

Denn wieviele streitbare Sozialisten mussten am Morgen zur Kenntnis nehmen, dass ihr »Organ« sich heute, an diesem Schmerzenstag, nach Partei und Gewerkschaft auch seinerseits in aller Form vom Boykott-Beschluss der Rixdorfer Böttcher vom 6. Mai distanzierte?

»In ganz verlogener Weise wird die öffentliche Meinung vom Ring der Bierbrauer bearbeitet, es wird von ihm den Thatsachen ins Gesicht schlagend, behauptet, daß der ›Vorwärts‹ den Boykott der Rixdorfer Vereinsbrauerei unterstützt habe.«[169]

Ja, denn etwa nicht?

Mit welcher Sophistik müssen die Leserinnen und Leser dieser Zeilen ausgestattet gewesen sein, denen der *Vorwärts* vor einer Woche erläutert hatte, er *billige* das Handeln jener, die einen Boykott ausrufen, sobald »die Herren Brauereibesitzer […] ein solches Eingreifen – aus Gründen, deren Quellen uns unbekannt sind – erzwingen wollen«.[170]

Will mich mein Arbeitgeber, musste sich getreu dieser absurden Maxime jeder Arbeitnehmer vor einer Kampfmaßnahme fragen, will er mich mit seinem Verhalten dazu bringen, dass ich ihn boykottiere, oder will er es nicht?

Warum also haben weder Partei noch Gewerkschaft noch *Vorwärts* den Rixdorfern nicht zugestanden, ihre Entscheidung im Sinne dieser Vorgabe mit einem Ja beantwortet zu haben? Und wenn sie es ihnen nicht konzedieren wollten, warum haben sie dann der Eskalation, die angeblich auf eine falsche Entscheidung von ein paar einfältigen Vorortlern zurückging, nicht Einhalt geboten?

»Wenn nun aber der geschäftsführende Ausschuß der Berliner Gewerkschaftskommission erklärt«, hatte die *Norddeutsche Allgemeine Zeitung* wenige Tage zuvor kritisch bemerkt, »er sei nicht in der Lage, den ohne sein Zuthun ausgesprochenen Boykott rückgängig

Nr. 111.

Erscheint täglich außer Montags. Preis pränumerando: Vierteljährlich 3,30 Mark, monatlich 1,10 Mk., wöchentlich 28 Pfg. frei in's Haus. Einzelne Nummer 5 Pfg. Sonntags-Nummer mit illustr. Sonntags-Beilage „Neue Welt" 10 Pfg. Post-Abonnement: 3,30 Mk. pro Quartal. Unter Kreuzband: Deutschland u. Oesterreich-Ungarn 2 Mk., für das übrige Ausland 3 Mk. pr. Monat. Eingetr. in der Post-Zeitungs-Preisliste für 1894 unter Nr. 6919.

11. Jahrg.

Insertions-Gebühr beträgt für die fünfgespaltene Petitzeile oder deren Raum 40 Pfg., für Vereins- und Versammlungs-Anzeigen 20 Pfg. Inserate für die nächste Nummer müssen bis 4 Uhr Nachmittags in der Expedition abgegeben werden. Die Expedition ist an Wochentagen bis 7 Uhr Abends, an Sonn- und Festtagen bis 9 Uhr Vormittags geöffnet.

Fernsprecher: Amt 1, Nr. 1508.

Telegramm-Adresse: „Sozialdemokrat Berlin."

# Vorwärts
# Berliner Volksblatt.

Zentralorgan der sozialdemokratischen Partei Deutschlands.

Redaktion: SW. 19, Beuth-Straße 2. | Donnerstag, den 17. Mai 1894. | Expedition: SW. 19, Beuth-Straße 3.

## Arbeiter! Parteigenossen!

**Trotzdem in keiner Weise** der Rixdorfer Bierboykott zur Sache der Berliner Arbeiter gemacht wurde, hat gestern der von den Herren **Happoldt** und **Rösicke** geleitete Bierring in unerhörter Weise die Arbeiter Berlins und der Umgebung provozirt.

Der Bierring **verfolgt andere Zwecke,** als er vorgiebt. Nicht dem Rixdorfer Boykottbeschluß will er ein Paroli bieten, nein er glaubt jetzt den Moment gekommen, die Organisation der Brauerei-Arbeiter zerstören zu können. Von langer Hand war der Streich vorbereitet und trotzdem haben die Herren die Stirne, von **„Nothwehr"** zu sprechen! War es Nothwehr, daß gerade die **ältesten** Arbeiter entlassen wurden, die zehn und mehr Jahre in einem Brauereibetriebe gegen elenden Lohn ihre Gesundheit geopfert haben, um die in der deutschen Industrie einzig dastehenden Dividenden den Rösicke und Konsorten zu verdienen?

Der alten und der organisirten Arbeiter hat man sich entledigen wollen, der Organisation der Brauerei-Arbeiter hat der Brauereiring einen tödtlichen Schlag versetzen wollen.

Den Brauereibesitzern ist der Kamm gewaltig geschwollen, sie haben die für den 15. Mai angekündigte Entlassung schon für viele Brauerei-Arbeiter **früher** eintreten lassen, **um die Arbeiter zu reizen,** sie haben die Herausforderung verschärft, indem ihr Häuptling, der „Arbeiterfreund" Rösicke, auch noch eine Lohnreduktion eintreten ließ.

Die Würfel sind gefallen.

Die Brauereibesitzer zwingen uns den Kampf auf. Wir nehmen ihn an. Bis heute Abend sind in den verschiedenen Brauereien schon über 200 Arbeiter von der Tagschicht entlassen, mindestens weitere 200 von der Nachtschicht dürften bis morgen früh entlassen sein, so werden 400—500 Arbeiter außer Arbeit und Verdienst gesetzt, ohne irgend eine Schuld, blos aus Uebermuth, blos aus Haß gegen die Organisationen der Arbeiter, all' diese Arbeiter haben nicht das mindeste mit der eigentlichen Streitfrage, dem Böttcherstreik zu thun. Keiner von ihnen hat am 1. Mai gefeiert, Keiner durch irgend eine Forderung Anlaß zur Entlassung gegeben. Nur **kapitalistischer Uebermuth** und **frivole Brutalität** der Brauereiprotzen verlangte diese Opferung!

Gegen 500 Brauerei-Arbeiter und 300 Böttcher, 800 fleißige Männer, darunter sehr viele Familienväter liegen auf der Straße.

Wie haben wir diese unerhörte Provokation zu beantworten?

Unzweifelhaft mit der Waffe, die die Brauereibesitzer am schwersten trifft, mit dem

### Boykott.

Es kann blos die Frage sein, ob der **Boykott** ein allgemeiner sein soll, oder ob diese Maßnahme nachhaltiger und erfolgversprechender sein wird, wenn wir uns auf eine bestimmte Anzahl Brauereien beschränken.

Die Untereeichneten empfehlen, von einem allgemeinen Boykott abzusehen und sich auf die **Boykottirung einiger Brauereien** zu beschränken.

In der heißen Jahreszeit und bei der großen Bedeutung des Biergenusses für die Ernährung der Arbeiter würde ein allgemeiner Bierboykott nicht die erhoffte Wirkung haben; er würde, da wir auf die Energie sehr vieler Arbeiter rechnen können, alle Brauereien unzweifelhaft schwer schädigen, aber sicherlich nicht so, daß sie zum Nachgeben gezwungen würden. Unsere Kraft würde sich zersplittern, dagegen wird die Boykottirung einer Anzahl von Brauereien diesen die ganze Wucht unseres Angriffes fühlbar machen. Bier muß getrunken werden, aber boykottirtes Bier wird desto leichter entbehrt werden, wenn anderes zur Verfügung steht. Ein allgemeiner Boykott würde den Bierring stärken, **ein partieller sprengt ihn.**

Wer aber Bier aus Brauereien, in denen Arbeiter gemaßregelt wurden, nicht trinken will, dem steht dies ja immer frei.

Wir schlagen Euch vor, von heute ab **keinen Tropfen Bier** von folgenden Brauereien zu trinken:

1. **Schultheiß-Brauerei,** Aktien-Gesellschaft, Berlin, (und **Tivoli**). 2. **Brauerei F. Happoldt.** 3. **Böhmisches Brauhaus,** Kommandit-Gesellschaft auf Aktien, A. Knoblauch. 4. **Brauerei Karl Gregory,** Berlin (Adler-Brauerei). 5. **Vereins-Brauerei Rixdorf.** 6. **Spandauer Berg-Brauerei,** vormals C. Beckmann, Westend bei Charlottenburg. 7. **Aktien-Gesellschaft Schloß-Brauerei Schöneberg.**

Arbeiter! Zu Hause und im geselligen Verkehre, in der Werkstatt und bei Ausflügen, überall wo Ihr hinkommt sorgt für die strenge Durchführung des Boykotts. Nur dann wird jeder Berliner Arbeiter, der sich seiner Ehrenpflicht gegen die Partei, seiner Solidarität mit dem durch den Unternehmerhochmuth brotlos gewordenen Arbeitern bewußt ist, unausgesetzt den Boykottbeschlüssen gemäß handelt. Nur dann kann der Sieg unser sein, dann wird er auch ganz sicher errungen werden.

Die Welt muß wissen, daß die Einigkeit der Arbeiter stärker ist als der festeste Ring hochmüthiger Kapitalisten!

Sofort muß der Bierring die Aktion der Arbeiter fühlen. Kein Augenblick ist zu versäumen. Jedem müssen die Namen der boykottirten Brauereien fest eingeprägt werden!

Hoch die Solidarität der Arbeiter!

Nieder mit dem Bierring!

Mit der Durchführung des Boykotts sind bis auf Weiteres beauftragt:

**J. Auer,** SW., Katzbachstraße 9,
**R. Millarg,** NW., Lehrterstraße 22,
**H. Mattutat,** SO., Wrangelstraße 124,
**H. Gumpel,** NO., Weinstraße 31,
**Paul Hilpert,** Rixdorf, Karlsgartenstraße 1.

**Am Freitag Abend finden zum Zwecke der Besprechung dieser Angelegenheit neun öffentliche Versammlungen statt in allen Stadttheilen Berlins.**

Die Lokale werden noch durch Inserat im „Vorwärts" und durch Säulenanschlag bekannt gemacht.

Berlin, den 16. Mai 1894.

J. Auer. R. Augustin. J. Bamberger. A. Bebel. K. Berger. R. Beyer. W. Börner. H. Bolze. G. Bosse. H. Dornbusch. Karl Doft. H. Faber. Rich. Fischer. B. Franke. St. Fritz. J. Gandorfer. W. Gesche. C. Gruschke. H. Gumpel. R. Halfter. K. Hergt. K. Helbig. P. Hilpert. F. Hoch. E. Jost. F. Kitzing. H. Knüpfer. F. Kubat. Fr. Lehmann. K. Lenzner. W. Liebknecht. F. Lietzke. H. Mattutat. K. Metzner. R. Millarg. J. Otto. L. Pakuscher. M. Peper. W. Pfannkuch. J. Pfarr. H. Pötzsch. R. Schermig. R. Schmidt. B. Schneider. Jul. Schneider. C. Scholz. W. Schröder. P. Singer. J. Timm. R. Tschentscher. F. Warschowsky. Rob. Wengels. H. Werner. W. Winckelmann. H. Wörner. L. Zaake. F. Zubeil.

zu machen, so ist dieser ›Kompetenzkonflikt‹ müßig. Der Ausschuß so gut wie die Parteileitung können, woran sie Niemand zu hindern vermag öffentlich und ausdrücklich die Boykotterklärung für ungültig erklären und in öffentlicher Versammlung zurücknehmen lassen. Thun sie das nicht, so sind sie mitschuldig an dem schweren Schaden, der nach dem 15. Mai vielen Arbeitnehmern und ihren Familien erwachsen muß.«[171]

Wohl wahr! Sie haben ihn sehenden Auges in Kauf genommen.

Und zwar deswegen, weil sie haargenau dasselbe Motiv für ihr Handeln hatten wie die Gegenseite. Beide hatten nur darauf gewartet, einen Anlass zu finden, um am anderen ein Exempel zu statuieren und ihm den eigenen Willen aufzuzwingen.

Nachdem dann der Verein der Brauereien Berlins und der Umgegend am 16. Mai den ersten Zug getan hatte, tat die Sozialdemokratische Partei Deutschlands als Schutzpatronin der Arbeiter am 17. Mai den zweiten.

An diesem Donnerstag veröffentlichte der *Vorwärts* auf der oberen Hälfte seiner Titelseite einen Aufruf mit der Überschrift »Arbeiter! Parteigenossen!«[172], in dem er zum Gegenangriff blies.

Die Berechtigung hierzu leitete er aus der Behauptung ab, der Bierring und an dessen Spitze der »Häuptling« und – was ironisch gemeint war – »Arbeiterfreund« Richard Roesicke habe die durchgeführten Entlassungen von langer Hand geplant und strategisch vorbereitet, um der Organisation der Brauereiarbeiter einen »tödtlichen Schlag« zu versetzen.

»Wie haben wir diese unerhörte Provokation zu beantworten?

Unzweifelhaft mit der Waffe, die die Brauereibesitzer am schwersten trifft, mit dem Boykott.«

Durchgespielt wurde daraufhin das taktische Procedere, ob der Boykott über alle Berliner Brauereien verhängt werden sollte oder besser über eine Auswahl von ihnen. Dabei kamen die Inserenten zu dem Schluss, sich auf sieben Brauereien zu konzentrieren – nämlich auf die

Schultheiß-Brauerei, Aktien-Gesellschaft, Berlin (und Tivoli)
Brauerei F. Happoldt
Böhmisches Brauhaus, Kommandit-Gesellschaft auf Aktien, A. Knoblauch
Brauerei Karl Gregory, Berlin (Adler-Brauerei)
Vereins-Brauerei Rixdorf
Spandauer Berg-Brauerei, vormals C. Beckmann, Westend bei Charlottenburg
Aktien-Gesellschaft Schloß-Brauerei Schöneberg.

*Gegenüberliegende Seite:*

Die Titelseite des *Vorwärts* vom 17. Mai 1894, auf der das Zentralorgan der sozialdemokratischen Partei Deutschlands den Boykott der sieben größten Brauereien Berlins ›vorschlägt‹.

Dass einige Namen der stadtbekannten Brauereien falsch geschrieben waren, blieb der Eile der Beschlussfassung geschuldet. Ebenso der Umstand, dass der Aufstellung nicht zu entnehmen war, was die Auswahl dieser sieben Brauereien begründete. (Man war offenbar nach ihrer Größe gegangen.)

Das Strategiepapier besagte, dass man einen vielköpfigen Gegner vor sich habe, aber nicht imstande sein werde, ihn durch den Boykott in seiner Gesamtheit so zu treffen, dass er nachgeben würde. Man würde seine Kräfte verzetteln, dagegen durch die Boykottierung einer kleinen Anzahl von Brauereien diese die Wucht des Angriffs spüren lassen. Und schon ward aus dem Konjunktiv ein Indikativ: »Ein allgemeiner Boykott würde den Bierring stärken, ein partieller sprengt ihn.«

Ansonsten keine Silbe von Forderungen nach sozialen Verbesserungen oder finanziellen Konzessionen oder der Festschreibung des 1. Mai als Feiertag der Arbeiter. Vielmehr wurde – in unauslöschlicher Erregung – an die Schuldigkeit eines jeden Genossen gegenüber der Partei appelliert, nämlich die eiserne Durchführung des Boykotts: »Nur dann wird jeder Berliner Arbeiter, der sich seiner Ehrenpflicht gegen die Partei, seiner Solidarität mit dem [*sic*!] durch den Unternehmerhochmuth brotlos gewordenen Arbeitern bewußt ist, unausgesetzt den Boykottbeschlüssen handelt [*sic!*].« Die Wörter überschlugen sich.

Dann folgten in alphabetischer Ordnung siebenundfünfzig Unterzeichner, Vertreter der Sozialdemokraten und der Gewerkschaftsbewegung, darunter Namen, die uns schon begegnet sind, Namen wie Ignaz Auer, Hermann Faber, Paul Hilpert und Paul Singer.

An vierter Stelle befand sich der Name »A. Bebel«.

Wir erinnern uns: Am 19. Juni 1890, als es um den Boykott von dreiunddreißig Brauereien ging, hatte Bebel dergleichen als »eine große Dummheit« bezeichnet und hinzugefügt: »Ein derartiger Krieg könne überhaupt nur unternommen werden, wenn die Gewißheit vorhanden sei, daß die Massen pariren und den gefaßten Beschluß auch durchführen.«[173]

1892 hatte er dieses Urteil im Reichstag bekräftigt und daran erinnert, dass er den Kurs seiner Genossen damals »entschieden mißbilligt«[174] habe.

War er sich diesmal als ein zum Jagen Getrieben- und Getragener sicher, dass dreiunddreißig Brauereien – also mit Ausnahme des Münchener Brauhauses[175] sämtliche Berliner Brauereien – ungerührt mit ansehen werden, wenn sieben von ihnen bedroht sind? Mag sein, denn: »etwas schwächer«[176] tendierten schon die Aktien mehrerer Brauereien.

Aber, viel wichtiger: Werden »die Massen pariren«? Dieselben, deren alles entscheidenden Schwachpunkt der 3. Parteitag der SPD am 18. November 1892 in Berlin bei der Erörterung des Themas Boykott freilegen sollte? Dort wurde der Boykott eine Waffe genannt, »die nur

»Eine Sitzung des socialdemokratischen Parteitages [im Jahr 1892] in den Concordia-Festsälen zu Berlin«, Zeichnung von Werner Zehme (1859–1924), 1892

unter der aktiven Theilnahme der großen, heute noch nicht organisirten Massen wirksam in Anwendung gebracht werden kann«.[177]

Zu welchen Disziplinierungsmaßnahmen im Fall des Nicht-Parierens zumindest der »organisirten Massen« die Boykott-Kommission gegebenenfalls bereit war, machte der *Vorwärts* am 17. Mai deutlich, als er eine Liste mit den – was sonst nicht üblich war – vollen Namen jener Böttcher bekanntgab, die als Streikbrecher die Arbeit wieder aufgenommen hatten. »Mögen sich«, fügte das Blatt seinem Aufruf zur Genossenhatz hinzu, »die Kollegen die Namen der Genannten merken und durch die Fahnenflucht einiger Indifferenten nicht muthlos werden.«[178]

Vom nächsten Tag an trug der *Vorwärts* unter seinem Zeitungskopf die fingerdick fettgedruckte Zeile: »Arbeiter! Parteigenossen! Trinkt kein boykottirtes Bier!«[179]

Dann schwor der Leitartikler seine Truppen mit einem martialischen Schlachtruf auf das Kommende ein: »Nachdem uns der Kampf einmal aufgedrängt ist, wollen wir denselben führen bis zum Weißbluten«[180], den erbitterten Kampf gegen den »ungekrönten Aktienbierkönig Richard Roesicke«.[181]

# Von Richard Roesicke

»Herr Rösicke hat seinen Zweck erreicht.«[182] Mit dem Namen des Erzfeindes begann auch die Rede des *Vorwärts* vor der großen Schlacht. Denn in ihm personifizierte sich ihrer Ansicht nach in Reinform das, wogegen Sozialisten anzukämpfen hatten: bourgeoise Arbeitgebermacht.

Schon seine Herkunft besaß alle Facetten des Klischees.

Am 24. Juli 1845 geboren als Spross eines Textilkaufmanns besuchte Roesicke von 1856 bis 1861 das traditionsreiche Französische Gymnasium, eine Schule für die Kinder der feineren Leute. Anschließend schickte ihn der Vater nach Frankfurt am Main in die Lehre zu einem Geschäftsfreund, dem Tuchhändler Ferdinand Heuer an der Hauptwache 1.[183] Der Sohn sollte ebenfalls Kaufmann werden (und lernte zudem im Haus seines Lehrherrn seine künftige Ehefrau Luise kennen).

Als er 1864 nach abgeschlossener Ausbildung in seine Heimatstadt zurückkehrte, hatte der Vater soeben die Branche gewechselt und für zweihundertzehntausend Taler von dem Bairisch-Bier-Brauer Jobst Schultheiss dessen Betrieb erworben, ein kleines Großunternehmen mit Produktionsstätte und Ausschank in der Neuen Jakobstraße und einem Lagerkeller und Ausflugslokal an der Schönhauser Allee.

An all dem beteiligte der Vater seinen Sohn finanziell und vertraute ihm obendrein die kaufmännische Leitung der Brauerei an, eines Betriebs, dessen Metier dem noch nicht Zwanzigjährigen von A bis Z fremd war. 1867 machte er ihn zum Teilhaber.

Der jährliche Ausstoß betrug zehntausend Hektoliter pro Jahr, bereits ein Siebtel der Gesamtberliner Produktion.

Irgendwann aber forderte die plötzliche Auferlegung von großer Verantwortung und schweren Aufgaben ihren Tribut. Am Ende des Jahrzehnts befiel den jungen Mann ein »Brustleiden, das einen sehr ernsten Charakter anzunehmen drohte«[184] und langwierige Rehabilitationsaufenthalte im In- und Ausland erzwang, in Italien und Ägypten und in Spanien und der Schweiz.

Genesen kehrte er 1871 nach Berlin mit neuem Tatendrang zurück und wandelte die Ad. Roesicke'sche Lagerbier-Brauerei – noch gemeinsam mit seinem Vater – am 27. Mai in die Schultheiss' Brauerei Actien-Gesellschaft um und verlegte deren Hauptsitz zeitgleich von der Neuen Jakobstraße an die Schönhauser Allee. Da stieß das Unternehmen jährlich bereits fünfundzwanzigtausend Hektoliter Bier aus und hatte seine Produktion gegenüber 1864 mehr als verdoppelt.

Richard Roesicke zwischen seinen beiden Hauptwirkungsstätten – links im Lorbeerkranz das Verwaltungsgebäude der Schultheiss Brauerei an der Schönhauser Allee (vgl. das Haus in der Mitte links auf der Abbildung auf S. 66), rechts im Lorbeerkranz das Reichstagsgebäude

Dann kam das gierige Drunter und Drüber der Gründerjahre, kam das Raffkezeitalter. Und nachdem ein wirtschaftlicher Rückschlag Stagnation von Umsatz und Ertrag zur Folge gehabt hatte, folgte gegen Ende der Siebziger-, Anfang der Achtzigerjahre sukzessive die Konsolidierung.

Nun reüssierten die, die den Verstand behalten hatten.

Roesicke kaufte aus seiner Privatschatulle ein Grundstück bei Pankow und baute dort 1874 eine Malzfabrik. 1877 erwarb er – ebenfalls aus eigener Tasche – das Aktienpaket der ehemals Herzoglichen Brauerei zum Waldschlößchen in der Residenzstadt Dessau. Ab 1878 ließ er die Betriebsanlage an der Schönhauser Allee erweitern und um eine Reihe von Baulichkeiten ergänzen. 1891 übernahm er die Berliner Brauereigesellschaft Tivoli an der Lichterfelder Straße 11.

Zu dieser Zeit zahlte Schultheiss eine Dividende von sage und schreibe sechzehn Prozent.

Der, dem die Aktionäre die Prosperität des Unternehmens und damit die Erhöhung ihres Gewinnanteils zu danken hatten, war da längst auch außerhalb seiner Firma ein Begriff, eine Autorität, reich bedacht mit Ämtern und Würden.

Die Schultheiss Brauerei an der Schönhauser Allee – sie verläuft bei dem Turm am oberen linken Bildrand nach rechts hinten. Im Vordergrund linkerhand nach links oben die Franseckistraße (heute Sredzkistraße) und rechterhand nach rechts oben die Treskowstraße (heute Knaackstraße).

Gesamtansicht der Malzfabrik in Pankow

Seit 1879 war er ehrenamtlicher Handelsrichter in der Kammer für Handelssachen am Landgericht zu Berlin, im Dezember 1882 Mitbegründer der Versuchs- und Lehr-Anstalt für Brauerei in Berlin, seit 1885 Vorstandsmitglied der Brauerei- und Mälzerei-Berufsgenossenschaft in Frankfurt am Main, seit 1886 stellvertretendes nicht-ständiges Mitglied des Reichsversicherungsamts und seit 1890 Vorsitzender des Verbands Deutscher Berufsgenossenschaften, außerdem war er Mitglied der Gesellschaft für Soziale Reform, alle in der Reichshauptstadt.

Im Mai 1889 war er von Herzog Friedrich I. von Anhalt zum Kommerzienrat ernannt worden, im Oktober hatte König Wilhelm I. von Preußen »Allergnädigst geruht«[185], ihm den Roten Adlerorden vierter Klasse zu verleihen, und seit dem Februar 1890 durfte er sich mit dem ihm vom sächsischen König Albert verliehenen Ritterkreuz erster Klasse des Königlich sächsischen Albrechts-Orden schmücken; Seine Majestät der König von Preußen hatten ein weiteres Mal »Allergnädigst geruht«, ihm die Erlaubnis zur Anlegung des Ehrenzeichens zu erteilen.[186]

Zweimal schon – 1881 und 1884 – hatte sich Roesicke vergeblich um einen Sitz im Reichstag beworben.[187] Zuerst im Namen der Liberalen Vereinigung, einer nach links aus der Nationalliberalen Partei ausgescherten Gruppierung, danach für die Deutsche Freisinnige Partei, die aus der Fusion der Liberalen Vereinigung mit der Fortschrittspartei hervorgegangen war. Die weltanschaulichen Grenzen waren hauchfein und fließend. Eine dritte Kandidatur 1887 scheiterte an innerparteilichen Querelen und wohl weniger an der Stigmatisierung, mit der er von dem im Zürcher Exil erscheinenden Zentral-Organ der deutschen Sozialdemokratie *Der Sozialdemokrat* als Bauernfänger apostrophiert worden war, der dank seiner »Schlauheit, Kutsche fahren und über den Arbeiter die Hungerpeitsche schwingen«[188] darf.

Kurz entschlossen verwendete er die Zeit, die er für den Wahlkampf eingeplant hatte, für ein publizistisches Projekt

Er war jetzt Mitte vierzig, ein erfolgreicher Industrieller, aufgenommen in vielerlei Institutionen, mit Orden und Ehrungen überhäuft und behängt und dennoch ein Einzelgänger mit einem so dezidiert eigenen und nicht selten brüskierenden Auftreten, dass es schwerfällt, ihn anderswo zu verorten als bei sich selbst.

Ausgestattet mit labiler Gesundheit, sensiblem Gemüt und scharfem Intellekt hatte er die Schwere der Tätigkeit der Beschäftigten in seinen Betrieben nachhaltig wahrgenommen und diese Wahrnehmung in Beziehung gesetzt zu den gesellschaftlichen Auflösungserscheinungen seiner Zeit und daraus ein politischen Denken entwickelt, das bemüht war,

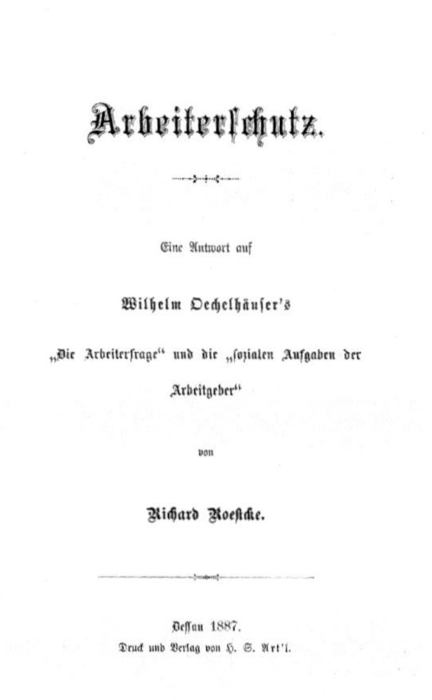

Arbeiterschutz.

Eine Antwort auf

Wilhelm Oechelhäuser's

„Die Arbeiterfrage" und die „sozialen Aufgaben der Arbeitgeber"

von

Richard Roesicke.

Dessau 1887.

Druck und Verlag von H. S. Art'l.

Die Titelseite von Richard Roesickes Abhandlung über *Arbeiterschutz* aus dem Jahr 1887

an der einvernehmlichen Lösung der Probleme und damit an der Beilegung der Konflikte mitzuwirken.

Wie nun 1886 die beiden Studien *Die Arbeiterfrage* und im Jahr darauf *Die sozialen Aufgaben der Arbeitgeber* des Polyhistors Wilhelm Oechelhäuser erschienen waren, eines Shakespeare-Forschers, Abgeordneten der Nationalliberalen, Industriellen und Gesellschaftswissenschaftlers, hatte sich Roesicke angesprochen und zu einer »Antwort« herausgefordert gefühlt.

Das Ergebnis seiner Lektüre der Oechelhäuser'schen Werke war 1887 eine einhundertsieben Seiten lange Schrift zum Thema *Arbeiterschutz,* mitunter eine Disputation über Thesen Oechelhäusers, vornehmlich aber eine Selbstvergewisserung und ein Plädoyer.

In einer *tour d'horizont* durch die nationale wie internationale Literatur zum Thema – das geht von John Stuart Mill über Karl Marx bis zu Ferdinand Lassalle – appelliert Roesicke an den deutschen Sozialgesetzgeber und das Unternehmertum im Lande, die Stellung der Arbeiter in den Betrieben und der Gesellschaft zu stärken.

Kein dabei hilfreicher Faktor bleibt ungenannt, sei es die Länge der Arbeitszeit der Beschäftigten – vor allem der Frauen und der Kinder –, ihre Kranken-, Unfall-, Arbeitsunfähigkeits- und Arbeitslosenversicherung, ihre Altersversorgung und ihre Wohnsituation. Wobei Roesicke alles daran setzt, seine Fachgenossen zu der Einsicht zu bewegen, »daß nicht nur die Moral, sondern auch ihr eigenes Interesse ihnen die Pflicht auferlegt, die Arbeit der Arbeiter als eine ebenso berechtigte Macht anzusehen, wie sie das Kapital der Arbeitgeber darstellt«.[189]

Was es braucht, ist »eine gründliche Aenderung in der Stellung des Staates und der besitzenden Klassen zu den unteren Klassen«[190] und eine in neuem Denken gestaltete Gesetzgebung: »Wenn der Staat berechtigt und berufen ist, das Eigenthum der besitzenden Klassen, das Kapital der Unternehmer durch Gesetz und Polizei zu schützen, so sehe ich nicht ein, warum er nicht auch verpflichtet sein soll, die Arbeitskraft der Arbeiter, das einzige Eigenthum der Besitzlosen, zu schützen«[191] – zum Beispiel durch ein »Arbeiterschutzgesetz«.[192]

Nachdrücklich setzt er sich zur Lösung anstehender Probleme für die Schaffung paritätisch besetzter sogenannter »Arbeitskammern«[193] ein.

Funktionieren kann das alles nur, wenn das zur Schaffung dieses Idealzustands nötige Gegenüber nicht »aus solchen Sozialdemokraten besteht, welche die Umwandlung der jetzigen Gesellschaftsordnung in eine neue, auf kommunistischer und sozialistischer Grundlage basirende erstreben«.[194] Deren Forderung nach »allgemeiner und völliger Gleichheit«[195] ist die Rote Linie, an der Roesickes Gesprächsbereitschaft mit Sozialisten haltmacht.

Gesamtansicht der Brauerei Zum Waldschlößchen in Dessau

Am Ende zeigt Roesicke einen Weg auf, über den viele der Angriffe der Sozialisten ins Leere gewiesen werden können: »Um eine solche im Interesse Aller nothwendige Besserung [der Lage der arbeitenden Klassen] herbeizuführen, brauchen aber Eigenthum und Kapital nicht aufgehoben und abgeschafft, sondern deren Macht und Wirkung nur zu Gunsten der besitzlosen Klassen beschränkt zu werden; die ›Anhäufung fremden Arbeitsertrages‹, wie die Sozialisten den Unternehmergewinn nennen, braucht nicht beseitigt, sondern nur zu Gunsten der Arbeiter vermindert zu werden.«[196]

In dem idealistischen »nur« lag das Problem.

Als Politiker würde er die Chance haben, seine Ideen zu dessen Lösung ›unters Volk‹ zu bringen.

Er begann damit am 18. Februar 1890 im Gasthaus Hofjäger zu Dessau, wo er vor Arbeitern sprach. Unter denen werden etliche gewesen sein, die aus der Brauerei zum Waldschlößchen stammten; manche werden aus den Fabrikhallen der Deutschen Continental Gasgesellschaft gekommen sein, jenem Werk, dessen Direktor Wilhelm Oechelhäuser war, der Roesicke vor drei Jahren mit seinen Schriften zum *Arbeiterschutz* angeregt hatte. Deshalb lag es für den Kandidaten nahe, sich bei seinen Ausführungen auf dieses Werk zu stützen. Wenig verwunderlich also finden wir in seiner Rede Themen wieder wie Kinder- und Frauenarbeit, die Länge des Normalarbeitstags, Abschaffung der Sonntagsarbeit, Kranken-, Unfall-, Altersversicherung und so weiter – diesmal freilich als Teil einer Polemik, die seinem Kontrahenten von der SPD vorhält, dass dessen darauf abhebenden Forderungen keine sozialdemokratischen sind, sondern solche, die »von den *liberalen* Parteien von jeher vertreten worden sind«.[197]

Eine Werbetafel (oben) und eine Werbemarke (unten) der Schultheiss Brauerei. Den Stammvater aller späteren Schultheiss-Schultheissen hatte 1899 der Kunstmaler Karl Klimsch (1867–1936) entworfen und das Logo auf der Werbetafel rechts unter dem Tondo signiert.

Wozu dann SPD wählen?

Ebenso tritt er dafür ein, dass Sozialpolitik nicht dem freien Spiel der Kräfte überlassen bleiben sollte, in dem die unbemittelten Arbeiter in der Regel den Kürzeren zögen. »Es ist Ihnen bekannt, daß man diese Richtung gewöhnlich mit dem Namen ›Manchesterschule‹ benennt [...].«[198]

Indem sich Roesicke auf Ferdinand Lassalle beruft und Gedanken von diesem rezipiert und modifiziert, tritt er vielmehr dafür ein, dass der Staat im Bereich der sozialen Aufgaben zum Schutz der Lohnabhängigen »gegen die Macht des Kapitals«[199] mit ordnungsrechtlichen Befugnissen ausgestattet werden sollte.

Ein wenig listig plaudert er – Neugierde weckend – aus dem Nähkästchen, als er berichtet, dass er vor einiger Zeit bei Beratungen über das Unfallversicherungsgesetz in Berlin Mitglied derselben Kommission gewesen war, der auch Paul Singer angehört hatte. »Es wird den Anwesenden nicht uninteressant sein, daß ich damals neben dem Abgeordneten Singer, welcher jetzt mein Gegenkandidat hier in diesem Kreis ist, gesessen habe, und es wird die Herren noch mehr interessieren, wenn sie hören, daß wir damals in Beziehung auf das Unfallversicherungsgesetz immer an einem Strang gezogen haben. Herr Singer war damals allerdings noch nicht Sozialdemokrat, und da fanden sich unsere Wünsche, den Arbeitern durch die neueren Gesetze möglichst große Vorteile zuzuführen, immer zusammen«.[200]

Dass Singer ehedem sehr wohl Sozialdemokrat war, diese Falschbehauptung blieb eine Wahlkampfstichelei.[201]

Sodann ermutigt er seine Zuhörer unter Seitenhieben gegen die konservativen Blätter und das Sozialistengesetz, das im Februar 1890 noch rechtskräftig war[202], Arbeiterausschüsse zu bilden und sich in Gewerkschaften zusammenzuschließen. »Ich für meinen Teil habe derartige Vereinigungen von jeher befürwortet, und ich rühme mich, daß gerade in meinem Gewerbe *ich* dazu beigetragen habe, daß die deutschen Brauergesellen sich zu solchen Vereinigungen verbunden haben, und zwar im Gegensatz zu meinen Berufsgenossen, welche darin – wie leider so viele Arbeitgeber – eine unberechtigte Opposition gegen sich sahen. Daher kommt es auch, daß noch heute die Brauergesellenvereine in Berlin mich als ihren Vertrauensmann betrachten und sich bei mir Rat holen, wenn sie dessen bedürfen.«[203]

Roesickes Rede vom 18. Februar 1890 ist ein rhetorisches Bravourstück. Sie leitet sozialistische Postulate um in die eigene liberale Programmatik, setzt sich unpolemisch mit sozialistischen Autoritäten wie Ferdinand Lassalle, Clara Zetkin oder dem Redakteur der *Berliner Volks-Tribüne* Max Schippel auseinander, ist behutsam belehrend, schafft durch eine augenzwinkernde Indiskretion Vertraulichkeit, gewinnt mit der Ablehnung des

Sozialistengesetzes Sympathie selbst bei strammen Linken und schlägt sich im *finale maestoso* wirkungsvoll gegen konservative Unternehmerkollegen auf die Seite der Arbeiter – eine Haltung, die ihn hernach mit dem Attribut zieren sollte, er sei bekanntlich »ein weißer Rabe«[204], der von den anderen, den schwarzen Raben des Unternehmertums, weidlich gehackt wird und sich am 7. Februar 1895 im Plenum des Deutschen Reichstags von dem Abgeordneten der Freikonservativen Freiherr von Stumm-Halberg sagen lassen musste, mit einem Arbeitgeber wie ihm diskutiere er nicht.[205]

Das Ganze suggerierte, dass der, der hier sprach, ohne Vorurteile und Berührungsängste für das Wohl der Arbeiter eintreten werde – und somit auch für sie wählbar ist.

Zweifellos trug Roesickes ausgefeilter Vortrag dazu bei, dass der Kandidat am 20. Februar 1890, im vierten Anlauf, für die Deutsche Freisinnige Partei im Wahlkreis I von Anhalt-Dessau einen Sitz im 8. Deutschen Reichstag errang und zwar mit einer Mehrheit von 55,1 Prozent der Stimmen gegenüber seinem Mitbewerber von den Sozialdemokraten, der es auf nicht mehr als 31,8 Prozent gebracht hatte.[206]

Paul Singer (1844–1911)

Sein Name: Paul Singer.

Nicht ohne Schmunzeln kann man das erste parlamentarische Aufeinandertreffen des alten Hasen Singer – seit 1884 Mitglied des Hohen Hauses – und des Neulings Roesicke im Protokoll des Deutschen Reichstags vom 11. Juni 1890 nachlesen. Es ging um das Unfallversicherungsgesetz, mit dem Roesicke als Mitglied des Reichsversicherungsamts vertraut war. Die Sozialdemokraten hatten bemängelt, dass das Gesetz für die Arbeiterklasse keinen wesentlichen Nutzen bringe, was Roesicke anders sah. »Ich stehe […] in der Industrie und verkehre viel mit Arbeitern. Ich habe mich um diese Frage sehr vielfach gekümmert und gehöre seit Einführung dieses Gesetzes dem Reichsversicherungsamt an. Ich habe aber in dieser Beziehung vollkommen entgegengesetzte Erfahrungen gemacht, nämlich dahin, daß die Arbeiter in Deutschland die Wohlthaten dieses Gesetzes vollkommen anerkennen und in Bezug auf das Gesetz, soweit sie davon betroffen werden, und soweit nicht politische Momente mit hineingezogen werden, keine Aenderung wünschen.«[207]

Roesicke meinte: *partei*politische Momente.

Singer hingegen hielt diese Äußerung für realitätsfern und erwiderte: »[…] wenn Herr Roesicke in der Lage wäre, wie wir es fast täglich sind – vielleicht aus dem Umstande, daß man in den Arbeiterkreisen doch den Vertretern der Sozialdemokratie mehr Vertrauen schenkt und entgegenbringt, als wie es von den Mitgliedern der übrigen Parteien und auch seitens der verbündeten Regierungen zugegeben wird, – wenn Herr Kollege Roesicke in der Lage wäre, gleich uns alle Tage mit den Arbeitern zu verkehren, denen als Folge

»Eröffnung des deutschen Reichstages im Weißen Saale des königl. Schlosses zu Berlin durch den Kaiser am 16. November [1893]«, Zeichnung von Hermann Lüders (1836–1908), 1893

erlittener Unfälle geradezu minimale und jammervolle Rentenbeträge seitens der Berufsgenossenschaften zugesprochen sind, dann würde er nicht zu den so überaus lobenden Ausführungen gekommen sein, welche er gemacht hat.«[208]

Die beiden redeten von zwei unversöhnlichen Standpunkten aus aneinander vorbei: Singer, ein als ehemaliger Besitzer einer Damenmantelfabrik reich gewordener Privatier, berief sich auf seine Verankerung in der Welt der Arbeiter und seine daraus folgende Erkenntnis der Wirklichkeit, während Roesicke unterstellte, dass jede zu einem anderen Ergebnis als zu seinem eigenen kommende Analyse politisch motiviert sei und nichts mit der Wirklichkeit zu tun habe.

So sollte es bleiben.

Auch als Roesicke 1893 mit dreitausendfünfhundert Stimmen Vorsprung vor seinem Mitbewerber von den Sozialdemokraten, dem Schriftsteller und Redakteur Heinrich Pëus[209], ein zweites Mal in den Reichstag eingezogen war – als Vertreter der Freisinnigen Vereinigung, einer Splittergruppe, die sich nach abermaliger Zellteilung von Liberalen im Mai 1893 aus der einstigen Deutschen Freisinnigen Partei gebildet hatte, dreizehn Männer, lauter Einzelgänger, durch ähnliches Denken lose miteinander verbunden, ohne gemeinsames Programm, ein Haufen ganz nach Roesickes Geschmack, der sich allein Partei genug gewesen wäre und im Mai 1894 hautnah erfahren musste, was es bedeutet, wenn parteipolitische »Momente« auf seinen sozialreformerischen Wohlfahrtsidealismus prallen.

Für jemand wie ihn, der sich seit Jahren als Anwalt der Arbeiter verstand, ein harter Schlag, der besonders schmerzhaft war, nachdem Roesicke kürzlich erst wieder ein Plädoyer für die Anerkennung der Gleichberechtigung der Arbeiter gehalten und Verständnis für ihre soziale Lage geäußert hatte.

Sein Vortrag »Über das Verhältnis der Arbeitgeber zu ihren Arbeitnehmern« ist das Credo eines Mannes, der mit wachem Auge den Wandel seiner Epoche verfolgt und die mit diesem Umbruch einhergehenden Veränderungen der Lebens- und Arbeitsverhältnisse reflektiert hat. »Während das frühere Verhältnis zwischen Arbeitgebern und Arbeitern gewissermaßen ein familiäres, ein patriarchalisches war, insofern als der Meister in nahem Verkehr mit seinen wenigen Gesellen stand und Anteil nahm an seinem Ergehen, ist mit der Einführung der Gewerbefreiheit und des Fabrikbetriebes dieses Verhältnis nach und nach geschwunden und die menschliche Arbeitskraft zu einer Ware herabgesunken, deren Wert lediglich von Nachfrage und Angebot abhängig ist.«[210]

Den Hauptgrund für die Spannungen, die dieser Prozess zwischen Arbeitgebern und Arbeitnehmern mit sich gebracht hat, sieht Roesicke darin, dass die Brotherren die Arbeiter

»von vornherein nicht als gleichberechtigte Faktoren ansahen, mit denen man über die betreffenden Angelegenheiten verhandeln kann und muß«.[211] Er spricht es nicht aus, aber dennoch wird klar, dass er in der Tiefe seines Herzens noch immer dem von ihm eingangs beschriebenen familiären, patriarchalischen Zuständen nachhängt und es bedauert, dass das Verhältnis von Arbeitgebern und Arbeitnehmern »zur Zeit kein erfreuliches ist und selten auf wirklicher Harmonie beruht«.[212]

Da das aus diesem Satz sprechende Bedürfnis Roesickes nach Einklang, Eintracht, Einvernehmen immer häufiger enttäuscht wird durch Boykottmaßnahmen der Sozialdemokraten, entwickelt sich bei ihm, dem so viel liegt an der »Erhaltung menschlicher Beziehungen der beiden Klassen«[213], die Motivation, »solchem Treiben ein Ende zu machen«.[214]

Es ging um die Bewahrung von Roesickes Vorstellung von einer heilen Welt.

Denn war er nach seinem Dafürhalten nicht im Begriff, eine zu errichten?

Schultheiss besaß für alle Gewerke Arbeiterräte, die bei innerbetrieblichen Angelegenheiten mitreden konnten. Es gab eine Invaliden-Werkstatt für erwerbsunfähige ehemalige Arbeiter sowie Sonderzahlungen über den Mindestlohn hinaus. Erholungsreisen von Mitarbeitern wurden bezuschusst. Ein von der gesetzlichen Rente unabhängiges Ruhegeld wurde gewährt ebenso wie eine Witwen- und Waisenrente nach längerer Zugehörigkeit des Verstorbenen zum Unternehmen. Für – wenn nötig – häusliche Krankenpflege wurde vonseiten der Brauerei gesorgt. Die Firma besaß seit 1890 ein eigenes für dreißigtausend Mark errichtetes[215] und von Diakonissen geführtes Kinderheim in Pankow, dessen Leiterin »Schwester Emma«[216] eine Ikone war, und unterhielt an verschiedenen Betriebsstätten Krippen und Vorschulen mit gemischten Klassen für Jungen und Mädchen.

Der Roesicke-Biograph Friedrich Hayduck zählt auf drei Seiten insgesamt dreiunddreißig Sozialleistungen und Wohlfahrtseinrichtungen auf, die es zumindest in dieser Vielzahl nur bei Schultheiss gab.[217]

Dass der *Vorwärts* den *spiritus rector* dieser Institutionen als einen »Arbeiterfreund«[218] in Anführungszeichen herabwürdigte, stellte dessen sozialpolitisches Ethos auf eine schwere Belastungsprobe.[219]

Das Kinderheim der ehemaligen Brauerei Zum Waldschlößchen in Dessau

Das von Emil Döppler (1855–1922) entworfene Werbeplakat für die vom 30. Juni bis zum 16. Oktober 1889 andauernde Deutsche Allgemeine Ausstellung für Unfallverhütung im Landes-Ausstellungs-Park am Lehrter Bahnhof

# Von der Fron und vom Lohn und vom Sterben

Nach der Veröffentlichung seines Buches über *Arbeiterschutz* war 1887 die Wahl erwartungsgemäß auf Richard Roesicke gefallen, als die Initiatoren der in zwei Jahren zu eröffnenden Deutschen Allgemeinen Ausstellung für Unfallverhütung in Berlin ein Organisationskomitee zur Ausrichtung dieser Veranstaltung zusammenstellten und dessen Vorsitzenden bestimmten.

Dass der Schultheiss-Direktor diese Aufgabe übernahm, war ebenso folgerichtig. Denn wenn, wie es im Vorwort des dazugehörigen Katalogs hieß, »gerade das Braugewerbe mit der Verwirklichung einer so zeitgemässen Idee den Anfang machte, so lag für dasselbe die Veranlassung hierzu in der aussergewöhnlich grossen Unfallgefahr, welche der Betrieb der Brauerei bietet und welche es den Mitgliedern dieses Gewerbes zur Pflicht macht, mit aller Kraft auf eine Verringerung der Zahl der Unfälle hinzuwirken«.[220]

Mochte die sogenannte Zweite Industrialisierung der Epoche durch den Einsatz von elektrisch betriebenen Maschinen auch vielerlei Erleichterung mit sich gebracht haben, so war doch ein Großteil der zu verrichtenden Arbeiten nach wie vor abhängig vom Gebrauch körperlicher Kräfte – man denke nur an eine der gefährlichsten Arbeiten auf dem Werksgelände, das Hochhieven von tonnenschweren, bis zu hundertvierzig Hektoliter[221] aufnehmenden Fässern aus dem Lagerkeller, wenn acht Mann sich gegen die vier Arme einer Winde, des Göpels, stemmten, oder an die Anstrengung, wenn die Brauer das geschrotete Malz im Malzbottich unter ständigem Rühren mit ihren drei Meter langen Bierkrücken auf fünfundvierzig Grad brachten.

Hinzukam, dass die Arbeiter unaufhörlich einem Wechsel von Hitze und Lärm und Nässe und Kälte ausgesetzt waren.

Kaum zu ertragen war die Hitze dort, wo das Grünmalz, die durch Zugabe von Wasser zum Keimen gebrachte Gerste, über heißen Luftströmen auf Drahthorden zu Darrmalz getrocknet wurde und stellenweise Temperaturen von annähernd hundert Grad herrschen konnten.

Höllisch war der Lärm dort, wo das getrocknete Malz erst in einer Schrotmühle zerkleinert oder ›gebrochen‹ und danach in einer Hammermühle pulverisiert wurde.

Nässe war überall. Sei es dort, wo das getrocknete und zermahlene Malz im Maischbottich mit vorgewärmtem Wasser vermengt, ›eingeteigt‹ und aufgekocht wurde, oder dort, wo nach dem Maischvorgang die so entstandene Würze von den in ihr enthaltenen Feststoffen, dem Treber, getrennt und aus dem Treber die noch in diesem enthaltene Würze heraus-

»Braupfanne«, Zeichnung von der Deutschen Allgemeinen Ausstellung für Unfallverhütung in Berlin von Ewald Thiel (1855–1939), 1889

gespült und -gepresst wurde, oder dort, wo die hölzernen Gärbottiche gewaschen wurden. Nässe war überall.

Beißend war die Kälte dort, wo die heiße Würze nach der Zugabe von Hopfen und dem Kochen in der Würzpfanne auf dem Kühlschiff durch mit Eis gefüllte Schwimmer auf fünf Grad heruntergekühlt und ohne Unterlass Eis in diese Behälter nachgefüllt wurde.[222]

Dort, wo die Würze zuletzt mit Hefe versetzt wird und bei der Gärung dieses Gemischs sich Alkohol und Kohlensäure bilden, haben erst einmal die Brauer den härtesten Teil ihrer Plackerei hinter sich.

Sechs Tage in der Woche wurde so zwischen vierzehn und sechzehn Stunden geschuftet, wobei die Nacht- genauso wie die Sonntagsruhe zu jeder Zeit – auch mehrfach – unterbrochen werden konnte, zumal die meisten Arbeiter genötigt waren, in einer oft erbärmlichen Schlafstelle auf dem Werksgelände zu hausen (weshalb die meisten von ihnen unverheiratet waren).

Ein Angehöriger des Brauergewerbes hat sich mit einem Gedicht auf dieses Leben ein poetisches Denkmal gesetzt:

Der Lagerkeller an der Schönhauser Allee, bei dessen Betrachtung man eine Vorstellung von dem enormen Gewicht der Fässer bekommt

Kaum färbt der Morgenröte Glut
Mit Purpurgold den Himmelsbogen –
Kaum dass wir kurze Zeit geruht,
Tönt schon der Weckruf langgezogen.
Halb schlafend noch ziehn wir uns an,
Noch liegt's wie Blei in allen Gliedern,
Und an die harte Arbeit dann
Gehts mit vom Schlaf noch müden Lidern.

Tief unten in des Kellers Schacht
In feuchten Gängen, gleich Kanälen,
Da müssen wir bis in die Nacht
Vom frühen Morgen an uns quälen.
Dort, wo das Bier im Kessel dampft
Und dichte Schwaden ihm entsteigen,
Der Riemen ächzt, die Pumpe stampft,
Dort gilt's, den ›Göttertrank‹ zu zeugen.

Unausgesetzt mit voller Kraft
Muss stundenlang der Arm sich rühren,
Und ob ermattet und erschlafft
Er niedersinkt – Du darfst nichts spüren!
Wir schaffen bei der Darre Glut
Den Rücken nass, den Atem trocken,
Da trieft der Schweiß, es kocht das Blut
Und stärker wird des Herzens Pochen.

Und Tag für Tag in gleicher Hast
Treibt uns der Tross der Mammonsschergen.[223]
Kaum gönnt man uns die nöt'ge Rast,
Um unsern müden Leib zu stärken.
Mit rauem Wort und barschem Ton
Befiehlt man uns, was wir zu schaffen,
Und oft trennt nur ein Hungerlohn
Uns vom Geschick gekaufter Sklaven.[224]

Sich heute ein scharfes Bild von der Lohnsituation der Brauereiarbeiter gegen Ende des 19. Jahrhunderts in der Spreemetropole zu machen, ist ein Ding der Unmöglichkeit, denn wir bewegen uns hier in Bereichen, »deren statistische Erfassung im argen liegt«.[225] Schon im Dezember 1888 hatte der Staatsminister Karl Heinrich von Boetticher im Reichstag beklagt: »Wir haben keine Lohnstatistik in Deutschland.«[226]

Und daran änderte sich auch nichts. Sieben Jahre später, 1895, bemängelte das *Märkische Tageblatt* öffentlich: »[…] es giebt keine amtliche Lohnstatistik und die von privater Seite auf diesem Gebiete veranstalteten Erhebungen sind nicht immer lückenlos.«[227]

Zwar hat der Generalsekretär des Vereins der Berliner Brauereien Emil Struve 1897 in seinem Buch über den *Berliner Bierboykott von 1894* auf zehn Seiten eine Fülle von Zahlen genannt.[228] Ebenso schon 1894 der Direktor der Aktien-Brauerei Friedrichshöhe, vormals Patzenhofer, Friedrich Goldschmidt in seinem Aufsatz »Der Bierboycott in Berlin«.[229] Aber in Anbetracht der Unterscheidung von untergärigen und obergärigen (Weißbier-)Brauereien, der von Betrieb zu Betrieb voneinander abweichenden Bezüge, der verschiedenen Tätigkeitsbereiche, der unüberschaubaren Menge von nicht zu beziffernden ›Elomumenten‹, also lohnwerten Naturalleistungen wie dem Haustrunk und dem Frühkaffee, oder Zu-

Diverse Flaschenetiketten der Schultheiss Brauerei

schlägen für Überstunden sowie Zuschüssen bei der Unterbringung der Leute oder innerbetrieblichen Vergünstigungen, wie sie die Schultheiss Brauerei in großer Zahl bot, oder dem Status, ob jemand verheiratet war oder nicht, und der Frage, wie viele Stunden einer täglich gearbeitet hat und wie viele Tage im Jahr und ob in Tag- oder Nachtschicht und sonntags, ist in einer Zeit eines ohnehin volatilen Lohngefüges kein wirklich belastbarer Normbetrag zu ermitteln.

Insofern ist die folgende Aufstellung von Jahreseinkommen für 1894 nichts anderes als der Versuch, einen ungefähren Eindruck von der Größenordnung zu vermitteln, in der sich – in Mark – die Einkommen der Brauereiarbeiter bewegten:

| | | | |
|---|---|---|---|
| Brauer | 1900 | Heizer | 1300 |
| Vorderburschen[230] | 3000 | Handwerker | 1300 |
| Mälzer | 1600 | Bierfahrer | – |
| Böttcher | 1500 | Ungelernte | 1000 |
| Maschinisten | 1800 | | |

Für die Bierfahrer kann kein Wert ermittelt werden, weil diese Berufsgruppe aufgrund einer Reihe von Sonderzahlungen und Zuschlägen und nicht zu überprüfenden Extraeinkünften und Provisionen am Ende eine solche Höhe von Bezügen verzeichnete, dass sie jede Statistik verzerren würde. Auf einer öffentlichen Volksversammlung war ihnen vor ein paar Jahren vorgehalten worden, die Bierfahrer »steckten ebenso, wie die Direktion die Arbeitergroschen in die Tasche« und »seien nicht als Arbeitsgenossen anzuerkennen, diese seien Kapitalisten«.[231] Josef Wild, der ab 1895 vierzig Jahre lang als Generalbetriebsdirektor bei Schultheiss gearbeitet hatte, konnte das in seinen Lebenserinnerungen mit einer konkreten Summe bestätigen: »Die Bierkutscher waren große souveräne Herren mit einem Einkommen bis zu 12000 M. im Jahr.«[232]

Auch wenn die hier nur überschlagsweise errechneten Werte aufgrund der oben genannten Zusatzzahlungen etwas höher ausgefallen sein dürften, ändert dies nichts an der Tatsache, dass Arbeiter in Brauereibetrieben mit ihren Jahreseinkommen – wie die Industriearbeiter – auf einer der untersten Stufen des Jahreseinkommens der steuerpflichtigen Bürger im Deutschen Reich standen.[233]

Gering war am Ende auch ihre Lebenserwartung.

In einem Referat auf dem ersten Delegiertentag des Allgemeinen Brauerverbands am 17. August 1885 in Berlin hatte ein Redner in einem Referat ausgeführt, dass »kaum 2 Proz. der Brauer«[234] ein Alter von sechzig Jahren erreichen.

»Die amtliche Statistik«, heißt es ähnlich kurz danach in einer von zweitausend Braugehilfen unterschriebenen Petition des Allgemeinen Brauerverbandes an das Präsidium des Deutschen Reichstags aus dem Januar 1886, »gibt den Beweis, daß das Sterblichkeitsverhältnis bei den Braugehilfen ein außerordentlich hohes ist und daß kaum fünf vom Hundert als solche ein Alter von 60 Jahren erreichen und mindestens zwei Drittel derselben im Alter von fünfzig Jahren vollständig invalid sind.«[235] Das Gesuch blieb ohne Antwort.

Sein aktueller Anlass war eine Umfrage gewesen, welche das Reichsamt des Innern bei der Vorbereitung des Invaliditäts- und Altersversicherungsgesetzes vom 22. Juni 1889 unter den Industrieunternehmen des Landes veranstaltet hatte, um eine Vorstellung vom Renteneintrittsalter zu gewinnen. Ein erster Entwurf sah die Erreichung des sechzigsten beziehungsweise des siebzigsten Lebensjahres vor. Und als man sich auf siebzig Jahre verständigt hatte, bedeutete das für die Brauer, dass nur 0,17 Prozent von ihnen jemals in den Genuss dieser Altersversorgungsmaßnahme kommen werden.[236]

Richard Roesicke hatte als Direktor der Schultheiss AG – offenbar in Beantwortung derselben Erhebung – die der Praxis entnommene und bis heute[237] mit Bestürzung zitierte

Karl Penndorf (1834–1904), von 1886 bis 1891 Vorsitzender des Allgemeinen Deutschen Brauerverbandes, Redakteur der *Allgmeinen Brauerzeitung* und Verfasser des *Liedes vom altgewordenen Brauer*

Aussage gemacht, »daß ein Brauer mit 35 Jahren für die Brauerei ausgedient« hat.[238] Bei seinerzeitiger Lebenserwartung hätte er im Höchstfall noch knapp dreißig Jahre vor sich gehabt[239] – mit einer Rente von nicht einmal zwölf Mark im Monat oder vier Groschen pro Tag.[240]

Aufschlussreich ist in diesem Zusammenhang die Diskussion im Reichstag vom 16. Juni 1890 über die Wahlfähigkeitsgrenze von Mitgliedern von Gewerbeschiedsgerichten. Die Parlamentarier stritten, ob die Eligibilität nach Vollendung des fünfundzwanzigsten oder erst des dreißigsten Lebensjahrs einsetzen sollte, und einigten sich auf das dreißigste. Hinfällig war damit das Argument des Abgeordneten der SPD Wolfgang Heine, der darauf aufmerksam gemacht hatte, »daß in denjenigen Berufen in Deutschland, für welche überhaupt eine Statistik über die Sterblichkeit und über die Gesundheits- und Krankheitsverhältnisse der Mitglieder vorhanden ist, das durchschnittliche Lebensalter in den meisten dieser Berufe überhaupt nur 30 bis 34 Jahre ist«.[241]

Karl Penndorf, ein Funktionär des Allgemeinen deutschen Brauerverbandes und Redakteur der *Allgemeinen Brauer-Zeitung*, hatte beim Blick auf solche Zukunftsaussichten erschüttert zur Feder gegriffen und *Das Lied vom altgewordenen Brauer* gedichtet, das mit der Strophe beginnt:

> Das ist eine schwere und trübe Zeit,
> Ein Dornenpfad ist's ein rauer,
> Mit Not und Kummer und Sorg im Geleit
> Für altgewordene Brauer.
> Das alte Lied, das alte Leid!
> Das Lied der Sorge und Trauer,
> Das man gesungen seit langer Zeit,
> Vom altgewordenen Brauer.[242]

In einem Industriezweig, in dem ein solches Lebensgefühl herrschte, warben die Sozialdemokraten umso druckvoller, denn er war in Anbetracht der Schwere seiner Tätigkeit, seiner von den Arbeitern als spärlich empfundenen Entlohnung und seiner ihm ausgerechnet vom Erzfeind bescheinigten düsteren Zukunft, wie die Geschehnisse nach dem Ende des Sozialistengesetzes gezeigt hatten, für die Propaganda der Linken besonders empfänglich. Ihr Ziel war, der von Wahl zu Wahl wachsenden Anhängerschaft der Sozialdemokraten weitere kampfbereite Kräfte zuzuführen.

# Von der neuen Kampfzone

Hatte die Kommunikation zwischen den Antagonisten – hie die Arbeitnehmer und da die Arbeitgeber – bisher im wesentlichen auf dem Postweg stattgefunden, so verlegte sie sich mit dem 18. Mai 1894, abgesehen von Flugblättern und – vor allem in Rixdorf[243] – Plakaten, fast ausschließlich in die Presse. Das waren auf der einen Seite der *Vorwärts*, das »Organ« der Sozialdemokraten, und auf der anderen Seite bürgerliche Blätter wie die aus einem Vorläufer von 1617 entstandene liberale *Vossische Zeitung*, »die alte Tante Voss«, daneben die tiefschwarze *Neue Preußische Zeitung*, das Blatt der Oberschicht, in dessen Kopf das Eiserne Kreuz prangte, umrankt von der Parole der Freiheitskriege »Vorwärts mit Gott für König und Vaterland« – für sensible Bezieher des Organs der Sozialdemokraten ein kleiner täglicher Nadelstich –, ferner die wirtschaftsnahe *Berliner Börsen-Zeitung*, die konservative *Norddeutsche Allgemeine Zeitung*, »Bismarcks Hauspostille«, sowie das populäre rechtslastig liberale *Berliner Tageblatt* mit dem Zusatz *und Handelszeitung*.

Allein diese mediale Konstellation musste in der Redaktion des *Vorwärts* das Gefühl vorherrschen lassen, dass die Welt voll Teufel wär – ein Gefühl, das an diesem Freitag im Mai nun abermals geweckt war, als sich das Blatt zum Vorreiter jener Genossen machte, die es im Geiste brüderlichen Zusammenhalts in die Verteidigungsschlacht zu führen galt, in den Kampf gegen derzeit dreiunddreißig im Ring vereinigte »Frevler am Bürgerfrieden und Arbeiterwohl«.[244]

Dreispaltig über anderthalb Seiten wird beklagt, welches Unrecht durch die Entlassung der Arbeiter geschehen sei und welches Recht die Genossen aus diesem Grund zur Gegenwehr hätten – auch gegen das stehende Heer der feindlichen Presse (Liebknecht).

Den »zufälligen Beschluß einer einzelnen Versammlung eines Vorortes« vom 6. Mai, die Boykott-Resolution über die Rixdorfer Vereinsbrauerei, müsse man, wie von den Sprechern der Berliner Arbeiterschaft immerfort betont wird, »als eine interne Angelegenheit der Betheiligten« betrachten, die niemals den Segen der ihnen übergeordneten Instanzen besessen und dem Ring folglich keine Veranlassung zu seinem »Schelmenstück« geliefert hätte.

Mit ›Rixdorf‹ habe die SPD nichts zu tun. Auf ›Rixdorf‹ könne sich der Ring zur Begründung seines Handelns nicht berufen. Nein: »Aus bloßer Willkür und Unternehmerübermuth beschlossen die Mitglieder des Brauerrings jeden fünften Mann ihres ganzen Arbeitspersonals plötzlich zu entlassen, das heißt bei der jetzigen Geschäftslage die Betroffenen dem Hungern und Verelenden preis geben.«

Etikett für eine Flasche »Pilsener Lager« der Spandauerberg Brauerei. Abgebildet ist links das Wappen von Spandau mit dem brandenburgischen Adler und dem brandenburgischen Wappenhelm. Ungeachtet ihres Namens lag die Brauerei nie auf Spandauer, sondern immer auf Charlottenburger Gemarkung.

Der Zungenschlag wird schärfer und schärfer, und es häufen sich die Adjektive »schamlos« und »brutal«. Richard Roesicke wird als Repräsentant der »Ausbeuterzunft« permanent beim Namen genannt, darüber hinaus wird nochmalig mitgeteilt, dass »Vertreter aller gewerkschaftlichen und politischen Kreise« nach gründlichen Beratungen die Überzeugung gewonnen hätten, »daß auf dem Wege des partiellen Boykotts die Chancen des Sieges der Arbeiter die größeren seien«.

Die Herren hatten sich an das strategische Konzept bei der Durchführung des Boykotts gegen die Spandauerberg Brauerei im letzten Sommer erinnert und daraus Zuversicht gezogen, ohne die Ungleichartigkeit der beiden Gegebenheiten zu bedenken und ohne sich zu entsinnen, dass ihnen der damalige Erfolg nur durch eine Torheit der Gegenseite in den Schoß gefallen war.

Im letzten Drittel greift der Text den Appell unterm Kopf des *Vorwärts* auf und fordert – Stichwort »Weißbluten« – die Kampfbereitschaft seiner Leserschaft ein. »Gelänge es dem Brauerring, die Arbeiterorganisation zu sprengen, dann stehen auch unsere Erfolge aus dem Boykott von 1890 wieder auf dem Spiele.« Dass der SPD-Abgeordnete Grillenberger diesen Verruf auf dem Parteitag in Halle im selben Jahr als »Mißerfolg« und »Unding«[245] gewertet hatte, wurde im demagogischen Furor vergessen gemacht.

Was auch für die beiden Absätze gilt, die dem eben zitierten folgen: »Deshalb Arbeiter, Parteigenossen, müssen wir in dem entbrannten Kampfe siegen und wir werden siegen, wenn wir einig sind. Diese Einigkeit aber, welche wir so oft bethätigt haben, wenn sie uns die schwersten Opfer auferlegte, warum sollen wir sie hier nicht üben, wo gar keine Opfer damit verbunden sind!«

Im Bombast von Pathos und Polemik wurde unterschlagen, dass es im Boykott von 1890 zum Bedauern vieler Genossen an nichts so sehr gemangelt hatte als an Einigkeit.

Aus dem Abstand vieler Jahre gelesen ist die Kampfschrift im *Vorwärts* ein Muster der Augenwischerei sowie der Missachtung jener, an deren Ehre sie am Schluss appelliert.

Zum Teil am selben, zum Teil am nächsten Tag erschien in zahlreichen Blättern für die Mittel- und die Oberschicht im Lande zwischen Anzeigen für frischen Braunschweiger Spargel oder Patent-Springfeder-Matratzen der Firma Westphal & Reinhold eine Annonce des Vereins der Brauereien Berlins und der Umgegend mit der Überschrift »Zur Aufklärung!«[246]

Das war zwar die Erwiderung auf den am 17. Mai im *Vorwärts* abgedruckten Boykott-Aufruf gegen die sieben betroffenen Berliner Brauereien, wurde aber durch die Gleichzeitigkeit des Erscheinens mit der Kriegserklärung im *Vorwärts* vom 18. Mai zur Replik auf diesen Text.

Abgesehen davon, dass die Entgegnung der Ringbrauereien wesentlich kürzer war als die Kampfansage im *Vorwärts*, war sie von kaufmännischer Nüchternheit.

Die dreiunddreißig Unterzeichner verwahrten sich gegen die Unterstellung, »daß wir den zwischen unseren Arbeitern und uns ausgebrochenen Streit von langer Hand vorbereitet haben, vielmehr sind wir durch das Vorgehen unserer Arbeiter überrascht worden. Auch richten sich die unsererseits getroffenen Maßregeln nicht gegen irgend einen Verein oder gegen irgend eine Partei, sondern lediglich gegen diejenigen Personen, welche die Waffe des Boykotts benützen wollen, um uns zu Zugeständnissen in der Frage des Böttcher-Streiks zu zwingen, insbesondere gegen diejenigen unserer eigenen Arbeiter und ihre Führer, welche zu dem Vorgehen der Rixdorfer Versammlung die Veranlassung gegeben haben.«

Blauäugig und wohl auch nicht ganz ehrlich war es, wenn sie schreiben, dass sie nach der Ablehnung der Forderung nach dem 1. Mai als arbeitsfreiem Feiertag angenommen hätten, daß »die Böttchergesellen das Unberechtigte [jener Forderung] einsehen und die Arbeit demnächst unter den früheren Bedingungen wieder aufnehmen würden«.

Und nur scheinbar stichhaltig war die Widerlegung jener Anwürfe im *Vorwärts*, die sich auf die Bezahlung der Arbeiter bezogen: »Gegenüber der Behauptung, daß die Arbeiter in den Berliner Brauereien ›elende‹ Löhne verdienten, stellen wir fest, daß nach der Lohnstatistik der Berufsgenossenschaften der Durchschnittslohn in den Brauereien die zweithöchste Stelle der für alle Gewerbe in Deutschland festgestellten Durchschnittslöhne einnimmt, daß insbesondere die in den Berliner Brauereien gezahlten Löhne die Durchschnittslöhne von ganz Deutschland noch erheblich überschreiten.«

Zutreffend war solche Rechnung allein hinsichtlich des Verhältnisses der Löhne untereinander, wenn man darauf abhebt, dass das durchschnittliche jährliche Arbeitseinkommen etwa in der Metallindustrie 932 Mark, in der Chemieindustrie 931 Mark, in der Bauindustrie 898 Mark[247] und in der Gesamtheit der Arbeiter 650 Mark[248] betrug. Sie änderte aber nichts daran, dass sich alle diese Bezüge auf den beiden untersten Stufen des jährlichen Durchschnittseinkommens der Bevölkerung befanden (wo das Gros der Steuerzahler stand). Schon auf der drittuntersten Stufe war das durchschnittliche Jahreseinkommen doppelt und auf der viertuntersten fast zehnmal so hoch wie das der Brauereiarbeiter.[249]

Indem die Brauereien abschließend versicherten, die von ihnen durchgeführten Maßnahmen samt und sonders rückgängig zu machen, wenn der Bann über die sieben Brauereien bis zum 24. Mai 1894 aufgehoben ist, landete der Schwarze Peter bei den Führern der Brauer und Böttcher. »Es wird abzuwarten sein, ob sie hierzu bereit sind, oder die Verantwortung für die weiteren Folgen auf sich nehmen wollen.«

Zur Aufklärung!

Die sozialdemokratische Partei hat durch einen vom 16. Mai datirten Aufruf in Nr. 111 des „Vorwärts" den Boykott über die

Schultheiss' Brauerei Actien-Gesellschaft,
Brauerei Happoldt,
Böhmisches Brauhaus,
Brauerei Karl Gregory,
Vereinsbrauerei Rixdorf,
Spandauerberg-Brauerei,
Actiengesellschaft Schlossbrauerei Schöneberg

verhängt.

Die für diesen Boykott in dem erwähnten Aufruf angeführten Gründe widersprechen in mehreren Punkten den Thatsachen.

**Es ist unwahr,** daß wir den zwischen unseren Arbeitern und uns ausgebrochenen Streit von langer Hand vorbereitet haben, vielmehr sind wir durch das Vorgehen unserer Arbeiter überrascht worden.

Auch richten sich die unsererseits getroffenen Maßregeln **nicht gegen irgend einen Verein oder gegen irgend eine Partei, sondern lediglich gegen diejenigen Personen, welche die Waffe des Boykotts benützen wollen, um uns zu Zugeständnissen in der Frage des Böttcher-Streiks zu zwingen, insbesondere gegen diejenigen unserer eigenen Arbeiter und ihre Führer, welche zu dem Vorgehen der Rixdorfer Versammlung die Veranlassung gegeben haben.**

Gegenüber der Verdunkelung der thatsächlichen Vorgänge, wie sie im „Vorwärts" versucht

Ausriss der Anzeige »Zur Aufklärung!« des Vereins der Brauereien Berlins und der Umgegend vom 18. Mai 1894 im *Berliner Tageblatt*

Carl Gröplers Salon in der Rixdorfer Bergstraße 147

Roesickes Geduld und die seiner Kollegen wurde nicht lange auf die Folter gespannt, denn schon am Abend des 18. Mai trommelten die Sozialdemokraten in neun Versammlungsstätten zwischen fünfzehn- und zwanzigtausend Arbeiter zusammen, die eine in jedem Lokal gleichlautende Resolution einstimmig verabschiedeten, wonach sie »dem in der Nr. 111 des ›Vorwärts‹ von 57 Parteigenossen gemachten Vorschlage, zunächst über […] 7 Brauereien den Boykott auszusprechen, rückhaltlos«[250] zustimmen.

Nachdem Roesicke das gelesen hatte, resümierte er in einem Aufsatz für das *Sozialpolitische Centralblatt*: »Hiermit hatte die sozialdemokratische Partei den Kampf zur Parteisache gemacht, und ist derselbe dadurch weit über den Rahmen eines Streites zwischen Arbeitgebern und Arbeitnehmern eines einzelnen Gewerbes hinausgewachsen.«[251]

Er hätte zwischen »Kampf« und »zur« das Wörtchen »endgültig« einsetzen müssen. Denn entgegen allen Beteuerungen der Parteioberen, sie hätten mit dem Boykott-Entscheid der Rixdorfer Böttcher, der für die Ringbrauereien der Anlass zu ihren Gegenmaßnahmen war, nichts zu tun, es handele sich nur um den »zufälligen Beschluß einer einzelnen Versammlung eines Vorortes«, hatten die Sozialdemokraten sehr wohl *ab initio* Einfluss auf die Meinungsbildung jener Zusammenkunft bei Gröpler genommen. Mit gutem Grund waren sie jetzt angesichts der eingetretenen Folgen bemüht, diese Tatsache zu leugnen und zu vertuschen.

Und zwar darum, weil ein prominentes Mitglied der Partei an der verhängnisvollen Entscheidung mitgewirkt hatte. War nicht im *Vorwärts* vom 10. Mai unter der Titelzeile »In Rixdorf« erwähnt worden, dass die Rixdorfer Böttcher in ihrer Unerfahrenheit »eine Vertrauensperson der politischen Partei«[252] zu Hilfe geholt hatten?

Nie wird der Name des Unbekannten genannt, aber wer er war, wird die Führung der Partei inzwischen erfahren haben. Denn wer hätte Arbeitern in Rixdorf als Berater nähergestanden als ein Mann, der in der Partei als Antreiber berühmt und seit seinem eigenmächtigen taschenspielerhaften Eingriff in die Verhandlungen über eine Lohnerhöhung im Jahr 1890 auch berüchtigt war und – wie ebenfalls im *Vorwärts* nachzulesen stand – die Agitations-Kommission der Brauer und Brauerei-Hilfsarbeiter Berlins und der Umgegend in Rixdorf leitete[253] und deshalb am 6. Mai bei Gröpler anwesend war?[254]

Paul Hilpert (1854–1905), Mitbegründer des Berliner Brauergesellenvereins und des Allgemeinen Deutschen Brauerverbandes

Er wohnte in Rixdorf und war zu erreichen unter der Adresse Karlsgartenstraße 1, respektive Hermannstraße 25.[255] Sein Name: Paul Hilpert.

Wen, wenn nicht ihn, sollten die Rixdorfer Böttcher zu ihrer Versammlung am 6. Mai als Ratgeber hinzugezogen haben? Und was, wenn nicht dies, galt es zu verschleiern, um nach wie vor behaupten zu können, die Sozialdemokraten hätten keinen Einfluss auf jene fatale Begebenheit gehabt, die bei den Ringbrauereien den Bündnisfall ausgelöst hatte?

Hilpert hatte – was er ein Leben lang abstritt[256] – die Genossen nach 1890 ein zweites Mal in Zugzwang gebracht, und nun, da der Stein ins Rollen gekommen war, versteckten sie sich hinter ihrem ursprünglichen Unwissen.

Ob Roesicke und Kollegen nur darauf gewartet hatten, nach den Boykotten der letzten Jahre irgendwann die Machtfrage zu klären, wissen wir nicht. Dass sie sich stark genug fühlten, in die Auseinandersetzung mit der Arbeiterschaft zu gehen, steht außer Frage.

Ganz anders dagegen die Sozialdemokraten.

Wie ihre hektischen und teilweise die Tatsachen verdrehenden Beiträge im *Vorwärts* zeigen, waren sie durch ›Rixdorf‹ und die Folgen überrumpelt und die Getriebenen geworden. Mit klarem Kopf hatte Bebel erkannt, dass sich die Partei dank der Initiative der Böttcher zwar an der Spitze der Bewegung, dort aber in der Defensive befand. Und so schleuderte er den boykottlüsternen Klassenkämpfern am 18. Mai auf einer Versammlung im Feenpalast in der Wolfgang-, Ecke Burgstraße den Tadel entgegen, »daß die Rixdorfer Genossen einseitig, ohne sich mit den Berlinern in Verbindung zu setzen, einen Boykott aussprachen, der ohne Mithilfe der Berliner nicht durchzuführen war, wodurch dem Brauereiring eine bequeme Handhabe für ihr brutales Vorgehen geboten wurde«.[257]

Kurze Zeit später stieß Wilhelm Liebknecht in dasselbe Horn. Auf einer Versammlung in der Bismarckshöhe in der Wilmersdorfer Straße in Charlottenburg, so berichtete die *Neue Westfälische Volks-Zeitung*, suchte er, »den Boykott der Rixdorfer Brauerei lediglich als Privatsache der Lokalbeteiligten darzustellen, in die sich die Parteileitung nicht gemischt hat […]. Bebel und er hielten jeden Boykott für ein zweischneidiges Schwert.«[258]

In der Luft lag abermals das Wort von der »Dummheit«.

Besaß Bebel also am 18. Mai 1894 wirklich das, was er am 19. Juni 1890 als Voraussetzung eines jeden erfolgreichen Boykotts definiert hatte: die Gewißheit, »daß die Massen pariren und den gefaßten Beschluß auch durchführen«?

# Von Bierschnüfflern und Flugblättern, Boykottbrechern und Konkurrenten

Es ließ sich nicht gut an.

Schon am 18. Mai hatte es ein couragierter Brauerei-Hilfsarbeiter auf einer Boykott-Versammlung im Martens'schen Festsaal in der Friedrichstraße gewagt, vor tausendfünfhundert ihm feindlich gesinnten Kollegen seinen Patron Roesicke zu verteidigen und zu fragen: »Warum dieser gerade heruntergemacht werde, es gebe Brauereien, deren Arbeiter kaum die Hälfte des Lohnes bekämen, der in der Schultheiß-Brauerei gezahlt werde.«[259]

Und nur wenige Tage darauf meldete sich der Bierbrauergesellen-Verein zu Berlin und Umgegend mit einem Inserat in der Presse, um vor aller Welt seine strikte Ablehnung des Einsatzes von Gewaltmitteln wie Streik und Boykott durch das sozialdemokratische Gewerkschaftskartell zu bekunden. »Wir bedauern recht sehr,« schrieben die Brauergesellen, »alle diejenigen Kollegen, welche durch das frivole Vorgehen einzelner Führer des sozialdemokratischen ›Fachvereins‹ ihre guten Stellungen verloren haben, denn viele darunter sind verheirathet und sind die Ernährer mehrerer Personen, welche sich nun bei diesen Führern für den Verlust zumeist langjähriger Stellungen bedanken können. Mehr wie Dreiviertel derselben würden sehr gern arbeiten und für Aufhebung des Boykotts stimmen, wenn sie gefragt würden!«[260]

Wie recht die Verfasser mit ihrer Stellungnahme hatten, zeigte sich am folgenden Abend auf einer öffentlichen Versammlung der Brauereiarbeiter Berlins und der Umgegend im Großen Festsaal der Concordia in der Andreasstraße.

Dort war es während der Reden von Boykott-Befürwortern in Gegenwart von achttausend Teilnehmern zu Raufhändeln und mehreren minutenlangen Unterbrechungen der Veranstaltung gekommen, weil sich unter den Anwesenden drei- bis vierhundert Arbeiter befanden, die ihrem Unmut über die Worte der Referenten lautstark Ausdruck verliehen.

Wie einen Exoten, der nicht ganz bei Troste ist, protokolliert der *Vorwärts* mit vollem Namen den Kaufmann Karl Oehmke. Der weise in seinem Einwand gegen die Ausführungen des Genossen Hermann Faber zwar auf den Schaden hin, »welchen die ausgesperrten Arbeiter sowie auch die Gastwirthe haben, macht aber sonderbarerweise dafür nicht den Bierring, sondern die Arbeiterschaft verantwortlich. Er leistet sich unter anderem folgenden Satz: ›Die Böttcher haben sich herausgenommen, was nicht einmal der sozialdemokratische

Parteitag vorgeschrieben hat, sie haben – den 1. Mai gefeiert. Das kann sich doch kein Arbeitgeber gefallen lassen, das mußte bestraft [!] werden.‹«[261]

Die Äußerungen eines anderen Arbeiters, die denselben Tenor hatten, wurden als »Albernheiten« verunglimpft, und der Beifall, den der Mann wiederholt erhalten hatte, sei von den Genossen nur ironisch gemeint gewesen.

Um die Peinlichkeiten dieses Abends herunterzuspielen, wurden die Kollegen, die es gewagt hatten, der Parteilinie zu trotzen, als auf Freibier erpichte Claqueure diffamiert und der Lächerlichkeit preisgegeben.

Dass die Front brüchig war, ließ sich dennoch nicht länger verbergen. Schleunigst mussten daher die Truppen geordnet und die Munitionsdepots bestückt werden.

Die Erfüllung dieser Aufgaben lag in den Händen von Ignaz Auer sowie Rudolf Millarg, Hermann Mattutat, Hermann Gumpel und – wie konnte es anders sein? – Paul Hilpert aus Rixdorf. Dieses Quintovirat bildete unter dem Vorsitz von Ignaz Auer das Organisations-

Einer der Concordia-Festsäle – ein Beispiel für die während der Gründerzeit entstandenen pompösen »Salons« oder »Etablissements« mit zwei, drei in wilhelminischem Prunk gestalteten Räumlichkeiten mit Deckengewölben und Bühne, die sowohl als Tanzlokale als auch als Versammlungsräume genutzt wurden.

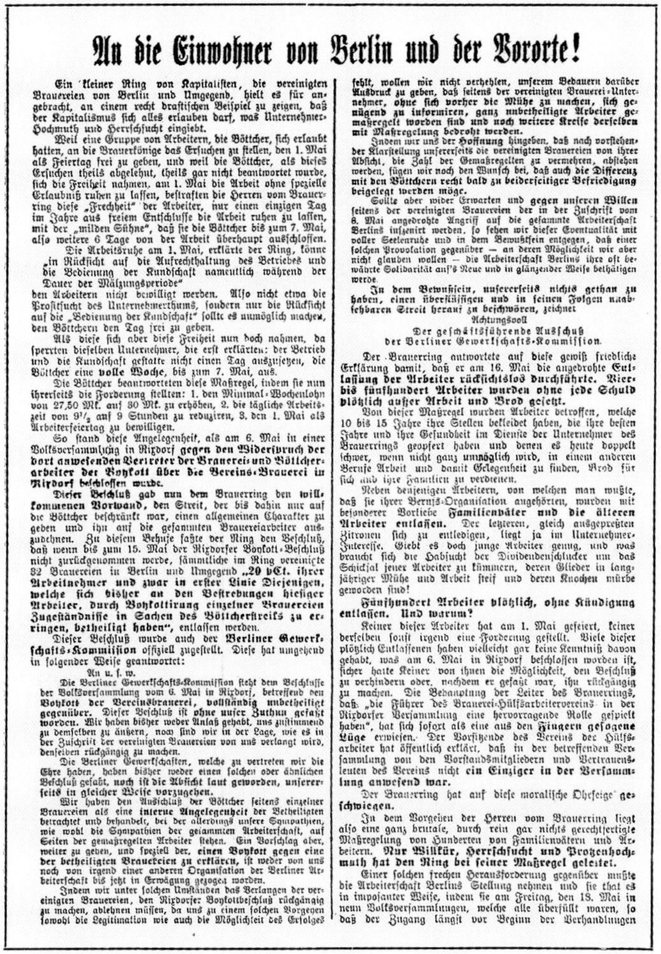

# An die Einwohner von Berlin und der Vororte!

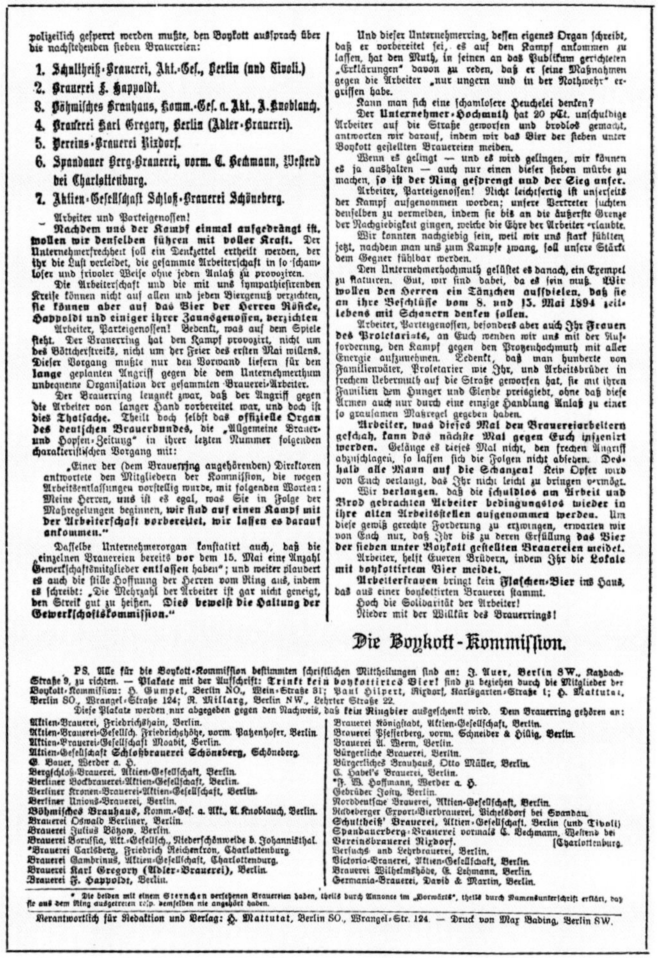

1. Schultheiß-Brauerei, Akt.-Ges., Berlin (und Tivoli).
2. Brauerei F. Happoldt.
3. Böhmisches Brauhaus, Komm.-Ges. a. Akt., A. Knoblauch.
4. Brauerei Karl Gregory, Berlin (Adler-Brauerei).
5. Vereins-Brauerei Rixdorf.
6. Spandauer Berg-Brauerei, vorm. C. Bechmann, Westend bei Charlottenburg.
7. Aktien-Gesellschaft Schloß-Brauerei Schöneberg.

Die Boykott-Kommission.

Fehleinschätzung oder Demagogie? Das Flugblatt versuchte, den Berlinern klarzumachen, dass »ein kleiner Ring von Kapitalisten« den Brauereiarbeitern die Boykottmaßnahmen aufgedrängt hätte. Auf der Rückseite wird die eigene Klientel angesprochen: »Arbeiter, Parteigenossen, besonders aber auch Ihr Frauen des Proletariats, an Euch wenden wir uns mit der Aufforderung, den Kampf gegen den Protzenhochmuth mit aller Energie aufzunehmen.«

komitee, beziehungsweise die sogenannte Boykott-Kommission. Bei ihr liefen sämtliche Fäden zusammen. Ohne ihre Zustimmung durften keinerlei Entscheidungen in Bezug auf die Durchführung des Verrufs getroffen werden. Ihr war von überallher täglich Bericht zu erstatten. Die Genossen wurden an der kurzen Leine geführt.

Als Erstes ließ die Kommission ab dem 23. Mai in einer Auflage von einer Dreiviertelmillion Exemplaren ein Flugblatt »An die Einwohner von Berlin und der Vororte« drucken. Geschildert wird darin aus Sicht der Kommission – und begleitet von den üblichen

Invektiven und Insultationen gegen die »Dividendenschlucker« – die Vorgeschichte der Verrufserklärung über die sieben Brauereien und wohinein sie unausweichlich münden musste. »Einer solchen frechen Herausforderung gegenüber mußte die Arbeiterschaft Berlins Stellung nehmen […].«[262]

Der Kampf sei ihr aus reiner Willkür aufgezwungen worden.

Jetzt aber ginge es darum, »daß die schuldlos um Arbeit und Brod gebrachten Arbeiter bedingungslos wieder in ihre alten Arbeitsstellen aufgenommen werden. Um diese gewiß gerechte Forderung zu erzwingen, erwarten wir von Euch nur, daß Ihr bis zu deren Erfüllung das Bier der sieben unter Boykott gestellten Brauereien meidet.«[263]

Sobald das Flugblatt die Offizin verlassen hatte, wurden jene Truppenverbände in Marsch gesetzt, die den Kampf vor Ort auszufechten hatten.

Denn diente die Boykott-Kommission der Organisation des großen Ganzen, so hatte die Lokal-Kommission Außendienst fürs Kleine. Ihr fiel – zumal die Verteilung der Flugblätter zum Missvergnügen Paul Hilperts »sehr nachlässig gewesen«[264] war – die Überwachung der Gast- und Schankwirtschaften und möglichst auch der Brauereien zu. Um in der üblichen Nomenklatur zu bleiben, trug sie – wie in Adlershof und Umgegend – sporadisch den Titel Boykott-Kontroll-Kommission.

… Kontrolle ist besser!

»Niemand«, monierte der liberale Politiker Theodor Barth unter seinem Pseudonym Junius in der Zeitschrift *Die Nation*, »redet so oft und so abfällig von Polizeispitzeln, wie die Sozialdemokratie. Und hier bringt man ein System freiwilliger Aufpasser mit dem zugehörigen bedenklichen Denunziantenthum zur Anwendung […].«[265]

Diese Bierpatrouillen wurden rekrutiert aus der Riege der entlassenen Brauereiarbeiter. So waren die Leute zum einen beschäftigt, und zum anderen konnten sie sich, wenn auch nur in beschränktem Umfang, ein paar Sechser und Groschen zur kargen Unterstützung durch die Kollegen dazuverdienen. Diese Männer waren die Frontschweine des Boykotts und hatten im Volksmund sehr bald die wenig ehrenvolle Benennung »Bierschnüffler«.

Und siehe da! Die Redaktion des *Vorwärts*, der gegenüber den Repräsentanten der Brauereien bisher keine Pöbelei zu gemein und keine Grobheit zu flegelhaft war – »davon ganz zu schweigen,« wie Karl Homanns *Neueste Mittheilungen* hinzufügten, »daß man ein reichhaltiges Lexikon von Schmähworten zusammenstellen könnte, wollte man all die böswilligen und ›etwas anrüchigen‹ Ausdrücke wiedergeben, die [der *Vorwärts*] Tag für Tag in seinen Bierpolemiken anwendet«[266] –, diese Redaktion entwickelte mit einem Mal semantische Sensibilität und mimosenhaftes Feingefühl.

Indigniert schreibt einer ihrer Verfasser am 28. Juni: »So wenig skrupulös in der Wahl der Mittel zu unserer Bekämpfung, so wenig wählerisch sind unsere Gegner auch in der Wahl ihrer Ausdrücke, sofern diese nur geeignet erscheinen, der über Alles gehaßten Sozialdemokratie etwas ›anzuhängen‹. So ist auch die Bezeichnung ›Bierschnüffler‹ vom ästhetischen Standpunkte aus betrachtet nicht gerade salonfähig zu nennen. Das genirt aber unsere Gegner durchaus nicht, denn dieser etwas anrüchige Ausdruck paßt sehr wohl in ihren Kram, da er unwillkürlich eine Vorstellung erweckt, die nicht besonders schmeichelhaft für diejenigen ist, welche mit diesem Spitznamen belegt worden sind.«[267]

№ 5 a

**Legitimation.**

Der Inhaber dieses ist beauftragt, die **Controlle** in Betreff des **Boykott-Bieres** auszuführen.

IV. Wahlkr. (Ost). **Die Boykott-Kommission.**

Auf welcher gesetzlichen Grundlage die Boykott-Kommission ihre Kontrolleure zum Schnüffeln ›legitimierte‹, ließ sie offen.

Nachdem der Autor durch die Beschwörung von Begriffen wie Ästhetik und Salon ein für sein Blatt ganz ungewohntes Imaginationsniveau betreten hatte, belehrte er seine Leser, dass es sich bei den Bierkontrolleuren – so doch ihre korrekte ›Amts‹bezeichnung – um opferfreudige Kämpfer gegen die Protzenhaftigkeit der Wirte und für die Interessen der Arbeiter handelt, ausgestattet mit einem von Hand nummerierten Dienstausweis.

Dass sie bei diesem Geschäft nicht selten »ihre Haut zur Ehre der guten Sache zu Markte tragen mußten, wenn sie bei ihren zudringlichen Abmahnungen an die Unrechten kamen«[268], wusste der Chronist des Berliner Bierboykotts Emil Struve zu berichten.

Und die *Berliner Börsen-Zeitung*, die Einblick in die Kontrolllisten der »Bierschnüffler« nehmen konnte, zitierte daraus zwei Vermerke hinter den Namen der aufgesuchten Gastwirte: »›Hat sich an dem Controleur thätlich vergriffen und denselben bei der Polizei denuncirt‹« und ein wenig drastischer »›Controle rausgeschmissen und beschimpft‹«.[269]

Genüsslich wurde von der bürgerlichen Presse registriert, dass aus gut nachvollziehbaren Gründen »die ausständischen Böttcher und Brauerei-Gehilfen, denen in erster Linie die Biercontrole überantwortet wurde, sich sehr lässig zeigen«[270] und dass die veröffentlichten Listen über Boykott-Brecher vorne und hinten nicht stimmten und unentwegt korrigiert und noch die Korrekturen zigmal korrigiert werden mussten.

Die Männer waren Arbeiter der Faust und keine Buchhalter. Zudem hatten sie es mit einer Klientel zu tun, deren Lage prekär war – eingeklemmt zwischen Baum und Borke, zwischen Anschauung und Geschäft, zwischen Brauerei und Partei, zwischen allen Stühlen, besser: allen Fässern.

Und da waren ja nicht nur die Kneipiers, da waren die Inhaber der besseren Etablissements und die Betreiber der riesigen Säle. Und alle waren sie – oft mit wenig Eigenkapital ausgestattet – sowohl von ihren Gästen als auch von ihren Lieferanten abhängig.

Sei es, dass das Unternehmen dem Wirt die Gründung und die Ausstattung seiner Destille finanziert hatte und er jetzt der Schuldner ›seiner‹ Brauerei war. Sei es, dass die

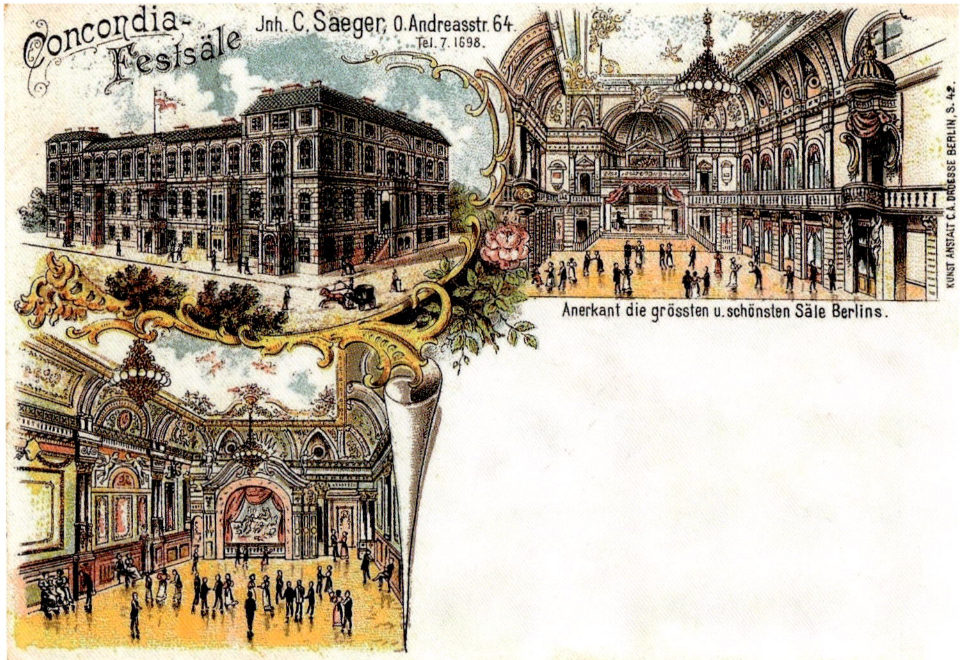


Bei so viel Prunk und Pracht wirkt ein kleiner Druckfehler wie ein Schönheitsfleck.

Eigentümer in den Sommermonaten die für ihre Gärten benötigten Stühle und Tische und sonstigen Utensilien unentgeltlich gestellt bekommen hatten. Sei es, dass die Aktiengesellschaft den Ausbau oder die Renovierung der imposanten Räumlichkeiten des Saalbesitzers übernommen hatte und er jetzt bei den großzügigen Herren in der Kreide stand.

Denn genau genommen war die Bezeichnung »Festsaal« – im Gegensatz zur berlinischen Mentalität – eine Untertreibung. Wie man den im vorliegenden Band beigegebenen Illustrationen entnehmen kann, handelte es sich bei diesen Räumen um Hallen von zweigeschossiger Höhe mit Deckengewölben, von denen riesige Kronleuchter hingen, reich mit Stuck und Bemalungen verziert, an den säulen- und karyatidengeschmückten Wänden mächtige Kandelaber. Manche Säle besaßen Emporen und Balkone und etliche eine Bühne. Nicht selten lagen Anlaufziele dieser Art – wie in der Andreas- und der Kommandantenstraße – dicht beieinander als nicht wegzudenkende Stätten einer vielfältig nutzbaren Vergnügungs- und Versammlungskultur.

Die aber lebte durch ihre Gäste und von ihren Gästen.

Viele Kneipen hatten ihr Stammpublikum. Und wenn es das Schicksal wollte, dass in einer seit Olims Zeiten Schultheiss-Bier ausgeschenkt wurde, der Wirt jedoch diese Marke nicht mehr anzubieten wagte, weil er fürchten musste, andernfalls im *Vorwärts* mit Namen und Adresse an den Pranger gestellt und angestänkert zu werden – was sollte er tun?

Es war die Zeit der kleinen Schummeleien und großen Gaunereien. Mal wurde Ringbier als Nicht-Ringbier ausgegeben, ein andermal der Bierschnüffler bestochen. Der Möglichkeiten, den Boykott zu umgehen, gab es viele. Das Wort »Etikettenschwindel« hat sein Geburtsdatum gut und gerne in dieser Ära haben können.

Da gab es einen Gastwirt namens H., der in seinem Lokal ein gemischtes Publikum besaß. Dessen einer, gehobenerer Teil trank grundsätzlich Schultheiss-Bier – das jetzt gebannt war. Der andere Teil seiner Gäste trank das Bier von nicht-boykottierten Brauereien. Da die feineren Leute nun aber auf ihr gewohntes Bier nicht verzichten wollten und der Wirt – weil er ihnen das Gewünschte nicht vorsetzen konnte – die Sorge hatte, diesen Teil seiner Kundschaft zu verlieren und daraufhin pleite zu gehen, verfiel er auf den Gedanken, den Arbeitern vierzig Mark dafür zahlen, dass sie ihn nicht verpfeifen, wenn er den bürgerlichen Herrschaften weiterhin Schultheiss-Bier kredenzt. »Hiermit war jedoch«, berichtete der *Vorwärts*, »die Boykottpartei nicht einverstanden; sie erklärte vielmehr diese Erlaubniß nur geben zu wollen, wenn Herr H. 100 M. an die Parteikasse abführen werde. Ein Mitglied der bürgerlichen Partei, welches von diesen Unterhandlungen erfahren, hat nunmehr Strafanzeige gegen den Führer der Arbeiterpartei, und zwar wegen – Erpressung erstattet.«[271]

Es wurde ein Fall vor dem Landgericht I. Und der *Vorwärts* entdeckte die Schäbigkeit des Denunziantentums.

Inzwischen hatten die Brauereien begonnen, mit sämtlichen Berliner Saalbesitzern eine Allianz zu schmieden, in der die Mitglieder des Vereins der Brauereien Berlins und der Umgegend am 5. Juni versicherten, kein Bier an Saalinhaber zu liefern, die ihre vier Wände sozialdemokratischen Aktivisten überlassen, und die Saalbesitzer gelobten, ihre Häuser »zu keiner sozialistischen und anarchistischen Versammlung, oder an Gewerkschaften, Vereine usw., die sozialistischen resp. anarchistischen Bestrebungen huldigen, herzugeben«.[272]

Auf diese Weise siegte zuletzt über alle ideologische Positionierung hinweg der wirtschaftliche Zwang. Gab nicht auf dem 21. Deutschen Gastwirtstag in Hannover der Berliner Delegierte Emil Triebel in »volle[r] Übereinstimmung«[273] mit seinen Kollegen am 14. Juni zu Protokoll, »80 Prozent der deutschen Wirthe seien, wenn sie gezwungen würden, zu liquidiren, nicht mehr fähig, existiren zu können«?[274]

Lagerkeller, Ausschank und Hof der Brauerei F. Happoldt in der Hasenheide 32/38

Das war der Ruck, auf den alle gewartet hatten. Und so setzten die Vertreter von mehr als zweihundert Vereinen ein Manifest der Solidarität auf, in dem sie den Berliner Bierboykott verurteilten, die Maßnahmen der Ringbrauereien begrüßten und die deutschen Bürger ersuchten, »mit aller Kraft dem Vorgehen der Sozialdemokratie entgegenzutreten«.[275]

Diese Einmütigkeit besiegelten sie am 16. Juli mit einem Pakt, in dem bei einer Contravention oder Vertragsverletzung den Saalinhabern eine Konventionalstrafe von fünfhundert und den Brauereien eine solche von dreitausend Mark drohte.[276]

Damit waren die Propagandamöglichkeiten der Boykottierer drastisch eingeschränkt, standen ihnen doch von nun an oft nur noch Bier*stübchen* zur Verfügung. »Mit Eintritt des Spätherbstes«, so Eduard Bernstein, »war wirkliche Lokalnot zu gewärtigen.«[277]

War die Wagenburg des Rings demzufolge nach außen hin stabil, so war ihr Binnenverhältnis fragil. Gleich nach Beginn des Boykotts verließen einige kleinere Unternehmen die Allianz, was diese aber nur geringfügig schwächte, weil gleichzeitig ein paar neue Betriebe hinzutraten. Aus dreiunddreißig Mitgliedern waren einunddreißig geworden.[278]

Die erlebten, »daß sich eine Anzahl leistungsfähiger Brauereien von außerhalb [meldete], gutes Bier zu sehr soliden Preisen zu liefern«[279], sobald die boykottierten Ringbrauereien ihre Ware nicht absetzen konnten. Wobei es zum Feldgeschrei gehörte, dass der *Vorwärts* mit Genuss die Namen der Brauereien preisgab – wie am 16. Juni die Brauerei in Wusterhausen und das Bürgerliche Brauhaus in Dresden und die Schloßbrauerei in Fürstenwalde –, die aus der Notlage ihrer Kollegen einen Vorteil zogen. Wie es umgekehrt zur Geheimhaltung gehörte, dass der *Vorwärts* die Auffassung jener verschwieg, die fünf Wochen später der Ansicht waren, dass die »den Genossen verstatteten untergährigen Biere von Tag zu Tag schlechter« wurden, während es an trinkbarem obergärigem »Stoff« nicht genug gab.[280]

Anfangs war es Max Happoldt, dem Präsidenten des Vereins der Brauereien Berlins und der Umgegend, noch gelungen, den Zufluss von auswärts einzudämmen, indem er ein Schreiben an die sehr geehrten Kollegen richtete, sie mögen eine Bitte zurückweisen, »Bier nach hier zu liefern«.[281] Bald aber scheiterte dieses sachte Bemühen. Denn immer verlustreicher sahen sich die Ringbrauereien neben dem Kampf gegen ihre sozialdemokratischen Widersacher in einen Wettbewerb mit ihren vergeblich erhofften Helfern verwickelt – besonders mit solchen aus Franken, zum Beispiel aus Kulmbach.[282]

Da drehten sie den Spieß um und dehnten den Export ihrer Produkte in die Provinz aus, wo sie freudig begrüßt wurden.

Belustigt – weil mit der Logik des Klassenkampfs nicht vertraut – erzählten zwei »anscheinend Provinziale« einem Wirt im Südosten der Hauptstadt: »Seit dem Bierboycott […] geht unser Luckenwalder zum großen Theil nach Berlin, und wir bekommen dafür vorzügliche Biere.«[283]

Gewollt oder ungewollt machten sich Schmarotzer wie das Bürgerliche Brauhaus der Firma Quintern in Luckenwalde mit den Ring-Gegenspielern gemein (für Struve waren diese »die wirklich gefährlichen Feinde«[284]), sodass der Verein nun alle Zurückhaltung aufgab und sich mit deutlichen Worten und einer Zeitungsanzeige[285] an die Kriegsgewinnler wandte.

Obwohl er den Namen des Urhebers, »eines der größten Berliner Brauereileiters«, nicht nennt, ahnen wir schnell, dass Emil Struve einen Brief zitiert, dessen Urheber Richard Roesicke ist. Der macht gegenüber einem mecklenburgischen Brauereidirektor keinen Hehl aus seiner Enttäuschung über dessen Schofligkeit: »Der Verein der Berliner Brauereien hat niemals beansprucht, daß auswärtige Brauereien ihre Bierlieferungen nach Berlin einstellen auch niemals versucht, sie an der freien Wahl ihres Absatzgebiets zu hindern. Das Einzige, was der Verein von dem Solidaritätsgefühl der Brauereien erwartet, ist, daß sie nicht während des Boykotts durch Anknüpfung neuer Verbindungen bezw. durch Lieferung an

**Bekanntmachung.**

Der unterzeichnete Verein macht hiermit bekannt, daß gemäß den im „Vorwärts", dem Centralorgan der sozialdemokratischen Partei, enthaltenen Veröffentlichungen die nachstehend aufgeführten Brauereien sich der hiesigen Boycott-Kommission zur Verfügung gestellt haben, um dieselbe in ihrem Kampfe gegen die Mitglieder des unterzeichneten Vereins zu unterstützen:

| | |
|---|---|
| Brauerei „Wilhelmshöhe" (Inhaber E. Lehmann) | Berlin. |
| Münchener Brauhaus Act.-Ges. (Director A. Arendt) | " |
| Nordstern-Brauerei | " |
| Süddeutsche Brauerei, Carl Kintz & Co. | " |
| Brauerei Carlsberg, Friedrich Reichenkron | Charlottenburg. |
| Kaiser-Brauerei, Dummer & Kahl | " |
| Bürgerliches Brauhaus | Dresden. |
| Bürgerliches Brauhaus (Inhaber Müller) | Frankfurt a. O. |
| Brauerei Müggelschlößchen (Inhaber Dr. Waldburg und Jansen) | Friedrichshagen. |
| Schloßbrauerei (Inhaber C. M. Ludw. Simon in Charlottenburg) | Fürstenwalde a. Spree. |
| Brauerei Maß | Kottbus. |
| Brauerei „Phönix" (Inhaber Carl Radon) | Lichterfelde. |
| Bürgerliches Brauhaus (Inhaber Quintern) | Luckenwalde. |
| Radeberger Export-Brauerei | Pichelsdorf. |
| C. A. Müller | Potsdam. |
| Exportbrauerei Rutschmann & Co. | Rathenow. |
| G. Bauer | Werder a. H. |
| Lerch & Pleltenberg | " |
| Brauerei Herm. Müller Nchf. | Kgs.-Wusterhausen. |

Die einstimmige Verurtheilung des uns aufgedrängten Kampfes von Seiten aller nicht sozialdemokratischen Kreise läßt uns hoffen, daß auch das Verfahren der vorgenannten Brauereien, welche aus diesem Kampfe gegen ihre Berufsgenossen für sich Nutzen zu ziehen suchen, die gebührende Verurtheilung erfährt.

Berlin, im Juli 1894.

**Verein der Brauereien Berlins und der Umgegend.**

In dieser Anzeige rief der Verein der Brauereien Berlins und der Umgegend die Bevölkerung dazu auf, das Verhalten der genannten Brauereien zu verurteilen, weil sie sich auf die Seite »der hiesigen Boykott-Kommission« geschlagen hatten.

Kunden byokottierter Brauereien den hiesigen Brauereien und zwar vor allen Dingen den kleineren Brauereien in den Rücken fallen.«[286]

Die Sozialdemokraten sahen es mit Schadenfreude. Einer schrieb im *Sozialpolitischen Centralblatt*: »Herr Roesicke und seine grosskapitalistischen Ringgenossen haben sich seit Jahren gegenüber ihren Provinzkollegen als so übermächtige Konkurrenten erwiesen, dass diese die jetzt gebotene Gelegenheit mit Vergnügen ergreifen, um einmal Gleiches mit Gleichem zu vergelten.«[287]

Der Verfasser war Ignaz Auer.

# Von Ignaz Auer

Ignaz Auer im Jahr 1877

Als Vorsitzender der Boykott-Kommission war Ignaz Auer der direkte Kontrahent von Richard Roesicke und in allem, was ihn ausmachte, die Verkörperung von dessen Gegenbild. Er war der Anti-Roesicke schlechthin.

Geboren wurde er am 19. April 1846 in dem Dörfchen Dommelstadl bei Neuburg am Inn südlich von Passau. Der Vater war Metzger. Neun Kinder hatte die Mutter bisher zur Welt gebracht. Ignaz war das vierte überlebende. Als sein Vater zwei Jahre später starb und die Witwe kurz nach dem Tod ihres Mannes noch einmal niedergekommen war, brach das Elend über die sechs Seelen herein. Die Mutter ging wortwörtlich am Bettelstab und konnte sich und ihre Kinder nur mithilfe von Almosen durchbringen.

Schließlich gab sie, als sie sich nicht anders mehr zu helfen wusste, den siebenjährigen Ignaz nach Birnbach am Rott zu seinem Onkel, der ebenfalls Metzger war. Doch kaum, dass der Junge hier heimisch geworden war, starb auch der Onkel. Daraufhin wurde der Bub als Gemeindepflegling wie auf einem Sklavenmarkt dem meistbietenden Bauern des Ortes zum Viehhüten verdingt. 1859, nach seiner Kommunion, begann er im nahen Neuhaus am Inn eine Lehre als Sattler, beendete sie 1863 und brach alsdann, jetzt war er siebzehn, in eine selbstbestimmte und kaum je Wurzeln schlagende Zukunft auf.

Er hatte München noch gar nicht erreicht, da war er auch schon »durch das eine Tor in die Stadt hinein- und durch das andere wieder hinausmarschiert«[288], dem nächsten Ziel entgegen, Augsburg.

Gleichsam als Wegzehr hatte ihm der Birnbacher Pfarrer die Lust am Lesen und Studieren mitgegeben, sodass der Augsburger Arbeiterbildungsverein für den jungen Sattler eine natürliche Anlaufstelle war. Doch bald zog er weiter, ins Sächsische, kreuz und quer, bis er in Stuttgart landete, wo er einem gewissen Johann Most begegnete, dem dereinst ebenso brillanten wie schließlich überspannten Anarchisten.

Zurück zu Auer, der zwischenzeitig in Regensburg seiner Wehrpflicht nachgekommen war und nun, 1868, in Passau lebte, wo ihn die Mitglieder des Arbeiter-Unterstützungsvereins binnen kurzem zum Vorsitzenden wählten.

Führungsstärke hatte er bewiesen, Durchsetzungswillen und Redegewandtheit. Seine Rastlosigkeit aber trieb ihn weiter, 1869 zurück nach Augsburg, 1870 nach München und nach Wien und nochmals nach Augsburg; im darauffolgenden Jahr finden wir ihn in Kassel wieder und 1872 in Berlin als Sattler bei einem Kutschenbauer.

»Zum Berliner Bier-Boykott« (1894), eine ganze Seite mit Zeichnungen von Friedrich Kaskeline (1863–1938). Ihre gegen die Brauereibesitzer gerichtete antisemitische Tendenz ist in den abgebildeten Physiognomien – vor allem in jener unten rechts – nicht zu übersehen.

Da war der sechsundzwanzigjährige Arbeiter Ignaz Auer bereits ein *homo politicus* durch und durch. Im Wettstreit der Akzeptanz bei der Arbeiterschaft zwischen Lassalleanern und »Eisenachern«, also den Anhängern des von Ferdinand Lassalle inspirierten 1863 in Leipzig gegründeten Allgemeinen Deutschen Arbeitervereins (ADAV) und den Gefolgsleuten der 1869 in Eisenach gegründeten Sozialdemokratischen Arbeiterpartei (SDAP), hatte sich Auer frühzeitig an die Seite der SDAPler gestellt. Nicht, weil er jemals vor die Wahl zwischen diesen revolutionär und jenen reformatorisch denkenden Parteigängern gestellt war, sondern weil die SDAP dort, wo er sich bisher aufgehalten hatte, stärker vertreten und er in sie gleichsam hineingewachsen war. Dass ihm die marxistisch angehauchten Sozialdemokraten ohnedies ideologisch näherstanden, ist damit nicht ausgeschlossen.

Sein eigenes ›umwälzlerisches‹ Potential bewies Auer, als er im Mai 1872 dazu beitrug, den Berliner Demokratischen Arbeiterverein umzukrempeln, mit einem verjüngten Vorstand zu besetzen und mit einem schärfer profilierten Namen zu versehen: *Sozial*demokratischer Arbeiterverein – mit Ignaz Auer an der Spitze. »Es war, wenn man will, eine Revolution in einem Froschteich.«[289]

Und der Beweis für eine gehörige Portion Wille zur Macht.

Der auch nicht gebrochen wurde, als er im Anschluss an eine Sturm-und-Drang-Rede über den privilegierten Mord in der kapitalistischen Gesellschaft wegen Verächtlichmachung von Staatseinrichtungen zu dreißig Talern oder ersatzweise einer Woche Gefängnis verurteilt wurde (die er mit Rücksicht auf seinen Kassenstand Anfang April 1874 in Dresden mal eben nebenbei absaß[290]), sodass er fortab als vorbestraft galt.

Gehalten hatte er den folgenschweren Vortrag am 18. November 1872 auf einer Volksversammlung in Brettschneiders Gasthaus in der Gartenstraße 13/14 in Berlin und dabei ausgeführt, dass der Mord zwar in der Bibel als das abscheulichste Verbrechen bezeichnet wird, »in der Jetztzeit [aber als] privilegirter Massenmord an der Tagesordnung« sei. »Die Herrscher«, referierte *Der Volksstaat* weiter die Flammen schlagenden Worte des jungen Auer, »welche bei jeder Gelegenheit ihre Frömmigkeit betonten, kümmerten sich in dieser Hinsicht wenig um die Bibel, wenn es gälte für ihre Interessen das Volk abschlachten zu lassen.«[291]

Nur zu gerne schickte die Partei diesen dynamischen Streiter im Februar 1873 bei einer wichtigen Nachwahl zum 1. Deutschen Reichstag von 1871 in einem sächsischen Wahlkreis auf Agitationstour. Und zum Glück und zu unserem Vergnügen sind uns Auers Berichte von dieser Reise erhalten: »Am Montag [dem 17. Februar] war ich in Freiberg, wo ich über unser Parteiprogramm sprach. Die Versammlung war, von einer großen Masse Landleute mitbesucht, überfüllt. Als Kuriosum diene Folgendes: Ein Herr Bohel aus Longwitz, ein dicker, wohlgenährter Herr, gab nach meinem Referat der versammelten Arbeiterschaar den Rath, das Kinderzeugen zu meiden, dann würde es sowieso besser für die Arbeiter werden.«[292]

Immer hat es Auer verstanden, in seine Texte, auch die ernsthaftesten, einen Scherz, eine heitere Anekdote, ein Wortspiel oder etwas Persönliches einzuflechten, und sich damit die Aufmerksamkeit seiner Leser und Zuhörer zu sichern. Vor allem, wenn ein Satz fiel wie: »Eine Depesche rief mich nach Berlin zurück, wo man mir die Eröffnung machte, daß ich mich bis zu einem Majestätsbeleidiger emporgeschwungen habe.«[293] Die Verächtlichmachungs-Sache …

Im Jahr darauf – er hatte inzwischen, weil die Partei ihm für seine Arbeit kein Geld zahlen konnte und er auf dem Standpunkt beharrte, »Bezahlung für Parteiarbeit ist nicht«[294], als Dachdecker gearbeitet –, 1874 also war er wieder auf der Walz. Diesmal in Mittel-, Süd- und Westdeutschland. Und immer berichtete er so lebensnah und persönlich, dass seine Leser sich nicht nur ein Bild von den Zusammenkünften machen konnten, sondern zugleich auch von den Beschwernissen ihres Botschafters in den Provinzen: »Seit dem 7. [Juni 1874] im Auftrage des Parteiausschusses auf Agitation, will ich in kurzen Zügen meinen Parteigenossen die während dieser Zeit gesammelten Erfahrungen mittheilen. Von Berlin aus, wo ich, nachdem mich die Dresdener Polizeibehörde infolge meiner Staatsgefährlichkeit [und der Vorstrafe!] ausgewiesen hatte, meinen Wohnsitz nahm, begab ich mich nach Magdeburg, um von dort aus in den benachbarten Orten Buckau und Schönebeck Versammlungen abzuhalten. In Magdeburg selbst konnte infolge Mangels an passenden Lokalitäten eine Versammlung nicht abgehalten werden. Eine für Staßfurt anberaumte Versammlung konnte von mir leider nicht besucht werden, indem durch Verspätung des Zuges mein Erscheinen unmöglich wurde.«[295]

So ging das weiter. In Schönebeck hatte man vergessen, seine Ankunft bekannt zu machen. In Magdeburg hatte er das Pech, dass zur selben Zeit eine Zimmergesellenversammlung stattfand. In Quedlinburg hatte sich kaum ein Zuhörer eingefunden. In Halberstadt war kein Lokal aufzutreiben. In Mannheim hatte man ein falsches Datum für die Veranstaltung plakatiert. Und in Neustadt an der Hardt fand zur selben Zeit ein Schützenfest statt, sodass dort für die Sozis keine Gastwirtschaft frei war.

Ein Lichtblick war die Volksversammlung in Krefeld: »dieselbe war außerordentlich gut besucht, und mißlang das Bestreben einzelner fanatisirter Katholiken, die Anwesenden gegen die Sozialdemokratie einzunehmen, vollständig.«[296]

Wer das Foto aus der Kantine der Schultheiss Brauerei sorgfältig betrachtet, wird zwischen all den Männern nicht nur den kleinen Jungen im Vordergrund entdecken, sondern an den hinteren Tischreihen sogar mehrere junge Mädchen.

Wer sich den Redner verlebendigen möchte, findet die Reminiszenz eines Zuhörers aus nachmaliger Zeit an einen Auftritt Ignaz Auers auf einer Massenversammlung in Berlin: »An die Rede, die er hielt, neben vielen anderen, entsinne ich mich im einzelnen nicht mehr, nur an den Ton, der, in bayrischer Dialektfärbung, gänzlich unpathetisch war.«[297] Die Erinnerung stammt aus der Feder von Theodor Heuss.

Auer war für die Partei das, was man ein »Zugpferd« nennt. Mit allem, was das Wort impliziert: die Schinderei im Dienste der Sache, seine Abordnung nach Dresden, um das dortige Parteiblatt, den *Dresdner Volksboten*, auf Vordermann zu bringen, erneute Wahlkampfreisen, zahllose Reden und Aufsätze, Konferenzen und Funktionen wie die des Sekretärs der Eisenacher in Hamburg und schließlich bei der Vereinigung von ADAV und SDAP Ende Mai 1875 in Gotha die Übernahme eines der beiden Sekretärsposten der Sozialistischen Arbeiterpartei Deutschlands, der SAP.

Dass Auer bei seiner Vielbeschäftigung Zeit hatte, um die siebzehnjährige Agnes Henckhus zu werben, die er 1875 auf einem Ball in Hamburg kennengelernt hatte, und sie am 16. Mai 1876 in Schwerin zu heiraten, war ein Wunder der Liebe.[298]

»Am Abend des Wahltags [am 27. Oktober 1881] vor einer Druckerei«, Zeichnung von Carl Koch (1827–1905), 1881

Muße für die Flitterwochen blieb auch noch. Aber dann, am 10. Januar 1877, wurde Ignaz Auer als einer von zwölf Abgeordneten der SAP in den 3. Deutschen Reichstag gewählt.

Berührend ist bis heute seine Rede vom 4. März 1878 – nicht nur als Zeitbild, sondern vor allem, weil sie ein Plädoyer für das Kindeswohl enthält und dies von einem Mann vorgetragen wurde, der wusste, wovon er sprach. Auf der Tagesordnung stand die erste Lesung eines Gesetzes betreffend die Abänderung der Gewerbeordnung.

»Meine Herren, nun zur Kinderarbeit. [...] Zunächst muß ich mich gegen die neue Bestimmung aussprechen, wonach Kinder, die nur einen Tag um den andern in Beschäftigung gesetzt werden, täglich 10 Stunden in Arbeit sollen behalten werden können. Wir alle ohne Ausnahme der Parteistellung haben doch ganz gewiß das Interesse, soweit wir Menschen sind und vom menschlichen Standpunkt aus urtheilen, daß den Kindern ihre Kinderjahre möglichst das bleiben, was sie sein sollen, Jahre der Erholung, der Freude, des Vergnügens und zugleich Vorbereitungsjahre für das spätere Leben. Wenn nun Kinder, die noch nicht 14 Jahr alt sind, Kinder zwischen 12 und 14 Jahren, täglich 10 Stunden in die Fabrik gesperrt werden können, und wenn der darauf folgende Tag ihnen dadurch verleidet wird, daß sie 6 Stunden sich in Schulräumen aufhalten sollen, dann kann nicht mehr die Rede davon sein, daß das kindliche Wesen nicht gehindert wird, sondern es ist das ein schwer wiegender Eingriff in die Entwicklung des Kindes, und es wird das große Schäden nach sich ziehen.«[299]

Im Folgejahr freilich, nach den beiden Attentaten auf den Kaiser, musste Auer aus dem Reichstag ausscheiden, nachdem das Parlament am 11. Juni 1878 auf Betreiben Bismarcks aufgelöst worden war.

Dem gewieften Taktiker und Demagogen war es gelungen, die Täter als Ausgeburten des Sozialismus hinzustellen und damit eine pogromähnliche Stimmung gegen die Partei der Arbeiter zu entfachen. »Kein Sozialdemokrat war in Berlin seiner Haut sicher.«[300] Bei der Attentatswahl vom 30. Juli 1878 war die SAP chancenlos. »Daß man«, so Auer in seinem Rückblick auf jene Zeit, »die Absicht hatte, die Sozialdemokratie aus dem Parlament zu verdrängen und die Partei zu vernichten, ist selbstverständlich.«[301]

Der Erfolg war begrenzt. Neun Sitze blieben der SAP, drei gingen verloren, darunter der von Ignaz Auer.

Dann folgte das Sozialistengesetz.

Und für Auer die alte Ochsentour – nun begleitet von den Bestimmungen der Bismarck'schen Mundtotmacherei und ihrer Steigerungsform, dem über die Hauptstadt verhängten kleinen Belagerungszustand.

Auf dessen Grundlage wurde »Auer. I, Sattler, So, Pücklerstr. 47. II.«[302] infolge der Definition des Ausnahmegesetzes, nach der ein Sozi als solcher gemeingefährlich ist, am 29. November 1878 aus Berlin expatriiert. Das zwang ihn, nach Hamburg auszuweichen, wo er als Redakteur der von J. H. W. Dietz herausgegebenen *Gerichtszeitung* arbeitete. Als über Hamburg die Bürgerrechte ebenfalls eingeschränkt wurden, wich er am 24. Oktober 1880 nach Harburg aus, und als Harburg im Jahr darauf ebenfalls unter dieses Reglement geriet, flüchtete er 1881 in die mecklenburgische Heimat seiner Frau nach Schwerin.

Als Nachrücker war er kürzlich ein weiteres Mal Mitglied des Reichstags geworden, wenngleich auch nur für wenige Wochen bis zum Ende der vierten Legislaturperiode. Für die fünfte wurde er am 27. Oktober 1881 nicht wiedergewählt.

Und nun?

Der eben noch Abgeordneter gewesene fünfunddreißigjährige Sattler Ignaz Auer lebte arbeitslos mit seiner Frau und der 1879 geborenen Tochter Anna Maria in einem »elenden Loch«[303] im Hinterland und stand vor dem Nichts.

Mit den tausendfünfhundert Mark, die ihm ein wohlhabender Genosse zugesteckt hatte, kaufte er sich in das Geschäft seiner Schwiegermutter ein und begann, mit alten Möbeln zu handeln – mit Tischen und Schränken und Stühlen und Betten, die er vor dem Verkauf oft erst aufarbeiten musste.

Willkommen war die Abwechslung durch einen Parteitag der SAP in Zürich im August 1882 und einen weiteren im Frühjahr 1883 in Kopenhagen. Letzterem ging, da man in den Jahren des Sozialistengesetzes lebte und sich vor Spitzeln und Verrätern in Acht nehmen musste, ein listenreiches Katz-und-Maus-Spiel voraus, das ein böses Nachspiel haben sollte.

Dann kam das Jahr 1884, und Auer gelang es, sein Mandat in der Wahl vom 28. Oktober zurückzugewinnen. Und weil er bald darauf von dem Münchner Verleger Louis Viereck das Angebot bekam, dessen Zeitungen zu redigieren – unter anderem das Fachblatt *Der Tabakarbeiter* –, zog er im April 1886 zurück in bayerische Gefilde. Dort ereilte ihn die Nachricht, dass ihm und fünf weiteren Genossen, darunter August Bebel, am Landgericht Freiberg in Sachsen vom 26. bis zum 28. Juli wegen Geheimbündelei der Prozess gemacht werde. Es war die Rache der Justiz dafür, dass es den Sozialisten vor zwei Jahren gelungen war, den Verfolgern der Sozialdemokraten ein Schnippchen zu schlagen und sich in der Hauptstadt Dänemarks zu treffen, wo niemand sie vermutete. Das Urteil über die Männer lautete am 4. August für jeden neun Monate Haft, die Auer am 16. November im sächsischen Landesgefängnis Schloss Osterstein in Zwickau antreten musste.

Schloss Osterstein, Zwickau, in dem Ignaz Auer von November 1886 bis August 1887 wegen Geheimbündelei inhaftiert war

Zwar waren die Haftbedingungen erträglich – zumal für jemand, der diese Erfahrung inzwischen zum zweiten Mal machte. Schmerzlicher war der Umstand, dass Auer sich nicht mehr an der Wahl zum 7. Deutschen Reichstag am 21. Februar 1887 beteiligen konnte, der sogenannten Faschingswahl. Zu seinem noch größeren Leidwesen aber musste er in seiner Zelle erfahren, dass das Mandat von Glauchau, Meerane und Hohenstein-Ernstthal an einen Bewerber der Nationalliberalen gefallen war, einen Rittergutsbesitzer.

Es war nicht der Knast[304], es war der jahrzehntelange Raubbau an seiner Gesundheit, es waren die jahrzehntelangen Existenzsorgen und es waren die nunmehr fast ein Jahrzehnt lang währenden Bedrückungen durch das Sozialistengesetz und jetzt ganz zum Schluss die Überlastung durch seine Arbeit an einer Dokumentation der Folgen dieses menschenverachtenden Machwerks, die Auers Gesundheit ruiniert hatten.

Da reiste er nach seiner Entlassung am 15. August 1887 – finanziell unterstützt von der Partei – Anfang 1889 in die Schweiz, nach Zürich, um ungestört sein Buch redigieren und den ersten Teil zum Druck geben zu können. Es trug den Titel *Nach zehn Jahren. Material und Glossen zur Geschichte des Sozialistengesetzes* und bildet bis heute eine der Grundlagen zur Erforschung der Epoche von 1878 bis 1890, indem es eine Fülle von Fakten über »diese trübe Zeit«[305] liefert.

Mit welcher Genugtuung muss der soeben wiedergewählte Abgeordnete der Sozialistischen Arbeiterpartei Deutschlands Ignaz Auer am 6. Mai 1890 bei der Eröffnungssitzung der 8. Legislaturperiode des Deutschen Reichstags im Großen Saal des Hauses Platz genommen haben!

Er sollte ihn bis ans Ende seines Lebens innehaben.

Noch während das Sozialistengesetz und mit ihm kurz darauf auch Bismarck zu Fall gebracht worden war und sich Ignaz Auer zu Beginn des neuen Jahrzehnts nach einem bisher unbehausten Leben anschickte, mit seiner Familie in Berlin sesshaft zu werden – wo 1896 noch die Tochter Emmy zur Welt kam –, war ihm klargeworden, dass die Partei in letzter Zeit ihr Augenmerk allzu sehr auf die Abwehr obrigkeitsstaatlicher Unterdrückung gerichtet und dabei nicht bemerkt hatte, wie das Unternehmertum im Windschatten dieser Kämpfe durch den Zusammenschluss in Vereinigungen und Verbänden seine Reihen immer fester gegen die Arbeiterschaft schloss.

»Man hat die Augen viel zu sehr auf das Nächste gerichtet, man hat viel zu viel Zeit und Mühe auf Kleinigkeiten, ja vielfach auf Intriguen verwendet«, schreibt er am 6. Juli 1890 im *Berliner Volksblatt*, »man hat sich gewöhnt, von viel zu kleinlichen Mitteln Hilfe zu erwarten. Ein ganz anderer Geist ist jetzt eingezogen in die uns feindlichen Kreise. Die

Der Große Sitzungssaal im Reichstagsgebäude 1895

stupide Unterdrückerei der […] Bismarck'schen Zeit hat uns nicht viel geschadet. Die jetzige Art der Vergewaltigung der Arbeiter durch Unternehmerverbände unter Führung und Beihilfe der gegen die Arbeiter parteinehmenden Behörden, die den Klassenkampf im Großen organisiren, finden uns ziemlich unvorbereitet und fast wehrlos. Unsere Organisationen fingen an, mehr zersplitternd als einigend zu wirken. Manche Gewerbe schlossen sich vollkommen zünftlerisch ab und erinnerten sich nur dann daran, daß es eine allgemeine Arbeiterbewegung giebt, wenn sie in Noth geriethen und ›alle arbeiterfreundlichen Blätter‹ zum Abdruck ihrer Aufrufe aufforderten. Sonst hörte man von ihnen nichts.

Zünftlerische Selbstgenügsamkeit, Fachsimpelei, Verbändchenspielerei, Fachorgan-Gründerei, die von schlauen Spekulanten angeregt und ausgenutzt wurde, waren an Stelle des Gefühles für Solidarität getreten.«[306]

Die Standpauke war Programm.

Gedenkpostkarte nach dem Tod von Ignaz Auer am 10. April 1907

Es sollte seine Bewährungsprobe erleben, indem Auer als Vorsitzender der Boykott-Kommission an der Spitze der Brauereiarbeiter gegen die dem Verein der Brauereien Berlins und der Umgegend angehörenden Betriebe zu Felde zog – zuvörderst gegen den Chef der Schultheiss Brauerei.

Und so standen sich mit Richard Roesicke und Ignaz Auer zwei Männer gegenüber, wie sie gegensätzlicher nicht sein konnten.

War der eine mit dem goldenen Löffel im Munde geboren, nagte der andere am Hungertuch; besuchte der eine das Gymnasium, ging der andere in die Dorfschule; wurde der eine zum vermögenden Unternehmer, kämpfte der andere als Arbeiter oft genug ums Überleben; pendelte der eine mehr oder weniger nur zwischen Dessau und Berlin, zog der andere kreuz und quer durch das gesamte Deutsche Reich; wohnte der eine zur Zeit des Berliner Bierboykotts in einer Mietwohnung in der Katzbachstraße beim Kreuzberg, residierte der andere in einem viele Hektar großen Park in der eigenen Villa in Potsdam; war der eine ein schwankender Liberaler, war der andere ein beinharter Sozialist; war der eine – nach Auskunft seines Biographen gleich auf der ersten Seite seiner Darstellung – »barsch, ja schroff«[307] und gefürchtet, war der andere leutselig und beliebt; war der eine nicht sehr groß und schlank[308], war der andere ein Hüne.

Gemeinsam war beiden eine schwache Gesundheit.

Es wäre eine interessante Begegnung geworden, wenn Auer und Roesicke in Sachen Bierboykott persönlich am 5. Juli 1894 vor dem Gewerbegericht im Köllnischen Rathaus in der Breite Straße aufeinandergetroffen wären. Aber Auer hatten die ersten Monate dieser Auseinandersetzung dermaßen zugesetzt, dass er, wie der *Vorwärts* meldete, »auf ein paar Wochen verreist«[309], sprich: in einem Sanatorium zur Kur war.

# Von der Versumpfung

Geladen hatte der Magistratsassessor Max von Schulz, seines Zeichens Erster Vorsitzender des Gewerbegerichts Berlin.

Schon zwei Tage vorher, am 3. Juli, hatte – »um den Bierboykott gütlich beizulegen«[310] – ein Ausschuss des Verbands der Schank- und Gastwirte Berlins und der Umgegend ein Zusammenkommen der Boykott-Kommission mit Vertretern der Brauereien arrangiert, zu dem einige Herren auch erschienen waren. Da zwischenzeitlich jedoch dieselben Parteien für den übernächsten Tag eine Verabredung im Köllnischen Rathaus hatten und nicht zuletzt deshalb von Seiten der Unternehmer niemand erschienen war, ging man zum Bedauern der Arrangeure des Treffens unverrichteter Dinge wieder auseinander.[311]

Ignaz Auer, der Vorsitzende der Boykott-Kommission, hatte die ursprünglich geplante Debatte in den Vorgesprächen mit dem Hinweis begrüßt, dass es sich bei den gegenwärtigen Misshelligkeiten um einen Kampf handelt, »bei dem es nur Geschädigte geben kann, ohne daß irgend Jemand Vorteile erreichen kann«.[312]

Was also würde der 5. Juli, der Termin vor dem Gewerbegericht, bringen?

Nachdem die *Norddeutsche Allgemeine Zeitung* in ihrer Abendausgabe vom 25. Mai den Gedanken aufgeworfen hatte, ob im Fall der Boykottausrufungen der Arbeiterschaft gegen die Unternehmer nicht die Gewerbeordnung von 1869 in Betracht gezogen werden müsste[313], und der Vorsitzende der Saalbesitzer-Kommission des Vereins der Berliner Gast-

Das Etablissement Buggenhagen in der Oranienstraße 147 am Moritzplatz

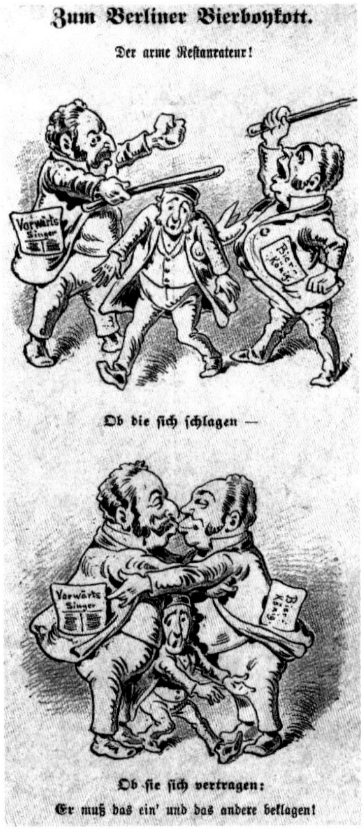


Die Zahl der notleidenden Arbeiter war jeden Tag im *Vorwärts* nachzulesen, die Bilanzen der Brauereien lagen irgendwann auf dem Tisch – wie viele Wirte aber aufgrund des Boykotts ihren Laden dicht machen mussten, wird man nie erfahren. (Zeichnung eines unbekannten Künstlers, 1895)

wirte Hubertus Jacobi diese Überlegung am 19. Juli in einer Versammlung im Festsaal des Buggenhagen'schen Etablissements am Moritz-Platz aufgegriffen und dahingehend präzisiert hatte, dass aus diesem Gesetz §152 in Verbindung mit §153 zur Anwendung kommen sollte, der den Einsatz von Verrufserklärungen zur Erlangung von günstigeren Lohn- und Arbeitsbedingungen unter Strafe stelle[314], war zunächst der Eindruck entstanden, dass das durch von Schulz arrangierte Unterredung eine Gerichtsverhandlung sei.

Indessen hatte zum einen der Jurist Hugo Heinemann in einem Gutachten im *Sozialpolitischen Centralblatt* soeben nachgewiesen, dass Jacobi mit seiner Interpretation der Gewerbeordnung falsch gelegen hatte und eine Maßregel der genannten Art »nach dem allgemeinen Strafgesetzbuch nicht fassbar ist, sie [ist] straflos«.[315]

Zum anderen hatte Max von Schulz offenbar aus staatsbürgerlichem Verantwortungsgefühl heraus im Bewusstsein seines Renommees in der Hauptstadt eine – wenn man so will – private Einladung ausgesprochen, um eine explosive innenpolitische Situation zu entschärfen.

Zwieträchtig um den Tisch saßen linkerhand Balduin Franke für die Gewerkschafts-Kommission, Paul Hilpert für die Brauereiarbeiter und als Stellvertreter Ignaz Auers, der im Urlaub war, Paul Singer, der »Leiter des Bierboykotts«[316], für die Sozialdemokraten, sowie rechterhand Max Happoldt und Richard Roesicke für den Verein der Brauereien Berlins und der Umgegend.

Einleitend betonte die Arbeitgeberseite, dass sie sich zu dieser Konferenz nicht etwa unter dem Druck finanzieller Bedrängnis, sondern allein mit Rücksicht auf die entlassenen Arbeiter und vor allem die schuldlos zwischen die Fronten geratenen Wirte bereit erklärt habe.

Worauf die Arbeitnehmerseite entgegnete, dass es ihr um die Erfüllung ihrer Forderung auf Wiedereinstellung der Kollegen, einen neu auszuhandelnden Arbeitsnachweis und die Etablierung des 1. Mai als arbeitsfreien Feiertag der Arbeiter gehe.

Des weiteren hoben alle Teilnehmer hervor, dass sie – was immer auch zur Sprache käme – nur ihre persönliche Meinung äußern würden und jegliche Beschlussfassung über die Bedingungen einer etwaigen Aufhebung des Boykotts ihren übergeordneten Gremien vorbehalten sei. Denn, um es mit allem Nachdruck zu betonen, »die heutige Zusammenkunft [trage] nur den Charakter einer Vorbesprechung, während die eigentlichen Verhandlungen vor dem Einigungsamt stattzufinden hätten«.[317] Anschließend erfolgte eine – wie der *Vorwärts* berichtete – »mehrstündige Besprechung, in welcher die Ursache des Boykotts je nach dem Standpunkt des Redners nach allen Richtungen hin eingehend erörtert wurde«.[318]

Kaum denkbar, dass nicht auch der klassenkämpferischste Leser des Organs der sozialdemokratischen Partei Deutschlands an dieser Stelle gähnend das Blatt zusammengefaltet hat – während sein bürgerlicher Landsmann, der das, was an dieser Stelle vom *Vorwärts* aus gutem Grund verschwiegen wurde, was aber im *Berliner Tageblatt* folgte, mit umso wacherem Geist zur Kenntnis nahm. Denn als die Streithähne sich bis zum Reizwort »Rixdorf« durchgekämpft hatten, »gab Herr Singer zu, daß die sozialdemokratische Parteileitung allerdings in der Lage gewesen wäre, durch ihren Einfluß den Boykott über die Vereinsbrauerei rückgängig zu machen, daß man aber keine Veranlassung gehabt habe, von diesem Einfluß den entsprechenden Gebrauch zu machen«.[319]

Paul Singer (1844–1911)

Damit hatte Paul Singer fast auf den Tag genau ein Vierteljahr nach der unseligen Einmischung Paul Hilperts in das Palaver der Rixdorfer Genossen vom 6. Mai deren Handeln sanktioniert – und das wichtigste Verteidigungsargument gegen die Rausschmiss-Aktion der Ringbrauereien aus der Hand gegeben!

Wie oft hatten Sprecher der Sozialdemokraten jegliche Verstrickung ihrer Partei durch »eine Vertrauensperson«[320] in die folgenschwere Rixdorfer Resolution abgestritten und damit die Möglichkeit, dieselbe zu revidieren, verneint!

Richard Roesicke und Max Happoldt hätten, um in der Sprache ihrer Branche zu bleiben, am Abend des 5. Juli 1894 allen Grund gehabt, ein Fass aufzumachen.

Sie entschieden sich stattdessen, auf einer internen Beratung des Vereins der Brauereien Berlins und der Umgegend dafür zu sorgen, dass dort ein Beschluss gefasst wurde, »sich auf Verhandlungen mit der sozialdemokratischen Partei nicht weiter einzulassen«.[321]

Die Redaktion des *Vorwärts* aber mühte sich gewunden um eine Erklärung. Nicht etwa indem sie schrieb, Singer habe das fatale Geständnis *ab*gelegt, vielmehr, es sei ihm bei dem Gespräch *in den Mund* gelegt worden. Gemeint habe er, dass die Parteileitung von den Brauereien zur Nicht-Einmischung regelrecht gezwungen worden sei, weil ja sonst der Eindruck entstanden wäre, die Genossen würden »in Ausführung des brauherrlichen Ukases, nach Rixdorf [...] laufen, um dort den Boykott – an dem sie nicht mitgewirkt haben – rückgängig zu machen«.[322]

Eduard Bernstein verliert in seiner Darstellung der Aussprache im Gewerbegericht kein Wort über das Eigentor Paul Singers.[323]

Wessen es bedurfte, um Singers Ausrutscher vergessen zu machen, war ein Ablenkungsmanöver. Als der *Vorwärts* aufgrund dessen am 8. Juli schrieb: »Der Boykott muß und wird verschärft werden. Die Maßregeln hierzu sind eingeleitet«[324], war klar, wohin die Reise gehen würde.

Rixdorf? An Rixdorf war man lange vorbei.

Am 12. Juli rief das Blatt zu zweiunddreißig öffentlichen Volksversammlungen auf. Und am Morgen danach erfuhren seine Leser, dass »die Arbeiter Berlins in dem gigantischen Kampfe, bekannt in der ganzen zivilisierten Welt unter dem Namen Bierboykott«[325], beschlossen hatten, den Feldzug gegen den gesamten Ring fortzusetzen.

Damit hatten sich die Strategen in Widerspruch zu ihrer eigenen taktischen Prämisse vom 18. Mai gesetzt. Denn »Vertreter aller gewerkschaftlichen und politischen Kreise«[326] waren damals nach »eingehendster und reiflichster Ueberlegung« zu dem Schluss gekommen, »daß auf dem Wege des partiellen Boykotts die Chancen des Sieges der Arbeiter die größeren seien«, und hatten vorausgesagt, »wenn es gelingt – und es wird gelingen, wir können es ja aushalten – auch nur einen dieser Sieben mürbe zu machen, so ist der Ring gesprengt und der Sieg unser.«

Vor dem Hintergrund der Tatsache, dass die Boykottierer ihrem Ziel nach drei Monaten gegenüber sieben Unternehmen nicht näher gekommen waren, dasselbe aber jetzt mit den bisherigen Mitteln gegenüber dreiunddreißig Firmen in vollem Umfang erreichen wollten – also, wie am 18. Mai ausgeführt, mit den *kleineren* »Chancen des Sieges« –, war dieser Paradigmenwechsel der blanke Irrwitz.

Aus der Weite der »zivilisierten Welt«, in der der Boykott inzwischen bekannt war, genauer gesagt aus Chicago, kam der Befund: »Das verschärft den Boycott nicht, sondern verflacht ihn, denn es liegt auf der Hand, daß sieben Brauereien erfolgreicher zu boycotten sind als dreißig.«[327]

Was die satirische Zeitschrift *Kladderadatsch* auf ihre Weise bestätigte: »Wer sieben Centner nicht aufheben kann, muß es eben mit dreißig Centnern versuchen.«[328]

Ansonsten blieb alles beim alten. »Die Agitation des ›Vorwärts‹ hielt sich in gewohnten Bahnen.«[329]

Die Zeitung praktizierte die Wiederkunft des Immer-Gleichen: daß die »Dividendenschlucker«, die »Malzprotzen« und »Wasserfärber«, die »Herren vom Darrboden« verworfene Individuen seien, ihre Betriebe auf den sicheren Ruin zusteuerten, sie mit Lug und Trug Geschäfte machten und die Wirte geldgierige Verräter seien. Allesamt verbrüdert, verschwippt und verschworen gegen die Arbeiterschaft.

Da konnte der Ton dann auch schon mal jede Grenze überschreiten und die Äußerung eines Redners in den Druck gegeben werden wie: »daß es uns gleichgiltig sein kann, ob in diesem Kampfe ein Budiker zu Grunde geht oder nicht«[330], beziehungsweise, dass es »ganz egal sei, wenn die Gastwirthe zu Grunde gingen«.[331]

Dieselbe linientreue Skrupellosigkeit tönt noch vierzehn Jahre später aus Eduard Bernsteins Nachbetrachtung, wenn er von »Menschlichkeitsrücksichten« spricht, »über die man sich hinwegsetzen mußte, um den Boykott durchzuführen«.[332]

Stattdessen hörte man auf jeder großen Volksversammlung unablässig die Beschwörung der Verbundenheit: »Hoch die Solidarität der Arbeiter!« Denn die war dringend nötig!

Schon der erste schöne Sommersonntag genügte, dass man in der Hasenheide vor durstigen Menschen nicht treten konnte, die »vorzugsweise ›geboykottetes‹ Bier«[333] tranken.

Unvermeidlich schlüpfte sogar der Redaktion des *Vorwärts* hin und wieder eine Bemerkung heraus, die verriet, dass es mit dem gebetsmühlenartig behaupteten Zusammenhalt der Arbeiter nicht allzu weit her gewesen sein konnte.

Eduard Bernstein (1850–1932)

Besonders aufschlussreich ist der Bericht von einer Maurerversammlung am 31. August durch eine Wortmeldung des Genossen Blaurock, der bemerkte, »wenn man in den letzten Boykottversammlungen den Bauhandwerkern, speziell den Maurern, hauptsächlich den Vorwurf gemacht, daß sie gegen den Bierboykott sündigen, so sei das wohl insofern nicht ganz berechtigt, als andere Berufe schwerlich dagegen weniger verstoßen; bei den Bauhandwerkern lägen nur die Betriebs- und Verkehrsstätten offen da und deshalb würden hier derartige Verstöße mehr beobachtet, als bei anderen Arbeitern«.[334]

In kollegialer Unverbrüchlichkeit wollte der gute Mann sagen: »Wir tun das doch alle.« Und alle wußten es.

Der Super-Boykott war noch gar nicht ausgerufen, da wurde der Bann der sieben Brauereien bereits von den Genossen nach Strich und Faden unterlaufen und umgangen, sodass das *Berliner Tageblatt* mit diebischem Vergnügen die Worte der Erleichterung des Vorsitzenden des Vereins der Berliner Weißbierwirte August Kuckenburg zitierte: »Der Bierkonsum habe – nach Ausweis der Brauereien – schon bedeutend zugenommen. Die Arbeiter trinken nach Feierabend mit ihren Familien schon wieder mit Behagen boykottiertes Bier, nur in den Werkstätten wagen sie es noch nicht so recht«.[335]

Hatte sich der Leser nach dieser Korrektur von dem Weltbild gelöst, das ihm der *Vorwärts* mit seiner tunnelblickartigen Berichterstattung Nummer für Nummer und Schlag für Schlag eingehämmert hatte, musste er sich zunächst die Augen reiben. Dann aber erschien vor seinem Angesicht die Realität einer Stadt, in der kaum, dass er ausgerufen war, »der Berliner Bier-Boykott sich träge hinschleppt, den Arbeitgebern Opfer auferlegend, welche gering sind im Vergleich mit den vielen Widerwärtigkeiten, die sich der andere Theil zugezogen hat«.[336] Ein Prozess war hier in Gang gekommen, für den die Gazetten bald das treffende Kennwort erfunden hatten: »Versumpfung«.

Der Wiener *Neuen Freien Presse* war es eine Meldung aus der Reichshauptstadt wert, dass am Sonntag, dem 15. Juli, »die großen Vergnügungslocale, in denen Ringbier ausgeschänkt wird, überfüllt [waren]. Auch in den Arbeitervierteln war von dem Bier-Boycott nichts zu bemerken.«[337]

Und dann das Menetekel, dass Paul Hilperts Edel-Budike an einem sommerlichen Ausflugssonntag so gähnend leer war, dass der Wirt mit einem Gast aus Langeweile Billard spielte![338]

Diese immer weiter um sich greifende Missachtung der Postulate des *Vorwärts* und der Parolen der öffentlichen Volks-Versammlungen aller möglichen Gewerke provozierte irgendwann die Frage, die sich vielen Menschen seit geraumer Zeit aufdrängte und die schließlich ein Presseorgan aus jener geographischen Distanz stellte, die bei klarer Sicht einen Überblick ermöglichte, die *Hagener Zeitung*: »Dauert der Berliner Bierboykott eigentlich noch fort?«[339]

Darauf folgte die sprachgewaltige Legitimierung der Skepsis: »Manche behaupten es und stützen sich dabei auf die täglich wiederkehrende Fettdruck-Forderung des Vorwärts, daß die ›Arbeiter‹ und ›Parteigenossen‹ kein boykottiertes Bier trinken mögen. Andere wieder erklären nach ihren angeblich sorgfältig geführten Untersuchungen, daß von einem Bierboykott nichts mehr zu merken sei, daß er in der Gallertmasse einer unbezwinglichen Gleichgültigkeit rettungslos steckengeblieben sei.«

Die Massen wollten partout nicht »pariren«.

Tatsächlich hatte der Berliner Bierboykott von 1894 Ende August, Anfang September ein Stadium erreicht, in dem nichts mehr voran und nichts mehr zurück ging. Während der *Vorwärts* weiterhin seine Spalten mit denselben verstandbetäubenden Tiraden füllte, zogen es die zum Boykott ermahnten Spreeathener vor, gemütlich ihre Schultheissmolle zu zischen und Bebel, Singer und Genossen gute Männer sein zu lassen.

Ein Reporter der *Kölnischen Zeitung* hatte sich vor Ort ein Bild gemacht und zitierte einen Restaurateur, dessen Kneipe zunächst boykottiert worden war. Mittlerweile aber kämen die Genossen wieder. »Jetzt jießen se alle Ringbier herunter, det Rösicke seine Freude daran haben würde, und schimpfen uff Liebknecht'n und Singer'n, die jewiß ooch 'nen juten Droppen dränken und sagen: Det kann man vom Arbeeter nich verlangen, det er bei seine sauere Beschäftijung sich noch 'n jutet Jlas Bier verkneifen dhun soll.«[340]

Für die Ratzeburger *Wöchentlichen Anzeigen* bestand der Berliner Bierboykott »eigentlich nur noch dem Namen nach«.[341]

Daran änderte sich auch nichts, nachdem am 24. August in siebenunddreißig Etablissements in und um Berlin als Zeichen gegen »die stille Hoffnung unserer Gegner, der

Boykott würde versanden«[342], Volksversammlungen zur Diskussion über den gegenwärtigen Stand des Bierboykotts – wegen der Saalsperre freilich meist in kleinen Räumlichkeiten – abgehalten worden waren. Nach Auskunft neutraler Beobachter waren sie »recht mäßig«[343], nach Einschätzung des *Vorwärts* gut besucht, wobei das Blatt einräumen musste, dass der Gastwirt Gustav Förster aus Reinickendorf dies der Chuzpe verdankte, in seinem Lokal bekanntermaßen »Ringbier unter falscher Flagge«[344] zu führen.

In Charlottenburg hatten sich im Saal der Brauerei Bismarckshöhe in der Wilmersdorfer Straße immerhin tausend Personen versammelt, die bewiesen, dass man – was offensichtlich im Gespräch war – »nicht daran denke, den Boykott einschlafen zu lassen«.[345] Dennoch mussten sie »unter starkem Lärm, der nur mit Mühe unterdrückt werden konnte«, eine längere Auseinandersetzung darüber führen, dass die Bauarbeiter »nicht im erwünschten Maße boykottfest« waren.

Jubel und Siegeszuversicht breitete sich hingegen allenthalben aus, als die Nachricht in Umlauf kam, dass Schultheiss statt wie im letzten Jahr fünfzehn Prozent in diesem Jahr nur dreizehn Prozent Dividende zahlen werde (wie groß wäre die Freude gewesen, wenn man gewusst hätte, dass es nur zwölf Prozent werden sollten[346]).

Diese nicht von der Hand zu weisenden Auswirkungen des Boykotts auf das Geschäft der Ringbrauereien gaben dem Deutschen Brauerbund, dem die Zahlen geläufig waren, den Anstoß, seine Mitglieder für den 22. September zu einer Tagung nach Friedrichsroda im Thüringer Wald einzuladen. Dort wollte man darüber beraten, wie man sich künftig gegen die Folgen von Angriffen solcher Art absichern könnte.

Das Ergebnis war die Bildung eines von den Mitgliedern auszustattenden Garantiefonds zur, wie es in § 5a seiner Satzung hieß, »Sicherung gegen Betriebsschädigungen infolge von Verrufserklärungen«.[347] Damit hatten die Brauereien eine weitere Maßnahme zum Selbstschutz ergriffen, während ihnen gegenüber aufmerksame Leser des *Vorwärts* sich immer mehr Gedanken um ihre Zukunft machen mussten. Nicht nur, dass ein Bericht über den Auftritt des Mitglieds der Boykott-Kommission Hermann Mattutat am 29. August im Gesellschaftssaal von Bernhard Nieft in der Weberstraße davon sprach, es sei »noch [!] kein Grund vorhanden«[348], sich darüber Sorgen zu machen, dass die Arbeiterschaft ihre Unterstützungszahlungen an die ausgesperrten Kollegen eines Tages einstellen müsste – immerhin wurden jedem verheirateten Arbeitslosen im Durchschnitt pro Woche 11,50 Mark und jeden unverheirateten 8,25 Mark bezahlt.[349]

Aber dann gipfelte das Referat Mattutats in dem Satz, der bei jedem aufmerksamen Zuhörer und Leser die Alarmglocken schrillen lassen musste. Es hieß dort: »Um den Gegnern

Anton Boeker's Festsäle – vormals Nieft's Salon in der Weberstraße 17

diese Spekulation auf die Erschlaffung der Opferfähigkeit der Arbeiter aber gänzlich aussichtslos zu machen, sei es Ehrenpflicht jedes Ausgesperrten, zu versuchen andere Arbeit zu erlangen. (Allgemeine Zustimmung.)«[350]

Im Grunde war es die mit Schmus und Tunke umnebelte Aufforderung, das sinkende Schiff *a tempo* zu verlassen. Selbst Eduard Bernstein räumte im Nachhinein ein, »daß, je länger der Boykott dauerte, die Opfer für die Arbeiterschaft immer drückender wurden. Die zur Ehrenpflicht erhobene Unterstützung der ausgesperrten Brauereiarbeiter verschlang größere Summen, als die Arbeiterorganisationen bei ihrem damaligen Stand [...] auf die Dauer aufbringen konnten.«[351]

Vor allem für die Gemaßregelten waren es bittere Zeiten. Und wenn es im *Vorwärts* schon keinen Raum für Selbstkritik gab, dann doch ab und an für ein Fünkchen Selbstironie. Wie bei der Geschichte von der Dame aus der Alten Jakobstraße.

Sie pflegte Bettlern ein paar tüchtige Butterstullen und eine Flasche Schultheiss-Bier zu spendieren – hatte aber jetzt die Erfahrung machen müssen, dass von siebzehn Bettlern elf den boykottierten Trank zurückgewiesen hatten. Vier, so hieß es, hätten dies mit der Begründung getan, dass es ihnen ihre Überzeugung verbiete, dieses Bier zu trinken.

Die Dame, mildtätig und helle zugleich, ging deshalb dazu über, den Bettlern das Bier fortan in Gläsern zu verabreichen, um sie bei ihren Existenz- nicht auch noch in Gesinnungs- und Gewissensnöte zu bringen.

Für diese Umgehung des Bierboykotts brachte der *Vorwärts* ausnahmsweise Verständnis auf.

Der *Vorwärts* wäre freilich nicht der *Vorwärt*s gewesen, wenn es ihm nicht gelungen wäre, der harmlos heiteren Schnurre jeglichen Esprit zu rauben, indem er ihn durch eine Sottise gegen den Erzfeind an der Schönhauser Allee verdrängte. »Nun«, setzte er nach, »wenn die Rührseligkeit der menschenfreundlichen Dame dem Herrn Rösicke nicht auf die Strümpfe hilft, dann hilft überhaupt nichts mehr.«[352]

… oder: »Nich in de Tüte!« Mit derselben Entschiedenheit wiesen die Bettler das Schultheiss der Wohltäterin aus der Alten Jakobstraße zurück. (Zeichnung von C. Richter)

# Von – unter anderem – »B molle«

Mochte der Boykott noch so verbissen und mit noch so großem – *sit venia verbo* – Bierernst geführt worden sein, der Berliner Witz war von ihm nicht totzukriegen.

Das bewies, kaum hatte die erste Bataille stattgefunden, Timon d. J. in einem launigen Feuilleton allen Ernstes in der Zeitschrift für Literatur, Kunst und öffentliches Leben *Die Gegenwart*. Er rühmte den fortschrittlichen Aspekt der modernen Kriegsführung, der sich *exempli gratia* darin äußert, dass man, um den Ringbrauereien seine unverbrüchliche Kampfesbruderschaft zu bekunden, möglichst viel von ihren Produkten zu sich nimmt: »Wie schön, wenn man den vielbesungenen und beliebten Tod für Freiheit, Wahrheit und Aufklärung am *Delirium tremens* sterben darf, wenn der Rausch der Begeisterung, in den die tumbe Menge früher durch oratorische Lungenkraft versetzt werden mußte, nun auf viel einfacherem Wege mit viel schmackhafteren Destillaten hervorgerufen werden kann! In Zukunft wird sinnlose Betrunkenheit nicht nur als ›mildernder Umstand‹, sondern direct als ordenswürdiges Verdienst betrachtet werden, und zu dem zahllosen Ungeziefer, das man auf allgemeinen Ehrenzeichen dargestellt findet, zu den Doppeladlern, Löwen, Falken, Phönixen wird sich anmuthig der Affe gesellen.«[353]

Unter anderem ihm wurde gehuldigt auf einem Ringelpietz der Sozialdemokratie am Sonntag, dem 17. Juni, in Wilhelm Wiegerts Müggelschlößchen bei Friedrichshagen. Schon am frühen Morgen hatte er begonnen. Bald waren dreißig- bis vierzigtausend Proletarier »in allen Größen«[354] zusammengeströmt, denen was geboten wurde: ein Frühkonzert, eine Leichenfeier des Königs Mammon, ein Panoptikum »und schließlich eine Chansonbühne, auf der die ›Edelsten der Nation‹ sich dem Vortrage zeitgemäßer Kouplets, verfaßt von ihrem Hausdichter Scävola, hingaben«.[355]

Zunächst einmal hatte das hochgeehrte Publikum damit die Möglichkeit herauszufinden, wer der geheimnisumwitterte, vermeintlich 1859 geborene Berliner aus der Barnimstraße war[356], der sich hinter dem Namen der römischen Legendengestalt Gaius Mucius Scaevola (auf Deutsch »Linkshänder«) verbarg, die für die Rettung Roms ihre rechte Hand ins Feuer legte.[357]

Dann aber konnte es die Darbietungen eines kleinwüchsigen und noch sehr jungen Mannes genießen, der der unbestrittene Meistersinger der Sozialdemokraten war – berühmt geworden durch sein Drama von 1892 *Zwölf Jahre der Verbannung oder Des Ausgewiesenen Heimkehr*, in dem er die Erfahrungen seiner Genossen mit dem Sozialistengesetz verarbeitet hatte.

Wilhelm Wiegerts Müggelschlößchen bei Friedrichshagen

Gleichwohl war Scävola in erster Linie Lyriker, einer, dessen Verse, wie er einmal programmatisch schrieb, im Geiste seines Gedichts *Vorwärts, mein Volk, von Sieg zu Sieg! Aufruf zur Stichwahlschlacht!* »zu feurigem Ansporn dienen«[358] sollten.

Im Müggelschlößchen an diesem Sonntag ging der Bierboykott-Barde die Sache gelassener an. Fast hatte man, so dachte er, den Sieg schon in der Tasche. Und weil die Melodie, die er seinem Liedchen über *Die »bösen« Sieben* zugrunde gelegt hatte, allen Zuhörern, auch den kleinsten, geläufig war, nämlich die von *O Tannenbaum, o Tannenbaum*, hat er sein Publikum vielleicht zum Mitsingen aufgefordert:

O Roesicke, o Roesicke,
Wie fallen Deine Aktien!
Die Wasserfässer fahr'n Galopp,
Und immer toller brummt der Kopp,
O Roesicke, o Roesicke,
Wie fallen Deine Aktien!

O Happoldt's Max, o Du mein Max,
Ja Weißbier macht Beschwerden,
Dein Darm thut weh, Dein Magen auch,
Vor Lachen schmerzt uns auch der Bauch,
O Happoldt's Max, o Du mein Max,
Sollst ›Sanitätsrath‹ werden!

O Böhmisches, o Böhmisches,
Laß doch das Chikaniren,
Und plagt uns noch so sehr der Durst,
Dein Bier, das ist uns ›Knoblauchs‹-Wurst.
O Böhmisches, o Böhmisches,
Laß doch das Chikaniren!

Gregory's Karl, Gregory's Karl,
Fort fliehn die goldnen Batzen!
Dein ›Adler‹ hoch zur Sonne flog,
Der Boykott ihn ins Senkloch zog.
Gregory's Karl, Gregory's Karl,
Dein ›Adler‹ ward zum Spatzen!

O Rixdörfchen, o Rixdörfchen,
Wir kriegen Dich beim Wickel!
Gieb künftig frei, mach' kein Geschrei,
Der Böttcherei den ersten Mai!
O Rixdörfchen, o Rixdörfchen,
Du warst ja das Karnickel.[359]

Spandauer Berg, Spandauer Berg,
Was hilft da alles Klagen!
Wie bald frißt Dich der Boykottwurm,
Wenn Dir nicht hilft der Juliusthurm.
Spandauer Berg, Spandauer Berg,
Bald wirst Du abgetragen!

O Schöneberg, o Schöneberg,  
Kein Tropfen wird getrunken!  
Warst einst ein riesig schöner Berg,  
Jetzt wirst Du bald ein kleiner Zwerg –  
O Schöneberg, o Schöneberg,  
Wie bald bist Du gesunken![360]

Aus dem Geibel'schen Gedicht *Rühret nicht daran!*, das mit den Zeilen beginnt:

Wo still ein Herz von Liebe glüht,  
O rühret, rühret nicht daran[361],

machte er eine Travestie gegen Aktionäre und Millionäre, die denselben Titel trägt und mit den Worten beginnt:

Wo still ein Faß voll Ringbier steht,  
O rühret, rühret nicht daran.[362]

Mit Sicherheit konnte Scävola davon ausgehen, dass der Originaltext bekannt war. Denn nur so erschloss sich der von ihm intendierte Witz in der ersten Zeile beim Hören der zweiten.

Ob er wohl auch seine Erweiterung von Schillers Ballade *Der Handschuh* vorgetragen hat, die bei ihm die verführerische Überschrift trug: *Der Bier-Fehde-Handschuh oder Wer war's Karnickel. Eine fabelhaft schauderhafte Schauer-Ballade, frei nach Schillers Handschuh, aber viel schöner und schrecklicher*?

Als die Texte unter dem Titel *Rothe Bier-Boykott-Lieder. Nach berühmten Mustern und Melodien* im Druck erschienen, war das Groschen-Heftchen so erfolgreich, dass der Verlag am 26. August die fünfzehnte Auflage, das fünfzehnte Tausend annoncieren konnte.[363]

Annoncieren ja, aber nicht ausliefern! Denn am 24. wurde sie beschlagnahmt. »Die berühmte Berliner Polizei«, schrieb der *Vorwärts* spöttisch, »die im Auffinden von Mördern und Sittlichkeitsverbrechern so häufig vom Unglück verfolgt wird, zeigte wieder einmal, daß sie trotz alledem ein scharfes Auge hat und daß ihr in politischen Dingen auch nicht ein Jota, nicht eine Zeile entgeht.«[364]

Es war eine bürokratische Schikane. In der Offizin war übersehen worden, dass auf der Rückseite der neuen Auflage der winzig gesetzte Name des Druckers fehlte.

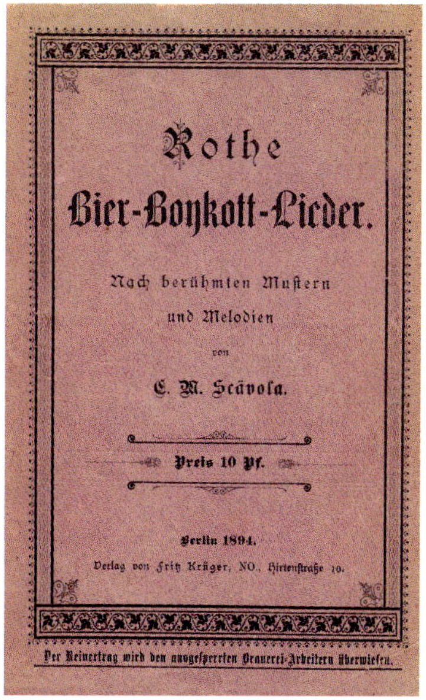


Das Rätsel, wer sich hinter dem Pseudonym »C. M. Scävola« versteckt hat, war langezeit ungelöst.

Das Titelbild der gar schröcklichen Moritat *Die Bierprotzen* – möglicherweise das einzige noch erhaltene Exemplar (Zeichnung eines unbekannten Künstlers, 1894)

Am 18. Dezember kam es darum vor der 4. Strafkammer des Landgerichts I zum Prozess sowohl gegen den Herausgeber Friedrich Krüger als auch gegen die Buchbindereibesitzer Peter Maurer und Karl Dimmick wegen eines Vergehens gegen die Gewerbeordnung, beziehungsweise einer Übertretung der presserechtlichen Vorschriften.

Verurteilt wurden die Förderer der frühen sozialistischen Literatur in Deutschland zu einer Geldstrafe von jeweils zwanzig Mark, ersatzweise zwei Tagen Haft.

Keinen Anstoß erregte trotz ihres grenzwertigen Titels die im Juli anonym erschienene Broschüre *Die Bierprotzen. Zum Boykott von 1894* aus dem Verlag von Hans Baake, ein zweiundzwanzig Seiten langes und mit vier Illustrationen bebildertes Werk. Wie die *Rothen Bier-Boykott-Lieder* kostete auch *Die Bierprotzen* einen Groschen.[365]

Bereits das Titelbild lässt das Schlimmste befürchten. Da kämpfen in einem Meer aus »Dividendenjauche«[366] – links und links hinten sieht man die Betriebsgebäude der Schultheiss und der Happoldt'schen Brauerei sowie des Böhmischen Brauhauses – die Prinzipale um ihr Leben. Karl Gregorys Kopf ist schon ›unter Bier‹, nur seine Beine strampeln noch heraus, der Oberprotz Roesicke – als »Bierkönig« mit einer Krone geziert – schreit um Hilfe, drumherum treiben Max Happoldt von der Brauerei F. Happoldt, Bernhard Knoblauch vom Böhmischen Brauhaus und der Direktor der Schöneberger Schloßbrauerei Max Fincke. Von der Spandauerberg Brauerei und der Rixdorfer Vereinsbrauerei schaukeln zwei Fässer auf den Wellen. Die Sintflut wird alles verschlingen, die Fässer mitsamt den Männern.

So endet, was im Heft in fünfundachtzig vierzeiligen Strophen im Versmaß des Nibelungenlieds erzählt wird, als sei auch dies ein deutsches Heldenepos.

Zu Beginn dessen, was im Folgenden geschildert wird, sitzt Richard Roesicke hoch zu Ross auf dem Paradefeld, nimmt die Huldigungen seiner Recken entgegen und eröffnet ihnen, warum man angetreten sei:

»Brav so, ihr Ringgetreuen!« sprach Rösicke alsdann,
»Dem König ziemt's zu folgen – so hört denn meinen Plan:
Es hat ein Häuflein Böttcher ganz wider Sitt' und Recht,
Am ersten Tag des Maien zu feiern sich erfrecht.

Statt, nach dem Wort der Bibel, mit fleißigem Bemüh'n
Im Schweiß des Angesichtes ihr Tagwerk zu vollzie'n,
Daß unser Herrenauge an ihrem Werk sich freu'
und wohlgefällig schaue auf ihre Sklaventreu' –

Der Effekt des Bierboykotts: Das Selterswasserglas voll, die Gastwirtstaschen leer, Zeichnung eines unbekannten Künstlers, 1894

Roesickes vermeintlicher »Leibkosak« Eugen Richter schwingt die Hungerpeitsche, während dessen Hirngespinst, die weltzufriedene Arbeiterin »Spar-Agnes«, die Lektüre von Richters *Freisinniger Zeitung* empfiehlt.

Sind sie hinausgezogen ins grüne Maigefild,
Wo rother Hetzapostel Brandreden tönen wild,
Wo unserm lieben Mammon, dem Gott des Kapitals,
Verwegne Temnpelschänder an Kragen gehn und Hals.«

›Gut‹, dacht' ich, ›wollt' ihr feiern, so feiert immerzu,
Wir legen Eurem Maifest gleich noch fünf Tage zu!‹
Nicht wahr, Ihr Herrn vom Bierring, ein ganz brillanter Witz!
Ja, nur aus meinem Schädel zuckt solcher Geistesblitz.«[367]

Das geht so weiter in eitler Selbstbespiegelung, bis sich der Fokus des Dichters auf die Arbeiter richtet, die dem Gegner ihren Widerstand ankündigen:

»Wähnt ihr in eurem Hochmuth, sie würden müßig sein,
Dieweil ihr Blitze schleudert in der Genossen Reih'n?
Hat eure Krämerschlauheit nicht besser euch belehrt,
Daß eures Schwertes Spitze ins eigne Fleisch euch fährt?

Wem dankt ihr die Millionen, die euer Bier euch bringt?
Dem Brauer, der es brauet, dem Volke, das es trinkt!
Bauchgrimmen hat's schon manchmal von eurem Trank gehabt –
Sucht ihr selbst bessre Tränke, an denen ihr euch labt!

Haut ihr uns unsre Brauer, so hau'n wir euern ›Stoff‹,
Gern wollen wir ihn missen, den faulen Aktiensoff.
Woll'n sehn, ihr stolzen Herren, wie euch zu Muthe ist,
Wenn erst fünfhunderttausend Biertrinker ihr vermißt!

Woll'n sehn, ob euer Dünkel, sich nicht am End' noch legt,
Ob euer patziger Bierring den kräftigen Hieb verträgt!
Woll'n sehn, ob euer Häuptling mit seinem großen Mund
Aus einem wilden Saulus nicht wird ein zahmer Paul.«[368]

Weiter geht's mit kräftigen Bildern (wie dem des Schwerts, das ins eigene Fleisch schneidet), kühnen Wortbildungen (wie dem des »Aktiensoff« anstelle von »-suff«) und spielerischen Reimverstößen (wie dem des »Paul« anstelle von »Hund«), bis am Ende kommt, was für Richard Roesicke kommen muss – der Untergang.

»Denn sonst, was bleibt Dir übrig? Nichts als ein schöner Tod!
Wie einstmals Roma's Helden in höchster Kampfesnoth,
Statt aus der Schlacht zu fliehen, sich stürzten in ihr Schwert,
So scheinst auch Du, o Richard, so edlen Todes werth.

Doch weil Du nun als Waffe das Bier erwähltest Dir,
So ziemt Dir's, statt in's Schlachtschwert, zu stürzen Dich in's Bier.
Laß Hunderttausend Tonnen von Deinem braunen Trunk
Die Straßen überschwemmen, und dann mach' Deinen Sprung!

Und fielst Du auf dem Felde der Bierehr' so als Mann,
(Auf unser'm Titelbilde sieht alle Näh're man)
Dann kommt das Volk der Arbeit, das siegreiche, und spricht:
Er war ein off'ner Gegner, und unser schlimmster nicht.

Und wollen wir sie alle besiegt am Boden seh'n,
Dann müssen stramm und wacker wir stets zusammensteh'n.
Die Einigkeit im Handeln erhebet in der That
Zur stärksten Macht der Erde das Proletariat.«[369]

*Die Bierprotzen*, das »Erbauungsbüchlein«[370], wie es der *Vorwärts* vermutlich in aller Ernsthaftigkeit nannte, in dem der Schultheiss-Direktor schon nach damaligem Geschmack »sehr arg mitgenommen«[371] wurde und das dem Scävola'schen Agitationspotenzial in nichts nachstand, ist aufgrund seiner Kunstfertigkeit und seines Witzes ein äußerst unterhaltsames Beispiel für die Boykottpoesie des Jahres 1894.

Wie auch jene Polemik, die der *Vorwärts* am 15.Juli 1894 unter dem Titel »Sonntagsplauderei« druckte, und die in ihrem Intro so herrlich blödsinnig ist, dass man den *basso continuo* seiner Gehässig- und Böswilligkeit gerne verdrängt und sich nur noch an der surrealistischen Kraft seiner Imagination erfreut: »Du hast's erreicht, o Richard! Erst war's nur eine einzige Brauerei, die Zeit ihres Lebens noch niemals in guten Schuhen gesteckt, dann kamen sechs andere hinzu, dann mußten sich die ganzfeinen, feinen und mittelfeinen Wirthe anschließen, dann geriethen die Saalinhaber in jene walzende Bewegung, welche sie Gehen nennen, und jetzt stecken alle zweiunddreißig Ringbrauer brüderlich vereint im tiefsten Schlamassel. Du hast's gewollt, o Richard, Du hast's erreicht! Sieh dieses Gewimmel zu Deinen Füßen, diese zuckenden Gesichter, diese an der Schwindsucht dahinsterbenden Geldbeutel, diesen Wald von flehenden, gehrenden, heischenden Händen, diese vielen verdrehten Augen, die alle emporlechzen nach dem roßschweifgesegneten Bimbam-Pascha der Berliner Bier-Türken und seiner geliebten Feuerfesten. Ist das nicht ein Anblick für Könige und Syndikatsmitglieder? Bei Tage, jawohl. Aber in der verschwiegenen Nacht da naht

Eine Zeichnung von Friedrich Kaskeline (1863–1938) im Wiener humoristisch-satirischen Arbeiterblatt *Glühlichter* aus dem Jahr 1894

sich das graue Gespenst, Sorge nennt man es oder Dividendenwurm, und wer ihm in die Fratze schaut, dem stößt es auf, wie von boykottsaurem Bier. Da nützt kein Verkriechen unter den Kopfpolster, da tröstet kein wohlgemeinter Zuspruch der Unglückskameraden, aus ist's und hin ist die Ruh' […].«[372]

Wie nicht anders zu erwarten, gab es überdies zahllose Parodien und Glossen, komödiantische Szenen und Karikaturen.

So veröffentlichten die Wiener *Glühlichter* im Juni eine Zeichnung des von Friedrich Engels geschätzten Prager Malers Friedrich Kaskeline. Sie zeigt einen sich – zweifellos in der »Intellijenzmetropole«[373] Berlin – den geblähten Bauch haltenden schwitzenden Zylinderträger, dessen Qualen der danebenstehende Arbeiter Schulze mit dem Satz kommentiert: »Et is nur 'n boykottirter Bierbrauer, wat nu seen jepantschtes Wasser selber aussaufen muß!«[374]

Dazu passt der in leicht gehobenem Berlinerisch geführte Gedankenaustausch von Duseke und Puseke in der Zeitschrift *Der wahre Jakob* in der Nummer 208 von 1894. Dort fragt Duseke: »Wat hältst Du von die Bier-Boykottierei?« Worauf Puseke antwortet »Ick jlobe, det sie jesundheitsschädlich is.« »For det Publikum?«, wundert sich Duseke. »Nee«, sagt Puseke, »for die Brauer, weil se ihr Jebräu selber trinken müssen.«[375]

Hübsch ist die fingierte »Blitzdraht-Meldung« in Bezug auf den Nachfolger Bismarcks Leo von Caprivi: »Caprivi ist nach Karlsbad gereist und trinkt dort Brunnenwasser. Die Brauer sind über diese Betheiligung des Kanzlers am Bierboykott sehr entrüstet.«[376]

Vollends deutlich wird danach die sozialdemokratische Ausrichtung des *wahren Jakob*, als er in seiner Nummer 209 eine halbe Seite mit Zeichnungen füllt, auf denen das Unheil dargestellt ist, wie es dereinst über die Bierbrauer kommt.

Da sieht man zwei Schindmähren, die sich mühselig vor einem Bierwagen dahinschleppen, während neben ihnen zwei stolze Rösser vor einem Wagen daherpreschen, auf dem eine Selterswasserfabrik für sich wirbt. Darüber das Bild eines Lagerkellers voller Schultheiss-Bierfässer, die von Spinnweben überzogen sind. Und dann, hochdramatisch, eine Schar – natürlich – speckfeister Wirte, die mit einem Schild »Saalsperre für sozialdem. Versammlungen« in der Hand einer nackten weiblichen Luftgestalt hinterherjiepern, die einen Geldsack mit einer Million Mark in der Hand schwenkt; vor lauter Habgier blind geworden für die Gefahr, geraten die Saalbesitzer auf einen Steg über dem Abgrund – und der erste fällt auch schon in die Pleite-Grube.

Weniger agitatorisch gab die Lithographische Anstalt von Bruno Bürger und Ottilie in Leipzig eine Serie von Postkarten zum Thema »Bierkrieg« heraus. Darunter eine, auf der eine Runde fröhlicher sächsischer Zecherinnen und Zecher beisammensitzt, die ein »Depp-

Da hecheln sie den Unterstützungsgeldern der Brauereien hinterher – die sozialdemokratische Satirezeitschrift *Der wahre Jakob* zeigt, mit welchen Folgen. (Zeichnung eines unbekannten Künstlers, 1894)

Der Kutscher zur Rechten hätte den Mund am besten nicht so voll genommen, denn bald wurde wieder mehr Bier als Selters getrunken. (Zeichnung eines unbekannten Künstlers, 1894)

chen« nach dem anderen leert, während im Gewölbe unter ihnen der Wirt bei Kerzenschein und Dämmerlicht dabei ist, eine Kanne Ringbier in ein Fass mit der Aufschrift »Ringfrei« zu füllen. Aus diesem Fass »Echt ringfreies Bier« zapft der Kellner oben zur Zufriedenheit seiner Gäste »Deppchen« um »Deppchen«.

Die Lithographische Anstalt von Bruno Bürger u. Ottilie, den Herstellern dieser Postkarte, befand sich in Leipzig. Und natürlich versuchten Parteigenossen auch dort, den Ausschank von »Debbchen« mit Berliner Ringbier zu verhindern – zur Freude der Gäste vergeblich.

So hatte es ein Zecher in Victor von Scheffels Studentenlied *Im schwarzen Walfisch zu Askalon* ursprünglich auch gehalten, von dem es hieß:

Im schwarzen Walfisch zu Askalon,
da trank ein Mann drei Tag',
bis daß er steif wie ein Besenstiel
am Marmortische lag.[377]

Durch den Berliner Bierboykott hatte sich bedauerlicherweise die Lage in der Hauptstadt der Philister von Grund auf geändert, und man fragte sich:

Im schwarzen Walfisch zu Askalon,
Da kehrt kein Gast mehr ein,
Da stehen die Tische und Bänke leer –
Was mag die Ursach' sein?

Im schwarzen Walfisch zu Askalon,
Da war der Wirth ein Thor,
Er setzte den Gäste Berliner Bier
Vom Brauer-Ringe vor.

Zum schwarzen Walfisch zu Askalon
Lenkt drum kein Gast den Fuß –
Der Boykott liegt auf seinem Bier
Verhängt durch Volksbeschluß.

Im schwarzen Walfisch zu Askalon,
Da seufzt der Wirth: »O weh!
Die Leute tragen all' ihr Geld
Ins Lamm nach Niniveh!«

Im schwarzen Walfisch zu Askalon,
Da schlug die Uhr halb vier,
Da warf der Hausknecht aus Nubierland
Hinaus das Berliner Bier.

Im schwarzen Walfisch zu Askalon
Zecht alles wieder flott!
Man schänkt dort echtes Münchner jetzt,
Darauf liegt kein Boykott![378]

Wer nun aber weiß, dass die Vertonung dieses bedeutenden frühgeschichtlichen Textes in b-Moll komponiert ist, und wer im elften Band der vierzehnten Auflage von *Brockhaus' Konversations-Lexikon* aus dem Boykott-Jahr 1894 unter dem Lemma »Moll« auf Seite 976 belehrt wird, dass in der älteren Musik – also der im biblischen Askalon! – in einem Gesang, der den Ton b enthielt, dieser Ton auch »B molle«[379] genannt wurde, der lernt aus der subtilen Begriffsbeziehung zwischen Tonart des Liedes und Gegenstand des Boykotts, wie erhellend bei unserer Darstellung des Berliner Bier-Boykotts von 1894 ein komparatistischer Seitenblick auf die Schönen Künste sein kann.

Sie waren eine dermaßen scharfe Waffe, dass Emil Struve rückblickend froh war, dass die »Feuerfunken« der *Bierprotzen* nicht »verbrecherischen Fanatismus«[380] entzündet hatten.

# Vom Tumult in Nieft's Salon

7. September, 15. September, 20. September, 22. September, 26. September, 29. September, 8. Oktober, 11. Oktober, 13. Oktober – jeder dieser Tage steht für die Zusammenkunft einer der streitenden Parteien innerhalb ihres Verbandes oder mit einer Abordnung der Gegenseite. Immer ging es um die Frage, wie der Boykott zu Ende gebracht werden kann.

Er dauerte inzwischen vier Monate an, war zur Routine geworden und trat auf der Stelle.

Im *Vorwärts* war, wenngleich in anderem Zusammenhang, unlängst gesperrt gedruckt und defätistisch als Empfehlung für die gewerkschaftlichen Kämpfe das alte Sprichwort aufgetaucht: »Ein magerer Vergleich ist besser als ein fetter Prozeß.«[381] Die Solidarität der Arbeiterschaft bröckelte, die der Brauereien ebenso. Doch auch wenn sich – nehmen wir Schultheiss – ein Rückgang der Dividendenhöhe abzeichnete, war die Finanzkraft der Unternehmen im Gegensatz zu der ihres Widerparts mit seinen »Tellersammlungen« stabil.

Allein die Gastwirte und Saalbesitzer hatten von den mit ihnen verbündeten Brauereien inzwischen achtzigtausend Mark an Hilfsgeldern erhalten. Weitere siebzigtausend harrten ihrer Auszahlung. Eine Aufstockung dieser Hilfsmittel hatte bereits begonnen und ein diesbezüglicher Rundbrief bei den Ringbrauereien weitere siebzigtausend Mark eingebracht.

Sogar der Polizeipräsident von Berlin Freiherr Bernhard von Richthofen, ein alter Sozialistengesetzeshüter, hatte »eine nahmhafte Geldsumme zur Unterstützung der Gastwirthe in diesem Kampfe der Saalkommission überwiesen«.[382]

Und als demselben Gremium kurz darauf von nicht genannter Seite weitere zweiunddreißigtausend Mark zugegangen waren, teilte dessen Vorsitzender und Kassenrevisor Hubertus Jacobi lapidar mit, »daß Geldmittel reichlich vorhanden sind«.[383]

Ein ganz anderes Bild bot sich der Boykott-Kommission beim Blick in ihre Bücher. Dort war nach einer wochenlangen Spendenaktion des *Vorwärts* und der Boykott-Kommission für siebenhundertfünfzig boykottfreundliche Wirte gerade einmal ein Plus von siebenundfünfzigtausend Mark eingetragen, weniger als achtzig Mark pro Lokal, quasi ein Trinkgeld.

Insofern war der Redakteur des schon zitierten Artikels in der Chicagoer *Abendpost* vom 28. August klarsichtig, als er schrieb: »[...] die Versicherung einzelner Redner, daß die Sozialdemokratie den Boykott Jahr und Tag aushalten könne, ist doch ein indirektes Zugeständniß, daß er erfolglos ist, denn der Zweck des Boykotts ist doch nicht, zu erproben, wie lange ein Theil der Sozialdemokraten sich des Biergenusses enthalten kann – das mag hygienisches und steuerpolitisches Interesse haben –, sondern der Zweck ist, die

August Dräsel's Festsäle in der Neuen Friedrichstraße 35

Brauereien zu unterwerfen, und je länger diese Unterwerfung ausbleibt, desto unwahrscheinlicher wird sie.«[384]

Das war inzwischen allen Beteiligten klar.

Infolgedessen war es beherzt, als Hubertus Jacobi »durch die Vermittlung eines Herrn«[385] Anfang September an die Boykott-Kommission herantrat, um zunächst einmal die Möglichkeit einer Aufhebung des Sperre jener Wirtschaften und Säle zu sondieren und zu erreichen, die neben ringfreien Marken auch Ringbier offerierten.

Dass er die Mitglieder seines Vereins über diese Fühlungnahme am 7. September auf einer Versammlung in der Bötzow'schen Brauerei an der Prenzlauer Allee informierte und dabei seinen Bericht mit heftigen Angriffen auf die Sozialdemokraten und ihre »unverschämten Forderungen«[386] spickte und alles miteinander an die Presse gab, war dagegen kein Ausbund an förderlicher Gesprächsvorbereitung.

Der *Vorwärts* ging wider Erwarten darüber hinweg und teilte mit, der Genosse Auer habe erklärt, »daß die Kommission bisher auf jeden Versuch, den Bierzwist beizulegen, eingegangen sei und daß kein Grund vorliege, den Saalbesitzern gegenüber anders zu verfahren«.[387] Auf die Nachfrage, ob die Boykott-Kommission bereit sei, sich mit der Saal-Kommission zu treffen, bejahte er dies ebenfalls.

Man kam überein, sich am 15. September zusammenzusetzen.

Der Bonner *General-Anzeiger* frohlockte: »Friedenstauben fliegen auf.«[388] Und so trafen sich – begleitet von den Hoffnungen der Öffentlichkeit – in Dräsel's Festsälen in der Neuen Friedrichstraße sieben Wirte und Saalbesitzer, darunter Jacobi, sechs Emissäre der Boykott-Kommission, mit dabei Auer, Hilpert und Singer, sowie die Vertreter der Berliner Lokal-Kommission Richard Halfter und Ludwig Zaake. Die Verhandlungsführung hatte – in Abstimmung mit August Kuckenburg vom Verein der Berliner Weißbierwirte – Gustav Feuerstein inne, der Sprecher des Verbandes der Gast- und Schankwirte Berlins.

Der betonte einleitend, dass ihr Zusammentritt den Zweck habe, das Einvernehmen zwischen den Saalbesitzern und der Arbeiterschaft wiederherzustellen. Das sei möglich, wenn die Boykott-Kommission auf die Bedingungen der Gastwirte eingehe, die im wesentlichen darin beständen, den Arbeitern nicht länger vorzuschreiben, wo sie einkehren dürfen und wo nicht und was sie jeweils dort zu trinken haben und was nicht.

Darauf erwiderte Singer, dass die Boykott-Kommission über diesen Punkt nicht sprechen wolle, »da selbst, wenn eine Verständigung darüber erfolgen sollte, eine Benutzung der Säle zu Versammlungen und Festen nach Lage der Verhältnisse doch nicht erfolgen könne, da die Saalbesitzer vermutlich kein ringfreies Bier einführen und die Arbeiter sicher kein boykottirtes Bier trinken würden«.[389]

Noch ehe man recht in die Beratung eingetreten war, war sie auch schon festgefahren.

Dass der Versuch der Saal- und Lokalbesitzer, sich in einem Separatfrieden mit der Boykott-Kommission zu einigen, eine Falle war, in der die Beute nur den Wirten Nutzen bringen würde, hatten Auer, Singer und Genossen bei der Vorbereitung des Treffens natürlich durchschaut. Denn wenn die Säle den Sozialdemokraten wieder geöffnet würden und dort jedermann konsumieren könnte, was er wollte – worin bestände dann noch eine Beeinträchtigung der Brauereien?

Wollte man also, wie alle mehrfach versicherten, auf die Befriedung der Situation hinarbeiten – aus Auer, dem der Boykott von Anfang an gegen den Strich gegangen war, platzte es heraus »Wir haben des Boykott satt, wie wir überzeugt sind, daß ihn auch die Gegner satt haben«[390] –, dann müssten die Brauer in diese Konsultationen mit einbezogen werden. Daher sollten die Saalbesitzer »in Wahrung ihrer Interessen ihren Einfluß bei dem Brauerring geltend machen, damit unter Annahme der Arbeiterforderungen der Bierboykott und mit diesem zugleich die Saalsperre aufgehoben werde«.[391]

Der Reichstagsabgeordnete Ignaz Auer

Dieses Argument war so schlüssig, dass ihm weder die Saalbesitzer noch die Wirte etwas Handfestes entgegensetzen konnten. Deswegen schloss Gustav Feuerstein die Sitzung mit der Zusage, er werde »den Brauerring zu Verhandlungen in der Bierboykottfrage veranlassen und von dem Resultat seiner Bemühungen den betheiligten Kreisen Kenntniß geben«.[392]

Nun hatten die Brauereien nach ihrem Aufeinandertreffen mit der Boykott-Kommission vor dem Gewerbegericht im Juli zwar vereinbart, sich auf keine Debatten mit der sozialdemokratischen Partei mehr einzulassen, trotzdem einigten sie sich am 20. September mit achtzehn gegen sieben Stimmen darauf, die Einladung zum Meinungsaustausch mit den Gastwirten und Saalbesitzern sowie der Boykott-Kommission anzunehmen. Zu Mitgliedern ihrer Delegation bestimmten sie Bernhard Knoblauch, Friedrich Goldschmidt, Ernst Fincke und Karl Gregory. Richard Roesicke, der laufend vom *Vorwärts* Angepöbelte, verzichtete auf die Teilnahme.

Da auch die anderen Parteien dem Datum zugestimmt hatten, lud Feuerstein zu einem erneuten Einigungsversuch am Sonnabend, dem 29. September, vormittags zehn Uhr zu Boltz in der Alten Jakobstraße ein.

Dort erschienen neben den Herren der Brauereien sieben Mitglieder der Boykott-Kommission, unter ihnen Ignaz Auer, Paul Singer und Paul Hilpert, sowie fünf Vertreter der Gastwirte und Saalbesitzer, darunter neben Feuerstein, der die Begegnung leitete, der Chef der Saalbesitzer-Kommission des Vereins der Berliner Gastwirte Hubertus Jacobi. Da die – *expressis verbis* so genannte – Vorbesprechung öffentlich war, war zudem die Presse zugegen.

Auf Bitten der Brauereibesitzer wurde der gesamte Verlauf der Aussprache mitstenographiert und anschließend auf mehr als hundert Druckseiten veröffentlicht, sodass wir in dem *Bericht über die Einigungsversuche in Angelegenheiten des Berliner Bierboykotts 1894* über ein einzigartiges Dokument aus der Geschichte dieses Ereignisses verfügen.

Als Erstes, darauf hatten sich die Gesprächsteilnehmer verständigt, wollten sie die Wiederbeschäftigung der am 16. Mai entlassenen Arbeiter in ihren alten Posten behandeln – wie sich alsbald zeigte, der schwierigste Punkt auf der Tagesordnung.

Einmal war die Frage, ob mit den ausgeschlossenen Arbeitern deren Gesamtzahl gemeint war, und zweitens, ob unter den alten Posten die ursprünglich von den Männern innegehabten Stellungen zu verstehen waren. Beides verlangte die Boykott-Kommission. Und beides wiesen die Brauereien zurück. Ihr Argument war, dass die Plätze der freigestellten Arbeiter längst wieder besetzt seien und die Sozialdemokraten den Unternehmern nicht vorschreiben könnten, wen sie einstellen und wen nicht.

Die Vorsitzenden und Kassenwarte des Vereins der Berliner Gastwirte von 1866 bis 1906

Um zu unterstreichen, dass dies auch Sozialdemokraten einleuchten müsste, zitierte Friedrich Goldschmidt, Direktor der Aktien-Brauerei Friedrichshöhe, den Parteivorsitzenden der SPD: »Bebel hat – ich habe mir die Aeußerung notirt – selbst gesagt: ›Das ist nicht zu verlangen, daß die Fabrikherren, die Arbeitgeber, sich die Agitatoren gefallen lassen, die gegen ihre eigne Person und gegen die Disziplin in ihrem eignen Hause arbeiten.‹« [393]

Worauf sich ein Wortwechsel darüber entspann, ob jeder sozialdemokratische Brauereiarbeiter *eo ipso* ein Agitator sei, und man sich in aller Höflichkeit auf Nebenschauplätzen verlor. Wobei jeder Beobachter feststellen musste, der die Rempeleien und ordinären Ausfälle des *Vorwärts* kannte, dass der Gedankenaustausch der Opponenten in einem ruhigen und sachlichen, teilweise konzilianten Klima verlief, das nicht unwesentlich von den Beiträgen Ignaz Auers geprägt war.

Vermutlich zur Überraschung seiner Kontrahenten gestand er: »Ich habe meinen Freunden gegenüber wiederholt darauf aufmerksam gemacht, daß es auf die Dauer nicht geht, daß bei allen gewerkschaftlichen Kämpfen und Differenzen im Braugewerbe mit der Drohung des Boykotts operirt wird.«[394] Dann fügte er den bekannten Satz hinzu: »Die Arbeiter werden gelernt haben, daß man schließlich mit einem mageren Frieden besser fährt, als mit einem fetten Prozeß«[395], und übertraf sich in seiner Offenherzigkeit, als er sagte: »Ich für meine Person war von der ersten Stunde an bemüht, die ganze Sache überhaupt nicht zum Ausbruch kommen zu lassen [...].«[396]

Es waren Signale wie diese, die bei aller Gegensätzlichkeit gar nicht erst Schärfe oder Feindseligkeit in der Diskussion aufkommen ließen. Schließlich wurde vonseiten der Boykott-Kommission – und zwar abermals von Ignaz Auer – gleichsam als Retourkutsche zu dem Goldschmidt'schen Bebel-Zitat ein Satz von Richard Roesicke aus dem Jahr 1890 ins Spiel gebracht, wonach »die Brauereien bei allen von jetzt ab erforderlich werdenden Neueinstellungen die ausständigen Gesellen solange in erster Reihe berücksichtigen, bis sie sämmtlich wieder Arbeit erhalten haben«.[397] Unter Bezug auf diese Äußerung vereinbarten die Teilnehmer, bis zu einem möglichen weiteren Termin prüfen zu lassen, wie viele Arbeiter untergebracht werden müssen – es handele sich vielleicht um nicht mehr als zwanzig oder dreißig[398], die richtig harten Burschen. Die meisten anderen hätten ohnehin wieder Arbeit gefunden.

»Auf die Wiedereinstellung in die früheren Posten«, so abermals Auer, »verzichten wir von vornherein.«[399]

Inzwischen war es Mittag geworden, und einige der Herren baten um eine Verschnaufpause.

»Eugenius« ist eine Anspielung auf den Redakteur der *Freisinnigen Zeitung* Eugen Richter, der seine Lebensaufgabe darin sah, zusammen mit den Herrschaften im Vordergrund »den uns allen gemeinsamen Gegner, die Sozialdemokratie, zu besiegen« – und mit ihr auch gleich die Bier-Boykottierer im Hintergrund. (Zeichnung eines unbekannten Künstlers, 1894)

Eine halbe Stunde später ging es weiter.

Unter Tagesordnungspunkt zwei wollte man das sogenannte Koalitionsrecht der Arbeiter diskutieren, das heißt: das Recht der Arbeitnehmer, sich unabhängig von irgendwelchen Vorbehalten oder Einwänden der Arbeitgeber einer politischen Organisation anzuschließen. Dies wurde von den Brauereibesitzern ohne Widerspruch zugesichert. Der Vorsitzende Friedrich Goldschmidt nahm die Gelegenheit wahr zu wünschen, dass der *Vorwärts* in der Zeit bis zu einem Friedensschluss seine »Hetzereien«[400] einstellen möge, da man sich jetzt, wie es Bernhard Knoblauch vom Böhmischen Brauhaus ausgedrückt hatte, in einem Stadium des Waffenstillstands befände.

Folgte der Tagesordnungspunkt drei, die Anerkennung des Arbeitsnachweises, womit die Schaffung einer neuen, von Betriebsleitern, Unternehmern und Arbeitern zu gleichen Teilen verwalteten Institution zum Zweck der Arbeitsvermittlung gemeint war. Es hatte bereits 1890 eine solche – von den Gesellenverbänden entworfene – Einrichtung gegeben,

Ein Maifeiertags-Idyll

die jedoch 1891 von den Unternehmern gekündigt worden war, weil sie in einem fort zu Hakeleien mit den Arbeitnehmern geführt hatte. Die Brauherren wünschten ein Statut, das ihren Vorstellungen entsprach, und schufen ein Regelwerk, das am 1. Januar 1892 in Kraft trat.

Unseligerweise verlas Friedrich Goldschmidt, als Direktor der Aktien-Brauerei Friedrichshöhe einer der Vertreter der Brauereien, sofort nach dem Aufruf dieses Punktes eine Entschließung seines Verbandes, in der zwar die Bereitschaft bekundet wurde, über dieses Thema zu verhandeln, aber nur unter der Bedingung, dass den Arbeitgebern nicht das Recht beschnitten werde, »diejenigen Arbeiter zurückzuweisen, deren Einstellung ihnen nicht zusagt«.[401] Im Grunde war man wieder dort, wo man am Vormittag bei der Erörterung der Frage der Wiedereinstellung der Gemaßregelten gewesen war.

Und man biss sich dort fast zwei Stunden lang fest. Auer, Singer und Hilpert, denen erkennbar sehr an einer Regelung lag, bauten den Brauereibesitzern eine Brücke nach der anderen. Wieder und wieder drangen sie auf die Unternehmer ein, auf eine Maximalforderung zu verzichten, die kein Vertreter der Arbeiterschaft je akzeptieren würde. Immer aufs Neue schlugen sie vor, den provokanten Satz aus der Einigungsempfehlung zu streichen und künftigen Verhandlungen mit den Arbeitern vorzubehalten.

Vergebens, auch nach einer Pause zur internen Beratung beharrten die Arbeitgeber hartnäckig auf jenem Satz, sodass man nach zwei Stunden beschloss – wollte man das Gespräch nicht als gescheitert beenden –, sich diesem Punkt ein andermal zu widmen.

Den vierten Punkt, die Lohnentschädigung für die ausgesperrten Arbeiter, ließen die Herren nach der ironischen Bemerkung Paul Singers, dass er es nicht übers Herz bringen würde, »gegenüber den großen Verlusten, die die Brauereien schon durch den Boykott gehabt haben, Ihnen noch die Zumuthung zu machen, die Löhne für die fünf Monate an die Entlassenen auszuzahlen«[402], einvernehmlich fallen.

Der fünfte und letzte Punkt des Programms betraf die Anerkennung und Freigabe des 1. Mai als Ruhetag.

Noch einmal bewies Ignaz Auer sein Verhandlungsgeschick, indem er seine Bereitschaft erklärte, diese Sache vorläufig auf sich beruhen zu lassen und nicht zu einem neuen, das Einigungsprojekt gefährdenden *casus belli* zu machen.

Kurz vor vier Uhr am Nachmittag verblieb man nach einem knapp sechsstündigen Ringen so, dass alle Beteiligten sich mit ihren jeweiligen Gremien beraten werden – vor allem in der Frage des Arbeitsnachweises – und man demnächst erneut zusammenkommen werde.

Mit den Worten »Ich hoffe, daß wir das nächste Mal befriedigt auseinander gehen werden«, schloss Gustav Feuerstein die Zusammenkunft.

Ihre Fortsetzung und deren rasches Ende fand sie am 13. Oktober wiederum im Boltz'schen Lokal.

Nach einem kurzen Vorgeplänkel, ob und wie viele der vor der Tür stehenden Zuhörer man unabhängig von den ohnedies bereits anwesenden in den Saal hereinlassen könne, ging es in die zweite Runde. Dabei legte Friedrich Goldschmidt im Namen der Brauereien zur Frage der Wiedereinstellung der entlassenen Arbeiter – wie es am 29. September vereinbart worden war – eine Liste mit den Namen von Rädelsführern vor, welche die Brauereien auf keinen Fall wiederbeschäftigen werden.

Es waren dreiunddreißig.

Im selben Augenblick, in dem diese Zahl fiel, zerschlugen sich alle Hoffnungen auf die Einigung in den Angelegenheiten des Berliner Bierboykotts.

Sowohl Auer als auch Singer gaben zu Protokoll, sie seien bei ihrer Bereitschaft, diesen Punkt neuerlich zu erörtern, davon ausgegangen, »daß es sich nur um einzelne Personen handeln könne«[403], nicht aber um dreiunddreißig. Dass eine Zahl in dieser Größenordnung jemals genannt worden sei, bestritten sie. Davon sei ihnen »nichts bekannt geworden«.[404]

Da sie es nun aber weder vor ihrem Gewissen noch vor ihren Kollegen verantworten könnten, dass zehn Prozent der entlassenen Arbeiter aufgrund dieser Liste alle Erwartung auf Wiedereinstellung aufgeben müssten, brächen sie hiermit das weitere Gezergel ab. »Ich stehe doch sicherlich auf dem äußersten rechten Flügel meiner Freunde in allen diesen Fragen«, sagte Ignaz Auer in seinem Schlusswort, »aber zu einem solchen Zugeständniß würde ich mich nie und unter keinen Umständen hergeben; ich würde es als Verletzung meiner Ehre gegenüber meinen Kollegen, den Arbeitern, betrachten, wenn ich einer solchen Bedingung zustimmte.«[405]

Schon kurz nach dem Scheitern des – zumindest in seinem ersten Teil – in einer versöhnlichen Atmosphäre geführten Diskurses fragte sich das Publikum, wie es zu dieser plötzlichen Schärfe kommen konnte.

Und fand bald die Ursache.

Denn das einzige Argument, das Auer und seine Genossen am 13. Oktober als unverhandelbar vorgebracht hatte, war die Nicht-Wiedereinstellung von dreiunddreißig Arbeitern, mithin ein Punkt, der am ersten Verhandlungstag am 29. September keine Rolle gespielt und zu keinerlei Einspruch geführt hatte, als vom Vorsitzenden Feuerstein vielleicht »20 oder 30«[406] Betroffene angeführt wurden.

Gustav Feuerstein (1841–1917), der als Vorsitzender des Vereins der Berliner Gastwirte im September 1894 die Verhandlungen zwischen der Boykott-Kommission, den Gastwirten und den Brauereien geführt hat

Deutsche Brauer-Zeitung

Nr. 1. Hannover, den 7. November 1891. 1. Jahrgang.

Erscheint jeden Sonnabend — Abonnement bei direkter Zusendung unter Kreuzband: für Deutschland und Oesterreich-Ungarn 1.50 M., für das Ausland 2 M., pro Quartal. Partienversand nach Uebereinkunft. Inserate die fünfgespaltene Petitzeile 20 Pfg. — Redaktion: Richard Wiehle, Linden-Hannover, Rieschlagstraße 13. Sämmtliche Briefe sowie Geldsendungen sind zu adressiren: R. Wiehle, Linden-Hannover, Rieschlagstraße 13.

An die deutschen Brauergehülfen!

Kollegen!

Der allgemeine deutsche Brauer-Kongreß, der vom 24.—26. September d. J. in Hannover tagte, sprach mit großer Majorität seine Unzufriedenheit mit dem bisherigen Verbandsorgan der „Allgemeinen Brauer-Zeitung", aus und beschloß, ein neues Organ zu gründen, das einzig und allein die Interessen der Gehilfenschaft wahrnimmt. Diese Aufgabe hat sich die vorliegende

„Deutsche Brauer-Zeitung"

gestellt, und sie wendet sich hiermit an Euch Alle, ob Ihr bereits Mitglieder des Gauvereins seid, oder diesem Euch erst anschließen wollt, mit der Aufforderung, dieses neue Organ der Gehilfenschaft zu prüfen und, wenn es Eure Zustimmung findet, zu abonniren.

Den Lesern des bisherigen Verbandsblattes brauchen wir nicht auseinanderzusetzen, welchen Vortheil ein gut redigirtes Fachblatt unseren Berufsgenossen bieten kann; sie haben sich nur all' das in Erinnerung zu rufen, was sie mit Recht an der „Allgemeinen Brauer-Zeitung" vermißten! Die „Deutsche Brauer-Zeitung" wird andere Bahnen wandeln, als ihr unrühmlicher Vorgänger! Sie wird nicht liebedienerisch zu den Prinzipalen hinblicken und das Interesse der Kollegen dem der Brauereibesitzer hintansetzen!

Nein, Kollegen, wir wollen offen, furchtlos und treu für Euer Wohl eintreten, die Lage der Gehilfen zu bessern suchen, ihnen mit Rath zur Hand gehen, sie zum Kampfe gegen die immer stärker werdende Bedrückung durch das Kapital ermuntern — wir wollen für das Recht der Besitzlosen streiten, denn die Besitzenden haben Macht genug, um sogar ihr Unrecht wirksam zu schützen!

Blickt um Euch — und ihr werdet sehen, daß wir die Wahrheit sprechen!

Die Zeiten, in denen der Brauerbursche hoffen durfte, daß auch er einst sich selbstständig machen könne oder wenigstens als Leiter einer Brauerei nach schwerer Arbeit langer Jahre eine auskömmliche Stellung erhalten werde, in der es ihm möglich sei, einen Hausstand sorgenfrei zu führen — diese Zeiten sind vorbei.

An Stelle der vielen kleinen Brauereien, welche mit geringen Kapitalien in's Leben zu rufen und zu erhalten waren, sind in Folge der Entwickelung unserer Technik einige wenige, aber sehr große Fabriken getreten, in denen kostspielige Maschinen und gewaltige Produktionsmengen zur Voraussetzung haben, daß auch ganz gewaltige Kapitalien in das Unternehmen gesteckt werden können. Der Brauereibesitzer von heute ist nicht mehr der ehemalige Gehilfe, der sich durch Fleiß und Sparsamkeit emporgearbeitet hat — der heutige Besitzer ist der Kapitalist, der Aktionär, der Mann, für den die Eisenhämmer niederfallen, die Kohlengruben bebaut werden, die Schmelzen glühen, die Dampfmaschinen keuchen, für den Ihr am Sudbottich steht und auf der Tenne und im Keller Euch müht!

Der Schweiß des Arbeiters rinnt für den Kapitalisten; ihm schafft Ihr die Zinsen, die Dividenden und dafür läßt er Euch oft nicht einmal genügend Brod für die Euren! Daß sich auch nur Einer von uns Allen jemals selbstständig machen könnte, daran ist gar nicht zu denken! Wir bleiben Söldlinge des Kapitals — freilich nicht zeitlebens, sondern nur solange, bis es ihm beliebt, unsere mit dem Alter schwächer gewordene Kraft durch eine jüngere zu ersetzen.

Im Alter erwartet uns nicht mehr Selbstständigkeit, sondern Brodlosigkeit! Wir müssen, wenn wir die schwere Arbeit unseres Berufes nicht mehr verrichten können, suchen, wo wir die Kraft, die uns noch blieb, irgendwie verwerthen — ob wir dabei genug verdienen oder nicht, das ist dem Kapital gleichgiltig, obwohl es das Kapital ist, dem wir die Kraft unserer Jugend opferten! Und giebt es uns wenigstens für unsere volle Kraft auch eine volle Entschädigung? Kann Einer von uns hintreten und sagen, er werde derartig bezahlt, daß seine nothwendigen Ausgaben gedeckt werden und ihm ein Ueberschuß bleibt, der es ihm möglich macht, sich im Alter zur Ruhe zu setzen!?

Wir wissen es leider zu gut, die Antwort lautet: Keiner!

Kein Brauergehilfe, kein Arbeiter in irgend einem Berufe überhaupt, erhält diejenige Bezahlung, die er für seine geleistete Arbeit erhalten müßte! Was er gearbeitet hat, das wird getheilt — getheilt zwischen ihm und dem großen Unbekannten, dem Kapitalisten, dem Aktionär! Und da ein Aktionär nicht darben darf, da die Dividenden nicht zu gering ausfallen dürfen, so werden die Folgen eines schlechten Geschäftsganges, einer raubgierigen Konkurrenz, die sich gegenseitig zu Grunde richtet, abgewälzt auf denjenigen, der nach der Meinung gewisser Herren dazu geboren ist, auf seinen breiten Schultern alle Lasten zu tragen! —

Der Arbeiter, der Brauergehilfe, er ist der Prügeljunge des Kapitals, der dafür büßen muß, wenn sich die Kapitalisten verspekulirt haben; der Arbeiter ist das Aschenbrödel der heutigen Wirthschaftsordnung; er muß in schlechtem Kittel sich mühen und plagen, während der Kapitalist von dem Ertrage dieser Arbeit mühelosen Gewinn einstreicht.

Wenigen, die das Leben genießen, stehen gegenüber viele, unendlich viele, denen alle Genüsse des Lebens Zeit ihres Daseins versagt sind und Erholung nur zu theil wird, wenn Arbeitslosigkeit und ihre Begleiter, Noth und Hunger, eintreten.

So ist in Wirklichkeit das heutige Bild der wirthschaftlichen Verhältnisse — auf allen Gebieten, also auch im Brauergewerbe! Blickt um Euch — und Ihr werdet zugestehen, daß wir nicht in zu düsteren Farben malten, eher haben wir noch vergessen, einige Schatten hinzuzufügen, Schatten, die das Leben des Brauergehilfen oft genug verdüstern: die Rohheit der Vorgesetzten, welche den Burschen anfahren, als ob er leibeigener Knecht wäre — die Nichtbeachtung, die sie seinen Bestrebungen entgegenbringen, die Verfolgungen, mit denen sie den Nicht-Unterwürfigen, der für sein Recht und das seiner Brüder einzutreten wagt, von Hof zu Hof hetzen, bis er — geächtet wie ein Verbrecher — aus seinem Berufe fortgetrieben in irgend einem anderen seine Zuflucht suchen muß!

Haben wir recht oder nicht?! Sind diese Schilderungen übertrieben oder beruhen sie auf Wahrheit?

Euer Inneres sagt: Wort für Wort können wir unterschreiben!

Und Euer Mund spricht trotzdem: Nein, wir sind zufrieden! Unser „Herr" meint es gut mit uns!

Die so reden, wissen, daß sie lügen — und sie lügen dennoch — — aus Furcht! Trockenes Brod ist besser, wie gar keins, ist ihr Gedanke! Die Angst, die Stellung zu verlieren, auch wenn sie schlecht ist, zwingt Manchen, der Frau und Kind hat, sich zu ducken, wo er sich empören möchte, — freundlich zu lächeln, wenn ihm das Blut vor Aerger in's Gesicht steigt!

Und warum diese Furcht, warum dieses Bangen, denjenigen als Feind zu sehen, der doch der beste Freund sein müßte: der Kollege!?

Denn thatsächlich ist es doch so: man fürchtet nicht den „Herrn", sondern den Kollegen! Der Kollege tritt in die Stelle, die derjenige eingenommen hat, der weggejagt wurde, weil er so „frech" war, gebührenden Lohn zu verlangen! Der Kollege ist es, der sich zur Arbeit meldet, wenn die Gehilfen einer Brauerei in Differenzen mit ihren Unternehmern gerathen und die Arbeit niedergelegt haben! Der Kollege bricht den Streik, der Kollege drückt die Preise, der Kollege — — so schwer es uns ankommt, es muß doch offen ausgesprochen werden — spielt den Verräther und hinterbringt die Verabredungen der Kollegen dem „Herrn".

Schon vor Jahrtausenden sagte ein weiser Denker: Gäbe es keine Sklaven, würde es auch keinen Tyrannen geben!

Dies Wort müssen wir beherzigen! Gäbe es keine Unterwürfige unter uns, würden wir auch nicht so niedergehalten werden!

Die Gehilfenschaft muß sich selbst helfen — die Prinzipale haben das entgegengesetzte Interesse! Daß Hilfe Noth thut, haben wir nicht erst in Erinnerung zu rufen; ein Jeder weiß es, und täglich, stündlich fühlt er es.

Die Frage ist nur: Wie schaffen wir Hilfe?!

Kollegen! Unser Weg muß derselbe sein, auf dem heute alle Arbeiter wandeln, ohne Unterschied des Berufs! Was sie bedrückt, bedrückt auch uns, was sie befreit, wird auch uns die Freiheit bringen!

Die Gehilfenschaft muß zunächst treu unter sich zusammenhalten! Ein großer Verband muß uns Alle umschlingen; ganz Deutschland in Nord und Süd, Ost und West muß einen Bruderbund bilden, in dem wir uns geloben, in Einigkeit und Treue einzutreten für das Wohl der Gesammtheit, Einer für Alle, Alle für Einen!

Wenn irgendwo in deutschen Gauen ein Kollege gemaßregelt, bedrückt wird, dann müssen in ganz Deutschland hilfreiche Hände sich für ihn regen und dem Kapital sein Opfer entreißen! Allüberall haben wir nach Besserung der Löhne, Verkürzung der Arbeitszeit, Regelung der Sonntagsruhe zu streben, gemeinsam unsere Ziele zu verfolgen, gemeinsam den Kampf aufzunehmen!

Unser Verband ist das beste, ja das einzige Mittel, mit dem wir innerhalb der durch die heutigen Produktionsverhältnisse gezogenen Grenzen überhaupt etwas erreichen können! Aber nur dann ist der Verband leistungsfähig, wenn er nicht Einzelne, sondern Alle umfaßt! Darum, Kollegen, tretet dem Verbande bei! Ihr erfüllt damit eine Pflicht gegen Euch selbst! Vereinzelt seid Ihr nichts als ein willenloses Werkzeug in der Hand des Kapitals! In unserer Vereinigung sind wir stark und können getrost den Kampf aufnehmen!

Als Rufer aber im Streit, als Bote, welcher die Kunde trägt von Ort zu Ort, die Lässigen ermahnt, die Allzueifrigen zügelt, die Verzagenden ermuthigt und die augenblicklich Satten daran erinnert, daß es außer ihnen noch Tausende von Kollegen giebt, die nicht zufrieden sein können, und daß der Zufriedene von heute der Nothleidende von Morgen sein kann, wenn das Kapital ihm sein Einkommen schmälert — — dieser Freund und Berather, dieser Mahner und Förderer soll dieses Blatt, Euer Blatt sein, die

„Deutsche Brauer-Zeitung".

Nachdem ein Vorläuferorgan, die *Allgemeine Brauer-Zeitung*, von den Mitgliedern des Allgemeinen Deutschen Brauerverbandes für zu arbeitgeberfreundlich gehalten worden war, erfolgte die Gründung einer neuen Zeitung, von der sich die Brauergehilfen, die »Prügeljungen des Kapitals«, besser vertreten fühlten – hier die Titelseite der ersten Nummer der *Deutschen Brauer-Zeitung* vom 7. November 1891.

Jetzt aber bestritt Auer, jemals von dieser Zahl gehört zu haben. Und er blieb auch dabei, als der Stenograph Dr. Gustav Steinbrink – immerhin *der* Stenograph des Preußischen Abgeordnetenhauses – in der Presse darauf hinwies, die Angabe »20 oder 30« sei ursprünglich sogar zweimal gemacht worden.[407] Als Auer sich ferner dahin verstieg, ihr Auftauchen im Protokoll damit zu erklären, dass hier »eine Fälschung vorliegen«[408] müsste, konnten sich viele Menschen auf dieses für den Mann so untypische Verhalten nur dadurch einen Reim machen, dass er zwischen der ersten und der zweiten Unterhandlung von Leuten unter Druck gesetzt worden war, die – aus welchen Gründen auch immer – ein Interesse daran hatten, die Gespräche scheitern zu lassen.

Für manche, allen voran den Vorsitzenden der beiden Verhandlungsrunden Gustav Feuerstein[409], waren dies jene ›ringfreien‹ Wirte, die sich »wie Vampyre an dem Boykott fest- und vollsaugen«[410] und nun – um im Bilde zu bleiben – die Blutleere ihres Opfers und damit den eigenen Untergang fürchteten. Er sprach es offen aus: »Die Herren Genossen wollen leider den schönen Verdienst nicht missen.«[411]

Die meisten Ursachenforscher aber führten vor allem Ignaz Auers Verhaltensänderung auf die Anfeindungen zurück, die ihm und seinen Delegationsmitgliedern auf einer öffentlichen Versammlung der ausgesperrten Brauereiarbeiter und Böttcher am 5. Oktober in Nieft's Salon in der Weberstraße entgegengeschlagen waren. Statt bis zum »Weißbluten« zu kämpfen, hätten die Genossen in einer Weise klein beigegeben, die »mit einer Niederlage gleichbedeutend«[412] sei.

Es kam zu persönlichen Angriffen und Wutausbrüchen, in denen die Gemaßregelten erklärten, »eher auf jeden Pfennig Unterstützung zu verzichten, als von einzelnen Forderungen, wie der Anerkennung ihres Arbeitsnachweises und der bedingungslosen Wiedereinstellung der Ausgesperrten, Abstand zu nehmen«.[413] Hier sprachen die gelehrigen Schüler des *Vorwärts* in einer Aufgebrachtheit, in der jede Rationalität und Logik abhanden gekommen war, und der Satz eines Redners fiel: »Lieber sei ihm ein Versumpfen des Boykotts, als ein unter ähnlichen Bedingungen eingegangener Friede.«[414]

Und als ob diese Anspielung auf den Zustand des Boykotts aus dem Munde eines Arbeiters nicht genug gewesen wäre, gab der Brauereihilfsarbeiter Paul Schneider, der diese Vernunft entbehrende Vormittags-Veranstaltung eingeleitet hatte – wie schon Herbert Mattutat am 29. August –, zum Schluss den Ausgesperrten den guten Rat mit auf den Weg, sich »in Anbetracht der Situation, […] um andere Arbeit zu bemühen, da die Kommission der Brauer und Hilfsarbeiter eine Garantie für Unterstützung für die Folge nicht übernehmen könne«.[415]

»Stellensuchende Arbeitsburschen vor einem Inseratencenter«, Zeichnung von Ernst Hosang (1857–1919), 1890

Es seien – und diese Mitteilung wurde vom *Vorwärts* wohlweislich unterschlagen – nur noch ein paar Hundert Mark an Hilfsgeldern in der Kasse, die höchstens ein, zwei Wochen reichen würden[416] – was eine Umschreibung dessen war, was Ignaz Auer in seinem *Rückblick auf den Berliner Bierboykott* gestand: dass nämlich »die Unterstützungsgelder erschöpft seien«.[417] Der Hilfsfond war ebenso pleite wie der Verband der Brauereiarbeiter, dessen Barvermögen im Jahr 1894 »ganze 476 Mk. betrug«.[418] Davon überwies er vierhundert an die Boykott-Kommission als Tropfen auf den heißen Stein. Die Abtragung des Schuldenbergs musste warten.

Geflissentlich wie der *Vorwärts* verschwieg auch Ignaz Auer, dass es nach Paul Schneiders Bankrott-Erklärung in Nieft's Salon zu so stürmischen Szenen von Genossen gegen Genossen gekommen war, dass man sein eigenes Wort nicht mehr verstand.

Wie blank die Nerven der Männer lagen, hatte sich vor drei Wochen in Schöneberg gezeigt. Da war am Abend des 11. September eine Gruppe von Böttchern auf dem Nachhauseweg von der Arbeit in der Schloßbrauerei von einer Horde gemaßregelter Berufskollegen überfallen und teilweise schwer verletzt worden. »Unter den Angreifern wurden einige erkannt; es waren ebenfalls Böttchergesellen, und zwar solche, die früher in der Schloßbrauerei beschäftigt gewesen, und die aus Rache dafür, daß sie selber so unvernünftig waren, zum Beweise ihrer Unterwürfigkeit gegenüber den Befehlen der sozialdemokratischen Parteileitung die Arbeit niederzulegen, ihren Nachfolgern in Lohn und Brod, mittels der Fäuste schlagende Beweise von der Vorzüglichkeit des beliebten Streiksystems und des Bierboykotts beizubringen suchten.«[419]

Mit den Forderungen der Tobenden in Nieft's Salon im Gepäck, »von denen diese ganz genau wussten, dass auf eine Annahme seitens der Brauherren unter keinen Umständen zu rechnen war«[420], war Ignaz Auer am 13. Oktober gezwungen, in einer Weise zu verhandeln, dass die Situation derer, um deren Wohl und Wehe es ihm ging, in den Folgemonaten nur noch misslicher zu werden drohte.

Was er noch nicht wusste, war, dass sein Auftritt und der seiner Truppe an diesem Tag eine Farce werden sollte, ein Muster spontaner Verstellungskunst, eine Stegreifkomödie.

Ihr Titel: »Die Entrüstung«.

# Von der Schlüsselrolle der »Dreiunddreißig«

Hinter den Kulissen hatten sowohl die Saalbesitzer als auch die Brauereienvertreter unter dem Eindruck des ersten Einigungsversuchs, der – nimmt man alles in allem – Perspektiven für eine Aufhebung des Bierboykotts eröffnet hatte, eine Reihe von Initiativen ergriffen, mit denen sie die Hoffnung verbanden, im zweiten Einigungsversuch den Gordischen Knoten durchschlagen zu können.

Ohne dass die Kunde davon an die Öffentlichkeit gelangt war, hatten sich die Gegenspieler des 29. September am 8. Oktober in der Wohnung Gustav Feuersteins in der Alten Jakobstraße 75 getroffen – auch Richard Roesicke war hier zu dem Kreis hinzugestoßen, außerdem der Vorsitzende des Centralvereins für Arbeitsnachweis, der Magistrats-Assessor Dr. iur. Richard Freund, eine Koryphäe auf seinem Gebiet. Gemeinsam wollten die Herren versuchen, zunächst das Problem des Arbeitsnachweises aus der Welt zu schaffen. Eine Verständigung darüber war bekanntlich daran gescheitert, dass sich die Arbeitgeber strikt geweigert hatten, einen Satz in den Statutenentwurf aufzunehmen, der ihnen verbietet, Arbeiter zurückzuweisen, die sie nicht einstellen wollen.

Nun holte man den am 1. Januar 1892 eingerichteten und am 16. Mai 1894 aufgehobenen Arbeitsnachweis als Muster wieder hervor und legte ihn der Beratung zugrunde.

In einer Stimmung, »die übrigens dank des vertraulichen Charakters der Sitzung allseitig eine durchaus versöhnliche und verständnisinnige«[421] war, einigte man sich im wesentlichen auf das folgende Procedere: Die Brauereien besäßen nach wie vor das Recht, einen ihnen nicht genehmen Arbeiter zurückzuweisen – wobei die Zugehörigkeit des Mannes zu einer politischen oder gewerkschaftlichen Organisation nicht als Argument ins Feld geführt werden dürfe. Sofern der Betreffende aber Einspruch gegen diese Entscheidung einlege, habe ein Schiedsgericht zusammenzutreten, das zur einen Hälfte aus Arbeitgebern und zur anderen aus Arbeitnehmern besteht und von einem unparteiischen Obmann geleitet wird. »Der Entscheidung des Schiedsgerichts haben sich beide Teile zu unterwerfen.«[422]

Nach dieser salomonischen Urteilsfindung glaubte man, dem Ende des Boykotts einen großen Schritt näher gekommen zu sein –ja, unmittelbar davor zu stehen.

Und weil sie im selben Geist des Aufeinander-Zugehens den Vertretern der Sozialdemokraten und Gewerkschaften noch mit einer zweiten Geste den guten Willen der Arbeitgeber demonstrieren wollten, hatten sich die Mitglieder des Vereins der Brauereien Berlins und Umgegend am 11. Oktober getroffen, um – wie vereinbart – die schon erwähnte Liste mit

Eine Werbemarke des Böhmischen Brauhauses in der Landsberger Allee 11–13

den Namen jener Brauereiarbeiter und Böttcher anzufertigen, die aufgrund ihres Verhaltens nicht mit einer Wiedereinstellung rechnen könnten.

Eingestimmt auf diese heikle Aufgabe hatte die Kollegen Bernhard Knoblauch vom Böhmischen Brauhaus mit einem Rundschreiben, in dem er darum bat, bei der erneuten Bewertung der Missetäter so großzügig wie möglich zu verfahren. »Ich richte deshalb nochmals an die verehrlichen Mitglieder die dringende Bitte, nochmals mit sich zu Rate [zu] gehen, ob denn die mir bezeichneten Arbeiter sich eines so schweren Vergehens schuldig gemacht haben, daß deren Wiedereinstellung unter keinen Umständen erfolgen könnte.«[423]

Um die Kollegen zu erweichen, fügte er hinzu, sie hätten augenscheinlich bisher außer Acht gelassen, »daß die lange Arbeitslosigkeit einzelner Arbeiter – mag sie auch durch deren Beziehung zur Sozialdemokratie selbst verschuldet sein – doch schon eine sehr empfindliche Strafe ist, durch die manche Ungezogenheit wohl als ›gesühnt‹ betrachtet werden kann. […] Deshalb ersuche ich Sie höflichst, mir eine möglichst *geringe Anzahl* nicht wieder einzustellender Arbeiter namhaft zu machen.«[424]

Welche Überlegungen müssen Ignaz Auer mit seiner Delegation währenddessen zwischen dem 5. Oktober durch den Kopf gegangen sein, als sie von einer wutschnaubenden Versammlung die Weisung erhalten hatten, bis zum Weißbluten zu verhandeln, und dem 13. Oktober, als sie sich jenen Gesprächspartnern wieder gegenübersahen, die sie auf dem Treffen bei Gustav Feuerstein als kooperationsbereit und lösungsorientiert erlebt hatten? Wie sollten sie ihnen die Ablehnung dessen erklären, dem sie jüngst zugestimmt hatten? Etwa damit, dass sie von einer Meute junger radikaler Genossen dazu als Handlungsgehilfen verdonnert worden waren?

Wer sich die Gedanken von Ignaz Auer und seinen Mitstreitern in jenen acht Tagen ausmalt, der ahnt, dass die ihnen unverhofft vorgelegte Liste mit den dreiunddreißig Namen der geächteten Arbeiter ein Geschenk des Himmels war.

Sie wies ihnen den Weg aus der Bredouille.

Mit Auers freimütigen Worten: Die jählings aufgetauchte Liste war die Rettung »aus der peinlichen Situation«.[425]

Von den Bemühungen Knoblauchs, die Menge der Namen so klein wie möglich zu halten, um den Arbeitervertretern so weit wie möglich entgegenzukommen, wussten sie nichts.

Daher konnten sich die Abgesandten der Boykott-Kommission voller Pathos aufplustern, ohne ihr Gesicht vor denen zu verlieren, mit denen sie fünf Tage zuvor einträchtig beisammengesessen hatten. Im Gestus von gewitzten Improvisationskünstlern konnten sie ihr Entrüstungsschauspiel zur Aufführung bringen und die Verhandlung platzen lassen.

Die Berliner Bock-Brauerei in der Fidicinstraße 2–3

Einem freilich war klargeworden, dass er sich dabei selbstverleugnet hatte und kein Führer, sondern Gefolgsmann der Massen gewesen war: Ignaz Auer. Darum legte er – was ihm schon früher einmal zugeschrieben worden war[426] – seinen Vorsitz in der Boykott-Kommission nieder und trat aus ihr aus. Die Leser des *Vorwärts* erfuhren von dieser Entscheidung erst neun Tage danach, am 21. Oktober – beiläufig in einer Replik gegen die *Freisinnige Zeitung*.

Da hatten andere Blätter bereits Mutmaßungen darüber angestellt, dass Auers Rücktritt »kein ganz freiwilliger«[427] und eine Reaktion auf die Demütigungen gewesen war, die man ihm am 5. Oktober in Nieft's Lokal entgegen geschleudert hatte. Man müsse halt hinnehmen, so der *Vorwärts*, »daß ein überaus angestrengt beschäftigter Mann gar keinen besonders geheimnißvollen Grund zu haben braucht, um ein Nebenamt, das sehr viel Zeit in Anspruch nimmt, nach fünfmonatlicher Führung niederzulegen«.[428]

Das Zentralorgan der sozialdemokratischen Partei Deutschlands, das sonst jeden Windhauch, der mit dem Boykott zusammenhing, zum Sturmgebraus anschwellen ließ, hatte den Rücktritt Auers verschwiegen und – als das nicht mehr ging – die Nachricht davon in eine

Notiz verdrängt, die man so weit wie möglich vom Datum des 13. Oktober 1894 fernhielt. Denn jetzt galt es, den Abbruch der Friedensgespräche publizistisch auszuschlachten und das kurzzeitig gedrosselte Trommelfeuer der Agitation wieder voll in Gang zu setzen.

Prompt erschien am 14. Oktober der *Vorwärts* mit einem Aufmacher, in dem sämtliche Gruselbegriffe aneinandergereiht waren. Vom »brutalen Übermut der Brauereikapitalisten« über den »Vernichtungskampf gegen die organisierte Arbeiterschaft« bis zu den »Opfern des Kapitalistenübermuts« war alles aus der Gift- und Gallefeder neuerlich dabei.

Was bei der Erinnerung an den Auslöser der Entlassungen vom 16. Mai mit Schweigen übergangen wurde, war der Rixdorfer Boykottaufruf. Dafür kündigte die Redaktion ohne jeden Beleg für eine solche Bedrohung »neue Massenmaßregelungen«[429] durch den Ring an.

Dass sie die Millionen zitierte, die den Brauereien zur Verfügung ständen, und dass die Arbeiter diesen Finanzmitteln weiterhin ihren Opfermut entgegenstellen müssten, setzte eine starke Parteigläubigkeit der Leserschaft voraus. Dankbar wurde am 14. Oktober auf Seite 5 der Eingang eines Obolus von zweiundzwanzig Mark und fünfzig Pfennigen gemeldet »als erste Rate vom Ueberschuß eines Vergnügens […], das der Diskutirklub der Freunde am 6. Oktober bei Kelle, Schönhauser Allee, abgehalten hat«.[430]

Der arme Mann ist völlig fertig; da ist er nun mit seinem Apfelschimmel auf der Suche nach einem ordentlichen Bier von Ringbrauerei zu Ringbrauerei gefahren, aber jedes Mal hat ihn eine ebenso hübsche wie boykottbewusste Kellnerin an den Hydranten angeschlossen.

Wie um die Abwesenheit jedweden neuen Arguments für die Fortsetzung des Bierkriegs zu unterstreichen, druckte der *Vorwärts* von September bis November tagein tagaus immer denselben Aufruf an die Parteigenossen ab – und verhehlte dabei, dass das *alte* Argument, die grausamen Folgen der Aussperrung der dreiunddreißig Arbeiter, keine Gültigkeit mehr besaß.

Die dramatische Beschwörung ewiger Not und – dramatischer – langsamen Zugrundegehens bis hin – am dramatischsten – zu qualvoller Vernichtung von dreiunddreißig Existenzen entwarf ein Szenarium, das keinerlei Bezug zur Wirklichkeit mehr hatte. Spätestens Ende November hatten, wie die *Berliner Börsen-Zeitung* am 4. Dezember berichten konnte, »von den bewußten ›Dreiunddreißig‹ 28 ein Unterkommen gefunden […], und heute wird wahrscheinlich auch der kleine Rest dieser angeblich ›dauernd dem Elend und der Existenzlosigkeit Ueberlieferten‹ in Arbeit und Brod sein«.[431]

Nicht ohne Grund hatte sich der sozialdemokratische Parteivorstand geweigert, »nochmals ein Darlehen zur Unterstützung der noch ausständigen Brauereiarbeiter zu gewähren«.[432] Es gab solche nicht mehr. Sie hatten, wie Struve bestätigt, da die meisten von ihnen Handwerker und Tagelöhner waren, in anderen Branchen Arbeit gefunden oder waren, sofern sie das Brauhandwerk gelernt hatten, von ringfreien Unternehmen eingestellt worden.[433]

Der *Vorwärts* scheute sich am 7. Dezember nicht, diesen Tatbestand zu bestätigen, aber nun als Zeugnis einer Solidarität umzudeuten, in der andere Arbeiter zugunsten der Gemaßregelten auf eine eigene Anstellung verzichtet hätten. Nur so sei der Widerspruch zu erklären. Im übrigen, fügte er hinzu: »Ob die ›Dreiunddreißig‹ augenblicklich in Arbeit sind oder nicht, ist ziemlich gleichgiltig.«[434] Die Kritik der *Berliner Börsen-Zeitung*, die das nicht begreifen könne, sei Ausdruck von deren »Geistesschwäche«.[435]

Während sich manch ein Leser fragte, wie es angesichts einer solchen Niederträchtigkeit jemals zu einem Ausgleich zwischen den Antipoden kommen könnte, erschienen am 10. Dezember Meldungen in der Presse, die von einer erneuten Initiative der Saalbesitzer berichteten. Sie hätten nach Sondierungen bei den sozialdemokratischen Partei- und Gewerkschaftsführern angeregt, sich mit den Brauereien noch einmal wegen des Arbeitsnachweises zusammenzusetzen, »da dieser, nachdem die angeblich dem Hungertode überlieferten 33 Brauereiarbeiter inzwischen Anstellung gefunden haben, der einzige streitige Punct geblieben sei«.[436]

In einer wundersamen Wendung hatten »die Dreiunddreißig« ohne ihr Zutun den Weg zur Einigung im Oktober blockiert und ohne ihr Zutun jetzt, im Dezember, freigemacht.

**Die Kursentwicklung von Aktien der Ringbrauereien im Berliner Bierboykott von 1894**

Quelle: Berliner Börsen-Zeitung, Abend-Ausgaben

| Ereignis des Boykotts | vor dem Bier-Boykott | zu Beginn des Bier-Boykotts | nach der Massen-entlassung | nach der Boykott-Ausweitung | nach Anfg. Einigungs-versuch | nach Ende Einigungs-versuch | während der „Ver-sumpfung" | nach dem Bier-Boykott |
|---|---|---|---|---|---|---|---|---|
| Datum | 10.04.1894 | 07.05.1894 | 17.05.1894 | 16.07.1894 | 01.10.1894 | 15.10.1894 | 30.10.1894 | 04.01.1895 |
| | | | | | | | | |
| Bock | 55,30 | 54,00 | 56,00 | 57,50 | conv 124,00 | 128,10 | 124,25 | 129,90 |
| Böhmisches | 223,50 | 223,00 | 221,00 | 223,50 | 226,00 | 230,00 | 228,50 | 223,00 |
| Fried.hain | 87,00 | 85,10 | 88,25 | 81,50 | 83,50 | 91,00 | 88,75 | 84,90 |
| Fried.höhe | 285,00 | 279,50 | 281,50 | 272,60 | 264,00 | 271,00 | 270,75 | 294,90 |
| Königstadt | 113,50 | 111,50 | 110,00 | 106,50 | 111,50 | 115,00 | 114,50 | 125,00 |
| Norddeut. | 75,80 | 75,00 | 74,50 | 71,60 | 71,00 | 73,69 | 73,10 | 78,00 |
| Pfefferbg. | 146,50 | 146,25 | 146,50 | 146,75 | 155,00 | 161,00 | 160,10 | 165,00 |
| Schöneberg | 208,00 | 201,75 | 202,00 | 195,25 | 194,00 | 199,00 | 198,00 | 209,10 |
| Schultheiß | 242,00 | 241,00 | 240,50 | 237,25 | 237,00 | 243,75 | 244,75 | 249,25 |
| Spandau | 134,50 | 132,50 | 129,75 | 123,00 | 126,75 | 130,00 | 127,20 | 134,80 |
| Union | 104,50 | 102,00 | 101,75 | 98,25 | 100,00 | 105,00 | 102,00 | 110,00 |
| Rixdorf | 103,40 | 103,60 | 101,60 | 100,10 | 104,00 | 107,00 | 105,25 | 110,25 |
| Victoria | 110,50 | 116,00 | 116,75 | 112,25 | 114,50 | 119,00 | 116,50 | 122,50 |

Von diesen dreizehn Papieren notierten lediglich zwei niedriger als zu Beginn des Boykotts – darunter das des Böhmischen Brauhauses von Adolf Arendt, der mit der Linken paktiert hatte.

Durch ihre Rückkehr ins Erwerbsleben konnte nun auch die letzten Hindernisse auf dem Weg zum Friedensschluss beseitigt werden.

Und so stellte der *Vorwärts* ohne Angabe von Gründen am 12. Dezember das Feuer ein, verschwand der Aufputschblock mit der Erinnerung an das Märtyrertum der Dreiunddreißig aus dem Kopf der Ersten und der Zweiten Beilage, und an der Stelle, an der seit sieben Monaten gepöbelt, verteufelt und gehetzt worden war, standen plötzlich Meldungen, in denen in ruhigem Ton und lediglich mit einem in Klammern gesetzten Ausrufungszeichen davon berichtet wurde, dass sich der Absatz der Berliner Victoria-Brauerei trotz des Bierboykotts »ungefähr in gleicher Höhe wie im Vorjahre« bewegte.[437]

Auf die Börsenkurse hatte er ohnehin nur geringen Einfluss. Ja, wer seine Papiere noch ein paar Wochen hielt, war am Ende sogar – wie der glückliche Besitzer der Pfefferberg-Aktie – erheblich reicher als vorher.[438]

Beschirmt also von guten Vorzeichen mündete der Vorstoß der Saalbesitzer in Bestrebungen, die schon seit einiger Zeit auch von den Brauereien unternommen worden waren. Auch sie setzten an dem Problem der Einrichtung und Ausgestaltung eines Arbeitsnachweises an, wobei sie seit Oktober auf Anregung von Richard Roesicke in Kontakt mit

Vom Jugendstil geprägt: der Prachtband zur Geschichte der Schultheiss Brauerei aus dem Jahr 1910

dem Fachmann in Fragen des Arbeitsnachweises Dr. Richard Freund standen. Mit großer Fairness hat Eduard Bernstein diese Initiative später als Beweis »für den Weitblick Roesickes«[439] gewürdigt.

Es galt, ein Instrumentarium beziehungsweise eine Institution zu kreieren, mit deren Hilfe sich die Arbeitgeber ein Bild von den auf dem ›Markt‹ verfügbaren Kräften machen konnten und Tausende von Arbeitern einen Überblick über das Angebot an freien Stellen bekamen. Bislang war diese wechselseitige Handlung auf privater oder kommunaler Ebene gar nicht oder so geregelt, dass oft zumindest eine Seite mit dem Vorhandenen unzufrieden war.

Getragen von der Überzeugung Richard Roesickes, daß »die Arbeiter eine durchaus gleichberechtigte Klasse der Bevölkerung«[440] sind, hatten die Mitglieder des Vereins der Brauereien Berlins und der Umgegend am 11. Oktober ein Papier mit »Grundsätzen eines zu bildenden Nachweises für die Arbeitnehmer des Berliner Braugewerbes« ausgearbeitet, das sie der Boykott-Kommission am 13. Oktober unterbreiten wollten. Wozu es bekanntlich nicht mehr kam.

Die Kernpunkte dieses Exposés waren, a) dass sich der Arbeitsnachweis auf Arbeiter aller Gewerke bezieht, b) dass er einem Kuratorium untersteht, das aus einem Stab von vier Arbeitgeber- und vier Arbeitnehmervertretern gebildet wird, denen ein neutraler Schlichter vorsitzt, c) dass, sollte ein Arbeitgeber die Einstellung eines Bewerbers verweigern, er die Gründe seiner Ablehnung dem Schiedsgericht gegenüber beweisen muss, und d) dass jede Anbahnung eines Arbeitsverhältnisses zwischen Arbeitgeber und Arbeitnehmer ausschließlich über den Arbeitsnachweis zu erfolgen hat.

Nach einigen redaktionellen Retuschen wurde dieses Papier am 9. November auf einer Konferenz der Repräsentanten der Ringbrauereien einstimmig verabschiedet.

»Um dem Vorwurf zu begegnen«, erinnerte sich Roesicke in einem Vortrag in der Staatswissenschaftlichen Gesellschaft zu Berlin, der er wie Dr. Freund seit 1890 angehörte, »daß an der Errichtung des Arbeitsnachweises die zunächst Betheiligten, nämlich die Arbeiter, nicht theilgenommen hätten, wurde der aus nichtsozialdemokratischen Brauergesellen hierselbst bestehende ›Bierbrauergesellen-Verein‹ aufgefordert, sich an den Berathungen zu betheiligen.«[441]

Das waren, wie der *Vorwärts* sie zu verhöhnen beliebte, »die braven Schützlinge«[442] oder »die artigen Kinder des Herrn Roesicke«[443], also die sogenannten blauen Mitglieder des Bundes deutscher Brauergehilfen, denen eine ungefähr gleichgroße Zahl von Angehörigen des sozialdemokratisch orientierten Zentralverbandes der Brauer und verwandter Berufsgenossen gegenüberstanden, die sogenannten roten. Roesicke hatte also nicht *die* Arbeiter zu den Beratungen hinzugezogen, sondern nur jenen Teil von ihnen, der ihm nahestand.

Nachdem dies nun aber in mehreren gemeinschaftlichen Sitzungen geschehen war, wurden die »Grundsätze« am 4. Dezember sowohl vom Verein der Brauereien Berlins und der Umgegend als auch vom Bierbrauergesellen-Verein zu Berlin und Umgegend unisono abgesegnet und Dr. Freund unter der Maßgabe, sie als Grundlage für spätere Gespräche mit der Boykott-Kommission zu verwenden, zur Begutachtung vorgelegt.

Er hatte gegen den Text keine Einwände, gab aber am 18. Dezember in einem Schreiben an Roesicke zu bedenken, ob es mit Rücksicht auf die Probleme rings um die »Dreiunddreißig« nicht ratsam wäre, in dem Statut festzulegen, dass auch diese Männer berechtigt sein werden, sich in den Arbeitsnachweis als Arbeitssuchende einzutragen. »Er empfahl zugleich«, so Roesicke weiter, »diesen Arbeitern in Rücksicht auf die lange Arbeitslosigkeit einen Vorzug in der Reihenfolge zu gewähren und ihnen auch die Theilnahme an den erstmaligen Wahlen des Kuratoriums, an welchen nach dem Statut nur die in den Vereinsbrauereien beschäftigten Arbeiter theilnehmen sollten, zu gestatten.«[444]

Das räumte Roesicke ein, nicht freilich ohne darauf zu pochen, dass eine solche Zustimmung nur gegeben werde, wenn »die Bereiwilligkeit zur Einstellung der Feindseligkeiten von gegnerischer Seite zugesichert werde«.[445]

Mit dieser Direktive und den »Grundsätzen« im Gepäck machte sich Dr. Richard Freund am Samstag, dem 22. Dezember, als Mittelsmann auf in die Kommando-Zentrale der Boykott-Kommission.

Ob mit einer Pferdedroschke oder zu Fuß begab er sich von seiner Kanzlei beim Landwehrkanal über den Belle-Alliance-Platz, der heute wie einst wieder Mehringplatz heißt, in die Lindenstraße 44, wo ihn das Mitglied des Reichstags und der Stadtverordnetenversammlung von Berlin erwartete, der Vorsitzende der Boykott-Kommission Paul Singer.

Blick durch das Hallesche Tor auf den Belle-Alliance-Platz mit Passanten und großen und kleinen Droschken

Dr. Richard Freund (1859–1941)

# Vom Weihnachts(un)frieden oder: Vom Weißbluten zum Schwarzärgern

Nachdem Dr. Freund am Abend des 22. Dezember von seiner Unterredung mit der Boykott-Kommission zurückgekehrt war, informierte er Richard Roesicke und einen kleinen Kreis von Vertrauten über den Verlauf seiner Mission. Er konnte mitteilen, dass er auf ein »rückhaltloses Entgegenkommen«[446] gestoßen sei; das Ergebnis der heutigen Verhandlung werde morgen von der Boykott-Kommission in Form eines Protokolls fixiert und Dr. Freund umgehend zur Prüfung zugestellt.

Als dies geschehen war und Dr. Freund gegen das Dokument nichts einzuwenden hatte, teilte er dies Richard Roesicke mit. Der berichtete seinerseits am Vormittag des 24. Dezember den Mitgliedern des Vereins der Brauereien Berlins und der Umgegend von dem erzielten Einvernehmen.

So konnte das Statut am 24. Dezember 1894 um fünf Uhr nachmittags in der Kanzlei von Dr. Richard Freund, Karlsbad 33, von den Vertretern der Kontrahenten Richard Roesicke und Paul Singer unterzeichnet werden.

Darin verpflichten sich die am Berliner Bierboykott beteiligte Partei sowie die Gewerkschafts- und sonstigen Arbeiterorganisationen, ihren Mitgliedern zu empfehlen, den getroffenen Vereinbarungen zwischen Weihnachten und Neujahr auf Volksversammlungen unter der Bedingung zuzustimmen, dass der Verein der Brauereien Berlins und der Umgegend spätestens bis zum 1. Januar 1895 die Erfüllung der von ihm übernommenen Verpflichtungen versichert. Dies geschah in einer dem Protokoll beigefügten Erklärung Richard Roesickes, die den Vorbehalt enthielt, dass die genannten Versammlungen die Absprache zwischen den Jahren ebenfalls gutheißen.

Vereinbart worden war:

1. die Einführung eines Arbeitsnachweises zum 1.Januar 1895,
2. die bevorzugte Aufnahme aller Ausgesperrten in den Arbeitsnachweis,
3. die Benutzung des Arbeitsnachweises auch durch die »Dreiunddreißig«, jedoch nicht mit dem Ziel, in ihren ursprünglichen Betrieben wiedereingestellt zu werden,
4. die Zulassung auch der Ausgesperrten zur Wahl ins Kuratorium des Arbeitsnachweises,
5. die unter 2. genannten Arbeiter bei der im Frühjahr fälligen allgemeinen Entlassung (da im Sommer nicht gebraut wird) nach Möglichkeit zu schonen,

6. die vor dem 16. Mai allgemein gültigen Regelungen von Arbeitszeit und Arbeitslohn beizubehalten oder gegebenenfalls wieder einzuführen und
7. die seit dem 1. Mai arbeitslosen Böttcher bei entsprechendem Bedarf wiedereinzustellen und auch zur Wahl ins Kuratorium des Arbeitsnachweises zuzulassen.

»Dic Boykottkommission sendet uns folgendes Protokoll zur Veröffentlichung«[447], war alles, was der *Vorwärts* am Morgen des 25. Dezember dazu zu sagen hatte.

Kein Siegesjubel. Kein Katzenjammer. Gar nichts. Irgendwo stand eine Meldung in derselben Nummer, dass jemand, dem »an einer Bierkontrollkarte, die sich neben anderen Papieren in einem verloren gegangenen Notizbuch befand«[448], viel gelegen sei und der Finder dieselbe bitte bei Gnädig in der Manteuffelstraße 39 abgeben möchte. Und unter dem Kopf des Blattes prangte wie ein Relikt aus alten Tagen die Parole »Arbeiter! Parteigenossen! Trinkt kein boykottirtes Bier!«

War es der Weihnachtsfriede? War es eine Schockstarre?

Die Konditionen des Arbeitsnachweises, welche die Vertragsparteien für beide Seiten verbindlich unterschrieben hatten und die im *Vorwärts* vom 28. Dezember unter dem Titel »Der Arbeitsnachweis des Vereins der Brauereien Berlins und der Umgegend«[449] nachzulesen waren, hatten Richard Roesicke und Co. formuliert – um nicht wahrheitsnah zu sagen: diktiert. Auf den Anspruch der ausgesperrten Arbeiter, auf ihre alten Posten zurückzukehren, hatte Auer am 29. September verzichtet. Den Punkt einer Lohnentschädigung der Arbeiter für die Zeit ihrer Entlassung hatte Singer bei derselben Besprechung von der Tagesordnung abgesetzt – ein Thema, das wie das andere auch seine Wurzeln in jenem Rixdorfer Boykott-Beschluss vom 6. Mai hatte, der aus dem Kampf der Böttcher um die Durchsetzung des 1. Mai als arbeitsfreiem Feiertag der Arbeiter hervorgegangen war.

Und jetzt?

Nach einem bald acht Monate währenden Krieg mit Hass und Schrecken und Entbehrungen und der Vernichtung von Kapital und Existenzen – kein Wort in dem Verhandlungsprotokoll zum Auslöser des Ganzen, dem angestrebten Feiertag des 1. Mai?

Verwundert hoffte das Parteivolk, Aufklärung zu erhalten auf sechzehn großen öffentlichen Volksversammlungen, die am 28. Dezember in Berlin und den angrenzenden Gemeinden anberaumt waren – nicht, wie sich herausstellte, in Triumph-, sondern in Gerichtssälen, in denen die Parteigranden Rede und Antwort stehen mussten zum Verhandlungsergebnis der Boykott-Kommission.

Gerade weil die Mehrzahl der Zuhörer heilfroh war, dass das Ende des Boykotts bevorstand, und sich dementsprechend passiv verhielt, konnten sich die Unzufriedenen umso

Der obere Saal der Arminhallen in der Kommandantenstraße 58–59

lauter Gehör verschaffen. Ihre Anwürfe und die Versuche der Köpfe der Partei, sich zu verteidigen, dominierten die Berichterstattung aus allen Lokalen.

In den Arminhallen in der Kommandantenstraße äußerten Anwesende: »In welchen Punkten die Arbeiterschaft einen Sieg zu verzeichnen habe, sei ihnen nicht ersichtlich«[450] – was noch eine gemäßigte Form der Kritik war. Im Viktoria-Salon in der Perleberger Straße hieß die Anklage »Verrätherei«.[451]

In der Bismarckshöhe in der Wilmersdorfer Straße rief ein Besucher, »Singer habe im Mai gesagt, der Kampf müsse durchgeführt werden bis zum Weißbluten. Wo sei denn jetzt das Weißbluten. Errungen sei gar nichts.«[452] Man habe probiert, die Masse der Arbeiter als »Stimmvieh«[453] zu missbrauchen und »8 Monate umsonst gekämpft«.[454]

In Rixdorf, wo man den Saal von Eduard Wiersing's Salon in der Knesebeckstraße am 28. wegen Eintritts der Sperrstunde um zehn Uhr schließen und die Versammlung am 30. fortsetzen musste, ging es namentlich bei der zweiten Veranstaltung am Sonntag hoch her. Die *Berliner Börsen-Zeitung* hat als Morgengabe zum Neujahrstag 1895 einen Augen- und Ohrenzeugenbericht von dem dortigen Spektakel veröffentlicht, ein Lesever-

Achtung, Arbeiter Berlins und Umgegend!

16 große öffentliche

Volks-Versammlungen

Freitag, den 28. Dezember, Abends 8 Uhr.

Tages-Ordnung:

1. Der Bier-Boykott.

2. Diskussion.

Die Versammlungen finden in folgenden Lokalen statt:

I. Wahlkreis: Röllig, Neue Friedrichstr. 44.

II. Wahlkreis: Arminhallen, Kommandantenstr. 20.

III. Wahlkreis: Deigmüller, Alte Jakobstr. 48a.

IV. Wahlkreis: Keller's Festsäle, Koppenstr. 29.

V. Wahlkreis: Nieft, Weberstr. 17. Bolzmann, Lichtenbergerstr. 16.

VI. Wahlkreis: Schneider's Gesellschaftshaus, Belforterstr. 15. Kolberger Salon, Kolbergerstr. 23. Swinemünder Gesellschaftshaus, Swinemünderstr. 35.

Moabit. Viktoria-Salon, Perlebergerstr. 13.

Rummelsburg: Vowinkel, Hauptstr. 83.

Schöneberg: Kessner's Salon, Grunewaldstr. 110.

Köpenick-Adlershof: Wöllstein's Lustgarten, Adlershof.

Friedrichsberg: Schneider's Gesellschaftshaus, Proskauerstr. 38.

Rixdorf: Wiersing, Knesebeckstr. 77.

Charlottenburg: Bismarckshöhe, Wilmersdorferstr. 39.

Referenten: Augustin, Auer, Faber, Fischer, Hansen, Kiesel, Mattutat, Millarg, Räther, Pfannkuch, Singer, Schöpflin, Timm, Vogtherr, Wagner, Zubeil.

Zur Deckung der Unkosten findet Tellersammlung statt.

Wegen der Wichtigkeit dieser Versammlungen werden die Arbeiter Berlins und Umgegend ersucht, zahlreich und pünktlich zu erscheinen.

Theater. Schiller-Theater. Adolph Ernst-Theater. Central-Theater. National-Theater. Armin-Hallen.

Passage-Panopticum. Castan's Panoptikum. Weihnachts-Ausstellung. Circus Renz. Circus G. Schumann.

Neujahrs-Karten

Freie Volksbühne.

Freie Vereinigung Berl. Bauanschläger.

Gardinen-Reste. Herren-Hüte 1,25. Roh-Tabak. Louis Keller's Festsäle.

Die Seite 8 des *Vorwärts* vom 28. Dezember 1894, auf der in der Anzeige oben rechts für denselben Abend zum Besuch jener sechzehn großen öffentlichen Volks-Versammlungen aufgerufen wird, in denen es dann hoch hergehen sollte.

gnügen sondergleichen.[455] Deshalb verfügen wir in ihm aufgrund der Lebhaftigkeit seiner Darstellung über ein ungeschminktes Zeugnis für die Haltung von großen Teilen der Arbeiterschaft nicht nur gegenüber dem geschlossenen Vergleich, sondern vor allem gegenüber den Führern der Partei – Ignaz Auer wird als »Hauptschieber«[456] beschimpft – und von der Art und Weise, wie man mitten im Drunter und Drüber und Gejohle und Gegröle und Krakeel eine mehrheitliche Zustimmung feststellte.

So gut wie kein Punkt innerhalb des Protokolls blieb unbeanstandet. Die Regelungen seien zu vage, den Brauereibesitzern sei nicht zu trauen, sie hätten die Boykott-Kommission übers Ohr gehauen und über den Tisch gezogen, die habe die Gespräche zu früh beendet, die Verhandlungsführer der Genossen hätten die Arbeiter vor vollendete Tatsachen gestellt. »Ein großer Fehler der Boykottkommission sei es gewesen, ohne die Oeffentlichkeit zu fragen, bindende Abmachungen zu treffen.«[457] Charlottenburg lehnte die Zustimmung zum Vertrag gleich zweimal ab. Hier musste wie an anderen Orten die Debatte wegen Ausschreitungen zeitweilig abgebrochen werden.

Die Gemüter im Reichert'schen Saal in der Müllerstraße beruhigte es wenig, als Paul Singer eine soeben aus London erhaltene Nachricht von Friedrich Engels aus der Tasche zog, der geschrieben hatte: »Übrigens sind Eure Bedingungen sehr günstig. Die englischen Arbeiter würden so hoch springen wie die Paulskirche ist, wenn sie einen Arbeitsnachweis erhielten, der die Bourgeois zwingen kann, die Weigerung der Annahme eines Arbeiters entweder vor einem Schiedsgericht zu rechtfertigen oder denselben zu nehmen.«[458]

Einhellig war allenthalben die Empörung darüber, dass das Thema der Einrichtung des 1. Mai als Festtag der Arbeiter kein Gegenstand der Unterhandlungen gewesen war. »In der Diskussion wurde von verschiedenen Rednern betont«, heißt es im Bericht aus Schneider's Gesellschaftshaus in Friedrichsberg, »daß man in erster Linie für die Maifeier der Brauereiarbeiter einzutreten hätte, dies wäre die Hauptforderung, und ehe dieselbe nicht von den Ringbrauereien bewilligt sei, dürfe an eine Beendigung des Boykotts nicht gedacht werden.«[459]

Damit war man am Ende wieder in Rixdorf in den Tagen rings um den 1. Mai gelandet.

Kein Mensch hat die Gemüter damals mit dem Hinweis darauf besänftigt, dass die SPD ihren Genossen ausdrücklich nahegelegt hatte – wie auf dem Parteitag in Köln im Oktober 1893 –, »daß nur diejenigen Arbeiter und Arbeiter-Organisationen, die ohne Schädigung der Arbeiter-Interessen dazu im Stande sind, neben den anderen Kundgebungen den 1. Mai auch durch Arbeitsruhe feiern«.[460]

Darauf bezog sich jetzt, am 30. Dezember 1894, der Leitartikler des *Vorwärts*, allem Anschein nach Paul Singer, als er ausführte, dass es sich bei der Durchsetzung der

»Marsch der Arbeiter nach Pichelsberge«, Holzstich nach einer Skizze von Ernst Hosang (1857–1919), 1890

Arbeitsruhe am 1. Mai um eine Machtfrage handelt, »die erst dann im Sinne der Arbeiter durchgeführt werden kann, wenn die Organisation in allen Branchen so stark ist, daß sie den Widerstand des Unternehmerthums zu brechen im stande ist. Die Beschlüsse der internationalen Arbeiterkongresse von Paris, Brüssel und Zürich, sowie die Resolutionen der Parteitage der deutschen Sozialdemokratie von Köln und Frankfurt a./M. weisen der Arbeiterklasse den Weg.«[461]

Fürs erste war die Partei, wie Paul Singer in einem Brief an Friedrich Engels schrieb, »mit einem ehrenvollen Vergleich aus der Geschichte heraus«[462] gekommen – und der Verfasser heilfroh, »die Geschichte« hinter sich zu haben.

»Die Geschichte« … der Versuch, den Ring zu besiegen.

»Selbst heute wird noch«, wetterte Ignaz Auer in Louis Keller's Festsälen in der Koppenstraße, »die haltlose Ansicht vertreten, daß am Schluß des Jahres die Geschichte endlich zum Klappen kommen wird. Man wird den leitenden Personen jedoch darin recht geben müssen, wenn sie auf diese Fata Morgana kein Gewicht legen.«[463]

Als der *Vorwärts* am 29. Dezember 1894 verkündete »Bier-Boykott für Berlin und Umgegend aufgehoben«, als der Vater im Sessel neben dem Weihnachtsbaum seine neue

Louis Keller's Festsaal in der Koppenstraße 29

Repetieruhr von Martin Klein in der Neuen Hochstraße aufzog, die Tochter sich in das neue *Märchenbuch für Kinder des Proletariats* aus dem Verlag Hans Baake vertiefte, der Sohn mit seiner neuen Modell-Dampfmaschine von Hermann Richter am Spittelmarkt hantierte und Mutter in der Küche mit der neuen Wringmaschine von August Prasser in der Kaiserstraße kämpfte, konnte das alte Jahr sowohl von den Arbeitern als auch den Direktoren der Brauereien Berlins und der Umgegend mit einem Seufzer der Erleichterung verabschiedet werden.

Derweil hatte die Presse im Reich begonnen, die Nachricht vom Ende des Berliner Bierboykotts zu verarbeiten.

Naturgemäß gingen dabei die Meinungen auseinander – und zwar in demselben Maß, in dem sich die ideologischen Orientierungen der Blätter voneinander unterschieden.

Darum leiteten die *Münchner Neuesten Nachrichten*, schon immer feind den Sozialdemokraten, ihren Artikel über »Die Beendigung des Bierboykotts« mit dem Satz ein: »Der Berliner Bierboykott ist beendigt, die Sozialdemokratie hat gesiegt.« Und weil doppelt bekanntlich gut hält, wurde im zweiten Satz dasselbe gesagt: »Wie man sich auch dazu

Nr. 302. 11. Jahrg.

Vorwärts

Berliner Volksblatt.

Zentralorgan der sozialdemokratischen Partei Deutschlands.

Redaktion: SW. 19, Beuth-Straße 2. | Sonnabend, den 29. Dezember 1894. | Expedition: SW. 19, Beuth-Straße 3.

Auf Grund der in den gestrigen Volks-Versammlungen gefaßten Beschlüsse*) ist der

Bier-Boykott für Berlin und Umgegend aufgehoben.

Parteigenossen! Nach achtmonatlichem Ringen hat der uns durch das Unternehmerthum aufgezwungene Kampf einen für uns höchst ehrenvollen Abschluß gefunden. Dieser Ausgang ist einzig der kraftvollen Thätigkeit der organisirten Arbeiter Berlins zu danken, ohne deren unermüdliche Arbeit und hingebenden Opfermuth es nicht möglich gewesen wäre, den Boykott so wie geschehen durchzuführen und zu beenden.

Genossen! Wir halten uns für verpflichtet, Allen, die uns in diesem Kampfe so erfolgreich unterstützt haben, im Namen der Partei hierfür zu danken. Wir haben die Ueberzeugung, daß wenn ähnliche Kämpfe in Zukunft nothwendig werden sollten, die Berliner Arbeiter in gleicher Weise ihre Pflicht thun werden, um die Ehre, die Würde und die Interessen der Arbeiterklasse zu wahren.

Hoch die Sozialdemokratie!

Berlin, den 29. Dezember 1894.

Die Boykott-Kommission.

Gumpel. Hilpert. Mattutat. Millarg. Singer.

*) Die Versammlung in Rixdorf mußte der Polizeistunde wegen um 10 Uhr, vor der Beschlußfassung, vertagt werden. — Im ersten Berliner Wahlkreise wurde eine Resolution auf Vertagung der Boykott-Aufhebung angenommen.

Der neue Aufreizungs-Paragraph.

Feuilleton.

Im Exil.

Die Titelseite des *Vorwärts* vom 29. Dezember 1894, auf der verkündet wird, dass der »Bier-Boykott für Berlin und Umgegend aufgehoben« ist.

stellen mag, so wäre es nutzlos, die Thatsache zu bestreiten, daß der sozialistische Erfolg ein vollständiger ist.«[464]

Die Sozialisten hatten nach Auffassung des Blattes aus dem Grund gewonnen, weil die Ringbrauereien erstens darauf eingegangen waren, dass den »Dreiunddreißig« die Möglichkeit geboten wurde, wieder eingestellt zu werden, weil sie dasselbe zweitens auch den übrigen entlassenen Arbeitern zugestanden und sie damit drittens zugeben mussten, nicht mehr »Herren im eigenen Hause«[465] zu sein.

Die *Posener Zeitung* konnte sich bei der Eindeutigkeit dieses Sachverhalts nur wundern: »Zwischen mehreren Berliner Blättern ist eine erbitterte Fehde über die Frage ausgebrochen, wer denn nun eigentlich gesiegt habe. Nur mit Erstaunen kann man Darstellungen lesen, nach denen die Brauereien einen Erfolg errungen haben sollen.«[466] Worin er bestehe, wird nicht gesagt, weil die Sache eindeutig sei und es alle behaupten – wie das *Dresdner Journal*: »Allgemein und mit Recht wird die Art und Weise, auf welche der Berliner Bierboykott nunmehr sein Ende erreichen wird, als ein Sieg der Sozialdemokratie aufgefaßt.«[467]

Roesicke, Happoldt und Kollegen werden keinen Siegesjubel in ihrem Lager erwartet haben. Aber dass sie gleichzeitig von der bürgerlichen Presse – zuvörderst der *Norddeutschen Allgemeinen Zeitung* – als Verlierer gebrandmarkt wurden, muss ihre Genugtuung über das Erreichte erheblich getrübt haben.

Das Schlüsselwort des Vorwurfs taucht gleich am Anfang des ellenlangen Aufmachers des Blattes in der Abend-Ausgabe vom 28. Dezember auf, als es heißt: »Die Brauereien fügen sich jetzt in die Forderung, die sie am 18. Oktober bei den damaligen Verhandlungen rundweg ablehnten […].«[468]

Punkt für Punkt wird den Brauereien in dem Beitrag ihre Nachgiebigkeit gegenüber den Sozialdemokraten vorgehalten.

Das beginnt mit der Bereitschaft, den dreiunddreißig Unruhestiftern wieder eine Chance zu geben, und geht über die Bevorzugung der übrigen entlassenen Arbeiter sowie die »Redensart«[469], die Betriebsleiter hätten freie Hand bei der Auswahl ihrer Mitarbeiter, bis hin zum weiter schwelenden Konflikt um die Einführung des 1. Mai als Feiertag.

Diese Forderung könne die Gegenpartei in jedem ihr geeignet erscheinenden Moment wieder aufgreifen. Die Wahrscheinlichkeit dieser Eventualität, »und damit die Dauer des ›Friedenswerks‹, hängt lediglich von den Eindrücken ab, mit denen die Sozialdemokratie aus dem Kampfe hervorgeht. Und dieser Eindruck kann, nach der nicht wegzuleugnenden Kapitulation der Brauereien vor der Sozialdemokratie, nur der der Schwäche des Gegners und der eigenen siegverbürgenden Kraft sein.«[470]

Der Gipfel aber war mit anderen Worten – und dabei stützte sich die *Norddeutsche Allgemeine* auf eine Bemerkung im *Berliner Tageblatt*, wonach die Übereinkunft den Sozialdemokraten »bei der gegenwärtigen politischen Situation«[471] Hilfestellung leisten würde, indem sie ihnen den Zugang zu den ihnen bislang gesperrten Sälen wieder öffnete –, dass sich der Verein der Brauereien Berlins und der Umgegend den Sozialisten angedient hätte. »Es kann hiernach«, folgerte die Zeitung bei ihrer Suche nach dem Motiv für das vermeintliche Entgegenkommen, »nicht als eine willkürliche Vermuthung oder gar ›Verleumdung‹ bezeichnet werden, wenn die Erklärung auftaucht, daß das politische Interesse, die sozialdemokratische Bewegung in Berlin im gegenwärtigen Augenblick von dieser empfindlichen Fessel [also der Saalsperre] zu befreien, bei den Führern der Sache der Brauereien über die bisher festgehaltenen Gesichtspunkte der persönlichen Würde, des wohlverstandenen eigenen Nutzens und der Pflicht gegen die Gesammtheit überwog.«[472]

Den Direktoren die Würde, das Verantwortungsbewusstsein gegenüber ihren Unternehmen und das Pflichtgefühl gegenüber der Allgemeinheit abzusprechen, war nun wirklich starker Tobak und zeigt den Grad der Empörung bei der Rechten über den Vergleich mit den Linken.

Das konnten Roesicke, Happoldt und die übrigen neunundzwanzig Unterzeichner nicht auf sich sitzen lassen.

Sie verfassten daher eine »Erklärung«, die am Neujahrstag 1895 in zahlreichen bürgerlichen Blättern ganzseitig erschien. Dargelegt wurde darin, dass es den Brauereien seit der Zuspitzung des Konflikts am 16. Mai 1894 einzig und allein darum gegangen sei, die über sie verhängten Boykottmaßnahmen abzuwehren und den Arbeitsfrieden wiederherzustellen. Der bei den Gesprächen am 24. Dezember erzielte Kompromiss habe dadurch, dass die Gegenseite den von den Unternehmern formulierten Arbeitsnachweis übernommen habe, beiden Seiten Vorteile gebracht. Von einem Erfolg der Sozialdemokraten zu sprechen sei demzufolge verfehlt.

»Daß die Sozialdemokratie«, heißt es auftrumpfend in der »Erklärung«, »selbst den Ausgang des Kampfes nicht als einen Sieg ihrer Partei ansah, dürfte sich für jeden unparteiischen Beurtheiler schon aus dem Verlauf der am Freitag, den 28. Dezember, stattgefundenen Volksversammlungen ergeben.«[473]

Am Ende – und derlei ist objektiv nicht zu widerlegen – versichert der Verein der Brauereien Berlins und der Umgegend, »daß er sein Verhalten niemals von politischen Erwägungen abhängig gemacht hat, und weist somit auch die Insinuation, daß seine Führer

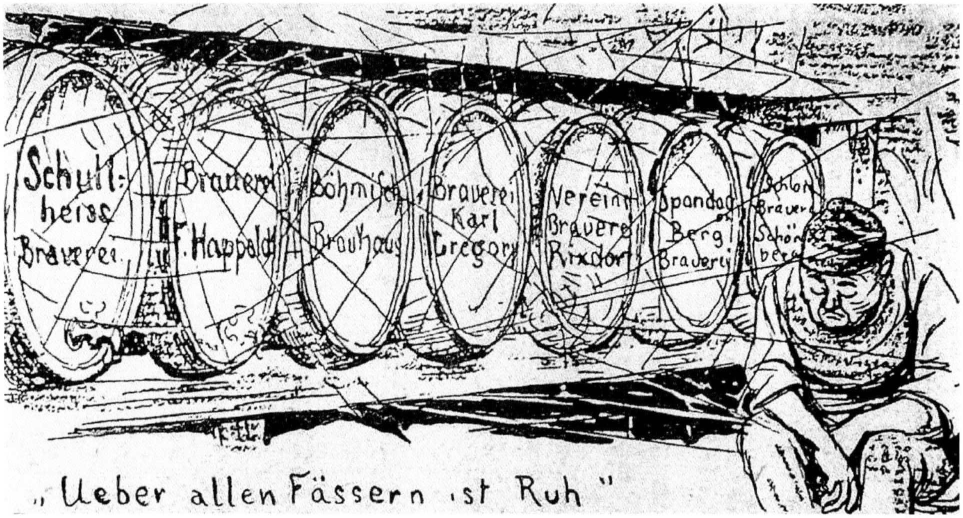


Wo kein Bier mehr getrunken wird, haben die Spinnen sogar den Kellermeister in ihre Netze eingesponnen.
(Zeichnung eines unbekannten Künstlers, 1894)

sich bei dem zu Stande gekommenen Abkommen politischen Interessen dienstbar gemacht hätten, mit Entschiedenheit zurück«.[474]

Die Datierung »Berlin, den 31. Dezember 1894«, jener Montag, markiert zugleich das Ende des Berliner Bierboykotts von 1894.

Was nicht bedeutet, dass die Erinnerung an ihn im politischen Diskurs nicht als Schreckensszenario am Leben gehalten wurde.

Als der Reichskanzler Fürst Chlodwig zu Hohenlohe-Schillingsfürst im Dezember 1894 im Reichstag einen Aufguss des Sozialistengesetzes einbrachte, die sogenannte Umsturzvorlage (die im Mai des Folgejahres abgeschmettert wurde), war eines der Argumente für die Errichtung eines Schutzwalls gegen den vorgeblich von den Sozialisten geplanten Angriff auf Verfassung und Gesellschaftsordnung in den Beratungen darüber: der Berliner Bierboykott.

Ignaz Auer nannte ihn da nur noch ein »Malheur«.[475]

Umso wichtiger war es, seine Bedeutung aufzuarbeiten.

Seither ist er auf verschiedenen Feldern der Wissenschaft und Publizistik als sozioökonomisches Schlüsselereignis immer wieder Gegenstand der Erforschung und Bewertung und – je nach Couleur – auch der Heldenverehrung geworden.

# Vom guten Ende

Zunächst hatte jeder der drei Protagonisten, die den Friedensvertrag herbeigeführt und unterzeichnet hatten, das Bedürfnis, ein Schlusswort zu sprechen.

Schon am 31. Dezember 1894 – da war er von der Saalschlacht am Vortag gerade erst heimgekehrt – schaute Ignaz Auer in einem Beitrag im *Sozialpolitischen Centralblatt* auf die letzten acht Monate zurück. Er sah die Fehler, die auf beiden Seiten gemacht worden waren, die »grosse Ungeschicklichkeit«[476] auf der Rixdorfer Versammlung vom 6. Mai sowie das »Streben nach absoluter Herrschaft« bei den Brauherren in ihrer Entlassungsaktion vom 16. Mai, und nannte die Lehren, die aus der Erfahrung mit dem Boykott gezogen werden können – zum Beispiel: »Kein Organ ist ungeeigneter, wichtige, faktische und prinzipielle Fragen zu würdigen und zur Entscheidung zu bringen, als sogenannte Volksversammlungen.«[477]

Richard Roesicke, strack und stramm, ließ in einem Vortrag in der staatswissenschaftlichen Gesellschaft zu Berlin im Januar die Einzelheiten des letzten Jahres vor seinen Zuhörern ebenfalls Revue passieren – und zwar ohne auch nur eine Sekunde von des Gedankens Blässe an die eigene Fehlbarkeit angekränkelt zu sein. Als er gegen Ende seiner Ausführungen die rhetorische Frage stellt, welchen Erfolg man in den bürgerlichen Kreisen denn eigentlich vom Handeln der Ringbrauereien erwartet habe, antwortet er: »Nicht auf die Vernichtung der sozialdemokratischen Partei, auch nicht auf die Vernichtung der Existenz einer Anzahl von Arbeitern hatten sie es abgesehen! Nein, sie wollten nur beweisen, daß sie Opfer nicht scheuen, wenn es heißt, die Disziplin in ihren Betrieben aufrecht zu erhalten. Und das haben sie bewiesen!«[478] Die einzige Konzession, die sie ihren Gegnern gemacht hätten, sei: dass sie den Entlassenen die Eintragung in die Listen des Arbeitsnachweises zugebilligt hätten.

Und dessen Einführung, so Dr. Freund in seinem Rechenschaftsbericht im *Centralblatt für Sozialpolitik*, habe sich trotz mancher Kritik[479] bewährt. Nicht ein einziger Fall sei bekannt, in dem auch nur gegen den Sinn der Bestimmungen verstoßen worden wäre. Kurzum: »Das Kuratorium, welchem der Arbeitsnachweis untersteht, entfaltet eine sehr rege Thätigkeit, und Arbeitgeber wie Arbeitnehmer liegen mit gleichem Pflichteifer ihrem Amte ob.«[480]

Als die drei Schöpfer des Friedenswerks vom 24. Dezember 1894 – der eine mehr, der andere weniger – zufrieden ihre Leistung bilanzierten, hatten sich bereits die ersten Zeitzeugen an die Arbeit gemacht, um die Geschichte des Berliner Bierboykotts von 1894

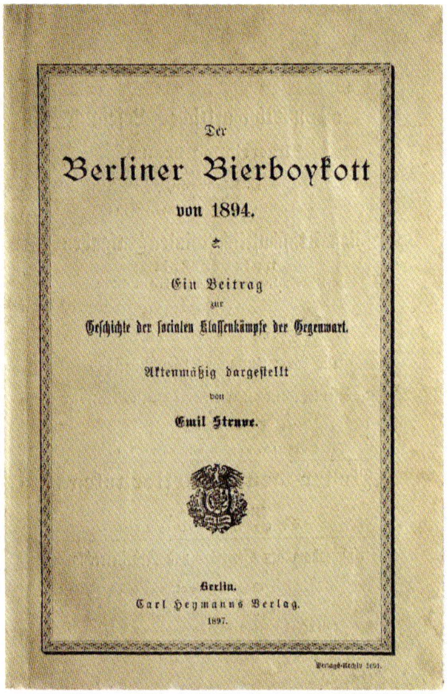

Der
Berliner Bierboykott
von 1894.
Ein Beitrag
zur
Geschichte der socialen Klassenkämpfe der Gegenwart.
Aktenmäßig dargestellt
von
Emil Struve.
Berlin.
Carl Heymanns Verlag.
1897.

Nachdem er 1893 mit einer tabellenreichen Dissertation über *Die Entwicklung des Bayerischen Braugewerbes im neunzehnten Jahrhundert* promoviert worden war, veröffentlichte Emil Struve 1897 sein bis heute grundlegendes Buch über den Berliner Bierboykott.

aufzuschreiben. Einmal der Privatdozent der Staatswissenschaften an der Universität Berlin Karl Oldenberg und zum anderen der Generalsekretär des Vereins der Brauereien Berlins und der Umgegend Emil Struve.

Oldenberg hatte sich durch mehrere Publikationen längst als Kenner der Geschichte des Sozialismus und der Sozialdemokratie ausgewiesen. »Der Berliner Bier-Boykott von 1894«, wie sein Aufsatz im *Jahrbuch für Gesetzgebung, Verwaltung und Volkswirtschaft im Deutschen Reiche* von 1896 heißt, lag demnach auf seinem Interessengebiet.

Auf zweiunddreißig engbedruckten Seiten lässt er die Geschehnisse jener acht Monate in großer Datendichte vor dem Leser ablaufen. Dabei macht er keinen Hehl aus seiner Abneigung gegen den Jargon des *Vorwärts* und seinen überarbeiteten »Schimpfredakteur«[481], zeigt aber zugleich Verständnis für die Situation der Brauereiarbeiter und die Motivation ihres Handelns. Sein Bestreben ist, den Vorfall von aller Polemik und ideologischen Farbgebung gereinigt darzustellen und in sein gesellschaftsgeschichtliches Umfeld »inmitten dieses wilden Tanzes«[482] des Wandels vom Wirtschaften im familiären Kleinstbetrieb zur industriellen Großproduktion in einer Aktiengesellschaft einzuordnen.

So konzentriert die Darstellung ist, so amüsant ist sie, wenn Oldenbergs Ironie zutage tritt und er Roesickes Rechtfertigung der Rausschmiss-Entscheidung mit dem Satz kommentiert: »Es wird also mit der intuitiven Sicherheit des mißtrauischen Menschenkenners das Vorliegen eines umfassenden sozialdemokratischen Komplotts angenommen.«[483]

Dennoch: Sein Resümee ist pessimistisch. Gleicht doch der Friedensschluss mit dem den Arbeitern zur Unterschrift vorgelegten Vertrag »zu sehr einer Überlistung, um die Brauereiarbeiter dauernd zu versöhnen«.[484]

Ganz anders Struve, und zwar in nahezu allen Aspekten.

Sein knapp vierhundert Seiten starkes Buch *Der Berliner Bierboykott von 1894. Ein Beitrag zur Geschichte der sozialen Klassenkämpfe der Gegenwart*, das 1897 erschien, endet mit einem vertrauensvollen Blick in die Zukunft der Brauereien, deren Bahn »seit der von ihnen durchgekämpften Boykottära […] klar und scharf vorgezeichnet [ist]. Für sie gilt es, nach wie vor die socialpolitischen Grundsätze zu befolgen, dank deren sie sich durch alle Fährnisse den Frieden mit ihrer Arbeiterschaft gesichert haben.«[485]

In Bestätigung des Vorbehalts, aufgrund seiner Tätigkeit im Generalstab des Vereins der Brauereien Berlins und der Umgegend nicht immer objektiv zu sein[486] und »ein anderes Maß an Autorität«[487] zu besitzen als Oldenberg, ist Struves Monographie eine einzige Rechtfertigung der Disziplinierung aufmüpfiger Arbeitnehmer und ein oft penetranter Lobgesang auf den Direktor der Schultheiss Brauerei. »Es war ein glücklicher Umstand«, heißt

Ausschank, Gartenlokal und Großer Festsaal der Vereinsbrauerei Rixdorf

es nach dem Abschluss der Vereinbarung über den Arbeitsnachweis, »daß die vereinigten Brauereien sich hierbei der Ägide eines als praktischen Socialpolitikers so bewährten und anerkannten Mannes wie ihres Kollegen Roesicke anvertrauen konnten […].«[488]

Gleichwohl ist ›der Struve‹ allein schon durch die Fülle des von ihm – zum Teil aus internen Quellen – herangezogenen Materials ein Grundlagenwerk, ohne dessen Kenntnis keine Arbeit über den Berliner Bierboykott möglich ist. Schade, dass er aus Gründen der Diskretion vereinzelt »von der Wiedergabe privater Mittheilungen«[489] absehen musste!

Hatten damit Auer, Freund und Roesicke ihre persönlichen Statements abgegeben und Oldenberg und Struve den historischen Prozess des Zustandekommens, Ablaufs und Endes des Berliner Bierboykotts von 1894 bis in die entlegensten Einzelheiten ausgeleuchtet und nachgezeichnet, machte der Staatswissenschaftler Max von Heckel das Vorkommnis enzyklopädiefähig.

In zwei Beiträgen für das *Handwörterbuch der Staatswissenchaften* sowie die *Jahrbücher für Nationalökonomie und Statistik*, beide aus dem Jahr 1895, reihte er die Episode ein in die die Jahrhunderte und den Erdball umspannende Geschichte des Boykotts – im Band der *Jahrbücher* in einem ungewöhnlich langen, im *Handwörterbuch* in einem kürzeren Artikel (ohne die Berliner Begebenheit dort beim Namen zu nennen, da ihm Oldenberg damit in einem eigenen Beitrag im selben Band buchstäblich ein paar Seiten zuvorgekommen war[490]).

Dabei stellt er in letzterem fest, dass es das Merkmal des Boykotts in Europa im allgemeinen ist, »daß politische Interessen und politische Parteikämpfe das Endziel dieser Bestrebungen bilden«[491] und sich dergleichen in Deutschland im besonderen in der Arbeiterbewegung zeigt, »wo er ein wichtiges Agitations- und Kampfmittel der sozialdemokratischen Partei geworden ist«.[492]

Seine neunundzwanzig Seiten langen Ausführungen in den *Jahrbüchern* erzielen selbstverständlich dasselbe Ergebnis und spitzen es in dem Konsekutivnebensatz zu, »daß der sozialdemokratische Bierboykott der Typus des deutschen Boykotts überhaupt ist«.[493]

Was auffällt, ist: dass der Verfasser in diesem zweiten Text die gebotene Neutralität der Darstellung ablegt und mit deutlichen Worten Kritik an den Brauherren übt. Einmal, weil sie »die Selbständigkeit des Rixdorfer Vorgangs«[494] verkannt und zum anderen auf die »Détente« – gemeint ist der Wir-waren's-nicht-Wir-wollten's-nicht-Brief der Berliner Gewerkschafts-Kommission vom 9. Mai – »sofort den Krieg erklärt«[495] hätten. Generell hätten sie »höchst unklug«, mehr noch »doppelt unklug«[496], weil von dem Wahn getrieben, »diese Energie der Autorität der Unternehmerspitze schuldig zu sein«[497], völlig falsch gehandelt. Dass die Ausführungen von Heckels in der Zusammenfassung enden, dass ihm, dem Lexikographen, »der Sieg der Sozialdemokratie unzweifelhaft war«[498], ergab sich hernach von selbst.

Der *Vorwärts* sah das ebenso und trug in gewohnter Weise seinen Teil zur allgemeinen Abrechnung bei.

Für ihn war die Frage, wie sehr der Boykott jene Mitglieder des Vereins der Brauereien Berlins und der Umgegend geschädigt hatte, die als Aktiengesellschaften jährlich ihre Bilanzen offenlegen mussten und somit überprüfbar waren, ein Leitmotiv gewesen. Dabei hatte er mit Zahlen zu Dividenden-Ausfällen und -Höhen, Reingewinnen und Verlusten, faktisch festgestellten und geschätzten, so lange jongliert, bis er noch vor dem Ende des Jahres 1894 zu dem Ergebnis gekommen war, dass sich die geldliche Einbuße für die Unternehmen insgesamt gesehen allein in der Zeit von Mai bis September auf einen Betrag von 1085725 Mark belaufen hatte – »fürwahr eine beträchtliche Ziffer«.[499]

Vor allem für Otto Normalverbraucher.

Der rechnete sich aus, dass von Oktober bis Dezember noch ein ordentlicher Verlust-Batzen obendraufkam. Und rechnete richtig.

Auf der Jahreshauptversammlung der Schultheiss Brauerei am 15. November bekannte Richard Roesicke, er »sei sich wohl bewusst gewesen, dass der Eintritt in den Kampf Schaden bringen würde«[500], so wie er dem Unternehmen nun auch zugefügt worden sei. Auf Anfrage teilte er mit, dass »der Absatz im September 4270 hektl, im October 4637 hektl und in der Zeit vom 1. bis 15. November 500 hektl weniger betragen [habe] als in derselben Zeit des Vorjahres«.[501]

Wer daraufhin den Versuch unternahm, den Vierteljahres-Minderabsatz eines einzigen Unternehmens im kühlen Herbst, wenn der Konsum rückläufig war, auf ein Dreivierteljahr (mitsamt den Sommermonaten!) für zweiunddreißig Unternehmen hochzurechnen, konnte leicht auf einen Fehlbetrag von berauschendem Umfang geraten – zumal, wenn der Wunsch der Vater des Gedankens war. Der *Vorwärts* hatte längst eine Rubrik mit dem Titel »Wie der Boykott wirkt« eingeführt, in der er sich jubilierend an wirklichen oder für wirklich gehaltenen Absatz- und Gewinneinbrüchen ergötzte.

Am 2. November schreibt er: »›Die Woche fängt gut an‹, so kann die Direktion der Schloßbrauerei Schöneberg ausrufen, wenn sie auf das Resultat des ersten Monats im Geschäftsjahre 1894/95 blickt. Der Oktober erbrachte nach dem von der Gesellschaft gestern veröffentlichten Ausweise bei einem Absatz von 11391 Hektoliter gegen den gleichen Monat im Vorjahre einen Ausfall von 738 Hektoliter oder von 18450 M.«[502]

Wie hoch die Fehlmengen der Aktien-Brauereien *post festum* tatsächlich waren und vor allem, welchen Grad der Schädigung sie in finanzieller Hinsicht hervorgerufen hatten, lässt sich frei von jeder Drehung und Wendung bei der Durchsicht der – in unserem Fall den Zeitraum von 1892 bis 1896 erfassenden – Bände des *Jahrbuchs für die deutschen Actien-Brauereien und Actien-Malzfabriken* von Richard Wolf ermitteln.[503] Danach verzeichneten sie in den Geschäftsjahren 1893/94 und 1894/95 gegenüber dem Geschäftsjahr 1892/93 einen Rückgang des Gesamt-Absatzes von 81093 und 44217 Hektolitern respektive 4,82 und 2,63 Prozent. Die Gesamt-Gewinneinbuße betrug 1699605 und 1185029 Mark oder 35,53 und 24,77 Prozent.

Dass der Boykott in den Brauereien ›gewirkt‹ hatte, war ebenso wenig zu leugnen wie die Tatsache, dass sie sich im Geschäftsjahr 1895/96 bereits wieder erholten (denn dessen Minus basierte ausschließlich auf der negativen Bilanz der Aktienbrauerei Friedrichshain). Man kehrte zum Tagesgeschäft zurück. Und so entschwand der Ruf des Berliner Bierboykotts von 1894 alsbald in der Versumpfung, in der Alltäglichkeit.

**Die Entwicklung von Absatz und Reingewinn börsennotierter Ringbrauereien im Berliner Bierboykott von 1894**

Quelle: Richard Wolfs Jahr-Bücher für die deutschen Actien-Brauereien und Actien-Malzfabriken etc.

| | Absatz | | | | Reingewinn | | | |
|---|---|---|---|---|---|---|---|---|
| Datum | 1892/1893 | 1893/1894 | 1894/1895 | 1895/1896 | 1892/1893 | 1893/1894 | 1894/1895 | 1895/1896 |
| | hl | hl | hl | hl | M | M | M | M |
| Bock | 66 457 | 72 798 | 79 496 | 90 570 | 975 694 | 98 469 | 210 245 | 252 234 |
| Böhmisches | 201 100 | 169 313 | 184 088 | 208 762 | 476 836 | 346 632 | 445 696 | 495 139 |
| Fried.hain | 62 738 | 52 928 | 49 147 | 55 762 | 65 171 | 76 316 | -155 020 | -96 751 |
| Fried.höhe | 146 281 | 143 304 | 139 045 | 159 304 | 505 516 | 411 318 | 153 948 | 315 477 |
| Königstadt | 106 900 | 107 693 | 114 826 | ~ 130 000 | 217 080 | 215 913 | 280 134 | 378 547 |
| Norddeut. | 63 880 | ~ 60 000 | 66 862 | ~ 80 000 | 107 147 | 1 287 | 198 934 | 221 804 |
| Pfefferbg. | 82 630 | 77 569 | 82 287 | 98 640 | 291 518 | 297 257 | 324 890 | 435 623 |
| Schöneberg | 140 525 | 146 980 | 156 785 | 181 815 | 314 243 | 237 446 | 268 575 | 314 353 |
| Schultheiß | 436 809 | 430 793 | 426 892 | 478 476 | 990 148 | 799 380 | 1 049 967 | 1 195 533 |
| Spandau | 121 191 | 108 069 | 103 390 | 108 597 | 286 247 | 180 032 | 224 076 | 260 354 |
| Union | 92 679 | 90 657 | 88 889 | 102 191 | 179 572 | 150 627 | 200 295 | 274 198 |
| Rixdorf | 117 427 | ? 100 000 | ? 100 000 | ? 120 000 | 248 239 | 166 697 | 229 127 | 423 370 |
| Victoria | 49 137 | 46 557 | 51 830 | 55 761 | 126 461 | 102 893 | 167 976 | 210 164 |
| Summe | 1 687 754 | 1 606 661 | 1 643 537 | 1 869 878 | 4 783 872 | 3 084 267 | 3 598 843 | 4 680 045 |
| Diff. hl/M | 0 | - 81 093 | - 44 217 | + 182 124 | 0 | - 1 699 605 | - 1 185 029 | - 103 827 |
| Diff. % | 100,00% | - 4,82% | - 2,63% | + 10,77% | 100,00% | - 35,53% | - 24,77% | - 2,17% |

Die Tabelle mit den Absatz- und Reingewinn-Zahlen von dreizehn Aktiengesellschaften des Rings für die Zeit von 1892 bis 1896 zeigt, dass die boykottbedingten Einbußen dieser Unternehmen durchaus erheblich waren.

Lebendig gehalten wurde das Ereignis demgegenüber durch seine massive publizistische Aufarbeitung in den Jahren 1894 bis 1897 in der Geschichtsschreibung Berlins und der Fachliteratur der Sozialwissenschaften.

Eine exzentrische Note in diese Grundlagenforschung brachte der Herausgeber der *Preußischen Jahrbücher* Hans Delbrück. Er machte sich – angestoßen von Attentaten auf Politiker in Frankreich und Italien – Gedanken über den zur selben Zeit allenthalben anzutreffenden Anarchismus, kam dabei auf den Berliner Bierboykott zu sprechen, sah dahinter die Weltrevolution und wehrte sich im selben Atemzug gegen den Einwand, dass zwischen beidem vielleicht kein rechter Zusammenhang bestände – »aber es ist ein Zusammenhang da, und gerade der Zug des Komischen, der dem Berliner Ereigniß anhaftet, ist das Charakteristische. Im höchsten pathetischen Schwung redet der ›Vorwärts‹, das sozialdemokratische Berliner Organ, seine Anhänger an: Proletarier aller Länder, vereinigt Euch, und – trinkt kein Berliner Ring-Bier! Das Komische beruht ja auf einer Kontrastwirkung – der lachte nie, der hier nicht lacht.«[504]

Die Nachwelt ging gnadenvoll über diese Schreibtisch-Flause hinweg und kehrte zur ernsthaften Beschäftigung mit dem Berliner Bierboykott zurück.

Adolph von Elm nahm unter anderem ihn, dessen Ausgang »die kämpfenden Arbeiter keineswegs völlig befriedigte«[505], zum Anlass einer Studie, in der herauskam, dass der Bierkonsum durch einen Boykott letzten Endes nur um zwanzig Prozent geschwächt wird. Der Nationalökonom Adolf Weber hebt ihn 1910 in seinem Buch *Der Kampf zwischen Kapital und Arbeit* als ersten großen Boykott zur Unterstützung der gewerkschaftlichen Kämpfe hervor, freilich: »an greifbaren Vorteilen war nur wenig errungen worden; die Brauereien gingen sogar stärker aus dem Kampfe hervor, als sie in ihn eingetreten waren«.[506] Und Josef Gruntzel erwähnt ihn 1917 als Modell, das »später auch in Hamburg und anderen Städten Nachahmung fand«.[507]

So oder ähnlich lauteten die mittlerweile formelhaften Erwähnungen des Berliner Bierboykotts von 1894, bis der Geschäftsführer des Wirtschaftsverbandes Berliner Brauereien e. V. Karl Bullemer 1959 im Rahmen seiner »Beiträge zur Geschichte des Berliner Brauwesens

»Ein Gedenkbild unserer Forderungen« (1890), die bekannteste Arbeit des tschechischen Illustrators Friedrich Kaskeline (1863–1938), die dadurch höhere Weihen erhielt, dass auch Friedrich Engels Gefallen an ihr fand.

Eine Dreingabe für die Teilnehmer des 19. Parteitags der SPD in Berlin vom 3. bis 7. Dezember 1979

und seiner Organisation« ein Kapitel jenem Geschehen widmete. Es war an der Zeit, die weit mehr als ein halbes Jahrhundert zurückliegenden Vorgänge jener acht Monate zu rekapitulieren. Und Bullemer tat dies mit kühler Sachlich- und Ausführlichkeit im Bestreben, deutlich zu machen, dass der Boykott »eine weit über die Berliner Brauindustrie hinausgehende Bedeutung erlangt«[508] hat, eine Bedeutung, die – so muss man ergänzen, weil der Autor sich jedweder Abschlusserklärung enthält – in ihrer historischen Modellhaftigkeit besteht.

Durch Bullemers Darstellung war der Berliner Bierboykott näher an unsere Gegenwart herangerückt. Und doch dauerte es weitere zwanzig Jahre, bis es 1979 zu einer – und zwar amüsanten – Auffrischung der Erinnerung an ihn kam.

Da gab Uwe Otto unter dem Titel *Der Berliner Bierboykott. Ein Beitrag zur Geschichte der sozialen Klassenkämpfe von 1894* einen Sonderdruck für den vom 3. bis 7. Dezember 1979 in Berlin stattfindenden 19. Parteitag der SPD heraus, illustriert mit Reproduktionen zeitgenössischer Dokumente, Flugblätter, Zeitungsartikel und Schmähgedichte und versehen mit einem Vorwort des damaligen Regierenden Bürgermeisters Dietrich Stobbe sowie einem Vorwort des Herausgebers. Dass er an dessen Ende schreibt: »Die deutsche Presse nahezu aller politischen Gruppierungen bescheinigt der [Boykott]-Kommission, daß sie einen Sieg gegen die Ringbrauereien errungen habe«[509], lässt man mit Rücksicht auf die angepeilte Leserschaft dieses Angebindes am besten kommentarlos so stehen.

Zumal eine Differenzierung jener Aussage schon binnen kurzem erfolgte.

Und nicht nur das.

Nachdem sich die Nachricht vom Berliner Bierboykott durch die Presse in der Welt verbreitet hatte, vornehmlich in den U.S.A., wo noch vom kleinsten Provinz-Blatt der letzte Stand von »*Berlin's beer boycott*« aufgezeigt wurde, war diese Begebenheit nach ihrem Ende auch schon wieder im Strom der *daily news from home and abroad* ebenso schnell versunken, wie sie aufgetaucht war … und in Vergessenheit geraten.

Daher war es eine Pioniertat, als die amerikanische Historikerin Eleanor L. Turk von der University of Wisconsin 1982 das Ereignis in einem profunden Aufsatz über »The Great Berlin Beer Boycott of 1894«[510] in die internationale akademische Forschung einführte. Hierbei zeichnete sie – gestützt auf eine gründliche Auswertung von Zeitungsartikeln – die auf und ab wogende Entwicklung der Auseinandersetzung zwischen Unternehmern und Sozialdemokraten nach und kam zu dem Schluss: »Diese lange und erstaunlich friedvolle Konfrontation hatte im wesentlichen in einer Rückkehr zum *status quo* geendet.«[511]

Dass der Ausgang des Berliner Bierboykotts freilich mehr war als eine »Rückkehr« zu irgendetwas, er stattdessen einen gesellschaftspolitischen Fortschritt markierte, hatte eine im Vorjahr erschienene Studie deutlich gemacht.

In einem Essay für eine Aufsatzsammlung zur Geschichte des Arbeitskampfs in Deutschland während der Industrialisierung wollte sich der Sozialhistoriker Werner K. Blessing nicht an dem müßigen Frage- und Antwortspiel, an diesem »unfruchtbaren Gezänke«[512] beteiligen, wer gewonnen und wer verloren hat[513], sondern prüfen, ob der Berliner Bierboykott von 1894 ein greifbares richtungsweisendes Resultat erbracht hat – und wenn ja, welches.

Indem er die Lage der Arbeiterschaft nach dem Auslaufen des Sozialistengesetzes, den Zustand der Arbeiterführung in dieser Epoche und das Wesen des gleichzeitigen Unternehmertums darstellt und im Spannungsfeld dieses Interessen-Dreiecks den Hergang des Berliner Bierboykotts analysiert, kann er ihn mit den Worten charakterisieren: »Er wurde der Höhepunkt und auch nahezu der Endpunkt dieser Konfliktform.«[514]

Und gleichzeitig ein Wendepunkt.

Denn mit Wirkung vom 1. Januar 1895 hatte das Berliner Braugewerbe ein Regularium erhalten, das den Ausgangspunkt einer neuartigen Streitkultur bildete.

Von ihr beflügelt schuf der mit ebenbürtigen Teilnehmern besetzte und von einem unabhängigen Obmann geleitete Arbeitsnachweis, wie es Richard Roesicke am 19. Februar im Reichstag prognostizierte, »eine Grundlage [...] für weitere Einrichtungen auf sozialem Gebiet«.[515]

Auch wenn bis zu ihrem Zustandekommen noch viel Wasser die Spree und die Havel hinabfließen sollte, konnte am 6. März 1903 im Schultheiss'schen Centralbureau in der Voßstraße 26 ein paritätisches Einigungsamt zur Beilegung von Differenzen zwischen Arbeitern und Brauereien zu seiner konstituierenden Sitzung zusammentreten.

Worauf mit demselben Verständigungswillen neun Monate später, am 18. Dezember, eine Gemeinschaft der Verbände der Arbeitgeber und der Gewerkschaften der Arbeiternehmer den ersten zwischen diesen Parteien verhandelten Tarifvertrag abschloss.[516]

In Zukunft agierten sie jenseits aller »Harmonieduselei«[517], die der *Vorwärts* immer wieder maliziös in seinen Störfeuern beschwor, als Partner »von Macht zu Macht«.[518] Die Zeit der verstreuten Einzelabkommen, Privatverträge und Sonderabsprachen war vorbei.

»Der Guerillakrieg hatte«, wie Eduard Bernstein es 1910 formulierte, als er wie zum Zeichen der Versöhnung ein Bild des Klassenfeinds Emil Struve aufgriff[519], »in dieser Industrie seine Rolle ausgespielt.«[520]

Darin liegt die Bedeutung des Berliner Bierboykotts von 1894.

Eduard Bernstein – im Jahr 1924 lithographiert von dem Berliner Pressezeichner Emil Stumpp (1886–1941). Das Blatt trägt die eigenhändige Unterschrift von Eduard Bernstein.

# Anhang

## Das Stenogramm eines unbekannten Verfassers über den Verlauf der Großen öffentlichen Volksversammlung am 30. Dezember 1894 in Eduard Wiersing's Salon in der Knesebeckstraße 77 in Rixdorf

Zum Bierboykott erhalten wir von einem Augen- und Ohrenzeugen noch den folgenden dramatischen Bericht über die bereits erwähnte Rixdorfer Versammlung: Von den 16 socialistischen Versammlungen, welche über die Aufhebung des Bier-Boykotts am 28. d. M. beschließen sollten, war die für Rixdorf anberaumte nicht zu einem Beschluß gekommen. Vorgestern nun hatte der Abgeordnete Singer es unternommen, den Antrag der Boykott-Commission dort »in der Höhle des Löwen« zur Annahme zu bringen. Wer diese Aufgabe für eine leichte gehalten, hatte sich gründlich getäuscht. Die »Genossen« hatten jedenfalls diejenigen Zeitungen, welche den Arbeitern einen vollkommenen Sieg zuschrieben, nicht gelesen, oder – sie, als die Nächstbetheiligten – verstehen es besser. Ein gutes Drittel der etwa auf 1200 Personen zu schätzenden Versammlung erwies sich als oppositionell und aus ihrer Mitte ertönten schon vor Beginn der Debatte Drohrufe und Schimpfworte. Gleich der erste Redner, »Genosse« Retgerau, will seine Unterschrift unter den Antrag der Boykott-Commission nicht gesetzt haben. »Ich habe«, ruft er, »die Niederlage der Partei nicht bescheinigt, ich war und bin für Weiterführung des Boykott.« (Beifall.) Nachdem noch mehrere Redner heftig gegen die Führer gedonnert, beantragt Genosse Domscheit zur Geschäftsordnung: den Referenten Singer überhaupt nicht mehr zum Wort zuzulassen. Er schreit in den betäubenden Lärm hinein: »Singer hat, ohne uns zu fragen, mit seinem Freund Rösicke verhandelt, er hat nicht mehr zu sagen, als jeder Genosse in der Partei, er will Sie mit seinen Worten überlisten.« – Singer: Das ist gegen jeden parlamentarischen Brauch. Entziehen Sie mir das Wort, so lege ich meine Stellungen in der Partei nieder. – Der Antrag Domscheit wird abgelehnt. Brauereiarbeiter Schneider: Unsere Führer haben uns verrathen (Bravo, sehr richtig, Widerspruch, Trampeln). Was wissen die von dem Elend, das die Brauereidirectoren über uns gebracht. Die ganze Boykottmache ist ein Börsenmanöver; Patzenhofer Actien sind 18 Procent gestiegen! Ich erkläre mich gegen die Aufhebung des Boykott, wir haben reichlich Mittel bis Ostern (Zuruf des Abgeordneten Singer: Ja Sie, von der Brauereiarbeiter-Commission! Lärm, Aha, Hört, Pfui.) – Hilpert: Gewiß kann Schneider den Boykott noch Jahre lang aushalten, er hat als Commissions-Mitglied 20 Mark die Woche und ein gutgehendes Blumengeschäft (Ruf: Protz). Ich bin als Mitglied der Boykottcommission f ü r die Aufhebung des Boykott, aber als Brauereiarbeiter natürlich *dagegen.* Aber gemein ist es, dem Genossen Singer Verrath vorzuwerfen (Lärm). Hofrichter: In der Versammlung bei Keller hat Auer das Abstimmungsresultat gefälscht. Alles war gegen Aufhebung, er hat aber die Sache anders gedreht (Rufe: Frechheit, Lump, Mache.) Uebrigens ist der Hauptschieber Auer ja hier im Saale anwesend, der wird Ihnen wohl auch noch eine salbungsvolle Rede halten (Unruhe, man dreht sich um; Rufe Aha.) Wir wollen nicht umsonst gedarbt haben; der Boykott wird fortgeführt. (Bravo.) Während eine Genossin zum Frieden mahnt, bezichtigt ein Genosse den Vorsitzenden der Parteilichkeit. Dieser wehrt sich heftig, es entsteht ein gewaltiger Lärm, endlich tritt leidliche Ruhe ein und »Genosse« Schröder kann erklären, daß er an der Schlappe der Führer, die sie wohl verdient hätten, lebhafte Freude empfinde. »Ihr habt uns verrathen,« ruft er, »wir aber trinken doch kein Ringbier.« (Singer ruft: Trinkt doch Kaffee). Thomas ist für Aufhebung des Boycott, er schimpft heftig auf die Rixdorfer. »Ihr wollt den Boycott aufrecht erhalten,« schreit er, »die ganze Zeit über habt Ihr Ringbier getrunken. Ihr sollt Euch schämen!« (Lärm und Beifall.) Abg. Auer: Ob Sie mich willkommen heißen oder nicht, kümmert mich den Teufel. Was Sie etwa gegen uns beschließen, ist ein Schlag ins Wasser. Aufgehoben ist der Boycott und bleibt aufgehoben. Wenn Sie kein Ringbier trinken wollen, wird Sie Niemand zwingen. In der Commission war Schneider für Aufhebung, jetzt schreit er dagegen! Das nenne ich Verrath! (Beifall, Lärm, Pfeifen.) Schneider ruft: Schönfärber! Meyer: Nicht wir Rixdorfer, sondern die Führer haben immer Boykottbier getrunken (Rufe: Vogtherr – Lärm), die Millionäre Singer und Roesicke … (Furchtbarer Tumult, Redner muß aufhören.) Abg. Singer: Die Elemente, die hier Lärm machen, nennt man »die halbseidenen Rixdorfer«. (Lachen, Gebrüll.) Anständige Leute wittern nicht gleich Verrath. Lassen Sie meine Million in Ruhe, die hat die Partei aufgegessen. (Rufe: Nana, Lachen, Beifall.) Ihre weitergehenden Forderungen sind Verrücktheit und Wahnsinn. Sie können die ausgesperrten Arbeiter nicht acht Tage über Wasser halten. (Lärm.) Wir beantragen Aufhebung des Boycotts, im Uebrigen trinken Sie, was Sie wollen. Heute hat mir Engels einen Glückwunsch zu unserem Abschluß geschickt und was sagt die Presse der Gegner? (Singer liest einige Zeitungsartikel vor, die zuerst kaum beachtet werden, bei den Artikeln der »Nordd. Allgem. Zeitung« und der »Kreuz-Zeitung« wird man aufmerksamer, ein Artikel schließt mit den Worten: Die Brauereien haben capitulirt, die Leiter sind nicht mehr Herren im eigenen Betriebe. (Bei diesen mit erhöhter Stimme vorgetragenen Worten ertönt lauter Beifall.) »Sehen Sie, so haben Sie gesiegt!«) (Anhaltender Beifall, vereinzeltes Zischen, lauter Zwischenruf: Wer's gloobt!) Redner fortfahrend: »Ich frage den Genossen

Schneider, hat Ihnen der Director vom Münchener Brauhaus wöchentlich 20 Mk. versprochen, falls die Commission der Brauerei-Arbeiter den Boykott bis Ostern durchhält?« Am dritten Feiertag war die Sitzung! Nicht wahr, Genosse Schneider? (Schneider schweigt, Bewegung.) Es ist tief beschämend, von einem Unternehmer Geld zu nehmen, um einen anderen Unternehmer zu bekämpfen! – Vorsitzender: »Ein Schlußantrag ist eingegangen.« (Tumult.) Die Anträge, soweit sie verständlich, scheinen alle gegen die Aufhebung des Boykott gerichtet. Während große Unruhe in der Versammlung herrscht, wird schnell der Commissionsantrag verlesen, es erheben sich eine Menge Hände, man hört einen Augenblick die Stimme des Vorsitzenden: »Der Antrag ist angenommen, ich schließe die Versammlung.« Dann erstickt Gebrüll, Pfeifen und Trampeln jedes weitere Wort, aus den Seitenthüren treten Gendarmen und drängen die Menge nach den Ausgängen. Einzelne Rufer schreien dazwischen: »Wir sind verrathen, wir protestiren, Alles Mache!« Das war die »Siegesfeier« in Rixdorf!

(Aus der Berliner Börsen-Zeitung, Morgen-Ausgabe, 1. Beilage vom 1. Januar 1895, S. 7)

Morgen- № 1. Ausgabe.

Berlin, Dienstag, den 1. Januar 1895.

Berliner
Börsen-Zeitung.

Die Zeitung erscheint in der Woche zwölfmal.

Bezugs-Preis: vierteljährl. für Berlin 7 Mk. 50 Pf. ohne Botenlohn, für ganz Deutschland und Oesterreich 9 Mk.

Für Frankreich, Belgien, England, Schweiz, Amerika u. s. w. Kreuzband-Sendung 20 Mk. für das Vierteljahr

Bestellungen werden angenommen bei allen Postanstalten, Zeitungs-Spediteuren und unserer Expedition.

Als besondere Beilagen erscheinen: Verdingungs-Anzeiger. Hôtels- und Bäder-Anzeiger. Vollständige Ziehungslisten der Preußischen Klassen-Lotterie. Allgemeine Verloosungs-Tabellen mit Restanten-Listen und viele andere wichtige tabellarische Uebersichten.

Insertions-Gebühr: die viergespaltene Zeile 40 Pf., Reclamezeile 80 Pf., die ganze Seite 200 Mark.

Expedition der Berliner Börsen-Zeitung: Berlin W., Kronenstraße No. 37. — Annahme der Inserate: in der Expedition.

# Anmerkungen

1 Stenographische Berichte über die Verhandlungen des Reichstags. VII. Legislaturperiode. V. Session 1889/90. Zweiter Band, Berlin 1890, S. 1225 (C).

2 Ebenda, S. 1256 (D).

3 Ebenda, S. 1256 (D).

4 Verordnung über die Verhütung eines die gesetzliche Freiheit und Ordnung gefährdenden Mißbrauchs des Versammlungs- und Vereinigungsrechtes. Vom 11. März 1850, in: Gesetz-Sammlung für die Königlichen Preußischen Staaten 1850. Stück Nr. 20, Gesetz Nr. 3261, Berlin 1850, S. 277–283; Zitat S. 279. Textauslassungen oder -ergänzungen in eckigen Klammern stammen im vorliegenden Band von mir, D.B.

5 Das preußische Vereins- und Versammlungsrecht unter besonderer Berücksichtigung des Gesetzes vom 11. März 1850. Dargestellt und erläutert von [Hans] Delius, Berlin 1891, S. 30.

6 Vgl. Paul Kampffmeyer: Unter dem Sozialistengesetz, Berlin 1928, S. 95, beziehungsweise die Verordnung über die Verhütung eines die gesetzliche Freiheit und Ordnung gefährdenden Mißbrauchs des Versammlungs- und Vereinigungsrechtes. Vom 11. März 1850, in: Gesetz-Sammlung für die Königlichen Preußischen Staaten 1850. Stück Nr. 20, Gesetz Nr. 3261, Berlin 1850, S. 277–283; Zitat S. 279.

7 Stenographische Berichte über die Verhandlungen des Reichstags. IV. Legislaturperiode. I. Session 1878. Erster Band, Berlin 1878, S. 66.

8 Otto Fürst von Bismarck: »König Ludwig von Baiern«, in: Ders.: Gedanken und Erinnerungen. Erster Band, hg. von Horst Kohl, Stuttgart 1898, S. 351–376; Zitat S. 365.

9 Golo Mann: Deutsche Geschichte des 19. und 20. Jahrhunderts [1958] (= Fischer Taschenbuch 50221), Frankfurt am Main 1999, S. 444.

10 Stenographische Berichte über die Verhandlungen des Reichstags. IV. Legislaturperiode. I. Session 1878. Erster Band, Berlin 1878, S. 66.

11 Stenographische Berichte über die Verhandlungen des Reichstags. III. Legislaturperiode. II. Session 1878. Zweiter Band, Berlin 1878, S. 1500.

12 Ebenda.

13 Gesetz gegen die gemeingefährlichen Bestrebungen der Sozialdemokratie, in: Reichs-Gesetzblatt, Stück Nr. 34, Gesetz Nr. 1271, Berlin 1878, S. 351–358; Zitat S. 351.

14 Ebenda.

15 Vgl. Ignaz Auer: »Die Aera der Majestätsbeleidigungs-Prozesse«, in: Ders.: Nach zehn Jahren. Material und Glossen zur Geschichte des Sozialistengesetzes (1889–1890), Nürnberg 1913, S. 66–69; besonders S. 66f.
Zu einer der spektakulärsten Ehrentbietungs-Verweigerungsszenen kam es ausgerechnet zu Beginn der Eröffnungssitzung im Neubau des Reichstagsgebäudes am 6. Dezember 1894, als sich eine Reihe von Abgeordneten der SPD weigerte, sich beim Hoch auf seine Majestät den Kaiser von ihren Sitzen zu erheben – und zwar aus Protest gegen die zu erwartende gegen sie gerichtete »Umsturzvorlage«. Der Präsident des Reichstags Albert von Levetzow bedauerte, dass er kein Mittel habe, »um ein derartiges Verfahren gebührend zu rügen und zu hindern« (Stenographische Berichte über die Verhandlungen des Reichstags. IX. Legislaturperiode. III. Session. 1894/95. Erster Band, Berlin 1895, S. 10 [B]).

16 Sozialistische Dokumente. Das Gothaer Programm. Beschlossen auf dem Vereinigungs-Kongreß der Sozialdemokraten Deutschlands in Gotha vom 22. bis 27. Mai 1875 (= Schriftenreihe Demokratie und Sozialismus, Heft 7), Offenbach a. M. 1947, S. 12 und S. 67.

17 Stenographische Berichte über die Verhandlungen des Reichstags. IV. Legislaturperiode. I. Session 1878. Erster Band, Berlin 1878, S. 83.

18 Vgl. Rainer F. Schmidt: Bismarck. Realpolitik und Revolution [2004] (= FOCUS-Edition Biographien), Kreuzlingen/München 2006, S. 252.

19 Diese Äußerung des Monarchen hat ihre eigene Geschichte.
In den Berichten der bürgerlichen Tagespresse über die Audienz der drei Kumpel August Siegel, Friedrich Bunte und Ludwig Schröder, der am Nachmittag des 14. Mai 1889 beim Kaiser »außer dem dienstthuenden Generaladjutanten nur noch ein Stenograph« beigewohnt hatte, wird zwar die Adresse Wilhelms II. an die Bergleute mit allen übrigen Drohungen zitiert (»[…] würde Ich *mit unnachsichtlicher Strenge* einschreiten und die *volle Gewalt*, die Mir zusteht – *und dieselbe ist eine große* – zur Anwendung bringen«), der herrische Satz aber fehlt (N. N.: »Die Streik-Deputation beim Kaiser«, in: Berliner Tageblatt, Morgen-Ausgabe vom 15. Mai 1889, S. 1).
Er erscheint zuerst auf der Titelseite des *Social-Politischen Wochenblatts Berliner Volks-Tribüne* vom 18. Mai 1889 (N. N.: »Streiks und Kontraktbruch«, in: Berliner Volks-Tribüne. Social-Politisches Wochenblatt 3/20 vom 18. Mai 1889, S. 1) und eine Woche später ebenfalls auf der Titelseite des *Organs der Sozialdemokratie deutscher Zunge Der Sozialdemokrat*, und zwar mit dem Zusatz, der Ausspruch Wilhelms II. solle »jetzt weggelogen« werden (N. N.: »Des Kaisers Bescheid«, in: Der Sozialdemokrat. Organ der Sozialdemokratie deutscher Zunge 21 vom 25. Mai 1889, S. 1).
Aber es half nichts.
Am 5. November 1889 wiederholte Wilhelm Liebknecht, ohne dass der Präsident dem Redner Einhalt gebot, den Satz im Reichstag und fügte hinzu: »Die Aeußerung stand damals in den Zeitungen und ist nicht widerrufen worden« (Stenographische Berichte über die Verhandlungen des Reichstags. VII. Legislaturperiode. V. Session 1889/90. Erster Band, Berlin 1890, S. 135 [B]).
Ja, noch 1931 kolportierte der Schriftsteller Georg Schwarz, dass einer der drei »Kaiserdelegierten«, August Siegel, kürzlich erst wieder die Authentizität des Zitats bestätigt hatte: »Siegel versicherte […] nochmals

ausdrücklich, daß der Doorner Pensionär der Deutschen Republik [d. i. Wilhelm II.] im Mai des Jahres 1889 bei jener Zusammenkunft seine huldreiche Audienz mit den brutalen Worten schloß: ›Ich werde alles über den Haufen schießen lassen, was sich Mir widersetzt!‹« (Georg Schwarz: »Der alte Siegel«, in: Ders.: Kohlenpott. Ein Buch von der Ruhr, Berlin 1931, S. 101–104; Zitat S. 103).
Im übrigen äußerte sich der Kaiser nach einer Meldung der *Neißer Zeitung* ein Jahr später in einer Ansprache an soeben vereidigte Rekruten der Potsdamer Garderegimenter ähnlich: »Bei den jetzigen socialistischen Umtrieben kann es vorkommen, daß ich euch befehle, eure eignen Verwandten, Brüder, ja Eltern niederzuschießen – was ja Gott verhüten möge –, aber auch dann müßt ihr Meine Befehle ohne Murren befolgen.« (Nach: Reden des Kaisers. Ansprachen, Predigten, und Trinksprüche Wilhelms II, hg. von Ernst Johann [= dtv dokumente 2906], München $^{2}$1977, S. 56).

20 Otto Fürst von Bismarck: »Meine Entlassung«, in: Ders.: Gedanken und Erinnerungen. Dritter Band: »Erinnerung und Gedanke«, Stuttgart und Berlin 1922, S. 81–110; Zitat S. 86.

21 Stenographische Berichte über die Verhandlungen des Reichstags. VII. Legislaturperiode. V. Session 1889/90. Zweiter Band, Berlin 1890, S. 1257.

22 N. N.: »Die Berliner Brauergesellen«, in: Berliner Volksblatt. Organ für die Interessen der Arbeiter 7/80, 2. Beilage, vom 4. April 1890, S. 9. Fortan gibt die Ziffer vor dem Schrägstrich die Nummer des Jahrgangs und die Ziffer nach dem Schrägstrich die Nummer der Ausgabe der jeweiligen Zeitung an.

23 Nach Emil Struve: Der Berliner Bierboykott von 1894. Ein Beitrag zur Geschichte der socialen Klassenkämpfe der Gegenwart. Aktenmäßig dargestellt, Berlin 1897, S. 34.

24 N. N.: »Der Ausschuß des Berliner Bierbrauer-Gesellen-Vereins«, in: Allgemeiner Anzeiger für Rheinland-Westfalen (Kölnische Handels-Zeitung) 41/137 (12.440) vom 21. Mai 1889, S. 3.

25 N. N.: »Brauer«, in: Berliner Volksblatt. Organ für die Interessen der Arbeiter 7/78 vom 2. April 1890, S. 7.

26 N. N.: »Die Brauergesellen«, in: Berliner Börsen-Zeitung 159, Morgen-Ausgabe vom 4. April 1890, S. 6.

27 N. N.: »Die Berliner Brauergesellen«, in: Berliner Volksblatt. Organ für die Interessen der Arbeiter 7/80, 2. Beilage, vom 4. April 1890, S. 9.

28 Nach Struve: Der Berliner Bierboykott, S. 34. Diese Menge war üblich, was schon einem Zeitgenossen wie Ernst Hirschberg – der von höchstens vier Litern ausging – die Bemerkung entlockte: »Wenn man die nicht unberechtigten Klagen über die Trunksucht sich vergegenwärtigt, erscheint schon von diesem Gesichtspunkt das Verfahren bedenklich.« (Die soziale Lage der arbeitenden Klassen in Berlin, Berlin 1897, S. 256).

29 Die Angaben über die verlangte Begrenzung der Arbeitszeit schwanken in der Presse. Ich halte mich an Emil Struve, dem offenbar das Original der Resolution vorgelegen hat und der von »im ganzen höchstens 60 Stunden Arbeit wöchentlich« ausgeht (Der Berliner Bierboykott, S. 34).

30 Nach Struve: Der Berliner Bierboykott, S. 34.

31 Ebenda, S. 36.

32 N. N.: »Wie der Bierboykott wirkt«, in: Berliner Tageblatt und Handelszeitung 23/434, Abend-Ausgabe vom 27. August 1894, S. 4.

33 Vgl. Eduard Backert: Geschichte der Brauereiarbeiterbewegung, Berlin 1916, S. 122.
Wohl zuerst taucht diese Sottise während der Aussperrung der Hamburger Brauer und Brauereihilfsarbeiter auf (vgl. N. N.: »Zum Ausstand der Hamburger Brauer«, in: Deutsche Brauer-Zeitung. Offizielles Organ des Deutschen Brauer-Verbandes 2/38 vom 17. September 1892, S. 2).

34 Die Schreibweise des Namens schwankt: Mal steht vor »Umgegend« der Genetiv-Artikel und mal nicht; im vorliegenden Text wird nicht die syntaktisch fragwürdige Form verwendet, sondern jene, die sich bald – auch in den veröffentlichten Dokumenten des Vereins – eingebürgert hat, also jene mit dem Artikel vor dem Wort »Umgegend«.

35 Karl Bullemer: »Die Gründung des Vereins der Brauereien Berlins und der Umgegend«, in: Ders.: »Beiträge zur Geschichte des Berliner Brauwesens und seiner Organisation«, in: Jahrbuch 1959 der Gesellschaft für die Geschichte und Bibliographie des Brauwesens e. V., Berlin 1959, S. 11–95, besonders S. 26–30; Zitat S. 29.

36 N. N.: »Eine öffentliche Brauer-Versammlung«, in: Berliner Volksblatt. Organ für die Interessen der Arbeiter 7/98, 1. Beilage vom 27. April 1890, S. 6.

37 Ebenda.

38 Nach Backert: Geschichte der Brauereiarbeiterbewegung, S. 178.

39 N. N.: »Eine öffentliche Brauer-Versammlung«, S. 6.

40 Ebenda.

41 Ebenda.

42 So ein weiterer althergebrachter und nach wie vor gängiger deutscher Begriff für dieses Druckmittel (vgl. N. N.: »Harburg, 14. April«, in: Norddeutsche Allgemeine Zeitung 29/175, Morgen-Ausgabe vom 16. April 1890, S. 3).

43 N. N.: »An die Arbeiter Berlins!«, in: Berliner Volksblatt. Organ für die Interessen der Arbeiter 7/108, 1. Beilage vom 11. Mai 1890, S. 5.
Die Angaben über die exakte Anzahl der Mitglieder des Vereins der Brauereien Berlins und der Umgegend schwanken in der Literatur: Mal werden einunddreißig, mal zweiunddreißig, mal dreiunddreißig genannt. Einer gemeinschaftlichen Anzeige der Brauereien im Berliner Volksblatt. Organ für die Interessen der Arbeiter 7/99 vom 29. April 1890, S. 4, ist zu entnehmen, dass es einunddreißig waren; Ernst Hirschberg spricht von zweiunddreißig (Die soziale Lage der arbeitenden Klassen in Berlin, Berlin 1897, S. 186) und Emil Struve von dreiunddreißig (Der Berliner Bierboykott von 1894, S. 36).
Die folgende Darstellung geht von jenen dreiunddreißig Brauereien aus, die im Mai 1894 die Annonce »Zur Aufklärung!« unterschrieben haben (Berliner Tageblatt und Handelszeitung 23/246, Morgen-Ausgabe, Erstes Beiblatt vom 18. Mai 1894, S. 8).

44 »Die unterzeichneten Brauereien«, in: Berliner Volksblatt. Organ für die Interessen der Arbeiter 7/99 vom 29. April 1890, S. 4.

45 N. N.: »Eine öffentliche Brauerversammlung«, S. 6.

46 N. N.: »Die Lohnkommission der Berliner Brauergehilfen«, in: Berliner Volksblatt. Organ für die Interessen der Arbeiter 7/100, 1. Beilage vom 30. April 1890, S. 5.

47 Bernhard Bruns – Emil Mix: Leserbrief im »Sprechsaal«, in: Berliner Volksblatt. Organ für die Interessen der Arbeiter 7/109, 2. Beilage vom 13. Mai 1890, S. 10.

48 Ebenda.

49 Ebenda.

50 Richard Roesicke: Arbeiterschutz. Eine Antwort auf Wilhelm Oechelhäuser's »Die Arbeiterfrage« und die »sozialen Aufgaben der Arbeitgeber«, Dessau 1887, S. 9.

51 Nick Heath: »A short biography of Wilhelm Werner, one of the pioneers of German anarchism«, unter: https://libcom.org/article/werner-wilhelm-1859-1939-aka-elephant. Eine anschauliche Charakteristik von ihm befindet sich bei Teodor de Wyzewa: Die sozialistische Bewegung in Europa. Ihre Träger und Ideen, übers. von Hans Altona, Braunschweig 1892, S. 34–40.

52 Stenographische Berichte über die Verhandlungen des Reichstags. VIII. Legislaturperiode. I. Session 1890/91. Vierter Band, Berlin 1891, S. 2497 (A).

53 N. N.: »Die Lokalkommission«, in: Berliner Volksblatt. Organ für die Interessen der Arbeiter 7/110 vom 14. Mai 1890, S. 8.

54 Ebenda.

55 N. N.: »Zur Lohnbewegung«, in: Berliner Börsen-Zeitung 223, Morgen-Ausgabe vom 15. Mai 1890, S. 10; vgl. ebenso N. N.: »Zu Dienstag Abend«, in: Norddeutsche Allgemeine Zeitung 29/223, Morgen-Ausgabe vom 15. Mai 1890, S. 2.

56 N. N.: »Zur Lohnbewegung«, S. 10.

57 Nach Backert: Geschichte der Brauereiarbeiterbewegung, S. 179.

58 N. N.: »Zum Brauerstreik«, in: Berliner Volksblatt. Organ für die Interessen der Arbeiter 7/111 vom 15. Mai 1890, S. 3.

59 Paul Singer referiert den Inhalt dieser ›Verhandlung‹ in groben Zügen am 21. April 1891 im Reichstag (vgl. Stenographische Berichte über die Verhandlungen des Reichstags. VIII. Legislaturperiode. I. Session 1890/91. Vierter Band, Berlin 1891, S. 2502 [A]) und erklärt im übrigen namens der Sozialdemokraten abermals: »Wir haben von Anfang an die Ansicht gehabt und vertreten, daß der Bierboykott, welcher in Berlin inszeniert wurde, undurchführbar sei und nach unserer Auffassung schon aus diesem Grunde nicht hätte erklärt werden sollen.«

60 Nach Struve: Der Berliner Bierboykott, S. 44.

61 N. N.: »Eine öffentliche Arbeiterversammlung«, in: Berliner Volksblatt. Organ für die Interessen der Arbeiter 7/119 vom 25. Mai 1890, S. 7. Struve datiert die Versammlung fälschlicherweise auf den 22. Mai (Der Berliner Bierboykott, S. 45).

62 Alle Zitate N. N.: »Eine öffentliche Arbeiterversammlung«, S. 7.

63 N. N.: »Eine öffentliche Volksversammlung«, in: Berliner Volksblatt. Organ für die Interessen der Arbeiter 7/141 vom 21. Juni 1890, S. 7f.; Zitat S. 7.

64 Ebenda.

65 Ebenda., S. 8.

66 Ebenda.

67 Ebenda.

68 Ebenda.

69 Backert: Geschichte der Brauereiarbeiterbewegung, S. 179.

70 »Die Stellung der Partei zu Streiks und Boykotts«, in: Protokoll über die Verhandlungen des Parteitages der Sozialdemokratischen Partei Deutschland. Abgehalten zu Halle a. S. vom 12. bis 18. Oktober 1890, Berlin 1890, S. 208–229; Zitat S. 226.

71 Ebenda, S. 217; die Metapher des zweischneidigen Schwerts erscheint ferner auf S. 225.

72 N. N.: »Die Stellung der Sozialdemokratie zum Boykott«, in: Sozialpolitisches Centralblatt 1/5 vom 1. Februar 1892, S. 68f.; Zitat S. 68.

73 Ebenda.

74 Ebenda.

75 Ebenda.

76 Ebenda, S. 69

77 Nach Bernd W. Seiler: Fontanes Sommerfrischen, Berlin 2018, S. 15.

78 Nach Maria Wischniewski: »Die Brauereien am Prenzlauer Berg« (= Geheimnisvolle Orte. Staffel 6. Folge 1), in: rbb fernsehen am 7. Dezember 2021.

79 Actien-Brauerei-Gesellschaft Friedrichshöhe vormals Patzenhofer. Berlin – Spandau – Fürstenwalde, Berlin 1913, S. 42.

80 Adriaan von Müller: »Völkerwanderungszeitliche Körpergräber und spätgermanische Siedlungsräume in der Mark Brandenburg« in: Berliner Jahrbuch für Vor- und Frühgeschichte 2, 1962, S. 105–189; Zitat S. 108.

81 Tacitus: Germania. Lateinisch und deutsch. Übersetzt, erläutert und mit einem Nachwort herausgegeben von Manfred Fuhrmann (= Reclams Universal-Bibliothek Nr. 9391/92), Stuttgart 1972, S. 35.

82 Ernst Fidicin: Historisch-diplomatische Beiträge zur Geschichte Berlins. Fünfter Theil. Geschichte der Stadt, Berlin 1842, S. 332f.

83 Vgl. die mehrfache Erwähnung in Dokumenten bei Wilhelm Gundlach: Geschichte der Stadt Charlottenburg. Zweiter Band. Urkunden und Erläuterungen, Berlin 1905, S. 180, S. 184 etc.

84 Anton Balthasar König: Versuch einer Historischen Schilderung der Hauptveränderungen, der Religion, Sitten, Gewohnheiten, Künste, Wissenschaften etc. der Residenzstadt Berlin seit den ältesten Zeiten, bis zum Jahre 1786. Zweiter Theil. Enthält die Regierungsgeschichte Churfürst Friedrich Wilhelms des Großen von 1640 bis 1688, Berlin 1793, S. 108.

85 Ebenda, S. 108, Anm. 39.

86 Wilhelm Gundlach: Geschichte der Stadt Charlottenburg. Erster Band. Darstellung, Berlin 1905, S. 84.

87 Ebenda.

88 Nach H.E.R. Belani (das ist Karl Ludwig Häberlin): Kronprinz Friedrich, seine Zeit und der Hof seines Vaters Friedrich Wilhelms I. Ge-

schichtliches Lebensgemälde und Zeitbild. Dritter Theil, Leipzig 1853, S. 134.

89 Hermann Vogt: »Berliner Bier«, in: Der Bär. Illustrirte Berliner Wochenschrift. Eine Chronik für's Haus 13/28 vom 9. April 1887, S. 353f., 13/29 vom 16. April 1887, S. 361–363 und 13/30 vom 23. April 1887, S. 374–376; Zitat S. 362.

90 Der gleichförmige Ablauf der Veranstaltung wird sehr ausführlich beschrieben von Eduard Vehse: Geschichte der deutschen Höfe seit der Reformation, 3. Band. Erste Abtheilung: Preußen. Dritter Theil: Geschichte des preußischen Hofs und Adels und der preußischen Diplomatie. Dritter Theil. IV. Der Hof Friedrich Wilhelm's I. 1713–1740. (Fortsetzung), Hamburg 1851, S. 3–42.

91 Robert Springer: Berlin's Strassen, Kneipen und Clubs im Jahre 1848, Berlin 1850, S. 32.

92 Emil Dominik: »Das Berliner Weißbier«, in: Der Bär. Illustrirte Berliner Wochenschrift. Eine Chronik für's Haus 8/7 vom 12. November 1881, S. 103–105; Zitat S. 103.

93 Vgl. Statistisches Jahrbuch der Stadt Berlin. Vierter Jahrgang. Hg. von Richard Böckh, Berlin 1878, S. 117.

94 Gustav Stresemann: Die Entwicklung des Berliner Flaschenbiergeschaefts (= Diss. Leipzig), Leipzig o. D. [1902], S. 22f.

95 Julius Ripchen: »Trinklied«, in: Liederbuch des Vereins der Angestellten der Großen Berliner Straßenbahn, Berlin 1903, Nr. 200, S. 215f.

96 N. N.: »Aus der Hauptstadt«, in: Berliner Revue. Social-politische Wochenschrift 13/11 vom 14. Juni 1858, S. 460–462; Zitat S. 461.

97 Fürst Bismarcks Briefe an seine Braut und Gattin. Herausgegeben vom Fürsten Herbert Bismarck, Stuttgart 1900, Brief Nr. 151 vom 12. Februar 1851, S. 242.

98 Das große Zille-Buch. Herausgegeben und mit einem Nachwort versehen von Herbert Reinoß (= Auswahlband für Bertelsmann, Reinhard Mohn OHG, Gütersloh, etc.), Gütersloh o. J. [1970], S. 36, sowie das Versteigerungsergebnis des Erlanger Auktionshauses Bergmann vom 22. März 2003 unter: https://www.auktion-bergmann.de/ufItemInfo.aspx?i_id=126864&a_id=69.

99 Friedrich Schilling: Kompendium der diätetischen und physikalischen Heilmethoden, Leipzig 1900, S. 8.
Dass ein Genesender »Bier trinken möge«, »ceruisiam bibat«, hat acht Jahrhunderte zuvor bekanntlich schon Hildegard von Bingen empfohlen (vgl. Beate Hildegardis Cause et cure, liber II, edidit Laurence Moulinier, recognovit Rainer Berndt, Berlin 2003, S. 155).

100 Diese Aufstellung geht auf die Auswertung der Statistischen Jahrbücher der Stadt Berlin zurück. Die aber geben – vermutlich bedingt durch Nachmeldungen und -besserungen – in Folgejahren häufig Mengen an, die von den im Vorjahr genannten abweichen. Diese Differenz führt dazu, dass die im anschließenden Zitat genannten Prozentzahlen sich nur tendenziell mit jenen Werten decken, die auf der Grundlage der vorliegenden Tabelle errechnet werden können.

101 Statistisches Jahrbuch der Stadt Berlin. Doppel-Jahrgang XVI, XVII. Statistik der Jahre 1889 und 1890. Im Auftrage des Magistrats herausgegeben von Richard Böckh, Berlin 1893, S. 285.

102 Christoph Joseph Cremer: »Schloßbrauerei Schöneberg, Aktien-Gesellschaft. Hauptstraße 112, 113, 114«, in: Das gewerbliche Leben im Kreise Teltow. Aus Veranlassung der »Berliner Gewerbe-Ausstellung 1896« im Auftrage des Kreis-Ausschusses herausgegeben von Christoph Joseph Cremer, Berlin 1900, S. 381–383, dazu fünf Tafeln vor S. 381.

103 Vgl. ebenda, S. 382.

104 James Redpath: »An Exile of Erin«, in: Ders.: Talks About Ireland, New York 1881, S. 75–90; besonders S. 81f. (aus dem Amerikanischen vom Verfasser).

105 N. N.: »Aus Nordamerika erhält die ›Metallarbeiterzeitung‹ ein Schreiben«, in: Berliner Volksblatt. Organ für die Interessen der Arbeiter 2/155 vom 7. Juli 1885, S. 4, Anm.

106 Stenographische Berichte über die Verhandlungen des Reichstags. VIII. Legislaturperiode. I. Session 1890/92. Fünfter Band, Berlin 1892, S. 3611 (D).

107 Ebenda.

108 N. N.: »Hamburg, 17. Aug.«, in: Kölnische Zeitung 659, Abend-Ausgabe vom 18. August 1892, S. 2.

109 N. N.: »In energischer und anerkennenswerther Weise«, in: Berliner Börsen-Zeitung 382, Abend-Ausgabe vom 17. August 1892, S. 2.

110 N. N.: »Hamburg, 17. Aug.«, S. 2.

111 N. N.: »Parteinachrichten«, in: Vorwärts. Berliner Volksblatt. Zentralorgan der sozialdemokratischen Partei Deutschlands 9/194, Beilage vom 20. August 1892, S. 5.

112 Ebenda.

113 Ebenda.

114 N. N.: »Die Aussperrung der Brauer und Brauereihilfsarbeiter in Hamburg«, in: Deutsche Brauer-Zeitung. Offizielles Organ des Deutschen Brauer-Verbandes 2/35 vom 27. August 1892, S. 2.

115 N. N.: »Die sozialdemokratischen Brauer Hamburgs«, in: Berliner Tageblatt 21/420, Morgen-Ausgabe vom 20. August 1892, S. 3.

116 Nach Struve: Der Berliner Bierboykott, S. 60.

117 N. N.: »Die Verhandlungen zwischen den Hamburger Brauerei-Direktionen und der Kartellkommission«, in: Vorwärts. Berliner Volksblatt. Zentralorgan der sozialdemokratischen Partei Deutschlands 9/197, Beilage vom 24. August 1892, S. 5.

118 N. N.: »Die Böttcher und Brauer«, in: Vorwärts. Berliner Volksblatt. Zentralorgan der sozialdemokratischen Partei Deutschlands 9/248 vom 22. Oktober 1892, S. 7.

119 Ebenda.

120 Vgl. über ihn Willy Buschak: »Eduard Backert (1874–1960«, in: Bewahren – Verbreiten – Aufklären. Archivare, Bibliothekare und Sammler der Quellen der deutschsprachigen Arbeiterbewegung. Supplement [= Erarbeitet in Kooperation von Förderkreis Archive und Bibliotheken zur Geschichte der Arbeiterbewegung etc.], hg. von Günter Benser, Dagmar Goldbeck, Anja Kruke, Bonn 2017, S. 8–16.

121 Backert: Geschichte der Brauereiarbeiterbewegung, S. 404.

122 Ebenda. Dabei stützte sich der Autor auf den einen Satz im *Vorwärts* vom 22. Oktober 1892, wonach »die Cholera Epidemie […] jedwede Berathung unmöglich machte« (N. N.: »Die Böttcher und Brauer«, S. 7).

123 N. N.: »An die Arbeiter Berlins!«, in: Vorwärts. Berliner Volksblatt. Zentralorgan der sozialdemokratischen Partei Deutschlands 9/306 vom 30. Dezember 1892, S. 7f.; Zitat S. 8.

124 Ebenda., S. 8.

125 N. N.: »Zur Klarlegung der Ursachen des Boykotts über die Spandauer Bergbrauerei«, in: Vorwärts. Berliner Volksblatt. Zentralorgan der sozialdemokratischen Partei Deutschlands 10/183, 1. Beilage vom 6. August 1893, S. 6.

126 N. N.: »An die Parteigenossen von Berlin und Umgegend!«, in: Vorwärts. Berliner Volksblatt. Zentralorgan der sozialdemokratischen Partei Deutschlands 10/159, 2. Beilage vom 9. Juli 1893, S. 9.

127 N. N.: »Aufruf!«, in: Vorwärts. Berliner Volksblatt. Zentralorgan der sozialdemokratischen Partei Deutschlands 10/173 vom 26. Juli 1893, S. 6.

128 N. N.: »Betreffs des Boykotts der Spandauerberg Brauerei«, in: Vorwärts. Berliner Volksblatt. Zentralorgan der sozialdemokratischen Partei Deutschlands 10/177, 1. Beilage vom 30. Juli 1893, S. 6.

129 Ebenda.

130 N. N.: »Zur Beachtung«, in: Vorwärts. Berliner Volksblatt. Zentralorgan der sozialdemokratischen Partei Deutschlands 10/195, 1. Beilage vom 20. August 1893, S. 5.

131 H. Müller: »In Erwiderung«, in: Vorwärts. Berliner Volksblatt. Zentralorgan der sozialdemokratischen Partei Deutschlands 10/195, 2. Beilage vom 20. August 1893, S. 9.

132 N. N.: »Parteigenossen!«, in: Vorwärts. Berliner Volksblatt. Zentralorgan der sozialdemokratischen Partei Deutschlands 10/204 vom 31. August 1893, S. 5.

133 Struve: Der Berliner Bierboykott, S. 82.

134 »Spandauerberg Brauerei in Berlin, vormals C. Bechmann«, in: Jahrbuch der Berliner Börse. XVIII. Ausgabe, abgeschlossen am 11. Juli 1896. Ein Nachschlagebuch für Banquiers und Capitalisten. Herausgegeben von der Redaction des »Berliner Actionair«, Berlin 1896, S. 566.

135 Ebenda.

136 Ebenda, S. 565.

137 Anzeige, in: Vorwärts. Berliner Volksblatt. Zentralorgan der sozialdemokratischen Partei Deutschlands 11/82 vom 10. April 1894, S. 4.

138 So der Vorsitzende der Böttcher-Gewerkschaft Wilhelm Winter – vgl. N. N.: »Die Böttcher«, in: Vorwärts. Berliner Volksblatt. Zentralorgan der sozialdemokratischen Partei Deutschlands 11/100, 2. Beilage vom 1. Mai 1894, S. 10.

139 N. N.: »Die Versammlung der streikenden Böttcher«, in: Vorwärts. Berliner Volksblatt. Zentralorgan der sozialdemokratischen Partei Deutschlands 11/107, 2. Beilage vom 11. Mai 1894, S. 10.

140 Nach Struve: Der Berliner Bierboykott, S. 95.

141 Nach Backert: Geschichte der Brauereiarbeiterbewegung, S. 430.

142 N. N.: »Auch Nachmittag und Abend der Maifeier«, in: Berliner Tageblatt 23/220, Morgen-Ausgabe, Erstes Beiblatt vom 2. Mai 1894, S. 5.

143 N. N.: »Ueber die Aussperrung der Berliner Böttcher« in: Vorwärts. Berliner Volksblatt. Zentralorgan der sozialdemokratischen Partei Deutschlands 11/102, 2. Beilage vom 5. Mai 1894, S. 10.

144 N. N.: »Rixdorf«, in: Vorwärts. Berliner Volksblatt. Zentralorgan der sozialdemokratischen Partei Deutschlands 11/277, 1. Beilage vom 28. November 1894, S. 8.

145 So u. a. N. N.: »Der Boykott«, in: Sächsische Dorfzeitung. Ein unterhaltendes Blatt für den Bürger und Landmann. Amtsblatt für die kgl. Amtshauptmannschaften Dresden-Altstadt und Dresden-Neustadt etc. 56/61 vom 26. Mai 1894, S. 2.

146 Wie Anm. 144, S. 8.

147 Vgl. Paul Lindenberg: Berlin. Drittes Bändchen. Die Umgebung Berlin's. Vierte vermehrte Auflage, Leipzig o. J. (1893), S. 84.

148 Eugen Brode: Geschichte Rixdorfs, Rixdorf 1899, S. 55.

149 Gundakkar Klaussen: »Rixdorf, Preußens jüngste Stadt«, in: Die Gartenlaube 47/15, 1899, S. 254–256; Zitat S. 254.

150 Nach N. N.: »Wie aus Rixdorf Neukölln wurde«, in: Berliner Morgenpost vom 7. Oktober 2008 (https://www.morgenpost.de/printarchiv/berlin/article102853752/Wie-aus-Rixdorf-Neukoelln-wurde.html).

151 1895 widmete sich die *Illustrirte Zeitung* dem Publikum der Hasenheide, in dem der Mittelstand »ganz fehlt«. Nachdem das Blatt die dort verkehrende Weiblichkeit als reichlich unholde vorgestellt hat, kommen die Herren der Schöpfung dran: »Die Männerwelt ist vertreten durch Arbeiter, Gesellen, sehr viel Militär und gewisse Elemente, an denen das benachbarte Rixdorf einen erstaunlichen Ueberfluß besitzt.« (Anton Oskar Klaußmann: »Tanzbelustigung in der Hasenheide bei Berlin«, in: Illustrirte Zeitung 104, Nr. 2694 vom 16. Februar 1895, S. 175–178; Zitat S. 178).

152 Alle Zitate in diesem Absatz nach N. N.: »Die Brauerei-Hilfsarbeiter«, in: Vorwärts. Berliner Volksblatt. Zentralorgan der sozialdemokratischen Partei Deutschlands 11/104, Beilage vom 8. Mai 1894, S. 7.

153 Ebenda.

154 Wie Anm. 144, S. 8.
Es ist pikant, dass der *Vorwärts* ungeachtet dieser Ermahnung zur Zurückhaltung am selben Tag in derselben Nummer auf Seite 4 eine Anzeige des Ausschusses des Gewerkschaftskartells zu Rixdorf mit folgendem Wortlaut abdruckt: »Achtung! Rixdorf. Achtung! Der Streik der Böttcher dauert fort und machen wir die Genossen darauf aufmerksam, an den Beschlüssen festzuhalten, welche am Sonntag, den 6. Mai, gefaßt worden sind, welche lauten: so lange kein Bairisch-Bier zu trinken, bis die Forderungen der Böttcher voll und ganz bewilligt sind. Auch fordern wir die Berliner Genossen auf, die oben gefaßten Beschlüsse zu den ihrigen zu machen.«

155 Eduard Bernstein: »Der große Bierboykott von 1894«, in: Ders.: Die Geschichte der Berliner Arbeiterbewegung. Ein Kapitel zur Geschichte

der deutschen Sozialdemokratie. Dritter Teil: Fünfzehn Jahre Berliner Arbeiterbewegung unter dem gemeinen Recht, Berlin 1910, S. 324–354; Zitat S. 325.

156 Vgl. Berliner Tageblatt 23/231, Morgen-Ausgabe vom 9. Mai 1894, S. 7, sowie National-Zeitung 47/291, Morgen-Ausgabe, Erstes Beiblatt vom 9. Mai 1894, S. 14 – und viele weitere Blätter.

157 N. N.: »Wie bereits gemeldet«, in: National-Zeitung 47/293, Morgen-Ausgabe, Erstes Beiblatt vom 10. Mai 1894, S. 6.

158 Die Angaben über die Menge der Entlassenen schwanken teilweise erheblich. Oldenberg nennt 445 Brauer und Hilfsarbeiter (Karl Oldenberg: »Der Berliner Bier-Boykott im Jahre 1894«, in: Jahrbuch für Gesetzgebung, Verwaltung und Volkswirtschaft im Deutschen Reiche 20/1, 1896, S. 261–293; S. 275), der Gewerkschafter Eduard Backert dagegen 504 (Backert: Geschichte der Brauereiarbeiterbewegung, S. 436). Ich übernehme die von Struve genannte Zahl, da er aufgrund seiner Nähe zum Verein der Brauereien Berlins und der Umgegend Zugang zu den diesbezüglichen Geschäftsunterlagen gehabt haben dürfte (Struve: Der Berliner Bierboykott, S. 134).
Da insgesamt rund 3500 Arbeiter innerhalb des Rings tätig waren, wurden somit 12,26% von ihnen entlassen, etwas mehr als die Hälfte der angekündigten Menge.

159 N. N.: »Wie man Arbeiter entläßt«, in: Vorwärts. Berliner Volksblatt. Zentralorgan der sozialdemokratischen Partei Deutschlands 11/111, 1. Beilage vom 17. Mai 1894, S. 7.

160 Ebenda.

161 Ebenda.

162 Wie Anm. 144, S. 8.

163 N. N.: »Zum Ausschluß der Böttcher«, in: Vorwärts. Berliner Volksblatt. Zentralorgan der sozialdemokratischen Partei Deutschlands 11/106 vom 10. Mai 1894, S. 3.

164 Ebenda.

165 Ebenda.

166 Ebenda.

167 Ebenda.

168 Nach Backert: Geschichte der Brauereiarbeiterbewegung, S. 433.

169 N. N.: »Die Aussperrung der Brauer«, in: Vorwärts. Berliner Volksblatt. Zentralorgan der sozialdemokratischen Partei Deutschlands 11/110, 1. Beilage vom 16. Mai 1894, S. 6f.

170 Wie Anm. 163.

171 N. N.: »Der ›Berliner Börsen-Courier‹ schreibt«, in: Norddeutsche Allgemeine Zeitung 33/220, Morgen-Ausgabe vom 13. Mai 1894, S. 2.

172 »Arbeiter! Parteigenossen!«, in: Vorwärts. Berliner Volksblatt. Zentralorgan der sozialdemokratischen Partei Deutschlands 11/111 vom 17. Mai 1894, S. 1 – so auch alle folgenden Zitate aus diesem Text.

173 Beide Zitate N. N.: »Eine öffentliche Volksversammlung«, S. 7.

174 Stenographische Berichte über die Verhandlungen des Reichstags. VIII. Legislaturperiode. I. Session 1890/92. Fünfter Band, Berlin 1892, S. 3611 (D).

175 Vgl. die »Erklärung« des Münchener Brauhauses, in: Vorwärts. Berliner Volksblatt. Zentralorgan der sozialdemokratischen Partei Deutschlands 11/111 vom 17. Mai 1894, S. 8.

176 N. N.: »Das Geschäft in Industriepapieren«, in: Berliner Börsen-Zeitung 223, Abend-Ausgabe vom 16. Mai 1894, S. 3.

177 Protokoll über die Verhandlungen des Parteitages der Sozialdemokratischen Partei Deutschland. Abgehalten zu Berlin vom 14. bis 21. November 1892, Berlin 1892, S. 220.

178 N. N.: »Die streikenden Böttcher«, in: Vorwärts. Berliner Volksblatt. Zentralorgan der sozialdemokratischen Partei Deutschlands 11/111 vom 17. Mai 1894, S. 3.

179 Vorwärts. Berliner Volksblatt. Zentralorgan der sozialdemokratischen Partei Deutschlands 11/112 vom 18. Mai 1894, S. 1.

180 N. N.: »Zum Ausschluß der Böttcher und Brauerei-Arbeiter«, in: Vorwärts. Berliner Volksblatt. Zentralorgan der sozialdemokratischen Partei Deutschlands 11/112 vom 18. Mai 1894, S. 2.

181 N. N.: »Roesicke & Cie.«, in: Vorwärts. Berliner Volksblatt. Zentralorgan der sozialdemokratischen Partei Deutschlands 11/113 vom 19. Mai 1894, S. 1.

182 Wie Anm. 180, S. 1.

183 Vgl. Staats- und Adress-Handbuch der Freien Stadt Frankfurt. 1855. Zweiter Theil: Allgemeines Adress-Handbuch. Neunte Auflage, Frankfurt am Main o. J. [1856], S. 128.

184 Heinrich Stanislaus Art'l: Richard Roesicke. Sein Leben und Wirken dem Volke dargestellt [1904], Nachdruck Berlin, München, Boston o. J., S. 9.

185 Vgl. Deutscher Reichs-Anzeiger und Königlich Preußischer Staats-Anzeiger 254 vom 24. Oktober, Abends, 1889, S. 1.

186 Vgl. Deutscher Reichs-Anzeiger und Königlich Preußischer Staats-Anzeiger 32 vom 3. Februar, Abends, 1890, S. 1.

187 1881 unterlag er seinem Mitbewerber mit 6291 zu 6626 Stimmen, 1884 mit 6850 zu 7900 Stimmen (vgl. Louis Viereck: Statistische Tafel der sozialistischen Wahlen von 1867–1881, München o. J. [$^2$1882], S. 2, bzw. N. N.: »Neuere Wahlresultate«, in: Berliner Volksblatt. Organ für die Interessen der Arbeiter 1/180 vom 1. November 1884, S. 2).
Vgl. zu sämtlichen Wahlergebnissen Richard Roesickes in der Zeit von 1881 bis 1903 im übrigen das *Wikipedia*-Stichwort »Reichstagswahlkreis Herzogtum Anhalt 1« unter: https://de.wikipedia.org/wiki/Reichstagswahlkreis_Herzogtum_Anhalt_1.

188 Der rothe Eckardt [Pseudonym]: »Dessau«, in: Der Sozialdemokrat. Zentral-Organ der deutschen Sozialdemokratie 31 vom 29. Juli 1886, S. 3f.; Zitat S. 4.

189 Richard Roesicke: Arbeiterschutz. Eine Antwort auf Wilhelm Oechelhäuser's »Die Arbeiterfrage« und die »sozialen Aufgaben der Arbeitgeber«, Dessau 1887, S. 6f.

190 Ebenda, S. 13.

191 Ebenda, S. 16.

192 Ebenda, S. 16, S. 23 *et passim*.

193 Ebenda, S. 42.

194 Ebenda, S. 8.

195 Ebenda, S. 9.

196 Ebenda, S. 102f.

197 Richard Roesicke: »An die Arbeiter. Vortrag, gehalten in der Arbeiterversammlung am 18. Februar 1890 im ›Hofjäger‹ zu Dessau«, München 1911 (= Vorkämpfer deutscher Freiheit. Dokumente liberaler Vergangenheit, hg. vom Akademischen Freibund München, Heft 25), S. 20–40; hier zitiert nach Quellensammlung zur Geschichte der deutschen Sozialpolitik 1867 bis 1914 etc., III. Abteilung (1890–1904), 1. Band: Grundfragen der Sozialpolitik, bearbeitet von Wolfgang Ayaß, Mainz 2016, Nr. 27, S. 74–84; Zitat S. 74.

198 Ebenda, S. 76.

199 Ebenda, S. 77.

200 Ebenda, S. 77f.

201 Vgl. Ursula Reuter: Paul Singer (1844–1911). Eine politische Biographie (= Beiträge zur Geschichte des Parlamentarismus und der politischen Parteien, hg. von der Kommission für Geschichte des Parlamentarismus und der politischen Parteien, Band 138), Düsseldorf [2]2006, S. 71.

202 Wie Anm. 197, S. 83.

203 Ebenda, S. 82.

204 So der Abgeordnete der Sozialdemokraten Emanuel Wurm in der Sitzung des Reichstags am 19. Januar 1899, in: Stenographische Berichte über die Verhandlungen des Reichstags. X. Legislaturperiode. I. Session. 1898/1900. Erster Band, Berlin 1899, S. 286 (B).

205 Stenographische Berichte über die Verhandlungen des Reichstags. IX. Legislaturperiode. III. Session. 1894/95. Erster Band, Berlin 1895, S. 727 (C).

206 Vgl. Reuter: Paul Singer (1844–1911), S. 204. Das Stimmenverhältnis Roesicke : Singer war 11 010 : 6346 (ebd.)

207 Stenographische Berichte über die Verhandlungen des Reichstags. VIII. Legislaturperiode. I. Session 1890/91. Erster Band, Berlin 1890, S. 264 (A).

208 Ebenda, S. 268 (D).

209 Bei der Wahl zum 9. Deutschen Reichstag am 15. Juni 1893 fielen auf Richard Roesicke zunächst 8446 Stimmen gegenüber den 8903 Stimmen auf Heinrich Pëus und den 5033 Stimmen auf Adolf Säuberlich (»Definitive Wahlresultate«, in: Vorwärts. Berliner Volksblatt. Zentralorgan der sozialdemokratischen Partei Deutschlands 10/141, 1. Beilage vom 18. Juni 1893, S. 5–7; Zitat S. 7). Die daraufhin notwendige Stichwahl am 24. Juni gewann Roesicke mit 13 204 Stimmen gegenüber Pëus und dessen 9798 Stimmen (»Amtliche Ergebnisse der Stichwahlen«, in: Vorwärts. Berliner Volksblatt. Zentralorgan der sozialdemokratischen Partei Deutschlands 10/153, 1. Beilage vom 2. Juli 1893, S. 5 – der dortige Druckfehler »9708« ist im vorliegenden Text korrigiert).

210 Richard Roesicke: »Über das Verhältnis der Arbeitgeber zu ihren Arbeitnehmern«, in: Jahrbuch für Gesetzgebung, Verwaltung und Volkswirtschaft im Deutschen Reiche 17/1, 1893, S. 1–22; Zitat S. 2.

211 Ebenda, S. 8.

212 Ebenda, S. 21.

213 Ebenda. S. 5.

214 Ebenda, S. 20.

215 Dazu Friedrich Lenz: »Die soziale Geschichte der Schultheiß-Brauerei. Eine Studie«, in: Archiv für Sozialwissenschaft und Sozialpolitik 37, 1913, S. 175–214; besonders S. 206.

216 Struve: Der Berliner Bierboykott, S. 34.

217 Friedrich Hayduck: »Richard Roesicke. Ein großer Sozialpolitiker«, in: Jahrbuch 1952 der Gesellschaft für Geschichte und Bibliographie des Brauwesens e. V., Berlin 1952, S. 7–24; besonders S. 19–21.

218 »Arbeiter! Parteigenossen!«, in: Vorwärts. Berliner Volksblatt. Zentralorgan der sozialdemokratischen Partei Deutschlands 11/111 vom 17. Mai 1894, S. 1 *et passim*.

219 Dass der *Vorwärts* aus Anlass von Richard Roesickes Tod am 21. Juli 1903 in seinem Nachruf betonte, mit welcher Energie der Verstorbene seine Kraft eingesetzt hatte, »die deutsche Sozialpolitik gegen mächtige Widerstände einigermaßen in Bewegung zu halten«, und so »einer der Bestgehaßten des Scharfmachertums« wurde, dürfte manch ein Leser des Blattes nur unter kräftigem Augenreiben zur Kenntnis genommen haben (N. N.: »Richard Roesicke †«, in: Vorwärts. Berliner Volksblatt. Zentralorgan der sozialdemokratischen Partei Deutschlands 20/168 vom 22. Juli 1903, S. 2).

220 N. N.: »Vorwort«, in: Deutsche Allgemeine Ausstellung für Unfallverhütung Berlin 1889. Ausstellung für Industrie, Bergbau, Baugewerbe, Landwirthschaft, Schifffahrt, Verkehrsgewerbe etc. aus den Gesichtspunkten der Unfallverhütung, der Gewerbehygiene und der Wohlfahrt der Arbeiter. Katalog, Berlin [2]1889, S. VI–XXII; Zitat S. IX.

221 Zur Angabe dieses kaum vorstellbaren Fassungsvermögens: Die Schultheiss' Brauerei in Vergangenheit und Gegenwart, Berlin 1910, S. 75.

222 Vgl. zu dem hier in gebotener Kürze beschriebenen Herstellungsprozess Mikuláš Teich: Bier, Wissenschaft und Wirtschaft in Deutschland 1800–1914. Ein Beitrag zur deutschen Industrialisierungsgeschichte, Wien/Köln/Weimar 2000, besonders S. 215–326.

223 »Mammonsschergen« ist ein einschlägiges Schlüsselwort, das vorzugsweise in zeitgenössischen antisemitischen Texten erscheint und ein Licht auf die Gesinnung des »Kollegen Döring« wirft (vgl. N. N.: »Am Wendepunkt«, in: Antisemitische Harfenklänge. Ernste und heitere Lieder und Declamationen, Marburg (Hessen) [5]1889, S. 13f.; Zitat S. 13; N. N.: »Blick in die Zukunft«, in: Sonntags-Post. Blätter zur Unterhaltung und Belehrung 22, 1895, S. 4, sowie Adolf Wahrmund: »Ungleich«, in: Ders.: Fabeln und Parabeln und andere Zeitgedichte, Wien 1896, S. 62–67; Zitat S. 64, usw.).

Typisch für die im Verlauf des Berliner Bierboykotts als Ausdruck antisemitischer Propaganda zu beobachtende Gleichsetzung von Unternehmern und Juden und damit die Dienstbarmachung des Bierboykotts für die Bekämpfung des Judentums ist der Titel des Vortrags, den E. Keil am 11. Juni in den Armin-Hallen in der Kommandantenstraße 20 gehalten hat: »Der Boykott als berechtigtes Kampfmittel gegen Juden und Unternehmer« (gedruckt in: Der moderne Völkergeist. Organ des Socialitären Bundes 1/8 vom August 1894, S. 57–62).

224 Auszug aus dem siebenstrophigen Gedicht nach Backert: Geschichte der Brauereiarbeiterbewegung, S. 71f.; Zitat S. 71.
Wie leider öfter in seinem Buch hat Backert die Quelle seines Zitats ungenau angegeben. Er spricht lediglich »vom Kollegen Döring«. Nach einer ausgedehnten Recherche lassen sich am Ende jedoch sowohl der Autor des Gedichts als auch die Umstände der Entstehung seiner Verse ein wenig näher bestimmen. Denn der *Brauer-Zeitung* vom 14. November 1896 ist zu entnehmen, dass der »Kollege Döring« in Augsburg zu Hause war und sein Poem eine Grußadresse darstellt, die der National-Sekretär Ernst Kurzenknabe aus St. Louis vor sechs Wochen im Namen der Genossen in Deutschland auf der 9. Jahreskonvention des Amerikanischen Brauereiarbeiter-Verbandes in Cincinnati vorgetragen hatte (N. N.: »Die neunte Jahreskonvention des Amerik. Brauereiarbeiter-Verbandes abgehalten in Cincinnati vom 20. bis 27.September 1896«, in: Brauer-Zeitung. Offizielles Organ des Centralverbandes deutscher Brauer und verwandter Berufsgenossen 6/46, Beilage vom 14. November 1896, S. 5f.).
Dieser Text ist abgesehen von orthographischen Abweichungen (»Morgenröthe Gluth« / »Morgenröte Glut«) identisch mit dem bei Backert abgedruckten. Bei ihm freilich ist dem Gedicht noch eine siebte Strophe hinzugefügt, die den sozialistischen Impetus des Ganzen mit kämpferischer Zuversicht zum Ausdruck bringt und in Cincinnati fehlt: »Das ist das Los, das unser harrt, / Wenn wir nicht besser es gestalten; / Gelingt es nicht der Gegenwart – / Der Zukunft bleibt es vorbehalten. / Mag auch der feigen Kriecher Schwarm / Mit Speichellecken sich befleißen, / Einst wird der roten Streiter Arm / Die Sklavenketten doch zerreißen!« (Backert: Geschichte der Brauereiarbeiterbewegung, S. 72).
Der Namensvetter des »Kollegen Döring«, M. Döring, der sich 1885 in der *Allgemeinen Brauer- und Hopfen-Zeitung* aus St. Petersburg ebenfalls zum Thema der Brauerei-Arbeiter geäußert hatte, ist zweifellos nicht mit diesem identisch, da er zu der Ansicht gelangt war, »daß gerade auch in Deutschland der bedeutende Bildungsunterschied zwischen dem geschulten Brauer und dem gewöhnlichen Arbeiter eine scharfe Trennung derselben in zwei Gesellschaftsklassen ebenso leicht als nothwendig macht«. Dass sich daran womöglich etwas ändern sollte, geht aus keiner Silbe seines Beitrags hervor. (M. Döring: »Brauer und Brauerei-Arbeiter in Deutschland und Rußland«, in: Allgemeine Brauer und Hopfen-Zeitung. Offizielles Organ des deutschen Brauerbundes etc. 25/1:36 vom 9. April 1885, S. 417f.; Zitat S. 418. Ich danke Christine Helm aus Magdeburg für ihre Hilfe beim Aufspüren dieses Artikels.)

225 Vgl. Gerd Hohorst *et alii*: Sozialgeschichtliches Arbeitsbuch. Materialien zur Statistik des Kaiserreichs 1870–1914 (= Beck'sche Elementarbücher) (= Statistische Arbeitsbücher zur neueren deutschen Geschichte, hg. von Jürgen Kock und Gerhard A. Ritter), München 1975, S. 94.

226 Stenographische Berichte über die Verhandlungen des Reichstags. VII. Legislaturperiode. IV. Session 1888/1889. Erster Band, Berlin 1889, S. 141 (B).

227 N. N.: »Wenn man die Entwickelung«, in: Märkisches Tageblatt. General-Anzeiger für Witten und Umgegend 5 vom 6. Januar 1895, S. 1.

228 Struve: Der Berliner Bierboykott, S. 84–93.

229 Friedrich Goldschmidt: »Der Bierboycott in Berlin«, in: Deutsche Rundschau 81/34, 1894, S. 448–454; besonders S. 449. Vgl. hierzu im übrigen das Statistische Jahrbuch der Stadt Berlin 22. Statistik des Jahres 1895, hg. von Richard Böckh, Berlin 1897, S. 226–230.

230 Nach der Aufzeichnung des Dialektsammlers der Kommission für Mundartforschung Franz Senninger »eine Art Oberbrauer«, vgl. Josef Denz: »›Der is bonand wia a Bräuochs‹. Zum Braugewerbe und seinen mundartlichen Ausdrücken«, in: Goggolori. Aus der Werkstatt des Bayerischen Wörterbuchs (= Bayerisches Wörterbuch – De Gruyter) 16, 2014, S. 5–7; Zitat S. 6.

231 N. N.: »Die Berliner Lokalkommission«, in: Vorwärts. Berliner Volksblatt. Zentralorgan der sozialdemokratischen Partei Deutschlands 9/182, Beilage vom 6. August 1892, S. 6.

232 Josef Wild: Aus meinem Leben und Schaffen in München und Berlin. Ein Beitrag zur technischen Entwicklung des deutschen Brauwesens (= Veröffentlichungen der Gesellschaft für die Geschichte und Bibliographie des Brauwesens e. V.), Berlin 1837, S. 212.

233 Vgl. Hohorst *et alii*: Sozialgeschichtliches Arbeitsbuch, S. 106.
Dass, wie gesagt, noch Luft nach unten war, bezeugt ein norddeutscher Dorfschullehrer, der sich auf ein Stellenangebot für Böttcher mit der Bemerkung meldete, »die nach dem Inserat in Berlin gezahlten Böttcher-Löhne seien ja glänzend gegen sein Einkommen!« (nach Struve: Der Berliner Bierboykott, S. 152, Anm.).

234 Nach Backert: Geschichte der Brauereiarbeiterbewegung, S. 141.

235 Ebenda.
Eine Versammlung der Brauergehilfen Württembergs hatte am 13. September 1885 beschlossen, den Allgemeinen Brauerverband zu ersuchen, in dieser Petition dem Reichstag zu berichten, »daß die Lebensdauer, insbesondere die Arbeitsfähigkeit der Brauer [...] im Verhältnis zu allen anderen Gewerken eine sehr kurze ist« (vgl. N. N.: »Stuttgart 14. Sept.«, in: Schwäbischer Merkur 217, Beilage vom 15. September 1885, S. 7).
Äußerungen zu diesem Punkt sind Legion und finden sich auch weiterhin. Vgl. u. a. die Bemerkung Paul Hilperts vom 2. April 1890: »Länger als bis zum 40. Lebensjahre [ist] der Brauer nicht leistungsfähig« (N. N.: »Die Berliner Brauergesellen«, in: Berliner Volksblatt. Organ für die Interessen der Arbeiter 7/80, 2. Beilage vom 4. April 1890, S. 9).
Er selbst wurde, auch wenn er 1894 das Brauerhandwerk bereits an den Nagel gehängt hatte, nur fünfzig Jahre alt (N. N.: »Totenliste«, in: Sozialistische Monatshefte, 11. Heft vom November 1905, S. 985).

236 Vgl. Gustav Lewinstein: »Der Bezug der Altersrente auf Grund des Gesetzes vom 22. Juni 1889«, in: Vierteljahrschrift für Volkswirtschaft, Politik und Kulturgeschichte 28/111:3, 1891, S. 51–61; besonders S. 58,

Das Central-Hôtel auf der Südseite des Bahnhofs Friedrichstraße (Künstler unbekannt). Hier fand vom 23. bis zum 28. Juni 1884 der 5. Deutsche Brauertag statt.

Nr. 80. Der entsprechende Wert für die Böttcher betrug 0,30% (ebd. S. 58, Nr. 67).

237 Vgl. Dieter Schuster: »Stichtag 1885«, in: Ders.: Chronologie der deutschen Gewerkschaftsbewegung von den Anfängen bis 1918 (= Digitale Bibliothek der Friedrich-Ebert-Stiftung), Bonn 2000 unter: http://library.fes.de/fulltext/bibliothek/tit00148/00148toc.htm, und Mikuláš Teich: Bier, Wissenschaft und Wirtschaft in Deutschland 1800–1914, Wien/Köln/Weimar 2000, S. 43, sowie Redakteur: »Brauertaufe bei der Steinbach Bräu«, in: Ein Erlanger bitte! vom 21.1.2023.

238 Nach Backert: Geschichte der Brauereiarbeiterbewegung, S. 60.
Auch wenn es trotz intensiver Bemühungen nicht gelungen ist, den Ausspruch Roesickes bibliographisch zu verorten, festigt sich bei der diesbezüglichen Recherche immer mehr die Überzeugung, dass er im Zusammenhang der Vorarbeiten zur Einführung einer Altersversorgung der in den Brauereien beschäftigen Personen gefallen sein muss.
So stellte es der Schultheiss-Direktor am 27. Juni 1884 in einem Redebeitrag zu diesem Thema auf dem von der Presse vielbeachteten 5. Deutschen Brauertag im Central-Hôtel in Berlin außer Frage, »daß die Brauergehülfen mehr und stärker zu arbeiten haben, wie es sonst in andern Gewerben üblich ist; d.h. also, wir strengen die Kräfte der Menschen, während der Zeit, wo sie in Thätigkeit sind, außergewöhnlich an« (»Dritte Sitzung des V. Deutschen Brauertages«, in: Bericht über den Fünften Deutschen Brauertag zu Berlin vom 23.–28. Juni, Berlin 1885, S. 97).
Aus dieser Gewissheit heraus versetzte er sich bei der Diskussion des Eintrittsalters einer solchen Versorgung, sollte sie erst mit dem sechzigsten Lebensjahr beginnen, in die Lage der Brauereiarbeiter, die unter diesen Bedingungen kein Interesse haben werden, in eine derartige Versicherung einzuzahlen, »denn wir glauben kaum, daß wir dieses Alter als Brauer überhaupt erreichen werden« (ebd., S. 98).

239 Vgl. Statistisches Jahrbuch für das Deutsche Reich. Herausgegeben vom Kaiserlichen Statistischen Amt. Zwölfter Jahrgang 1891, Berlin 1891, S. 9–11; besonders S. 10. Ich danke Kevin Wülcknitz vom Statistischen Bundesamt in Wiesbaden für seine Hilfe bei der Auswertung der diesbezüglichen Listen und Tabellen.

240 »Gesetz, betreffend die Invaliditäts- und Altersversicherung. Vom 22. Juni 1889. § 22. Lohnklassen«, unter: https://de.wikisource.org/wiki/Gesetz,_betreffend_die_Invalidit%C3%A4ts-_und_Altersversicherung#%C2%A7._22._Lohnklassen.
Dass ein solcher Betrag noch nicht einmal die Kosten für die bescheidenste Lebenshaltung decken würde, führte bereits im Vorfeld des Gesetzgebungsverfahrens zu heftigen Protesten (vgl. Ulrike Haerendel: Die Anfänge der gesetzlichen Rentenversicherung in Deutschland. Die Invaliditäts- und Altersversicherung von 1889 im Spannungsfeld von Reichsverwaltung, Bundesrat und Parlament [= Speyerer Forschungsberichte 217], Speyer 2001, besonders S. 120–123, sowie N. N.: »Noch einmal die Invalidenversicherung«, in: Berliner Volksblatt. Organ für die Interessen der Arbeiter 5/285 vom 4. Dezember 1888, S. 1).
Was sich ein Rentner für vierzig Pfennige hätte leisten können, lässt sich einem Leserbrief der Volks-Kaffee- und Speisehallen-Gesellschaft Berlin im *Vorwärts* vom 28. Februar 1894 entnehmen: »Morgens: 1 Tasse Kaffee mit zwei [notabene trockenen!] Schrippen 10 Pf. […] Mittags: Suppe, Fleisch und Gemüse, große Portion, 30 Pf. (als Regel wird die $^2/_3$ Portion zu 20 Pf. genommen)«, am Abend hätte der Mann zwei kleine Glas Bier à jeweils 5 Pfennige trinken können (N. N.: »Aschinger's Bierhalle«, in: Vorwärts. Berliner Volksblatt. Zentralorgan der sozialdemokratischen Partei Deutschlands 11/49, Beilage vom 28. Februar 1894, S. 5).

241 Stenographische Berichte über die Verhandlungen des Reichstags. VIII. Legislaturperiode. I. Session 1890/91. Erster Band, Berlin 1890, S. 359 (C/D).

242 Karl Penndorf: Das Lied vom altgewordenen Brauer, in: Backert: Geschichte der Brauereiarbeiterbewegung, S. 142f.; Zitat S. 142.

243 Vgl. N. N.: »In der Betätigung der Bier-Sperre«, in: Volks-Zeitung. Organ für Jedermann aus dem Volke 42/220, Abendblatt vom 30. Mai 1894, S. 3.

244 N. N.: »Zum Ausschluß der Böttcher und Brauerei-Arbeiter«, in: Vorwärts. Berliner Volksblatt. Zentralorgan der sozialdemokratischen Partei Deutschlands 11/112 vom 18. Mai 1894, S. 1f.; alle folgenden Zitate stammen ebenfalls aus diesem Artikel.

245 »Die Stellung der Partei zu Streiks und Boykotts«, in: Protokoll über die Verhandlungen des Parteitages der Sozialdemokratischen Partei

Deutschland. Abgehalten zu Halle a. S. vom 12. bis 18. Oktober 1890, Berlin 1890, S. 208–229; Zitat S. 226.

246 »Zur Aufklärung!«, in: Berliner Tageblatt und Handelszeitung 23/246, Morgen-Ausgabe, Erstes Beiblatt vom 18. Mai 1894, S. 8; alle folgenden Zitate stammen ebenfalls aus dieser Anzeige.

247 Ich bedanke mich beim Zentralen Auskunftsdienst des Statistischen Bundesamts in Wiesbaden, das mich mit Schreiben vom 7. Juli 2023 auf Walther Gustav Hoffmanns Buch »Das Wachstum der deutschen Wirtschaft seit der Mitte des 19. Jahrhunderts«, Berlin etc. 1965, hingewiesen hat, wo entsprechende Werte auf S. 468ff. angegeben sind.

248 Vgl. u. a. N. N.: »Zum Streik der Brauerei-Böttcher«, in: Volks-Zeitung. Organ für Jedermann aus dem Volke 42/191, Morgenblatt vom 12. Mai 1894, S. 3. Das Blatt zitiert diese Zahl aus den »Lohnermittelungen und Lohnfestsetzungen der Berufsgenossenschaften«.

249 Vgl. Hohorst *et alii*: Sozialgeschichtliches Arbeitsbuch, S. 106.

250 N. N.: »Die Boykott-Versammlungen«, in: Vorwärts. Berliner Volksblatt. Zentralorgan der sozialdemokratischen Partei Deutschlands 11/113, 2. Beilage vom 19. Mai 1894, S. 6f.; Zitat S. 6.

251 Richard Roesicke: »Entwickelung und Stand des Berliner Bier-Boykotts«, in: Sozialpolitisches Centralblatt 3/39 vom 25. Juni 1894, S. 461–463; Zitat S. 463.

252 Wie Anm. 144, S. 8.

253 Vgl. N. N.: »An die Brauerei-Arbeiter Berlins!«, in: Vorwärts. Berliner Volksblatt. Zentralorgan der sozialdemokratischen Partei Deutschlands 11/109 vom 13. Mai 1894, S. 3.

254 Vgl. das Zitat einer Wortmeldung Hilperts »im Gröpler'schen Lokal« in der Meldung von N. N.: »In Rixdorf« (wie Anm. 144), S. 8, und dazu den Leserbrief von Max Happoldt in: Vorwärts. Berliner Volksblatt. Zentralorgan der sozialdemokratischen Partei Deutschlands 11/119 vom 26. Mai 1894, S. 6.

255 N. N.: »An die Brauerei-Arbeiter Berlins!«, S. 3, respektive »Hilpert, P., Gastw.«, in: Berliner Adreß Buch für das Jahr 1895. Zweiter Band. 27. Jahrgang, Berlin 1895, S. 161.

256 Vgl. Karl Oldenberg: »Der Berliner Bier-Boykott im Jahre 1894«, in: Jahrbuch für Gesetzgebung, Verwaltung und Volkswirtschaft im Deutschen Reiche 20/1, 1896, S. 261–293; S. 276, Anm.

257 N. N.: »Die Boykott-Versammlungen«, in: Vorwärts. Berliner Volksblatt. Zentralorgan der sozialdemokratischen Partei Deutschlands 11/114 vom 20. Mai 1894, S. 3.

258 N. N.: »Die socialdemokratischen Boykottversammlungen«, in: Neue Westfälische Volks-Zeitung 163. Erstes Blatt vom 15. Juli 1894, S. 1f.; Zitat S. 2.

259 Wie Anm. 257, S. 6.

260 »Erklärung des Bierbrauer-Gesellen-Vereins zu Berlin«, in: Berliner Tageblatt und Handels-Zeitung 23/257, Morgen-Ausgabe vom 24. Mai 1894, S. 4.

261 N. N.: »Eine öffentliche Versammlung der Brauerei-Arbeiter«, in: Vorwärts. Berliner Volksblatt. Zentralorgan der sozialdemokratischen Partei Deutschlands 11/120, 2. Beilage vom 27. Mai 1894, S. 9.

262 Alle Zitate nach Struve: Der Berliner Bierboykott, S. 159, Anm.

263 Ebenda, S. 161, Anm.

264 Vgl. N. N.: »Die ›ausgesperrten Brauereiarbeiter‹«, in: Berliner Tageblatt und Handels-Zeitung 23/271, Abend-Ausgabe vom 31. Mai 1894, S. 3.

265 Junius (d. i. Theodor Barth): »Der Bierboykott«, in: Die Nation. Wochenschrift für Politik, Volkswirthschaft und Litteratur 11, Nr. 37 vom 16. Juni 1894, S. 549f.; Zitat S. 550.

266 N. N.: »Sehr empfindlich«, in: Neueste Mittheilungen vom 29. Juni 1894, S. 3.

267 N. N.: »Bierschnüffler«, in: Vorwärts. Berliner Volksblatt. Zentralorgan der sozialdemokratischen Partei Deutschlands 11/147, Beilage vom 28. Juni 1894, S. 5.

268 Struve: Der Berliner Bierboykott, S. 162.

269 N. N.: »In der Bierboykott-Angelegenheit«, in: Berliner Börsen-Zeitung 292, Morgen-Ausgabe, 1. Beilage vom 26. Juni 1894, S. 5.

270 N. N.: »Die Biercontrole«, in: Berliner Börsen-Zeitung 300, Morgen-Ausgabe, 1. Beilage vom 30. Juni 1894, S. 5.

271 N. N.: »Hoch das Denunziantenthum!«, in: Vorwärts. Berliner Volksblatt. Zentralorgan der sozialdemokratischen Partei Deutschlands 11/163, Beilage vom 17. Juli 1894, S. 6.

272 Nach Fritz Stolt: Geschichte des Vereins der Berliner Gastwirte gegründet 9. Februar 1866. Vier Teile in einem Band, Berlin 1912–1927, S. 100. Der Relativnebensatz lautet bei Struve: Der Berliner Bierboykott, S. 192: »in denen socialdemokratische oder anarchistische Bestrebungen verfolgt werden« und ist ein weiteres Beispiel dafür, dass auf die Wiedergabe von wörtlichen Zitaten bei Struve nicht immer Verlass ist; zuweilen erfolgen sie nur sinngemäß. Auch enthält sein Buch eine Reihe von falschen Datumsangaben.

273 Vgl. Stolt: Geschichte des Vereins der Berliner Gastwirte, S. 99.

274 N. N.: »Der Deutsche Gastwirthstag in Hannover«, in: Vorwärts. Berliner Volksblatt. Zentralorgan der sozialdemokratischen Partei Deutschlands 11/138, 2. Beilage vom 17. Juni 1894, S. 9f.; Zitat S. 10.

275 N. N.: »Hannover, 14. Juni. (Eig. Drahtber.)«, in: Königlich privilegirte Berlinische Zeitung von Staats- und gelehrten Sachen. Vossische Zeitung 274, Morgen-Ausgabe vom 15. Juni 1894, S. 3.

276 Ursprünglich hatten sie daran gedacht, bei etwaigen Verletzungen des Vertrags den Gastwirten und Saalbesitzern eine Konventionalstrafe von 3000 Mark und den Brauereien eine solche von 10 000 Mark aufzuerlegen (vgl. Oldenberg: »Der Berliner Bier-Boykott«, S. 282).

277 Bernstein: Die Geschichte der Berliner Arbeiterbewegung, S. 344.

278 Das war auch der Endstand bei Aufhebung des Bierboykotts, vgl. die »Erklärung«, in: Berliner Tageblatt und Handelszeitung 24/1, Morgen-Ausgabe, Erstes Beiblatt vom 1. Januar 1895, S. 8.

279 Text der Annonce einer Gastwirts-Kommission, in: Vorwärts. Berliner Volksblatt. Zentralorgan der sozialdemokratischen Partei Deutschlands 11/123 vom 31. Mai 1894, S. 4.

280 N. N.: »Der Berliner Bierkrieg«, in: Neueste Mittheilungen vom 6. Juli 1894, S. 1.
281 Nach Struve: Der Berliner Bierboykott, S. 177.
282 Vgl. J. C. Roeckes große Annonce für Kulmbacher Bier in der Berliner Börsen-Zeitung 282, Morgen-Ausgabe, 3. Beilage vom 20. Juni 1894, S. 16, sowie u. a. Oldenberg: »Der Berliner Bier-Boykott«, S. 280, und Struve: Der Berliner Bierboykott, S. 181.
283 N. N.: »In eine Gastwirthschaft«, in: Teltower Kreisblatt 38/158 vom 14. August 1894, S. 631.
284 Struve: Der Berliner Bierboykott, S. 247.
285 Verein der Brauereien Berlins und der Umgegend: »Bekanntmachung«, in: Berliner Tageblatt und Handels-Zeitung 23/341, Morgen-Ausgabe vom 8. Juli 1894, S. 4.
286 Nach Struve: Der Berliner Bierboykott, S. 179.
287 Ignaz Auer: »Entwickelung und Stand des Berliner Bier-Boykotts«, in: Sozialpolitisches Centralblatt 3/40 vom 2. Juli 1894, S. 473–475; Zitat S. 475.
288 Bernstein: Ignaz Auer, S. 8.
289 Ebenda, S. 15.
290 Vgl. N. N.: »Auf Requisition«, in: Dresdner Nachrichten. Tageblatt für Unterhaltung und Geschäftsverkehr 19/91 vom 1. April 1874, S. 1. Demnach war Auer vom Montag, dem 30. März, bis zum Montag, dem 6. April, vom Königlichen Bezirksgericht Dresden im Arresthaus in der Landhausstraße »in Haft genommen worden«.
291 Carl Müller: »Bernau, 3. Dez.«, in: Der Volksstaat 100 vom 14. Dezember 1872, S. 4.
292 Ignaz Auer: »Chemnitz, 12. März«, in: Der Volksstaat. Organ der sozialdemokratischen Arbeiterpartei und der internationalen Gewerksgenossenschaften 24 vom 22. März 1873, S. 3.
293 Ebenda.
294 Nach Bernstein: Ignaz Auer, S. 23.
295 Ignaz Auer: »Mainz, 23. Juni«, in: Der Volksstaat. Organ der sozialdemokratischen Arbeiterpartei und der internationalen Gewerksgenossenschaften 76 vom 3. Juli 1874, S. 4.
296 Ebenda.
297 Theodor Heuss: Vorspiele des Lebens. Jugenderinnerungen (1953), Stuttgart/Zürich/Salzburg o. J. (= Sonderausgabe Europäischer Buchklub), S. 246.
298 Dazu Ursula Herrmann: »Zum 85. Todestag August Bebels. Familienbriefe von August und Julie Bebel an Agnes und Ignatz Auer«, in: Beiträge zur Geschichte der Arbeiterbewegung 40/3, 1998, S. 57–79; besonders S. 59.
299 Stenographische Berichte über die Verhandlungen des Deutschen Reichstags. III. Legislaturperiode. II. Session 1878. Erster Band, Berlin 1878, S. 307.
300 Eduard Bernstein: »Ignaz Auer, der Führer, Freund und Berater«, in: Sozialistische Monatshefte 11 = 13/5, Mai 1907, S. 339–348; Zitat S. 343.
301 Auer: Nach zehn Jahren (wie Anm. 15), S. 64.
302 Vgl. Nachtrag zum Berliner Adreß-Buch für das Jahr 1879. Unter Benutzung amtlicher Quellen redigirt von A. Ludwig. Herausgegeben von W(ilhelm) & S(alo) Loewenthal. 11. Jahrgang, Berlin 1879, S. 21.
303 So August Bebels Beschreibung der Behausung der Auers in Schwerin (nach Herrmann: »Zum 85. Todestag August Bebels« [wie Anm. 298], S. 59).
304 Gelegentlich sprach Ignaz Auer von sich selbst als »altem Knaster« (vgl. Lilly Braun: Memoiren einer Sozialistin. Kampfjahre, München 1911, S. 209).
305 Ignaz Auer: Von Gotha bis Wyden. Vortrag, gehalten zu Berlin am 30. Mai 1900 (= Sozialistisches Monatsheft), Berlin 1901, S. 13.
306 Ignaz Auer: »Gewehr bei Fuß!«, in: Berliner Volksblatt. Organ für die Interessen der Arbeiter 7/154, 1. Beilage vom 6. Juli 1890, S. 5.
307 Art'l: Richard Roesicke, S. 5.
308 So die verblüffte Feststellung seines Biographen bei dessen erster Begegnung mit Richard Roesicke (vgl. Art'l: Richard Roesicke, S. 36).
309 N. N.: »Bierboykott-Kommission« in: Vorwärts. Berliner Volksblatt. Zentralorgan der sozialdemokratischen Partei Deutschlands 11/149, Beilage vom 30. Juni 1894, S. 5.
310 N. N.: »Die Friedensliebe der Ringbrauer«, in: Vorwärts. Berliner Volksblatt. Zentralorgan der sozialdemokratischen Partei Deutschlands 11/152, Beilage vom 4. Juli 1894, S. 5.
311 U. a. in der *Norddeutschen Allgemeinen Zeitung* vom 5. Juli 1894 wird der Verfasser des Schreibens, in dem die Absage begründet worden war, namentlich genannt: »Dr. E. Strewe, Generalsekretair«. In Wahrheit handelt es sich um Emil Struve, den späteren Verfasser der Monographie über den Berliner Bierboykott.
312 Nach Struve: Der Berliner Bierboykott, S. 218.
313 N. N.: »Politischer Tagesbericht. Berlin, 25. Mai«, in: Norddeutsche Allgemeine Zeitung, Abend-Ausgabe 33/239 vom 25. Mai 1894, S. 1.
314 N. N.: »Die letzte im Buggenhagenschen Saale stattgehabte Versammlung«, in: Berliner Tageblatt 23/363, Morgen-Ausgabe, 2. Beiblatt vom 20. Juli 1894, S. 9.
315 Hugo Heinemann: »Die Strafbarkeit des Boykotts nach geltendem Reichsrecht«, in: Sozialpolitisches Centralblatt 3/44 vom 30. Juli 1894, S. 525–527; Zitat S.5 27.
Im übrigen hat sich auch der Kaiser mit dem Bierboykott befasst und eine gutachterliche Stellungnahme des Preußischen Staatsministeriums zu der Frage verlangt, »ob es zweckmässig sei, in Preussen, eventuell auf gesetzlichem Wege, gegen den Unfug des Boykotts vorzugehen und nötigenfalls die gesetzlichen Bestimmungen zu verschärfen« (N. N.: »Boykott und Anarchismus in Preußen«, in: Das Echo. Wochenschrift für Politik, Litteratur, Kunst und Wissenschaft 13/622 (31) vom 2. August 1894, S. 1081f.; Zitat S. 1081).
Dies hat das Staatsministerium in der Tat zum Beispiel am 13. Juli 1894 auch getan, als es beschloss: »Kommissarische Beratungen über gesetzliche Maßnahmen gegen das Boykottieren sollen stattfinden« (»Sitzung

des Staatsministeriums am 13. Juli 1894«, in: Acta Borussica. Neue Folge. 1. Reihe: Die Protokolle des Preußischen Staatsministeriums 1817–1934/38, hg. von der Berlin-Brandenburgischen Akademie der Wissenschaften unter Leitung von Jürgen Kocka und Wolfgang Neugebauer. Band 8/I: 21. März 1890 bis 9. Oktober 1900, bearbeitet von Hartwin Spenkuch, Hildesheim/Zürich/New York 2003, S. 160f.; Zitat S. 161 sowie vor allem dort Anm. 2).
Das Ergebnis dieser Gespräche war nach sechs Sitzungen einer siebenköpfigen aus Geheimen Regierungs-, Oberjustiz- und -finanzräten bestehenden Kommission aus mehreren Ämtern und Ministerien ein viele Seiten langes Protokoll, aus dem hervorgeht, dass man sich behördlicherseits aus der Sache heraushalten wolle. Einmal, weil die Herren das mit einem Boykott einhergehende Geschehen nicht im juristischen Sinne konkret genug fassen konnten (zum Beispiel handele es sich dabei in der Regel [!] nicht um eine Anreizung zur Gewalt); zum anderen, weil sie in keiner der aufgeworfenen Fragen Übereinstimmung erzielen konnten – schon gar nicht in der Formulierung eines dem Protokoll in Anlage I beigefügten Gesetzentwurfs (man stritt sich zum Beispiel über die Anwendbarkeit eines ein Bild enthaltenden Begriffs wie »lahmlegen« in einem Gesetzestext, wohingegen »hindern« oder »verhindern« wiederum zu eng gefasst sei).
Am Ende überließen es die sieben hochkarätigen Kommissare den »in brutaler Weise« vom Boykott betroffenen Gewerbetreibenden, sich selbst zu schützen (vgl. das »Ergebnis der kommissarischen Beratungen über etwaige gesetzliche Maßnahmen gegen das Boykottunwesen« vom 3. Oktober 1894, in: Quellensammlung zur Geschichte der deutschen Sozialpolitik 1867 bis 1914 etc., III. Abteilung (1890–1904), 4. Band: Ausbau und Differenzierung der Sozialpolitik seit Beginn des Neuen Kurses (1890–1904), bearbeitet von Wilfried Rudloff, Mainz 2011, Nr. 39, S. 170–179; Zitat S. 171, und z. B. auch N. N.: »Ist der Boykott strafbar?«, in: Volks-Zeitung. Organ für Jedermann aus dem Volke 42/333, Morgenblatt vom 4. August 1894, S. 3.

316 So nannte er sich später selbst. Vgl. Reuter: Paul Singer, S. 293, Anm. 81.

317 N. N.: »Der Bierboykott vor dem Gewerbegericht«, in: Vorwärts. Berliner Volksblatt. Zentralorgan der sozialdemokratischen Partei Deutschlands 11/154, Beilage vom 5. Juli 1894, S. 6.

318 Ebenda, S. 6; vgl. auch N. N.: »Die Brauereiarbeiter«, in: Vorwärts. Berliner Volksblatt. Zentralorgan der sozialdemokratischen Partei Deutschlands 11/155, 2. Beilage vom 7. Juli 1894, S. 10f.

319 N. N.: »Auf Anregung des ersten Vorsitzenden«, in: Berliner Tageblatt 23/337, Morgen-Ausgabe, 2. Beiblatt vom 6. Juli 1894, S. 9.

320 N. N.: »In Rixdorf« (wie Anm. 144), S. 8.

321 Struve: Der Berliner Bierboykott, S. 232.

322 N. N.: »Die in einigen bürgerlichen Blättern«, in: Vorwärts. Berliner Volksblatt. Zentralorgan der sozialdemokratischen Partei Deutschlands 11/155, 1. Beilage vom 7. Juli 1894, S. 5.

323 Vgl. Bernstein: Die Geschichte der Berliner Arbeiterbewegung, S. 340.

324 N. N.: »Der Bierboykott«, in: Vorwärts. Berliner Volksblatt. Zentralorgan der sozialdemokratischen Partei Deutschlands 11/156, 1. Beilage vom 8. Juli 1894, S. 5.

325 N. N.: »31 Volks-Versammlungen«, in: Vorwärts. Berliner Volksblatt. Zentralorgan der sozialdemokratischen Partei Deutschlands 11/156 vom 12. Juli 1894, S. 4.

326 Alle Zitate in diesem Absatz aus N. N.: »Zum Ausschluß der Böttcher«, S. 1f.

327 N. N.: »Vom Berliner Bierkrieg«, in: Abendpost (Chicago) 6/204, 5 Uhr-Ausgabe vom 28. August 1894, S. 3.

328 N. N.: »Vergleichsweise«, in: Kladderadatsch 47/28 vom 15. Juli 1894, S. 111.

329 Struve: Der Berliner Bierboykott, S. 229.

330 N. N.: »In Rixdorf« (wie Anm. 144), S. 8.

331 N. N.: »Der Stand des Bier-Boykotts«, in: Vorwärts. Berliner Volksblatt. Zentralorgan der sozialdemokratischen Partei Deutschlands 11/138, 1. Beilage vom 17. Juni 1894, S. 5.

332 Bernstein: Die Geschichte der Berliner Arbeiterbewegung, S. 336.

333 N. N.: »Der vorgestrige erste schöne Sonntag seit Bestehen des Bierboykotts«, in: Norddeutsche Allgemeine Zeitung 33/280 vom 19. Juni 1894, S. 2.

334 N. N.: »Am 31. August«, in: Vorwärts. Berliner Volksblatt. Zentralorgan der sozialdemokratischen Partei Deutschlands 11/205 vom 4. September 1894, S. 7.

335 N. N.: »In einer Versammlung«, in: Berliner Tageblatt 23/337, Morgen-Ausgabe vom 6. Juli 1894, S. 2.

336 N. N.: »Der Pullmann-Boykott«, in: Berliner Börsen-Zeitung 306, Morgen-Ausgabe vom 4. Juli 1894, S. 1.

337 N. N.: »Zum Berliner Bier-Boycott«, in: Neue Freie Presse 10739 vom 17. Juli 1894, S. 4.

338 N. N.: »Wie der Bierboykott wirkt«, in: Berliner Tageblatt und Handelszeitung 23/434, Abend-Ausgabe vom 27. August 1894, S. 4.

339 N. N.: »Berlin, 21. Aug.«, in: Hagener Zeitung 81/196 vom 22. August 1894, S. 2 – so auch das folgende Zitat.

340 Zitiert nach N. N.: »Der ›Köln. Volksztg.‹ wird geschrieben«, in: Vorarlberger Volks-Blatt. Tagesausgabe 29/205, Beilage vom 8. September 1894, S. 5f.; Zitat S. 5.

341 N. N.: »Zur Belebung des Berliner Bierboykotts«, in: Wöchentliche Anzeigen für das Fürstenthum Ratzeburg (Schönberger Anzeigen) 64/68 vom 31. August 1894, S. 1.

342 N. N.: »Der gegenwärtige Stand des Bierboykotts«, in: Vorwärts. Berliner Volksblatt. Zentralorgan der sozialdemokratischen Partei Deutschlands 11/198, 2. Beilage vom 26. August 1894, S. 9.

343 N. N.: »Zur Belebung des Berliner Bierboykotts«, S. 1.

344 N. N.: »Der gegenwärtige Stand des Bierboykotts«, S. 10. Es dürfte sich um denselben Gastwirt handeln, von dem das *Ingolstädter Tagblatt* aus Berlin »ein hübsches Erlebniß« beschreibt – wie nämlich die Genossen in seinem Saal linientreu zunächst »das schlechte nicht-boykottirte Bier«

in sich hineinwürgen, dann aber bemerken, dass ein stiller Tischnachbar voll Behagen boykottiertes Bier trinkt, worauf ein Teil der Zecher vom Klassen- zum Gesundheitsbewusstsein überläuft und sich dem Genießer und seiner diätetischen Obstruktion anschließt: »Soll ich mir wegen Liebknechten meinen Magen verderben? Nein!« (N. N.: »Ein hübsches Erlebniß«, in: Ingolstädter Tagblatt 35/207 vom 14. September 1894, S. 6).

345 Wie Anm. 342, S. 10; so auch die weiteren Zitate in diesem Absatz.

346 N. N.: »Heute fand hier«, in: Berliner Börsen-Zeitung 537, Abend-Ausgabe vom 15. November 1894, S. 3; beziehungsweise in: Berliner Börsen-Zeitung 539, Abend-Ausgabe, 4. Beilage vom 16. November 1894, S. 20. Im nächsten Jahr waren es bereits wieder vierzehn und im übernächsten sogar sechzehn Prozent.

347 »Statut«, nach: Struve: Der Berliner Bierboykott, S. 244.

348 N. N.: »Die Lage der Ausgesperrten«, in: Vorwärts. Berliner Volksblatt. Zentralorgan der sozialdemokratischen Partei Deutschlands 11/203, 2. Beilage vom 1. September 1894, S. 10.

349 Vgl. Backert: Geschichte der Brauereiarbeiterbewegung, S. 436.

350 Wie Anm. 348, S. 10.

351 Bernstein: Die Geschichte der Berliner Arbeiterbewegung, S. 344.

352 N. N.: »Ein Feld segensreicher Thätigkeit«, in: Vorwärts. Berliner Volksblatt. Zentralorgan der sozialdemokratischen Partei Deutschlands 11/164, 1. Beilage vom 18. Juli 1894, S. 5.

353 Timon d. J. (d. i. vermutlich Richard Nordhausen): »Der Berliner Dünnbier-Boycott«, in: *Die Gegenwart. Wochenschrift für Literatur, Kunst und öffentliches Leben* 45/21 vom 26. Mai 1894, S. 334f.; Zitat S. 334.

354 N. N.: »Das sozialdemokratische Volksfest«, in: Vorwärts. Berliner Volksblatt. Zentralorgan der sozialdemokratischen Partei Deutschlands 11/139, 1. Beilage vom 19. Juni 1894, S. 6.

355 Ebenda. Eine detaillierte Beschreibung der Veranstaltung findet sich in der »Monats-Umschau«, in: Kirchliche Monatsschrift. Organ für die Bestrebungen der positiven Union 13/10, 1894, S. 711f.

356 Vgl. Franz Brümmer: »*Scävola, C. M.«, in: Ders.: Lexikon der deutschen Dichter und Prosaisten vom Beginn des 19. Jahrhunderts bis zur Gegenwart. Sechste völlig neu bearbeitete und stark vermehrte Auflage. Sechster Band: Risch bis Spiller, Leipzig 1913, S. 124. Seine Berliner Adresse nach Dietmar Trempenau: Frühe sozialdemokratische und sozialistische Arbeiterdramatik (1890–1914). Entstehungsbedingungen – Entwicklungslinien – Ziele – Funktionen (= Diss. Berlin), Berlin 1977, S. 227, Anm. 5. Dem *Vorwärts* war die Adresse »unbekannt« (»Briefkasten der Redaktion«, in: Vorwärts. Berliner Volksblatt. Zentralorgan der sozialdemokratischen Partei Deutschlands 13/228, 1. Beilage vom 29. September 1896, S. 7).

357 Die Tatsache, daß Scävolas Gedichtsammlung *Rothe Wolken, rothe Wipfel und andere rothe Lieder* sowie die Gedichtsammlung *Nasse Augen, blasse Lippen und andere rothe Lieder* ebenso wie sein Drama *Die erste Reichstagssitzung im Zukunftsstaat* 1893 und 1893 beziehungsweise 1893 sowohl unter dem Namen »C.M. Scävola« als auch – wo er sich doch

*Die Bösen Buben* – von links: Carl Meinhard, Dr. Leo Wulff alias C. M. Scävola, Rudolf Bernauer und Paul Schwaiger – in ihrer Eröffnungsvorstellung am 16. November 1901 im Vereinshaus der Berliner Künstler in der Bellevuestraße 3

unterdessen ›einen Namen gemacht‹ hatte – 1893 und 1893 beziehungsweise 1908 unter dem Namen »Leo Wulff« erschienen ist, weist denjenigen, der das Pseudonym »Scävola« lüften will, auf den am 24. Januar 1874 in Stralsund geborenen Schriftsteller Dr. Leo Wulff als denselben Urheber hin, der dem Deutschen Buchgewerbemuseum Leipzig im Frühjahr 1903 sein 1902 erschienenes Buch *Na also! sprach Zarathustra und anderes Humoristisches und Parodistisches* geschenkt hat.
Zu dieser Zeit war er bereits in Berlin Redakteur der *Lustigen Blätter* und Verleger des *Humoristischen Extrablatts* und machte im Jahr 1901 zusammen mit Carl Meinhard, Rudolf Bernauer und Paul Schwaiger sowie dem Komponisten Leo Fall Furore als Mitglied des Kabarett-Ensembles *Die Bösen Buben* im Künstlerhaus in der Bellevuestraße 3 und anschließend als *spiritus rector* des einmal im Jahr zur Faschingszeit dort stattfindenden legendären »Böse-Buben-Balls«.
1904 ging er als Redakteur des Witzblatts *Der Floh* und Rezensent des dortigen Tagblatts *Die Zeit* nach Wien, wo er im Hôtel de France regelmäßige »Künstlerabende« veranstaltete.
Seit 1909 arbeitete er als Chefredakteur der *Hamburger Woche* in Hamburg sowie ab 1911 als Dramaturg am dortigen Neuen Theater und ab 1917 am Altonaer Schillertheater. In der Hansestadt erlag er nicht lange nach seiner Verehelichung mit Marianne König – betrauert von seiner Ehefrau Dr. Meta Sachs – am 12. August 1929 im Alter von fünfundfünfzig Jahren einem Herzleiden (vgl. zu alldem das Archiv für Buchgewerbe 40, Heft 3, 1903, S. 2, sowie Franz Brümmer: »Wulff, Leo«, in: Ders.: Lexikon der deutschen Dichter und Prosaisten vom Beginn des 19. Jahrhunderts bis zur Gegenwart. Sechste völlig neu bearbeitete und stark vermehrte Auflage. Achter Band: Wißmann bis Zyböri, Leipzig 1913, S. 49, und Helga Bemmann: »Die Bösen Buben«, in: Dies.: Berliner Musenkinder-Memoiren. Eine heitere Chronik von

1900–1930, Berlin 1987, S. 29–40; unter der Eingabe »Leo Wulff« oder »Dr. Leo Wulff« finden sich bei Google zahlreiche weitere Lebensspuren dieses vielseitigen Mannes.)
Dass er neben dem Scävola-Pseudonym auch noch die Alias-Namen »Walther von der Hasenheide« und in Anspielung auf seine Körpergröße »Pipifax«, »Bubi« und »Pulex« (auf Deutsch »Floh«) verwendet hat, ist eine andere Geschichte … (vgl. N. N.: »Die Vermummten der deutschen Gegenwart und jüngsten Vergangenheit«, in: Münsterischer Anzeiger 61/95. Erste Ausgabe, 2. Blatt vom 8. Februar 1912, S. 1).

358 Nach Gudrun und Hans Heinrich Klatt: »Einleitung«, in G. M. Scaevola: Gedichte und Stücke. Herausgegeben von Gudrun und Hans Heinrich Klatt (= Textausgaben zur frühen sozialistischen Literatur in Deutschland. Herausgegeben vom Zentralinstitut für Literaturgeschichte der Akademie der Wissenschaften der DDR durch Dr. Ursula Münchow, Bd. XX), Berlin 1977, S. XXXI.

359 »Das Karnickel sein« meinte seinerzeit »mit etwas angefangen haben«, »schuld an etwas sein« (vgl. N. N.: »Das Karnickel hat angefangen«, in: Sonntags-Blatt zur Unterhaltung und Belehrung. Gratis Beilage zur »Teplitzer Zeitung« 33 vom 11. Dezember 1870, S. 132.

360 C. M. Scävola: »Die ›bösen Sieben‹«, in: Ders.: Rothe Bier-Boykott-Lieder. Nach berühmten Mustern und Melodien, Berlin 1894, S. 7f.

361 Emanuel Geibel: »Rühret nicht daran!«, in: Ders.: Gedichte, Berlin 1848, S. 289f; Zitat S. 289.

362 C. M. Scävola: »Rühret nicht daran. Frei nach Emanuel Geibel«, in: Ders.: Rothe Bier-Boykott-Lieder, S. 9.

363 Vgl. die diesbezügliche Annonce in: Vorwärts. Berliner Volksblatt. Zentralorgan der sozialdemokratischen Partei Deutschlands 11/198, 2. Beilage vom 26. August 1894, S. 12.

364 N. N.: »Die Rothen Bierboykott-Lieder konfiszirt!«, in: Vorwärts. Berliner Volksblatt. Zentralorgan der sozialdemokratischen Partei Deutschlands 11/197, 1. Beilage vom 25. August 1894, S. 5.
Ähnliches geschah 1904 noch einmal, als Dr. Leo Wulff wegen einer »Buschiade« in seinem *Humoristischen Extrablatt* unter Ausschluss der Öffentlichkeit zu einer Geldstrafe von 50 Mark und der Tragung der Gerichtskosten verurteilt wurde (N. N.: »Vom Kampf gegen den Humor«, in: Vorwärts. Berliner Volksblatt. Zentralorgan der sozialdemokratischen Partei Deutschlands 21/56 vom 6. März 1904, S. 4).

365 Alle Recherchen lassen vermuten, dass das einzige noch erhaltene Exemplar dieses Werks jenes ist, das sich heute in der Bibliothek der Stiftung Archiv der Parteien und Massenorganisationen der DDR im Bundesarchiv (SAPMO) Referat StB 1 in Berlin-Lichterfelde befindet.

366 Das Wort hat eine beklagenswerte Entwicklung hinter sich: War es zu Beginn der 1870er Jahre eine Bezeichnung für Bier von »trauriger Beschaffenheit« (siehe z.B. N. N.: »Der hiesige Verein«, in: Berliner Börsen-Zeitung, Morgen-Ausgabe vom 26. Juni 1873, S. 5), wird es jetzt – ebenso wie »gefärbtes Wasser« – von den die Brauereien boykottierenden Arbeitern für das Produkt ihrer Mühen schlechthin verwendet, egal von welcher Qualität es ist.

367 N. N.: Die Bierprotzen. Zum Boykott 1894, Berlin o. J. (1894), S. 5f.

368 Ebenda, S. 12f.

369 Ebenda, S. 23f.

370 N. N.: »Daß der Bierboykott«, in: Vorwärts. Berliner Volksblatt. Zentralorgan der sozialdemokratischen Partei Deutschlands 11/156, 1. Beilage vom 8. Juli 1894, S. 6.

371 N. N.: »Berliner Boykottpoesie«, in: General Anzeiger für Dortmund und die Provinz Westfalen 7/165 vom 17. Juli 1894, S. 2.

372 N. N.: »Sonntagsplauderei«, in: Vorwärts. Berliner Volksblatt. Zentralorgan der sozialdemokratischen Partei Deutschlands 11/162, 2. Beilage vom 15. Juli 1894, S. 9.

373 Eine schmeichelhafte Wortprägung in der satirischen Wiedergabe eines Telefongesprächs zwischen Wien und Berlin in der Wiener Zeitschrift Der Floh 27/1 vom 6. Januar 1895, S. 4.

374 Friedrich Kaskeline: »Furchtbare Folgen des Berliner Bier-Boykotts«, in: Glühlichter, Humoristisch- satirisches Arbeiterblatt (Wien) 5/120 vom 22. Juni 1894, S. 5.

375 N. N.: »Berliner Bier-Boykott«, in: Der wahre Jakob. Illustrierte Zeitschrift für Satire, Humor und Unterhaltung 208, 1894, S. 1739.

376 N. N.: »Blitzdraht-Meldungen«, in: Der wahre Jakob. Illustrierte Zeitschrift für Satire, Humor und Unterhaltung 213, 1894, S. 1781.

377 Joseph Victor von Scheffel: »Im schwarzen Walfisch zu Askalon«, in: Ders.: Im schwarzen Walfisch zu Askalon (1854), Nachdruck Frankfurt am Main 2020, S. 2.

378 N. N.: »Im schwarzen Walfisch zu Askalon«, in: Der wahre Jakob. Illustrierte Zeitschrift für Satire, Humor und Unterhaltung 206, 1894, S. 1721.

379 »Moll (vom lat. *mollis*, weich)«, in: Brockhaus' Konversations-Lexikon. Vierzehnte vollständig neubearbeitete Auflage. Elfter Band. Leber-More, Berlin und Wien 1894, S. 976.

380 Struve: Der Berliner Bierboykott, S. 200 Anmerkung. Wie ahnungslos diese Aussage ist, kann der Leser des vorliegenden Buches in der »Chronik« unter dem Datum des 4. Juli, des 11. und 12. September sowie des 28. November 1894 erkennen.

381 N. N.: »Gewerkschaftliches«, in: Vorwärts. Berliner Volksblatt. Zentralorgan der sozialdemokratischen Partei Deutschlands 11/186, 2. Beilage vom 12. August 1894, S. 9.
Die Lebensregel wird für gewöhnlich dem englischen Barockdichter und Sprichwortsammler George Herbert zugeschrieben. In dessen *Jacula Prudentum* von 1652 lautet es aber »*An ill agreement is better than a good judgment*« (vgl. The English Poems og George Herbert together with his Collection of Proverbs entitled Jacula Prudentum, London & New York 1891, S. 229). Wahrscheinlicher ist, dass Herbert ›sein‹ Sprichwort im Deutschen (oder Holländischen oder Dänischen) gefunden hat (vgl. Henry George Bohn: A Polyglot of Foreign Proverbs etc. London 1857, S. 135 [und S. 314 sowie S. 350]).

382 N. N.: »In einer am Freitag Nachmittag«, in: Berliner Tageblatt 23/340, Abend-Ausgabe vom 7. Juli 1894, S. 3.

383 Ebenda, S. 3. Diese Versicherung gab Jacobi bei verschiedenen Gelegenheiten ab, so z. B. ebenso auf einer Versammlung von Saalbesitzern am 15. Juni 1894 im Boltz'schen Lokal in der Alten Jakobstraße 75, auf der er »versicherte, es sei genug Geld vorhanden, um jeden Gastwirth, der durch den Boykott Schaden leide, zu unterstützen« (N. N.: »Berlin, 16.Juni«, in: Echo der Gegenwart 46/138, erstes Blatt vom 19. Juni 1894, S. 2).

384 N. N.: »Vom Berliner Bierkrieg«, S. 3.

385 N. N.: »Zum Bierboykott«, in: Berliner Börsen-Zeitung 422, Morgen-Ausgabe vom 9.September 1894, S. 6f; Zitat S. 6.

386 Ebenda.

387 N. N.: »Zum Saalboykott«, in: Vorwärts. Berliner Volksblatt. Zentralorgan der sozialdemokratischen Partei Deutschlands 11/210, 1. Beilage vom 9. September 1894, S. 5.

388 N. N.: »Vom Bier-Boykott und der Saalsperre in Berlin«, in: General-Anzeiger für Bonn und Umgegend 1685 vom 12. September 1894, S. 6.

389 N. N.: »Bierboykott und Saalsperre«, in: Vorwärts. Berliner Volksblatt. Zentralorgan der sozialdemokratischen Partei Deutschlands 11/216, 1. Beilage vom 16. September 1894, S. 5.

390 N. N.: »Zum Bierboykott«, in: Bürger-Zeitung. Düsseldorfer Abend-Zeitung 216 vom 18. September 1894, S. 2.
Auer war schon lange der Ansicht, dass es, wie er gegenüber dem Verband der Gast- und Schankwirte Berlins und Umgegend bekundete, bei diesem Boykott »nur Geschädigte geben kann, ohne das irgend Jemand Vorteile erreichen kann« (nach Struve: Der Berliner Bierboykott, S. 218 und S. 268).

391 Wie Anm. 389, S. 5.

392 Ebenda, S. 5.

393 Bericht über die Einigungsversuche in Angelegenheiten des Berliner Bierboykotts 1894, Berlin 1894, S. 22.
Struve lokalisiert das Zitat »in einer Reichstagsrede« (Der Berliner Bierboykott von 1894, S. 273) und übernimmt damit ohne Quellenangabe eine Mitteilung aus Karl Oldenbergs im Jahr zuvor erschienenen Aufsatz »Der Arbeitsnachweis im Berliner Braugewerbe«, wo der Ausspruch »im Reichstage« angesiedelt wird (Jahrbuch für Gesetzgebung, Verwaltung und Volkswirtschaft im Deutschen Reiche 20/4, 1896, S. 1393–1408; Zitat S. 1402 [= S. 312]).
In dieser Studie wiederum ist das Bebelwort eingebettet in einen Kontext, in dem es nicht aus dem Munde des Brauereidirektors Goldschmidt zu kommen scheint, sondern aus dem seines Widersachers Ignaz Auer. Um die Verwirrung noch zu steigern, ist es entgegen der Angabe Oldenbergs in den stenographischen Protokollen der Verhandlungen des Deutschen Reichstags nicht nachzuweisen. (Ich bedanke mich bei Olaf Guercke und Sven Haarmann von der Friedrich-Ebert-Stiftung e. V. in Bonn für ihre Hilfe bei meinem – vergeblichen – Bemühen, das Wann und Wo des Bebel'schen Ausspruchs zu ermitteln.)

394 Wie Anm. 393, S. 29.

395 Ebenda, S. 29.

396 Ebenda, S. 44.

397 Ebenda, S. 28.

398 Ebenda, S. 42.

399 Ebenda, S. 45.

400 Ebenda, S. 52.

401 Ebenda, S. 53.

402 Ebenda, S. 84.

403 Ebenda, S. 97.

404 Ebenda, S. 100.

405 Ebenda, S. 100.

406 Ebenda, S. 42.

407 N. N.: »Locales«, in: Berliner Börsen-Zeitung 483, Abend-Ausgabe vom 15. Oktober 1894, S. 4.

408 Ignaz Auer: »Zu den Boykottverhandlungen«, in: Vorwärts. Berliner Volksblatt. Zentralorgan der sozialdemokratischen Partei Deutschlands 11/240, 1. Beilage vom 14. Oktober 1894, S. 5.

409 Vgl. Struve: Der Berliner Bierboykott, S. 290f. Anmerkung.

410 Ebenda, S. 290f. Anmerkung; Zitat S. 291.

411 Nach Stolt: Geschichte des Vereins der Berliner Gastwirte, S. 104.

412 N. N.: »Eine sehr zahlreich besuchte Versammlung«, in: Vorwärts. Berliner Volksblatt. Zentralorgan der sozialdemokratischen Partei Deutschlands 11/233, 1. Beilage vom 6. Oktober 1894, S. 6.

413 Ebenda.

414 Ebenda.

415 Ebenda.

416 Vgl. Struve: Der Berliner Bierboykott, S. 293.

417 Ignaz Auer: »Rückblick auf den Berliner Bierboykott«, in: Sozialpolitisches Centralblatt 4/14 vom 31. Dezember 1894, S. 159–162; Zitat S. 159.

418 Backert: Geschichte der Brauereiarbeiterbewegung, S. 592.

419 tsch.: »In der hiesigen Dorfaue«, in: Teltower Kreisblatt 38/186 vom 15. September 1894, S. 712.

420 Wie Anm. 417, S. 162.

421 Struve: Der Berliner Bierboykott, S. 296.

422 Ebenda, S. 293.

423 Ebenda, S. 294.

424 Nach ebenda, S. 294f.

425 Wie Anm. 417, S. 162.

426 Vgl. N. N.: »Berlin, 3.Juli. (Privattelegramm)«, in: Leipziger Tageblatt und Anzeiger 88/336, Morgen-Ausgabe vom 4. Juli 1894, S. 2.

427 Vgl. N. N.: »Der sozialdemokratische Reichstagsabgeordnete Auer«, in: Dresdner Nachrichten 39/293 vom 20. Oktober 1894, S. 3.

428 N. N.: »Die ›Freisinnige Zeitung‹«, in: Vorwärts. Berliner Volksblatt. Zentralorgan der sozialdemokratischen Partei Deutschlands 11/246, 1. Beilage vom 21. Oktober 1894, S. 5.

429 N. N.: »Arbeiter, Parteigenossen!«, in: Vorwärts. Berliner Volksblatt. Zentralorgan der sozialdemokratischen Partei Deutschlands 11/240 vom 14. Oktober 1894, S. 1.

430 Ebenda, 1.Beilage, S. 5.

431 N. N.: »Locales«, in: Berliner Börsen-Zeitung 566, Morgen-Ausgabe vom 4. Dezember 1894, S. 5f.

432 Vgl. N. N.: »Berlin, 3. Dez.«, in: Badische Landeszeitung 285, 1. Blatt vom 6. Dezember 1894, S. 2.

433 Vgl. Struve: Der Berliner Bierboykott, S. 306.

434 N. N.: »Boykottschmerzen«, in: Vorwärts. Berliner Volksblatt. Zentralorgan der sozialdemokratischen Partei Deutschlands 11/285, 1. Beilage vom 7. Dezember 1894, S. 6.

435 Ebenda.

436 C. H.: »Berlin, 9. Dezember«, in: Leipziger Tageblatt und Anzeiger 88/630, Abend-Ausgabe vom 10. Dezember 1894, S. 2.

437 N. N.: »Wie der Boykott in Berlin W. wirkt«, in: Vorwärts. Berliner Volksblatt. Zentralorgan der sozialdemokratischen Partei Deutschlands 11/290, 1. Beilage vom 13. Dezember 1894, S. 7.

438 So veröffentlichte das *Neue Wiener Tagblatt* Ende August eine Tabelle, in der es die Notierungen vom Mai mit denen vom August verglich und zu dem Schluss kam, dass dieselben »nicht erheblich durch den Boykott berührt worden [sind]; vereinzelt, wie bei der Brauerei Friedrichshain, sind sogar Kursbesserungen zu verzeichnen« (N. N.: »Die Berliner Brauereiaktien und der Bierboykott«, in: Neues Wiener Tagblatt. Demokratisches Organ 28/229 vom 21. August 1894, S. 6f.). Zu einem ähnlichen Ergebnis kam kurze Zeit später die dortige *Brauer- und Hopfen-Zeitung*, die deshalb noch eins draufsetzte und vom Berliner Bierboykott kurzerhand meinte, er sei »nicht gar ernst zu nehmen« (N. N.: »Der Boycott und die Brauereiactien«, in: Brauer und Hopfen-Zeitung [Wien] 21/17 vom 1. September 1894, S. 10).

439 Bernstein: Die Geschichte der Berliner Arbeiterbewegung, S. 348.

440 Richard Roesicke: »Das Ende des Bierboykotts und der Arbeitsnachweis der Berliner Brauereien. Vortrag, gehalten [im Januar 1895] in der staatswissenschaftlichen Gesellschaft zu Berlin«, in: *Preußische Jahrbücher* 79, Berlin 1895, S. 312–333; Zitat S. 323.

441 Ebenda, S. 315.

442 N. N.: »Die artigen Kinder in der Schultheiß-Brauerei«, in: Vorwärts. Berliner Volksblatt. Zentralorgan der sozialdemokratischen Partei Deutschlands 11/112, Beilage vom 18. Mai 1894, S. 6.

443 N. N.: »Also doch!«, in: Vorwärts. Berliner Volksblatt. Zentralorgan der sozialdemokratischen Partei Deutschlands 11/138, 1. Beilage vom 17. Juni 1894, S. 6.

444 Wie Anm. 440, S. 316f.

445 Ebenda, S. 317.

446 Nach Struve: Der Berliner Bierboykott, S. 335.

447 N. N.: »Die Boykottkommission«, in: Vorwärts. Berliner Volksblatt. Zentralorgan der sozialdemokratischen Partei Deutschlands 11/300, 1. Beilage vom 25. Dezember 1894, S. 5.

448 N. N.: »An einer Bierkontrollkarte«, in: Vorwärts. Berliner Volksblatt. Zentralorgan der sozialdemokratischen Partei Deutschlands 11/300, 1. Beilage vom 25. Dezember 1894, S. 6.

449 »Der Arbeitsnachweis des Vereins der Brauereien Berlins und der Umgegend«, in: Vorwärts. Berliner Volksblatt. Zentralorgan der sozialdemokratischen Partei Deutschlands 11/301, 1. Beilage vom 28. Dezember 1894, S. 5f.
Siegfried Kracauer hat es uns durch ein am 17. Juni 1930 in der *Frankfurter Zeitung* erschienenes Feuilleton mit dem Titel »Über Arbeitsnachweise. Konstruktion eines Raumes« ermöglicht, uns ein Bild von der Realität dieser Einrichtung zu machen (u. a. in: *Straßen in Berlin und anderswo*. Erweiterte Ausgabe. Mit einem Nachwort von Reimar Klein [= Bibliothek Suhrkamp 1449], Frankfurt am Main 2009, S. 72–82).

450 N. N.: »Der Berliner Bierboykott«, in: Vorwärts. Berliner Volksblatt. Zentralorgan der sozialdemokratischen Partei Deutschlands 11/303, 2. Beilage vom 30. Dezember 1894, S. 9.

451 Ebenda, S. 9f.; Zitat S. 9.

452 Ebenda, S. 9.

453 Ebenda, S. 10.

454 Ebenda, S. 10.

455 N. N.: »Zum Bierboykott«, in: Berliner Börsen-Zeitung 1, Morgen-Ausgabe vom 1. Januar 1895, S. 7.

456 Ebenda, S. 7.

457 N. N.: »Der Berliner Bierboykott (1895)«, S. 4.

458 Ebenda, S. 4. Diesen Trumpf zog Singer noch öfter aus der Tasche (vgl. N. N.: »Rixdorf«, in: Vorwärts. Berliner Volksblatt. Zentralorgan der sozialdemokratischen Partei Deutschlands 12/1 vom 1. Januar 1895, S. 4).

459 Wie Anm. 450, S. 10.

460 (Wilhelm Liebknecht): »Die Maifeier / Resolution«, in: Protokoll über die Verhandlungen des Parteitages der Sozialdemokratischen Partei Deutschlands. Abgehalten zu Köln a. Rh. vom 22. bis 28. Oktober 1893, Berlin 1893, S. 163.

461 N. N.: »Der Bierboykott«, in: Vorwärts. Berliner Volksblatt. Zentralorgan der sozialdemokratischen Partei Deutschlands 11/303 vom 30. Dezember 1894, S. 1f.; Zitat S. 2.

462 Nach Reuter: Paul Singer, S. 294.

463 Wie Anm. 450, S. 9.

464 N. N.: »Die Beendigung des Bierboykotts«, in: Münchner Neueste Nachrichten und Handels-Zeitung, Alpine und Sport-Zeitung. Theater- und Kunst-Chronik 47/597, Vorabend-Blatt vom 28. Dezember 1894, S. 1.

465 Ebenda.

466 N. N.: »Nichts könnte der Sozialdemokratie besser passen«, in: Posener Zeitung 101/907, Mittags-Ausgabe vom 29. Dezember 1894, S. 1.

467 N. N.: »Allgemein und mit Recht«, in: Dresdner Journal 300 vom 28. Dezember 1894, abends, S. 2.

468 N. N.: »Das jetzt in Aussicht stehende Ende«, in: Norddeutsche Allgemeine Zeitung 34/605, Abend-Ausgabe vom 28. Dezember 1894, S. 1.

469 Ebenda.

470 Ebenda.
471 N. N.: »Die Berliner Bevölkerung«, in: Berliner Tageblatt 23/654, Morgen-Ausgabe vom 25. Dezember 1894, S. 1f.; Zitat S. 2.
472 Wie Anm. 468.
473 N. N.: »Erklärung«, in: Berliner Tageblatt 24/1, Morgen-Ausgabe vom 1. Januar 1895, S. 8.
474 Ebenda.
475 Stenographische Berichte über die Verhandlungen des Reichstags. IX. Legislaturperiode. III. Session. 1894/95. Erster Band, Berlin 1895, S. 192 (B); siehe ferner S. 210 (C) sowie S. 729 (B).
476 Auer: »Rückblick auf den Berliner Bierboykott«, S. 161.
477 Ebenda, S. 162.
478 Roesicke: »Das Ende des Bierboykotts«, S. 332.
479 Vgl. z. B. Karl Oldenberg: »Der Arbeitsnachweis im Berliner Braugewerbe«, in: Jahrbuch für Gesetzgebung, Verwaltung und Volkswirtschaft im Deutschen Reiche 20/4, 1896, S. 1393–1408 [= S. 303–318], der vorschlug: »Der individuelle Arbeitsvertrag müßte durch einen Gruppenvertrag ersetzt werden […].« (S. 1408 [= S. 318]).
480 Richard Freund: »Der Arbeitsnachweis im Berliner Braugewerbe«, in: Soziale Praxis. Centralblatt für Sozialpolitik 5/6 vom 7. November 1895, Sp. 149–152; Zitat Sp. 152.
481 Karl Oldenberg: »Der Berliner Bier-Boykott im Jahre 1894«, in: Jahrbuch für Gesetzgebung, Verwaltung und Volkswirtschaft im Deutschen Reiche 20/1, 1896, S. 261–293; Zitat S. 283.
482 Ebenda, S. 266.
483 Ebenda, S. 273.
484 Ebenda, S. 292.
485 Struve: Der Berliner Bierboykott, S. 383.
486 Dementsprechend ist die Rezension seines Buches im *Vorwärts* ein Totalverriss des Werks (vgl. N. N.: »Eine Geschichte des Bierboykotts«, in: Vorwärts. Berliner Volksblatt. Zentralorgan der sozialdemokratischen Partei Deutschlands 14/103, 1. Beilage vom 5. Mai 1897, S. 5).
487 Struve: Der Berliner Bierboykott, S. 121, Anm. 1 von S. 120.
488 Ebenda, S. 323. Dass Roesicke für Struve ein Idol gewesen sein muss, wird deutlich, wenn man in seiner Dissertation von 1893 scharfe Aussagen gegen das verhängnisvolle »Walten des nackten Kapitalismus« findet und so blumige Schlussworte wie: »Worauf es […] ankommt und worin überhaupt alle wirtschaftliche Kulturbethätigung gipfelt, das ist die dem Recht der Lebenden Rechnung tragende Wahrung des historischen Zusammenhanges und weiser Überleitung der jeweiligen Generationen in die abgewandelten Verhältnisse seitens der dazu berufenen Organe! Das gilt im großen wie im kleinen, im allgemeinen wie im Einzelfall: immer handelt es sich um die socialen und wirtschaftlichen Lebensinteressen der Menschen und Bürger« (Emil Struve: Die Entwicklung des Bayerischen Braugewerbes im neunzehnten Jahrhundert. Ein Beitrag zur deutschen Gewerbegeschichte der Neuzeit [= Staats- und socialwissenschaftliche Forschungen, herausgegeben von Gustav Schmoller. Zwölfter Band. Erstes Heft], Leipzig 1893, S. 257 und S. 289f.). Er dürfte in Roesicke denjenigen gesehen haben, der imstande war, solche Ideale zu realisieren.
489 Struve: Der Berliner Bierboykott, S. 293, Anm.
490 Karl Oldenberg: »Der Berliner Bierboykott«, in: Ders.: »Die Arbeitseinstellungen in Deutschland«, in: Handwörterbuch der Staatswissenschaften. Erster Supplementband, hg. von Johannes Conrad *et alii*, Jena 1895, S. 97–105; besonders S. 104f.
491 Max von Heckel: »Boykott«, in: Handwörterbuch der Staatswissenschaften. Erster Supplementband, hg. von Johannes Conrad *et alii*, Jena 1895, S. 252–257; Zitat S. 256.
492 Ebenda.
493 Max von Heckel: »Der Berliner Bierboykott im Jahre 1894«, in: Ders.: »Der Boykott«, in: Jahrbücher für Nationalökonomie und Statistik 3/10, hg. von Johannes Conrad *et alii*, Jena 1895, S. 481–510; besonders S. 492-501; Zitat S. 494.
494 Ebenda, S. 496.
495 Ebenda.
496 Ebenda.
497 Ebenda.
498 Ebenda, S. 500.
499 N. N.: »Wie der Boykott wirkt«, in: Vorwärts. Berliner Volksblatt. Zentralorgan der sozialdemokratischen Partei Deutschlands 11/296, 1. Beilage vom 20. Dezember 1894, S. 5.
500 N. N.: »Heute fand hier«, in: Berliner Börsen-Zeitung 537, Abend-Ausgabe vom 15. November 1894, S. 3.
501 Ebenda.
502 N. N.: »Der Boykott wirkt nicht« [eine ironische Variation der Rubrik »Wie der Boykott wirkt«], in: Vorwärts. Berliner Volksblatt. Zentralorgan der sozialdemokratischen Partei Deutschlands 11/256, 1. Beilage vom 2. November 1894, S. 5.
503 Richard Wolf: Jahr-Buch für die deutschen Actien-Brauereien und Actien-Malzfabriken. Statistisches Nachschlagebuch über die Vermögensverhältnisse und Geschäftsergebnisse derselben im Betriebsjahre 1892/93 [bis 1895/96]. Nach amtlichen Grundlagen zusammengestellt. 4. [bis 7.] Jahrgang, Freiburg i. B. 1894 [bis 1897].
504 Hans Delbrück: »Maßregeln gegen den Anarchismus. Der Berliner Bier-Boykott«, in: Preußische Jahrbücher 77/2, 1894, S. 385–396; Zitat S. 393.
505 Adolph von Elm: »Der Boykott als Waffe im wirtschaftlichen Kampf«, in: Sozialistische Monatshefte 1, 1905, S. 37–43; Zitat S. 37.
506 Adolf Weber: Der Kampf zwischen Kapital und Arbeit. Versuch einer systematischen Darstellung mit besonderer Berücksichtigung der gegenwärtigen deutschen Verhältnisse, Tübingen 1910, S. 475.
507 Josef Gruntzel: »Der Boykott als handelspolitische Waffe«, in: Weltwirtschaftliches Archiv 9, 1917, S. 237–241; Zitat S. 238.
508 Karl Bullemer: »Der Berliner Bierboykott 1894«, in: Ders.: »Beiträge zur Geschichte des Berliner Brauwesens und seiner Organisation«, in: Jahrbuch 1959 der Gesellschaft für die Geschichte und Bibliographie

des Brauwesens e. V., Berlin 1959, S. 11–95, besonders S. 34–56; Zitat S. 34.

509 Uwe Otto (Hg.): Der Berliner Bierboykott von 1894. Ein Beitrag zur Geschichte der sozialen Klassenkämpfe (= Sonderdruck der Berliner Handpresse), Berlin 1979, ohne Seitenzählung (Blatt 2).

510 Eleanor L. Turk: »The Great Berlin Beer Boycott of 1894«, in: Central European History 15/4, 1982, S. 377–397.

511 Ebenda, S. 397: »Thus this long and remarkably peaceful confrontation had ended essentially in a return to the *status quo*.«

512 N. N.: »Sieg oder Niederlage?«, in: Volks-Zeitung. Organ für Jedermann aus dem Volke 42/581, Morgenblatt vom 30. Dezember 1894, S. 1.

513 Im materiellen Sinne eindeutige Gewinner waren jene Börsianer, die beim kurzzeitigen Rückgang der Brauerei-Aktienkurse zu Beginn des Boykotts auf seine friedliche Beilegung spekuliert hatten. Sie konnten nach der baldigen Erholung der Notierungen und ihrem sprunghaften Anstieg nach dem Friedensschluss binnen kurzem einen kräftigen Reibach machen. »Wer zu der vertrauten Gefolgschaft der beiden Boykott-Unterhändler Singer und Rösicke gehörte«, schrieb das *Grazer Volksblatt* unter Berufung auf die *Schlesische Zeitung*, »von dem Gange der Verhandlungen beständig unterrichtet war und um ihren sicheren Abschluß wußte, konnte durch eine Hausse-Speculation in Brauerei-Actien mit leichter Mühe sicheren Gewinn machen« (N. N.: »Dem letzten Berliner Bier-Boykotte«, in: Grazer Volksblatt 28/5 vom 6. Januar 1895, S. 1).
Die in diesen Zeilen versteckte Anspielung auf das Vorhandensein und Benutzen von Insider-Wissen wies Roesicke am 12. Februar 1895 vor dem Reichstag – auch mit Rücksicht auf seine »Berufsgenossen«, denen unterstellt werde, »aus solchen unlauteren Motiven den Abschluß des Bierboykotts gebilligt zu haben« – energisch zurück (Stenographische Berichte über die Verhandlungen des Reichstags. IX. Legislaturperiode. III. Session. 1894/95. Erster Band, Berlin 1895, S. 832 (C).

514 Werner K. Blessing: »Der polarisierte industrielle Arbeitskampf: der Berliner Bierboykott von 1894«, in: Ders.: »Konsumentenprotest und Arbeitskampf. Vom Bierkrawall zum Bierboykott«, in: Klaus Tenfelde und Heinrich Volkmann (Hg.): Streik. Zur Geschichte des Arbeitskampfes in Deutschland während der Industrialisierung (= Arbeitsbücher: Sozialgeschichte und soziale Bewegung), München (Beck'sche Elementarbücher) 1981, S. 109–123; besonders S. 113–123; Zitat S. 116.

515 Stenographische Berichte über die Verhandlungen des Reichstags. IX. Legislaturperiode. III. Session. 1894/95. Erster Band, Berlin 1895, S. 833 (D).

516 Zu den Details dieser Abmachung vgl. Martin Weigert: Arbeitsnachweis, Einigungsamt und Tarifgemeinschaft im Berliner Braugewerbe, ihre Entwicklungsgeschichte und Wirksamkeit (= Staats- und sozialwissenschaftliche Forschungen, hg. von Gustav Schmoller und Max Serin, Heft 130), Leipzig 1907.

517 Zuletzt N. N.: »Die Arbeiter der Siemens-Schuckert-Werke«, in: Vorwärts. Berliner Volksblatt. Zentralorgan der sozialdemokratischen Partei Deutschlands 20/185, Beilage vom 11. August 1903, S. 5.

518 N. N.: »Tarife und Tarifgemeinschaft im gewerkschaftlichen Kampfe«, in: Correspondenzblatt der Generalkommission der Gewerkschaften Deutschlands 7/22 vom 31. Mai 1897, S. 121f.; Zitat S. 122.

519 Struve: Der Berliner Bierboykott, S. 11, wo der Autor von »einem Boykottkampf gegen mehrere Fronten« spricht, »einer Art Guerillakrieg«.

520 Bernstein: Die Geschichte der Berliner Arbeiterbewegung, S. 354.

# Chronik

## 28. Januar 1890 – 24. Januar 1895

Nachdem die Verlängerung des Sozialistengesetzes am 25. Januar 1890 im Deutschen Reichstag gescheitert war, kam es im Überschwang der Befreitheitsgefühle der Arbeiterschaft – obwohl das Gesetz noch bis zum 30. September in Kraft blieb – zu zahllosen Streiks und Boykotts. Die folgende Zeittafel beschränkt sich aus Gründen der Übersichtlichkeit und Nachvollziehbarkeit des Geschehens auf die Nennung jener Ereignisse, die mittel- und unmittelbar zum Berliner Bierboykott von 1894 geführt haben, sowie am Ende auf die Daten von diesem selbst.

**Vorausgegangene Ereignisse mit Bezug zu den folgenden**

| | | | |
|---|---|---|---|
| 1863 | Mai | Sa | Gründung des Allgemeinen Deutschen Arbeitervereins (ADAV) unter Ferdinand Lassalle in Leipzig |
| 1869 | 8. August | So | Gründung der Sozialdemokratischen Arbeiterpartei (SDAP) unter August Bebel und Karl Liebknecht in Eisenach |
| 1871 | 27. Juli | Do | Gründung des Deutschen Brauerbundes |
| 1875 | 22.–27. Mai | Fr–Mi | Vereinigung des ADAV und der SDAP zur Sozialistischen Arbeiterpartei Deutschlands (SAP) unter Wilhelm Hasenclever und Georg Wilhelm Hartmann in Gotha |
| 1878 | 21. Oktober | Mo | Kaiser Wilhelm I. verordnet das »Gesetz gegen die gemeingefährlichen Bestrebungen der Sozialdemokratie«, kurz das Sozialistengesetz |
| 1885 | 3. Januar | Sa | Gründung des 600 Mitglieder zählenden Vereins der Bierbrauergesellen Berlins und Umgegend unter Reinhold Latarius und dem Stellvertretenden Schriftführer Paul Hilpert |
| | 17. August | Mo | Erster Verbandstag des Vereins der Bierbrauergesellen Berlins und Umgegend in Berlin, auf dem der Direktor der Schultheiss-Brauerei Richard Roesicke »in Anerkennung seiner Verdienste auf dem Gebiete der Arbeiterwohlfahrt und -Fürsorge« zum Ehrenmitglied ernannt wird |
| | im August | | Gründung des Zentralvereins der deutschen Böttcher |
| 1889 | 25. Januar | Fr/Mo | der Antrag auf erneute Verlängerung des Sozialistengesetzes scheitert; in Kraft bleibt es allerdings noch bis zum 30. September |
| | 1. Mai – 15. Oktober | Mi/Di | Deutsche Allgemeine Ausstellung für Unfallverhütung im Landes-Ausstellungs-Park am Lehrter Bahnhof, in deren Verlauf die Bierbrauergesellen Kaiser Wilhelm II. im Anschluss an einen ihm zu Ehren veranstalteten Festzug am 11. Juni eine Huldigungsadresse überreichen |

| | | |
|---|---|---|
| 14.–21. Juli | So–So | Internationaler Arbeiterkongress in Paris, auf dem der 1. Mai zum Kampftag der Arbeiterbewegung proklamiert wird |
| **1890** | | **Berlin** |
| 28. Januar, 2. April | Di/Mi | der Gauverband der Brauergesellen für die Provinz Brandenburg mit seinem Vorsitzenden, dem Brauergesellen Paul Hilpert, bzw. die Gesamtvorstände der beiden Berliner Brauergesellenvereine, des Berliner Vereins sowie des Gauverbands, legen nach einer Versammlung im Grand Hotel am Alexanderplatz, Alexanderstraße 46–48, dem Berliner Braumeisterverein einen umfangreichen Forderungskatalog zur Verbesserung der Lohn- und Arbeitsbedingungen der Brauergesellen vor – unter anderem verlangen sie eine Erhöhung des Wochenlohns auf 30 Mark |
| 4. Februar | Di | der Berliner Braumeisterverein beantwortet die »Anträge« der Berliner Brauergesellen hinhaltend |
| 2. April | Mi | eine Versammlung der Brauergesellen im Saal des Grand Hotels am Alexanderplatz, Alexanderstraße 46–48, verabschiedet unter Vorsitz des nunmehrigen Gastwirts Paul Hilpert eine Resolution, in der die bisherigen Forderungen wiederholt werden, und übermittelt sie dem Berliner Braumeisterverein mitsamt einem Ultimatum, wonach über die strittigen Punkte spätestens bis zum 5. April zu verhandeln ist |
| 4. April | Fr | die Brauereien stimmen den Forderungen der Berliner Brauergesellen auf einer internen Sitzung im Wesentlichen zu |
| 6. April | So | unabhängig von einer Einigung in den übrigen Punkten bieten die Brauereien der Abordnung der Brauergesellen, der sogenannten Lohn-Kommission, einen Wochenlohn in Höhe von 28 Mark an |
| 8. April | Di | auf einer gemeinsamen Sitzung von jeweils drei Vertretern der Brauereien und der Brauergesellen, dem sogenannten Einigungsamt, treffen beide Parteien ein Übereinkommen auf Basis der bisher aufgestellten Forderungen der Brauergesellen – offen bleibt die Regelung der Lohnfrage, da die Vertreter der Arbeitgeber nur bevollmächtigt sind, über einen Wochenlohn von nunmehr 27 Mark zu verhandeln, während die Brauergesellen jetzt die ihnen am 6. April angebotenen 28 Mark fordern \| unmittelbar nach der Sitzung des Einigungsamts kündigt Paul Hilpert – unbefugterweise – namens der Brauergesellen in einem Brief an einen Vertreter der Brauereien alle bisher getroffenen Vereinbarungen und fordert schriftlich einen Wochenlohn von 30 Mark |
| 9. April | Mi | die Brauereien verlangen Aufklärung über den Inhalt des Schreibens von Paul Hilpert, akzeptieren aber auf einer Sitzung im Königgrätzer Garten am Anhalter Bahnhof in der König- |

| | | |
|---|---|---|
| | | grätzer Straße 111 die Forderung der Brauergesellen vom 8. April nach einer Erhöhung des Wochenlohns auf 28 Mark, woraufhin auch eine Brauerversammlung allen bisher erzielten Verhandlungsergebnissen zustimmt \| Paul Hilpert antwortet den Brauereien und behauptet – fälschlich –, die heutige Brauerversammlung habe angesichts der offenen Frage des Wochenlohns beschlossen, der Änderung des zunächst gebilligten Verhandlungsergebnisses durch die Arbeitervertreter – sprich: durch Hilpert – zuzustimmen und nun doch 30 Mark zu verlangen \| nicht zuletzt unter dem Eindruck dieses Manövers trifft sich auf Initiative des Direktors der Berliner Unionsbrauerei Moritz Bonwitt eine Reihe von weiteren Leitern von Berliner Brauereien, um über die Gründung eines Vereins der Brauereien zu beraten |
| 10. April | Do | die Lohn-Kommission billigt im Nachhinein das Hilpert'sche Papier und erlässt eine dementsprechende Resolution |
| im April | | in Reaktion auf die Resolution der Lohn-Kommission vom 10. April verweisen die Brauereien und der Braumeisterverein auf ihr Angebot eines Wochenlohns von 28 Mark vom 8. bzw. 9. April |
| 15. April | Di | aus Protest gegen die Weigerung der Brauereien, die Resolution der Lohn-Kommission vom 10. April zu akzeptieren, treten 39 Brauer der Schöneberger Schloßbrauerei in den Streik |
| 17. April | Do | die Brauereien und der Braumeisterverein verweisen noch einmal auf ihr Angebot eines Wochenlohns von 28 Mark vom 8. bzw. 9. April |
| 18. April | Fr | der Böttcher Herrmann Hager ruft zum Generalstreik der Brauereiarbeiter auf – was er ein paar Tage später aber leugnet, bzw. zurücknimmt \| Richard Roesicke legt seine Ehrenmitgliedschaft im Verband der Brauergesellen nieder |
| 19. April | Sa | die Brauereien bestehen auf der Vereinbarung vom 9. April und verweigern endgültig die Unterschrift unter die Resolution der Lohn-Kommission vom 10. April \| jene Direktoren der Berliner Brauereien, die am 9. April die Gründung eines Brauereien-Vereins beraten hatten, verabschieden die Satzung des in Aussicht genommenen Bündnisses, des sogenannten Rings |
| 20. April | So | Beginn eines Streiks der dem Gauverband angeschlossenen Brauer aller Berliner Brauereien |
| 22. April | Di | eine öffentliche Brauerversammlung im Böhmischen Brauhaus an der Landsberger Allee 11–13 diskutiert über den derzeit stattfindenden Streik, wobei der – im übrigen umstrittene – Referent Karl Röhden die Meinung vertritt, dass die Forderungen der Brauergesellen »bescheidene« seien |
| 24. April | Do | der Verein der Brauereien Berlins und der Umgegend veröffentlicht die sogenannte Boykottresolution, wonach sich seine Mitglieder »auf Ehrenwort« im Geist der Solidarität verpflichten, keinem Kunden einer verbündeten Brauerei Bier zu liefern, wenn dieselbe dieses Geschäft nicht ihrerseits abschließen kann, weil sie boykottiert wird (Stichwort »Konkurrenzverbot«) |

| | | |
|---|---|---|
| 25. April | Fr | eine von der Lohn-Kommission einberufene Versammlung der Brauerei-Arbeiter im Großen Saal des Böhmischen Brauhauses an der Landsberger Allee 11–13 ruft zur »Biersperre« der Produkte der Berliner Brauereien auf \| Richard Roesicke teilt in einem – nicht abgedruckten – Leserbrief an das *Berliner Volksblatt* mit, dass fast alle Ausständischen die Arbeit wieder aufgenommen haben |
| 26. April | Sa | Gründung des aus 23 bzw. 33 Mitgliedern bestehenden Vereins der Brauereien Berlins und der Umgegend (ohne das Münchener Brauhaus an der Johannisstraße 18–19 unter seinem Direktor Adolf Arendt) \| ein abermaliger Versuch, eine Einigung zwischen der Lohn-Kommission unter ihrem Verhandlungsführer Ludwig Lieberich und dem Verein der Brauereien Berlins und der Umgegend unter seinem Verhandlungsführer Richard Roesicke zu erreichen, scheitert \| das *Berliner Volksblatt* veröffentlicht eine Bitte der Lohn-Kommission »an das biertrinkende Publikum«, die streikenden Brauer »moralisch zu unterstützen« \| der Vorsitzende des Brauergesellenvereins Simon Bayerl versichert Richard Roesicke, dass man »politische Bestrebungen von sich ausschlösse« |
| 27. April | So | der Verein der Brauereien Berlins und der Umgegend teilt in einem Schreiben an die Lohn-Kommission mit, dass er sämtliche Forderungen der Brauerei-Arbeiter ablehnt \| das *Berliner Volksblatt* muss seine Meldung vom 26. April widerrufen, wonach sich bereits eine Reihe von Brauereien den Forderungen der Brauergesellen gebeugt hätten – die einzige Brauerei, die dies getan habe, sei das Münchener Brauhaus |
| 29. April | Di | auf einer Versammlung von 300 Brauerei-Arbeitern im Etablissement Elysium in der Landsberger Allee 41–42 wird in Gegenwart des berüchtigten Scharfmachers Wilhelm Werner wiederum, wenn auch verhohlen, mit Boykott gedroht |
| 5. Mai | Mo | der Vorsitzende der Lohn-Kommission Ludwig Lieberich wendet sich an den Verein der Brauereien Berlins und der Umgegend mit der Bitte um Aufnahme erneuter Verhandlungen |
| 8. Mai | Do | bei einer Zusammenkunft in der Wohnung Richard Roesickes in der Wilhelmstraße 55 wird zusammen mit Vertretern der Lohn-Kommission ein Vermittlungsvorschlag erarbeitet, der unter anderem einen Wochenlohn von 28 Mark vorsieht |
| 9. Mai | Fr | eine Versammlung der Brauergesellen im Münchener Brauhaus in der Johannisstraße 18–19 lehnt den Vermittlungsvorschlag vom 8. Mai ab, »erklärt sich mit dem bisherigen Vorgehen der Lohn-Kommission einverstanden« und beharrt somit auf deren Resolution vom 10. April |
| im April | | der Verein der Brauereien Berlins und der Umgegend weist das Ansinnen der Lohn-Kommission vom 10. April zurück und lehnt jede weitere Verhandlung mit ihr ab |
| 13. Mai | Di | die außerordentliche Generalversammlung des sozialdemokratischen Vereins der Berliner Brauergesellen im Böhmischen Brauhaus an der Landsberger Allee 11–13 rügt die Verhand- |

lungsführung von Scharfmachern wie Paul Hilpert und Genossen | das *Berliner Volksblatt* veröffentlicht einen Leserbrief der Brauergesellen Bernhard Bruns und Emil Mix, in dem die beiden Autoren scharf mit den Befürwortern des Bierboykotts und der Berichterstattung der Zeitung ins Gericht gehen

15. Mai Do die Lohn-Kommission der Brauergesellen Berlins und der Umgegend protestiert in einem Leserbrief im *Vorwärts* gegen die am 13. Mai auf der außerordentlichen Generalversammlung des sozialdemokratischen Vereins der Berliner Brauergesellen gefallenen Äußerungen

16. Mai Fr Richard Roesicke bittet im Namen des Vereins der Brauereien Berlins und der Umgegend den Verein der Berliner Braumeister, etwaige Bitten von entlassenen und reuigen Streikenden um Wiedereinstellung wohlwollend zu prüfen

19. Mai Mo Richard Roesicke und Wilhelm Werner treffen auf Vermittlung von Paul Singer im Reichstag zusammen und einigen sich darauf, ihren jeweiligen Gremien zu empfehlen, den Streit auf der Grundlage der Vereinbarung vom 9. April beizulegen

23. Mai Fr auf einer Versammlung sämtlicher Gewerkschaften in Joël's Salon in der Andreasstraße 21 wird nahezu einstimmig beschlossen, die Einigung zwischen Richard Roesicke und Wilhelm Werner vom 19. Mai nicht zu akzeptieren und das Bier der Mitglieder des Vereins der Brauereien Berlins und der Umgegend so lange zu boykottieren, bis sämtliche Forderungen der Brauer erfüllt sind

30. Mai Fr der Verein der Brauereien Berlins und der Umgegend veröffentlicht im *Berliner Volksblatt* jenen Brief, in dem er Wilhelm Werner bestätigt, den Braumeistern »im Interesse des Friedens« empfohlen zu haben, alle die ausgesperrten Gesellen bei Bedarf wieder einzustellen, die sich nicht in gröblicher Weise gegen ihre Vorgesetzten vergangen haben

31. Mai Sa das *Berliner Volksblatt* stellt in einem Aufmacher unter dem Titel »Für und wider das Boykotten« fest, dass der Bierboykott wenig Erfolg zeigt

19. Juni Do auf einer Volksversammlung im Saal der Aktienbrauerei Friedrichshain, Am Friedrichshain 22–29, kommt es zu einer öffentlichen Auseinandersetzung zwischen Wilhelm Werner, hinter dem die Gewerkschaften stehen, und dem SAP-Granden August Bebel, in welcher dieser den Bierboykott als »eine Dummheit« bezeichnet (was er im Reichstag zwei Jahre später mit Nachdruck wiederholt), woraufhin der Bierboykott formell für aufgehoben erklärt wird

20. Juni Fr auf einer gemeinsamen Sitzung der Lohn-Kommission sowie der Brauereibesitzer im Lokal der Happoldt'schen Brauerei in der Hasenheide 32–38 einigen sich die Vertreter der Brauereibesitzer und die der Brauereiarbeiter auf den am 8. Mai in der Wohnung von Richard Roesicke erarbeiteten Vermittlungsvorschlag, der unter anderem die Gründung eines Arbeitsnachweises sowie einen Wochenlohn von 28 Mark vorsah

| | | | |
|---|---|---|---|
| | 1. Juli | Di | als eines der Ergebnisse der Einigung zwischen Arbeitgebern und Arbeitnehmern vom 20. Juni tritt ein von beiden Seiten paritätisch besetzter Arbeitsnachweis in Kraft, sein »Bureau« befindet sich in der Jerusalemer Straße 66 |
| | 12.–18. Oktober | So–Sa | 1. Parteitag der Sozialdemokratischen Partei Deutschlands in Halle a. S., auf dem der Reichstagsabgeordnete Karl Grillenberger den Berliner Bierboykott vom diesjährigen Sommer als »Mißerfolg« bezeichnet |
| | 17. Oktober | Fr | Gründung des Verbands Berliner Brauereien gegen Boykottschäden |
| | 18. Oktober | Sa | als Berichterstatter der Kommission zur Vorberatung des Organisations-Entwurfs der in Halle a. S. tagenden sozialdemokratischen Partei verkündet Ignaz Auer: »Zunächst ist der Name der Partei [SAP] geändert. Wir nennen uns ›Sozialdemokratische Partei Deutschlands‹« – kurz: SPD |
| **1892** | 1. Januar | Fr | der Verein der Brauereien Berlins und der Umgegend führt einen Arbeitsnachweis ein, über den er allein verfügt |

**Barmbek (Eidelstedt)**

| | | | |
|---|---|---|---|
| **1892** | 9. August | Di | der Braumeister der zur Barmbeker Brauerei AG gehörenden Eidelstedter Tivoli-Brauerei Steinmeyer entlässt den Flaschenkeller-Arbeiter Richter wegen dessen angeblicher Trunkenheit im Dienst, woraufhin die Lohn-Kommission der Brauer, Brauereihilfskräfte und Küfer die Wiedereinstellung des Mannes fordert |
| | 10. August | Mi | das Ansinnen der Lohn-Kommission auf Wiedereinstellung des entlassenen Arbeiters wird vom Direktor der Barmbeker Brauerei AG Ferdinand Strauß zurückgewiesen |
| | 11. August | Do | von den Brauerei-Arbeitern wird über die Eidelstedter und Barmbeker Brauerei AG mithilfe einer Anzeige im *Hamburger Echo* ein Bierboykott verhängt |
| | 12. August | Fr | die Direktion der Barmbeker Brauerei AG und fünfzehn weitere Brauereien drohen dem Gewerkschafts-Kartell, dass, wenn der Bierboykott nicht bis zum 16. August, 12:00 Uhr mittags, beendet wird, an diesem Tag 1200 gewerkschaftlich organisierte Brauerei-Arbeiter von den verbündeten Brauereien entlassen werden |
| | 13. August | Sa | eine öffentliche Versammlung der Brauerei-Arbeiter beschließt, »der Aussperrung ruhig entgegen zu sehen« und den Bierboykott aufrecht zu erhalten |
| | 16. August | Di | 12:00 Uhr: die 16 verbündeten Brauereien entlassen wie angekündigt 1200 gewerkschaftlich organisierte Brauerei-Arbeiter |
| | 17. August | Mi | eine Versammlung der Hamburger Wirte und Flaschenbier-Händler empört sich über das Verhalten der Lohn-Kommission |

| | | |
|---|---|---|
| 18. August | Do | das Gewerkschafts-Kartell rügt das »eigenmächtige, gelinde gesagt unbedachtsame« Handeln der Lohn-Kommission, spricht wie August Bebel am 19. Juni 1890 von einer »Dummheit« und hebt den Bierboykott auf – ebenso wie es von den Brauereien verlangt, die Entlassung der Arbeiter rückgängig zu machen |
| 19. August: | Fr | in Verhandlungen zwischen dem Gewerkschafts-Kartell und einer Brauerei-Kommission wird über die Wiedereinstellung der entlassenen Arbeiter beraten \| eine Versammlung der Hamburger Wirte und Flaschenbier-Händler verurteilt einstimmig das Vorgehen der Lohn-Kommission |
| 20. August | Sa | das Gewerkschafts-Kartell schreibt an die 16 Brauerei-Vorstände und bittet um Zurücknahme der Entlassungen |
| 21. August | So | die Brauerei-Arbeiter beschließen auf einer Versammlung mit 322 zu 15 Stimmen, sich den Weisungen des Gewerkschafts-Kartells zu unterwerfen |
| 22. August | Mo | auf einer Versammlung der Brauerei-Vorstände wird der Brief des Gewerkschafts-Kartells vom 20. August beraten, in dem in sachlicher Weise die Wiedereinstellung der entlassenen Brauerei-Arbeiter verlangt wird \| in diese Beratung platzt eine Abordnung des Gewerkschafts-Kartells, die unter Berufung auf ihr Schreiben vom 20. August noch einmal zu derselben Sache Stellung nimmt und eine schriftliche Zusicherung der Brauerei-Vorstände erhält, ihr entgegenzukommen |
| 23. August | Di | die Zeitung für den Kreis Mettmann *Der Zeitungs-Bote* meldet, dass die Hamburger Sozialdemokraten zur Zeit des Bierboykotts eine Arbeiter-Genossenschafts-Bierniederlage errichten wollten, da sie kein Bier aus den Hamburger Brauereien mehr trinken durften \| durch eine Notiz im *Berliner Tageblatt* kommt heraus, dass das Gewerkschafts-Kartell im Widerspruch zu seinen öffentlichen Äußerungen während der Einigungsverhandlungen einen erneuten Bierboykott »in Aussicht gestellt« hat |
| 24. August | Mi | die Entlassung der Brauerei-Arbeiter wird im Vereins- und Gesellschaftshaus der Brauerei in einer Plenarsitzung des Gewerkschafts-Kartells zwar aufgehoben, aber viele Arbeiter finden anschließend keine Anstellung und werden bis auf weiteres durch eine Spendensammlung von Kollegen unterstützt \| der *Vorwärts* meldet, dass die Hamburger Brauereien der Kartell-Kommission entgegenkommen werden, »indem sie die am 16. August entlassenen Brauer und Hilfsarbeiter wieder in Arbeit nehmen, soweit noch Stellungen offen sind, [und] auch ihren Angestellten nach wie vor völlige Freiheit der Bewegung in politischer sowie gewerkschaftlicher Beziehung gewähren« |
| 14.–21. November | Mi–Mi | 3. Parteitag der Sozialdemokratischen Partei Deutschlands in Berlin, auf dem der Reichstagsabgeordnete Ignaz Auer eine Resolution zum Thema des Boykotts vorlegt, in der fest- |

| Jahr | Datum | Tag | Ereignis |
|---|---|---|---|
| | | | gestellt wird, dass derselbe »nur unter der aktiven Theilnahme der großen, heute noch nicht organisirten Theilnahme der Massen wirksam in Anwendung gebracht werden kann« |
| | 21. November | Mi | auf dem 3. Parteitag der Sozialdemokratischen Partei Deutschlands (SPD) in Berlin werden August Bebel und Paul Singer zu Vorsitzenden gewählt |
| 1893 | 11. Mai | Do | auf einer öffentlichen Versammlung von Brauerei-Hilfsarbeitern im Lokal von Ernst Gründer in der Köpenicker Straße 100 konstituieren die Teilnehmer – vorläufig – den Verein der Brauerei-Hilfsarbeiter Berlins und der Umgegend mit zunächst 142 Mitgliedern |

**Charlottenburg (Spandauerberg Brauerei)**

| Jahr | Datum | Tag | Ereignis |
|---|---|---|---|
| 1893 | 12. Juni | Mo | mit der Begründung, der Saal sei seit langem ausgebucht, verweigert der Ökonom der Spandauerberg Brauerei in Charlottenburg Emanuel Weltzien der Spandauer Lokal-Kommission die Überlassung eines Saals für eine ihrer Kundgebungen anlässlich der Wahl zum 9. Deutschen Reichstag am 15. Juni |
| | 19. Juni | Mo | mit der Begründung, alle Säle würden derzeit renoviert, verweigert der Direktor der Spandauerberg Brauerei Wilhelm Brähmer der Spandauer Lokal-Kommission die Überlassung eines Saals für eine ihrer Kundgebungen anlässlich der Stichwahl zum 9. Deutschen Reichstag am 24. Juni, obwohl die Genossen bereit sind, bei einer Verschiebung der Malerarbeiten 300 Mark obendrauf zu legen |
| | 29./30. Juni | Do/Fr | die ›roten‹, das heißt: gewerkschaftlich-sozialdemokratisch geprägten Brauergehilfen-Vereine sammeln sich im Centralverband der Brauer und verwandter Berufsgenossen und haben zu dieser Zeit rund 800 Mitglieder (und im November nur noch 300 Mitglieder und 3,82 Mark in der Kasse) |
| | 3. Juli | Mo | zehn ›blaue‹, das heißt: gemäßigte, Brauergehilfen-Vereine, die »artigen Kinder des Herrn Roesicke«, gründen den Bund deutscher Brauergehilfen, »damit so der Socialdemokratie wirksam entgegengearbeitet werde«, und haben zu dieser Zeit ungefähr 1300 Mitglieder (und im April 1895 1800 Mitglieder) |
| | 6. Juli | Do | auf einer Konferenz der Spandauer, Charlottenburger und Berliner Lokal-Kommissionen wird der Beschluss gefasst, einen Bierboykott über die Spandauerberg Brauerei zu verhängen |
| | 12. Juli | Mi | die Spandauer Arbeiterschaft heißt in einer öffentlichen Volksversammlung in Adolf Winkels Restaurant Wilhelmshöhe in Pichelswerder die Entscheidung der Spandauer, Charlottenburger und Berliner Lokal-Kommissionen zur Verhängung des Bierboykotts über die Spandauerberg Brauerei gut |

| | | |
|---|---|---|
| 14. Juli | Fr | der Vorstand des Verbands Berliner Brauereien bittet die Spandauer, Charlottenburger und Berliner Lokal-Kommissionen brieflich um eine Unterredung, die von diesen aber verweigert wird |
| 26. Juli | Mi | der *Vorwärts* veröffentlicht einen »Aufruf!« der Kommission der Brauerei-Arbeiter Berlins und der Umgegend sowie der Lokal-Kommission, in dem die Parteigenossen aufgefordert werden, kein Bier von einem der Mitglieder des Vereins der Brauereien Berlins und der Umgegend zu trinken |
| 30. Juli | So | der *Vorwärts* veröffentlich eine Erklärung, in der sich Richard Roesicke im Namen des Vorstands des Verbands Berliner Brauereien auf die Aussage des Direktors der Spandauerberg Brauerei Wilhelm Brähmer beruft, wonach dort tatsächlich renoviert worden sei – im übrigen sei die Spandauerberg Brauerei nach wie vor bereit, ihren Saal allen Parteien zur Verfügung zu stellen |
| 3. August | Do | eine von 2000 Menschen besuchte öffentliche Versammlung in den Concordia-Festsälen in der Andreasstraße 64 hört unter anderem noch einmal einen Bericht über das Zustandekommen des Boykott-Erlasses, in dem betont wird, dass man nicht gegen die Mitglieder des Vereins der Brauereien Berlins und der Umgegend kämpfe, sondern ausschließlich gegen die Spandauerberg Brauerei – deshalb habe man auch eine Einladung des Schultheiss-Direktors Richard Roesicke zu einem Gespräch in dessen Wohnung nicht angenommen |
| 4. August | Fr | eine öffentliche Volksversammlung im Etablissement Buggenhagen in der Oranienstraße 147 am Moritzplatz rekapituliert zunächst den bisherigen Ablauf der Auseinandersetzung mit der Spandauerberg Brauerei und erklärt, den Bierboykott so lange aufrecht zu erhalten, bis die Brauerei garantiert, »daß derartige Zustände nicht wiederkehren« – verlesen wird von einem der Redner ein Schreiben, in dem die Spandauerberg Brauerei erklärt, ihre Räumlichkeiten allen Parteien zur Verfügung zu stellen |
| 29. August | Di | auf einer gemeinsamen Sitzung der Spandauer, Charlottenburger und Berliner Lokal-Kommissionen mit dem Vorstand der Spandauerberg Brauerei gibt deren Direktor Wilhelm Brähmer eine schriftliche Erklärung ab, in der er gesteht, dass die Gründe, aus denen er den Sozialdemokraten während der Wahlagitation seine Säle verweigert hat, »keine stichhaltigen« waren – darüber hinaus verpflichtet er sich, der sozialdemokratischen Partei seine Räumlichkeiten jederzeit zur Verfügung zu stellen; daraufhin erklären die Lokal-Kommissionen den Bierboykott über die Spandauerberg Brauerei für beendet |
| 31. August | Do | der *Vorwärts* fasst die Einigung der Spandauerberg Brauerei mit den Lokal-Kommissionen in den Worten zusammen, die Arbeiterschaft habe »somit wieder einen moralischen und auch faktischen Sieg errungen« |

| | | | **Berlin** |
|---|---|---|---|
| 1894 | 11. April | Mi | »Abends 8½ Uhr«: eine große öffentliche Versammlung der Berliner Brauer und Brauerei-Hilfsarbeiter in der Berliner Ressource in der Kommandantenstraße 57 beschließt, die Berliner Brauereibesitzer aufzufordern, den 1. Mai als arbeitsfreien Feiertag zu genehmigen |
| | 14. April | Sa | eine große öffentliche Versammlung der Böttcher Berlins und der Umgegend in der Gastwirtschaft von Emil Heise in der Lichtenberger Straße 21 hört einen Vortrag über die Bedeutung des 1. Mai und bekräftigt den Beschluss der Berliner Brauer und Brauerei-Hilfsarbeiter vom 11. April |
| | 24. April | Di | die Berliner Böttcher – ohne die Brauer, Bierfahrer und Hilfsarbeiter – beschließen gemäß ihrer Versammlung vom 14. April einstimmig die strikte Arbeitsruhe am 1. Mai und teilen diese Entscheidung den Brauereibesitzern mit, die daraufhin beraten, wie man sich zu den Forderungen der Böttcher stellen soll |
| | 29. April | So | eine Versammlung der Berliner Böttcher in der Gastwirtschaft von Emil Heise in der Lichtenberger Straße 21 erörtert die Durchführung der Arbeitsruhe am 1. Mai |
| | 30. April | Mo | der Verein der Brauereien Berlins und der Umgegend beschließt, diejenigen Arbeiter, die am 1. Mai nicht zur Arbeit erscheinen, nicht vor Montag, dem 7. Mai, zur Arbeit wieder zuzulassen |
| | 1. Mai | Di | eine von der Berliner Gewerkschafts-Kommission einberufene Gruppen-Versammlung der Berliner Böttcher tagt in den Concordia-Festsälen in der Andreasstraße 64 \| wie von ihnen angekündigt begehen 300 Berliner Böttcher den 1. Mai als Feiertag und erscheinen nicht zur Arbeit, woraufhin eben dieselben von den Direktionen ihrer jeweiligen Brauereien – vorerst bis zum 6. Mai – ausgesperrt werden |
| | 3. Mai | Do | (Himmelfahrtstag) eine Versammlung der Berliner Böttcher in der Gastwirtschaft von Emil Heise in der Lichtenberger Straße 21 diskutiert die Situation der Ausgesperrten, erhält von den Vertretern der organisierten Brauer und Brauerei-Hilfsarbeitern Solidarität und beschließt, geleitet von einer Lohn-Kommission »in eine Lohnbewegung« einzutreten – am Schluss wird der »Generalstreik« ausgerufen |
| | 4. Mai | Fr | der Verein der Brauereien Berlins und der Umgegend richtet an alle seine Mitglieder die Bitte, sich nicht auf Verhandlungen mit den Berliner Böttchern einzulassen |
| | 5. Mai | Sa | die Agitations-Kommission der Brauerei-Arbeiter Berlins ruft dazu auf, nicht die Arbeit der ausgesperrten Berliner Böttcher zu übernehmen |
| | 6. Mai | So | eine »nur ganz schwach« besuchte Volksversammlung der Rixdorfer Böttcher in der Gastwirtschaft von Carl Gröpler in der Rixdorfer Bergstraße 129 beschließt in Anwesenheit von Paul Hilpert – angeblich ohne Rückendeckung durch die Berliner Gewerkschafts- |

| | | |
|---|---|---|
| | | Kommission oder Beeinflussung durch die sozialdemokratische Partei – »von Mittag 1 Uhr ab« den Bierboykott der Rixdorfer Vereinsbrauerei \| eine öffentliche Versammlung der Brauerei-Hilfsarbeiter in den Concordia-Festsälen in der Andreasstraße 64 berät, wie sich die Brauereiarbeiter zur Aussperrung der Berliner Böttcher verhalten sollen, und erklärt sich am Ende mit ihren Kollegen solidarisch \| der Verein der Brauereien Berlins und der Umgegend versendet ein Rundschreiben an sämtliche Gewerbskollegen, in dem er bittet, jegliches Ansinnen von sozialdemokratischer Seite zurückzuweisen, den Rückgang des Berliner Bierabsatzes durch Lieferungen von »Bier von auswärtigen Brauereien« zu kompensieren |
| 7. Mai | Mo | gemäß dem am 3. Mai ausgerufenen »Generalstreik« legen 203 Berliner Böttcher die Arbeit nieder – nicht jedoch die des Münchener Brauhauses und der Stralauer Brauerei, da dort ihre Forderungen erfüllt worden sind \| eine Versammlung der Berliner Böttcher in der Gastwirtschaft von Emil Heise in der Lichtenberger Straße 21 diskutiert die Lage ihres Streiks \| eine Versammlung der Mitglieder des Vereins der Brauereien Berlins und der Umgegend entwickelt ein Strategiepapier, in dem vor allem auf die Zusammenarbeit mit der bürgerlichen Presse abgehoben wird \| die Mitglieder des Vereins der Brauereien Berlins und der Umgegend lassen in ihren Betrieben Plakate aushängen, auf denen die Behauptung der Arbeiter, dass die ersatzweise für die ausständigen Kollegen tätigen Ersatzkräfte nicht gegen Unfälle versichert seien, falsch ist |
| 8. Mai | Di | der Verein der Brauereien Berlins und der Umgegend stellt sich an die Seite der Rixdorfer Vereinsbrauerei und kündigt in einem Schreiben an die Rixdorfer und die Berliner Gewerkschafts-Kommission an, dass er 20 Prozent der in seinen Betrieben tätigen Arbeitnehmer entlassen wird, wenn der Rixdorfer Boykott-Beschluss nicht bis zum 15. Mai zurückgenommen wird \| auf einer Versammlung von Parteigenossen in Hoffmann's Festsälen in der Rixdorfer Bergstraße 133 wird der *Vorwärts* wegen seines bisherigen Schweigens zum Boykott-Beschluss der Rixdorfer Böttcher vom 6. Mai scharf kritisiert \| seit heute finden sich Anzeigen des Vereins der Brauereien Berlins und der Umgegend in der Presse des Deutschen Reichs mit der Überschrift »Böttcher für Berliner Brauereien gesucht« |
| 9. Mai | Mi | die Berliner Gewerkschafts-Kommission antwortet auf das Schreiben des Vereins der Brauereien Berlins und der Umgegend vom 8. Mai, dass sie mit dem Beschluss der Rixdorfer Böttcher, die dortige Vereinsbrauerei zu boykottieren, nichts zu tun habe – dass ihre Sympathien aber sehr wohl auf Seiten der gemaßregelten Arbeiter lägen |
| 10. Mai | Do | eine Versammlung der Berliner Böttcher in der Gastwirtschaft von Emil Heise in der Lichtenberger Straße 21 diskutiert die Lage des Streiks und erweist sich als unvermindert |

| | | |
|---|---|---|
| | | kämpferisch \| mit vier Tagen Verspätung berichtet der *Vorwärts* über die Volksversammlung der Rixdorfer Böttcher vom 6. Mai in der Gastwirtschaft von Carl Gröpler in der Rixdorfer Bergstraße 129 und den dort gefassten Beschluss, über die Rixdorfer Vereinsbrauerei den Bierboykott zu verhängen \| der Verein der Brauereien Berlins und der Umgegend tritt zusammen, um sein weiteres Vorgehen zu erörtern |
| 12. Mai | Sa | eine Versammlung der Berliner Böttcher in der Gastwirtschaft von Emil Heise in der Lichtenberger Straße 21 stellt fest, dass die Mitteilung des Beschlusses der Lohn-Kommission vom 24. April an den Verein der Brauereien Berlins und der Umgegend bisher unbeantwortet geblieben ist, und »appelirt an die Solidarität der Arbeiterschaft Deutschlands« |
| im Mai | | das Rixdorfer Gewerkschafts-Kartell bekräftigt in einem Schreiben an den Verein der Brauereien Berlins und der Umgegend, dass der Beschluss vom 6. Mai »nicht zurückgenommen« wird |
| 15. Mai | Di | in der Gastwirtschaft von Emil Heise in der Lichtenberger Straße 21 findet eine weitere Versammlung der Berliner Böttcher statt |
| 16. Mai | Mi | die Mitglieder des Vereins der Brauereien Berlins und der Umgegend entlassen gemäß ihrer Ankündigung vom 8. Mai und einer am heutigen Tag in der Presse veröffentlichten »Erklärung« rund 400 Arbeiter \| fortan erhalten die entlassenen Arbeiter, Brauer wie Böttcher, von der gemeinschaftlichen Unterstützungs-Kommission pro Woche 7 Mark für Ledige und 10,50 Mark für Verheiratete \| der vom Verein der Brauereien Berlins und der Umgegend betriebene Arbeitsnachweis für Brauergesellen vom 1. Januar 1892 wird aufgehoben |
| 17. Mai | Do | der *Vorwärts* veröffentlicht den berühmt gewordenen Boykott-Aufruf »Arbeiter! Parteigenossen!« gegen die 7 größten Berliner Brauereien \| der Verein der Brauereien Berlins und der Umgegend tritt zusammen, um den Verlauf der Ereignisse des 16. Mai sowie das weitere Vorgehen zu beraten \| der Verein der Brauereien Berlins und der Umgegend teilt in der Presse des Deutschen Reichs mit, dass von ihm »keine Böttcher mehr gebraucht werden« |
| 18. Mai | Fr | der Verein der Brauereien Berlins und der Umgegend reagiert auf den Boykott-Aufruf des *Vorwärts* mit Anzeigen in der bürgerlichen Presse unter dem Titel »Zur Aufklärung!« \| Konstituierung einer fünfköpfigen Boykott-Kommission unter dem Vorsitz von Ignaz Auer \| auf Einladung des geschäftsführenden Ausschusses der Berliner Gewerkschafts-Kommission finden in der Stadt neun große Volksversammlungen statt – auf der im Martens'schen Festsaal in der Friedrichstraße 236 wagt es ein einzelner Brauerei-Hilfsarbeiter, Richard Roesicke mit dem Hinweis darauf zu verteidigen, dass in dessen Schultheiss-Brauerei Löhne gezahlt würden, die doppelt so hoch seien wie die in manchen anderen Brauereien |
| 19. Mai | Sa | der Verein der Brauereien Berlins und der Umgegend gründet einen Garantiefonds in Höhe |

| | | |
|---|---|---|
| | | von 100000 Mark, mit dessen Hilfe einzelnen Mitgliedern durch den Bierboykott entstandene Schäden ausgeglichen werden sollen; obendrein erbieten sich die leistungsstärkeren Mitglieder, den schwächeren im Fall von Absatzrückgängen einen Teil ihrer Produktion abzukaufen und unterm eigenen Namen zu vertreiben |
| 20. Mai | So | auf einer Versammlung der Böttcher in der Gastwirtschaft von Emil Heise in der Lichtenberger Straße 21 wird das Verhalten von Streikbrechern gerügt, »die aller Voraussicht nach nur kurzer Zeit die Früchte ihres Thuns genießen würden« \| in der Hasenheide hindern Gruppen von Socialdemokraten, die Besucher durch Anwendung von körperlicher Gewalt am Betreten von Lokalen, die boykottiertes Bier ausschenken, so dass es »vielfach zu lärmenden Scenen« kommt |
| 23. Mai | Mi | die Boykott-Kommission veröffentlicht die erste, 750000 Exemplare starke Auflage eines Flugblatts »An die Einwohner von Berlin und der Vororte« |
| 24. Mai | Do | der ›blaue‹ Verein der Bierbrauergesellen Berlins und Umgegend erklärt in einem Inserat in Berliner Tageszeitungen, dass er mit dem derzeitigen »Gewaltmittel« des Streiks und Boykotts nicht solidarisch sein kann, da er dergleichen für sozialdemokratisch inspirierte »leichtsinnige Kraftproben« hält |
| 25. Mai | Fr | auf einer Brauerei-Arbeiter-Versammlung in den Concordia-Festsälen in der Andreasstraße 64 kommt es unter den dreitausend Anwesenden zu Ausschreitungen und Unterbrechungen der Veranstaltung, weil sich etliche Teilnehmer gegen die von den Sozialdemokraten gesteuerten Maßnahmen wenden |
| im Mai | | der Verein der Brauereien Berlins und der Umgegend richtet ein Schiedsgericht ein, um die Durchführung der Vereinsbeschlüsse der Mitglieder untereinander rechtlich einwandfrei zu regeln \| nach Meldungen in der Presse gehen die Rixdorfer Arbeiter »seit einigen Tagen […] selbstständig über die Beschlüsse der Berliner Gewerkschaften hinaus« und kleben in der Stadt Plakate mit Boykott-Aufrufen |
| 29. Mai | Di | die vollzählig im Boltz'schen Lokal in der Alten Jakobstraße 75 versammelten Vorstandsmitglieder des Vereins der Berliner Gastwirte und des Vereins der Berliner Weißbierwirte erklären sich solidarisch mit den vom Verein der Brauereien Berlins und der Umgegend getroffenen Maßnahmen gegen die von den Sozialdemokraten gelenkte Boykottiererei \| der sozialdemokratisch geprägte Verein zur Wahrung der Interessen der Gast- und Schankwirte Berlins und Umgegend beschließt auf einer Versammlung in den Concordia-Festsälen in der Andreasstraße 64 die Bildung einer Zwölferkommission (ab Juli Fünfzehner-Kommission), welche die Beschaffung jener Biermengen nach Berlin organisieren soll, die durch den Bierboykott in der Stadt ausfallen |

| | | |
|---|---|---|
| 30. Mai | Mi | die Boykott-Kommission veröffentlicht die zweite Auflage ihres Flugblatts »An die Einwohner von Berlin und der Vororte« \| eine Versammlung der ausgesperrten Brauereiarbeiter in den Concordia-Festsälen in der Andreasstraße 64 ist so schlecht besucht, dass sie anfangs gar nicht eröffnet werden kann – dies wird von Paul Hilpert ebenso gerügt wie die nachlässige Verteilung des Flugblatts vom 23. Mai |
| 31. Mai | Do | eine Reihe von Brauereien scheidet aus dem Verein der Brauereien Berlins und der Umgegend aus: die Brauerei G. Bauer, Werder, und die Werder'sche Brauerei F. W. Hoffmann, die Brauerei Carlsberg Friedrich Reichenkrug, Charlottenburg, sowie die Brauerei Wilhelmshöhe E. Lehmann, Berlin |
| im Mai | | die ringfreien Brauervereine richten einen provisorischen Arbeitsnachweis ein |
| 1. Juni | Fr | der Verein der Brauereien Berlins und der Umgegend beschließt, keinerlei Hilfe staatlicher Ordnungsbehörden gegen die ihm auferlegten Boykottmaßnahmen in Anspruch zu nehmen \| in 13 öffentlichen Versammlungen bekunden die Teilnehmer, den Bierboykott so lange durchzuführen, »bis die Forderungen der Arbeiter erfüllt sind« \| die Brauerei Schweizergarten C. Schneider, Berlin, und die Brauerei Stralau Dr. W. Frentzel treten dem Verein der Brauereien Berlins und der Umgegend bei |
| 4. Juni | Mo | die Direktoren der Mitglieder des Vereins der Brauereien Berlins und der Umgegend kommen im Leipziger Garten in der Leipziger Straße 132 zusammen und diskutieren die Frage, ob »weitere 25 pCt. der Arbeiter entlassen werden sollen«, wenn der Boykott nicht bis zum 15. Juni aufgehoben ist \| auf einer Volksversammlung in Eduard Wiersings Salon in der Rixdorfer Knesebeckstraße 77 kommen »Mogeleien der Wirthe mit boykottirtem Bier« sowie Carl Gröplers Weigerung, den Arbeitern seine Räumlichkeiten zur Verfügung zu stellen, zur Sprache, worauf »ein ganz unbedeutender Tumult« entsteht und die zahlreich anwesenden Polizisten die Veranstaltung auflösen |
| 5. Juni | Di | im – von Sozialdemokraten belagerten – Boltz'schen Lokal in der Alten Jakobstraße 75 verpflichten sich die »persönlich eingeladenen« 252 Saalbesitzer Berlins und der Umgegend im Beisein von fünf »Herren vom Vorstande des Vereins der Berliner Brauereibesitzer und -Direktoren« bei drei Gegenstimmen, ihre Räumlichkeiten nicht mehr für sozialdemokratische Veranstaltungen zur Verfügung zu stellen; Verstöße gegen diese Verpflichtung werden mit einer Konventionalstrafe von 3000 Mark geahndet; im Gegenzug verpflichten sich die Brauereien, keinem Wirt mehr Bier zu liefern, der diese Regelung unterläuft, Verstöße werden mit einer Konventionalstrafe von 10 000 Mark geahndet \| eine solche Vereinbarung wäre nach der – vermutlich bereits am 21. Mai auf einer Versammlung in Hoffmann's Festsälen in der Rixdorfer Bergstraße 133 geäußerten – Meinung des sozialdemokratischen Stadtverord- |

| | | |
|---|---|---|
| | | neten von Berlin Fritz Zubeil »ein schwerer Schlag« gegen die SPD: »die Sozialdemokratie [wäre], was die Säle anbelangte, vorläufig todt gemacht« \| der Verein der Brauereien Berlins und der Umgegend beschließt, einen Entschädigungsfonds für Saalbesitzer zu gründen |
| 6. Juni | Mi | auf einer Versammlung des Vereins der Berliner Weißbierwirte im Feldschlößchen Restaurant in der Müllerstraße 142 teilt der Vorsitzende August Kuckenburg mit, dass Mitglieder der Boykott-Kommission ihm gegenüber geäußert hätten, dass es ihnen »ganz gleich sei, wenn die Gastwirte zu Grunde gingen, ihre ›Genossen‹ müßten ja auch zu Grunde gehen« |
| 7. Juni | Do | der Verein der Berliner Weißbierwirte erklärt sich im Boltz'schen Lokal in der Alten Jakobstraße 75 mit dem Verein der Brauereien Berlins und der Umgegend solidarisch |
| 8. Juni | Fr | der Verein der Berliner Gastwirte richtet vom Liebing'schen Saal in der Wilsnacker Straße 63 aus sowohl an die Bevölkerung wie auch an die Unternehmer Berlins den dringenden Appell, sich den Bestrebungen des Vereins der Brauereien Berlins und der Umgegend anzuschließen, »um dem gegen alles bestehende Recht verstoßenden Boykott ein Ende zu machen« \| der Verein der Berliner Gastwirte teilt mit, dass seine Mitglieder von den Brauereien, »um dieselben im Kampfe zu unterstützen«, 25 Prozent Rabatt bekommen |
| 13. Juni | Mi | unter dem Eindruck der Saalsperre gegen die Sozialdemokraten schreibt der *Vorwärts*, es wäre »wirklich kein Unglück, wenn die nächsten Monate für unsere Redner und Agitatoren ein paar Wochen Schonzeit brächten« |
| 13.–14. Juni | Mi–Do | der 21. Deutsche Gastwirtstag in Hannover verabschiedet eine Resolution, in der er den über die Mitglieder des Vereins der Brauereien Berlins und der Umgegend verhängten Bierboykott verurteilt |
| 14. Juni | Do | in der Presse erscheinen Meldungen, wonach zur Unterstützung der Gast- und Weißbierwirte sowie der Saalbesitzer Berlins und der Umgegend von einzelnen Brauereien und Industriellen mehr als eine Million Mark zur Verfügung gestellt ist |
| 15. Juni | Fr | der Verein der Brauereien Berlins und der Umgegend veröffentlicht ein Flugblatt »An die Einwohnerschaft von Berlin und Umgegend!«, in dem er die vom *Vorwärts* entstellten Tatsachen in neun Punkten widerlegt und richtigstellt \| von 350 Teilnehmern an einer Saalbesitzer-Versammlung im Boltz'schen Lokal in der Alten Jakobstraße 75 stimmen 289 dem Vorhaben zu, einen Verein der Saalbesitzer zu gründen \| der *Vorwärts* greift das Gerücht von einer bevorstehenden (aber nie durchgeführten) »Aussperrung von weiteren 25 pCt. Brauerei-Arbeitern« agitatorisch auf |
| 17. Juni | So | die Sozialdemokraten veranstalten in Wilhelm Wiegerts Müggelschlößchen bei Friedrichshagen ein großes Sommerfest mit »zeitgemäßen« Couplets des Hausdichters Scävola sowie einem Auftritt der »›sieben Bösen‹ des Wasserfärber-Ringes« |

| | | |
|---|---|---|
| 18. Juni | Mo | der Verband der Schank- und Gastwirte Berlins und der Umgegend, der sich mit keiner der streitenden Parteien solidarisieren kann, benennt auf einer Sitzung in Joël's Salon in der Andreasstraße 21 eine fünfzehnköpfige Kommission, die Verhandlungen zwischen der Arbeiterschaft und den Brauereien mit dem Ziel herbeiführen soll, eine Übereinkunft der beiden streitenden Gruppen zu erreichen |
| 19. Juni | Di | auf einer Versammlung im Restaurant von Georg Poppe in der Molkenstraße 2, zu welcher der Verband der Gast- und Schankwirte für Berlin und Umgegend eingeladen hat, um Wege zu finden, den Bierboykott zu beenden, erscheinen 15 Mitglieder dieses Verbands sowie die Genossen Singer, Hilpert und Mattutat, aber keine Vertreter der Brauereien \| den Vertretern der Brauereien liegt bereits – wie aus einem Brief des Generalsekretärs des Vereins der Brauereien Berlins und der Umgegend Emil Struve hervorgeht – eine Einladung des Vorsitzenden des Gewerbegerichts, des Magistratsassessors Max von Schulz, zum 5. Juli zu einer Vorbesprechung zu Verhandlungen mit den Arbeitnehmern über eine Beilegung des Bierboykotts vor, sodass sie eine Teilnahme an einem Meinungsaustausch im Restaurant von Georg Poppe in der Molkenstraße 2 nicht für sinnvoll halten |
| 20. Juni | Mi | der Verein der Brauereien Berlins und der Umgegend ist bereit, diejenigen Arbeiter, die sich »nicht direct an der Inscenierung der Boykottbewegung beteiligt hatten«, von der weiteren Aussperrung auszunehmen und wieder einzustellen, sofern sie um Arbeit nachsuchen |
| im Juni | | nach dem Beispiel des *Vorwärts*, der seit dem 17. Juni täglich die Namen jener Brauereien veröffentlicht, die sich der sozialdemokratischen Bier-Kommission zur Verfügung stellen, indem sie Bier nach Berlin liefern, teilt der Verein der Brauereien Berlins und der Umgegend seinen Mitgliedern in einem Rundschreiben die Namen jener Gewerbskollegen mit, die ihm durch jene Lieferungen in den Rücken fallen |
| 22. Juni | Fr | die vier größten Mitglieder des Vereins der Brauereien Berlins und der Umgegend verzichten freiwillig darauf, Zahlungen aus dem am 19. Mai gegründeten Garantiefonds in Anspruch zu nehmen \| der den Sozialdemokraten nahestehende Verein zur Wahrung der Interessen der Gast- und Schankwirte Berlins und Umgegend schließt aus seiner Organisation alle Wirte aus, die noch Ringbier ausschenken |
| 24. Juni | So | in den Brauerei-Biergärten sowie den bürgerlichen Zeitungen wird »zur Klarstellung und Würdigung der Verhältnisse« ein Flugblatt des Vereins der Brauereien Berlins und der Umgegend mit dem Titel »An die Einwohnerschaft von Berlin und Umgegend!« verbreitet \| die Boykott-Kommission lässt ein »An die werkthätige Bevölkerung Berlins!« betiteltes Flugblatt verteilen mit Angaben zu den 7 boykottierten Brauereien sowie den dem Verein der Brauereien Berlins und der Umgegend nicht angehörenden Unternehmen, ferner solchen |

# An die Einwohnerschaft von Berlin und Umgegend!

**Der Verein der Brauereien Berlins und der Umgegend** sieht sich veranlaßt, gegenüber der Entstellung der Thatsachen, wie sie im „Vorwärts", dem Centralorgan der sozialdemokratischen Partei, in Bezug auf den Berliner Bierboycott fortgesetzt geübt wird, Nachstehendes zur Klarstellung und Würdigung der Verhältnisse zu veröffentlichen.

Es sei vorausgeschickt, daß wir es nach wie vor unter unserer Würde halten, den im „Vorwärts" und in sozialdemokratischen Versammlungen tagtäglich gegen unseren Verein und gegen einzelne Mitglieder desselben gerichteten Schmähungen und Beschimpfungen niedrigster Art irgend welche Beachtung zu schenken. Ebenso verzichten wir darauf, die vielen von gegnerischer Seite verbreiteten Unwahrheiten richtigzustellen. Dies würde auch dem von den Führern der Boycottbewegung irregeleiteten Theile der Berliner Arbeiterschaft gegenüber erfolglos, den bürgerlichen Kreisen und denjenigen Arbeitern gegenüber, welche sich ein selbstständiges Urtheil bewahrt haben, überflüssig sein.

**Dagegen halten wir es für unsere Pflicht, dem Bestreben der sozialdemokratischen Partei, welches darauf hinausläuft, die Entstehung und damit den Kernpunkt des Streites zu verdunkeln und die Folgen desselben den vereinigten Brauereien zur Last zu legen, durch den Hinweis auf folgende Thatsachen nachdrücklichst entgegenzutreten:**

1. Wie von keiner Seite bestritten wird, waren die Böttchergesellen in ausdrücklichem Widerspruch mit dem ihnen auf ihre Anfrage ertheilten Bescheide am 1. Mai von der Arbeit fortgeblieben und deswegen für drei weitere Werktage von derselben ausgeschlossen worden. Hierauf verweigerten sie die Wiederaufnahme der Arbeit, bevor nicht die von ihnen inzwischen beschlossenen neuen Arbeitsbedingungen bewilligt seien. Diese bestanden nicht nur in einer Erhöhung des Minimallohnes von 27 auf 30 Mk. per Woche und in einer Verminderung der Arbeitszeit von 9½ auf 9 Stunden per Tag, **sondern auch in der endgiltigen Anerkennung des 1. Mai als Feiertag.**

   Es ist demnach als eine **bewußte Unwahrheit** zu bezeichnen, wenn von der gegnerischen Seite immer wieder von einer „**Aussperrung**" der Böttchergesellen gesprochen wird.

2. Der von den vereinigten Brauereien gefaßte Beschluß, ihren Betrieb einzuschränken und dementsprechend einen Theil ihrer Arbeiter zu entlassen, ist nicht die **Ursache**, sondern die **Folge** des über die Vereinsbrauerei zu Rixdorf verhängten Boycotts gewesen. Dieser Boycott ist in der Volksversammlung zu Rixdorf am 6. Mai d. J. ausdrücklich zu dem Zweck beschlossen worden, die Vereinsbrauerei, mit der sich die übrigen Brauereien wegen ihrer Zugehörigkeit zum Verein der Brauereien Berlins und der Umgegend solidarisch betrachten mußten, zur Anerkennung der Forderungen der Böttchergesellen zu zwingen. Demgemäß sollte auch die Entlassung sich in erster Reihe auf diejenigen Arbeitnehmer erstrecken, „welche sich an den Bestrebungen, durch Boycottirung einzelner Brauereien Zugeständnisse in Sachen des Böttcherstreiks zu erzwingen", betheiligt hatten.

   **Es widerspricht somit den thatsächlichen Verhältnissen, wenn den vereinigten Brauereien vorgeworfen wird, daß sie es gewesen sind, welche den Streit mit den Böttchergesellen auf die übrige Arbeiterschaft übertragen haben.**

3. Die von den vereinigten Brauereien zum 16. Mai angekündigte Entlassung von 20 Prozent ihrer Arbeiter sollte nur **für den Fall** zur Ausführung gelangen, daß der über die Vereinsbrauerei zu Rixdorf verhängte Boycott **bis zum 15. Mai nicht zurückgenommen sei.** Diese Zurücknahme ist nicht erfolgt, und zwar **weil ein dahingehender Einfluß auf die Urheber des Boycotts von Seiten der Führer der Arbeiterschaft nicht nur nicht versucht, sondern ausdrücklich abgelehnt worden ist.**

4. Nachdem die vereinigten Brauereien die beschlossenen Maßnahmen zur Ausführung gebracht hatten, erschien am 17. Mai im „Vorwärts" der bekannte von den Führern der sozialdemokratischen Partei unterzeichnete Aufruf, in welchem zur Boycottirung von 6 weiteren Brauereien aufgefordert und die Entlassung der Arbeiter als ein von „kapitalistischem Uebermuth und frivoler Brutalität" eingegebener Angriff auf die Organisation der Brauereiarbeiter bezeichnet wurde. Diese Behauptung, welche seitdem die alleinige Begründung für das Vorgehen der gegnerischen Partei bildet, ist gleichfalls **unwahr**, indem die betreffenden **Maßnahmen der vereinigten Brauereien lediglich zum Schutze ihrer bedrohten Existenz getroffen wurden.**

5. Noch bevor in den zu diesem Zweck am Freitag, den 18. Mai, einberufenen neun Volksversammlungen der Boycott über sieben hiesige Brauereien beschlossen war, **hatten die vereinigten Brauereien in einer öffentlichen Kundgebung erklärt, daß ihnen die dauernde Aussperrung der entlassenen Arbeiter fern läge, sie vielmehr bereit seien, dieselben — soweit es der derzeitige Betrieb gestatte — wiedereinzustellen, wenn bis zum 24. Mai der Boycott über die dem Vereine angehörigen Brauereien zurückgenommen sei.**

**Da auch dieses Anerbieten von den Führern der sozialdemokratischen Partei in ihrer Presse und in ihren Versammlungen mit Hohn zurückgewiesen oder geflissentlich ihren Anhängern verschwiegen worden war, hat die sozialdemokratische Partei die alleinige Verantwortung für die von ihr beklagte Schädigung der entlassenen Arbeiter auf sich geladen!**

Eduard Bernstein war so fair, in seiner Beschreibung des Berliner Bierboykotts von 1894 auch die Gegendarstellung der Ringbrauereien zum Flugblatt der Boykott-Kommission wiederzugeben.

6. In den vorgedachten neun Versammlungen hat die sozialdemokratische Partei die Aufhebung des Boycotts nicht nur von der „Wiedereinstellung der gemaßregelten Arbeiter in ihre alten Posten", sondern auch von der Annahme folgender weiteren Forderungen abhängig gemacht: 1. **Aufrechterhaltung und Anerkennung der bestehenden Brauereiarbeiter-Organisationen;** 2. Anerkennung des Arbeitsnachweises; 3. Lohnentschädigung für die ausgesperrten und gemaßregelten Arbeiter; 4. **Anerkennung und Freigabe des 1. Mai als Ruhetag.**

Diese Forderungen, welche in dem in Hunderttausenden von Exemplaren verbreiteten **Flugblatt keine Erwähnung gefunden haben,** beweisen, daß die gegnerische Partei **ganz andere Zwecke verfolgt** als die bloße Wiedereinstellung der entlassenen Arbeiter.

7. Es ist ferner **unwahr,** wenn im „Vorwärts" und in Arbeiterversammlungen behauptet wird, **daß der Verein der Brauereien Berlins und der Umgegend in diesem ihm aufgedrängten Kampfe die Unterstützung anderer gewerblicher Kreise nachgesucht oder veranlaßt hat.** Wenn die Vertreter der Industrie und des Gastwirthsgewerbes in ihrer überwiegenden Mehrheit für die vereinigten Brauereien Partei genommen haben, so begrüßen wir dies mit Genugthuung, stellen aber zugleich ausdrücklich fest, daß diese Parteinahme aus eigenem Antriebe in der Ueberzeugung erfolgt ist, daß ein Vorstoß, wie ihn die sozialdemokratische Partei mit diesem Kampfe unternommen hat, in seinen Folgen nicht nur die Interessen eines einzelnen Industriezweiges, **sondern die Interessen des gesammten deutschen Erwerbslebens** zu schädigen geeignet ist.

8. **Ebenso unwahr ist die wiederholt verbreitete Nachricht, daß die vereinigten Brauereien die Hilfe der Staatsanwaltschaft oder der sonstigen zuständigen Behörden gegen die Arbeiterschaft in Anspruch genommen oder nachgesucht haben. Wir sind vielmehr überzeugt, daß dieser Kampf zu einem gedeihlichen Ende nur dann geführt werden kann, wenn auch ohne den Eingriff der Staatsgewalt der sozialdemokratischen Partei bewiesen wird, daß sie gegenüber der Einigkeit unseres Gewerbes außer Stande ist, uns ihre Bedingungen vorzuschreiben.**

9. **Endlich ist es unwahr, wenn von gegnerischer Seite behauptet wird, daß die fernere Aufrechterhaltung des Boycotts die Mitglieder der Brauereien Berlins und der Umgegend in ihrer einmüthigen Stellungnahme zu erschüttern vermag.** Allerdings ist es richtig, daß, abgesehen von einigen wegen ihrer geringen Produktionsfähigkeit nicht in Betracht kommenden Betrieben, eine hiesige und zwei in Charlottenburg belegene Lagerbierbrauereien sich uns nicht angeschlossen haben, vielmehr aus dem uns aufgedrängten Kampfe Nutzen zu ziehen suchen. Es ist ferner richtig, daß eine vierte Brauerei, welche erst vor kurzem in den Verein eingetreten war, zu gleichem Zwecke wieder ausgeschieden ist. Wir können uns einer Kritik über das Gebahren dieser Brauereien um so mehr enthalten, als die öffentliche Meinung ihr Urtheil darüber bereits gesprochen hat. **Diese Thatsachen, weit entfernt, den Verein in seiner Solidarität zu gefährden, haben vielmehr dazu geführt, die Mitglieder desselben durch neuerdings getroffene Vereinbarungen nur noch um so fester aneinander zu schließen.**

Wir erklären hiernach nochmals, daß der von uns geführte Kampf einzig und allein gegen Diejenigen gerichtet ist, welche durch Boycottirung von Mitgliedern unseres Vereins deren Existenz zu gefährden suchen. Wir haben von Anfang an nicht mehr und nicht weniger als die Zurücknahme des Boycotts erstrebt. Das war und das bleibt unser Ziel!

Von der sozialdemokratischen Partei hängt es auch fernerhin ab, wie lange zahlreiche Gewerbetreibende und Arbeiter den Wirkungen des Boycotts ausgesetzt werden sollen.

So sehr wir im Interesse dieser Kreise eine Beilegung des Streites wünschen, so sind wir uns doch der Bedeutung des Kampfes nicht nur in unserem, sondern auch im Interesse der gesammten Industrie Deutschlands vollauf bewußt und hoffen auch fernerhin der Zustimmung aller unparteiischen Kreise sicher zu sein, wenn wir bei der im Vorstehenden dargelegten Stellungnahme verharren!

**Berlin,** im Juni 1894.

## Der Verein der Brauereien Berlins und der Umgegend.

Aktien-Brauerei Friedrichshain. — Aktien-Brauerei-Gesellschaft Friedrichshöhe, vorm. Patzenhofer. — Aktien-Brauerei-Gesellschaft Moabit. — Aktien-Gesellschaft Schloßbrauerei Schöneberg. — Bergschloß-Brauerei, Aktien-Gesellschaft. — Berliner Bockbrauerei, Aktien-Gesellschaft. — Berliner Kronen-Brauerei, Aktien-Gesellschaft. — Berliner Unions-Brauerei. — Böhmisches Brauhaus, Komm.-Gesellschaft auf Aktien, A. Knoblauch. — Brauerei Oswald Berliner. — Brauerei Julius Bötzow. — Brauerei Borussia, Aktien-Gesellschaft. — Brauerei Gambrinus, Aktien-Gesellschaft. — Brauerei Germania, David & Martin. — Brauerei Karl Gregory. — Brauerei F. Happoldt. — Brauerei Königstadt, Aktien-Gesellschaft. — Brauerei Pfefferberg, vorm. Schneider & Hillig. — Brauerei Schweizergarten, C. Schneider. — Brauerei Stralau, Dr. W. Frentzel. — Brauerei A. Werm. — Bürgerliche Brauerei. — Bürgerliches Brauhaus, Otto Müller. — C. Habel's Brauerei. — Gebrüder Josty. — Norddeutsche Brauerei, Aktien-Gesellschaft. — Radeberger Exportbierbrauerei. — Schultheiß' Brauerei Aktien-Gesellschaft. — Spandauerberg-Brauerei, vorm. C. Bechmann. — Vereinsbrauerei, Rixdorf. — Versuchs- und Lehrbrauerei. — Viktoria-Brauerei Aktien-Gesellschaft.

Druck von Rudolf Mosse. Berlin. 16744

Unterschrieben hatten die Antwort auf das Flugblatt der Boykott-Kommission die zweiunddreißig Mitglieder des Vereins der Brauereien Berlins und der Umgegend, also jener »kleine Ring von Kapitalisten«.

Lokalen, die ›Ringbier‹ führen, und solchen, die »ringfreies« Bier ausschenken – die Liste ist dermaßen fehlerhaft und unvollständig, dass sie in den Folgetagen vom *Vorwärts* laufend korrigiert wird (was auch für die Korrekturen der Korrekturen gilt) | am Hauptportal der Steglitzer Matthäuskirche wird kurz vor Beginn des Gottesdienstes ein Plakat mit den Worten »Trinkt kein boykottirtes Bier!« angeklebt

| | | |
|---|---|---|
| 26. Juni | Di | Gründung des Vereins der Saalbesitzer Berlins und der Umgegend \| auf einer Versammlung der ausgesperrten Brauereiarbeiter in Joël's Salon in der Andreasstraße 21 kommt es zu »Zwistigkeiten« mit der Boykott-Kommission \| die fünfzehnköpfige Kommission des Verbands der Schank- und Gastwirte Berlins und der Umgegend, die Verhandlungen zwischen der Arbeiterschaft und den Brauereien mit dem Ziel herbeiführen soll, eine Übereinkunft der beiden streitenden Gruppen zu erreichen, lädt auf einer Sitzung bei Heinrich Nümann in der Eldenaer Straße 7 dieselben zu einem Einigungsgespräch am 3. Juli bei Poppe in der Lindenstraße 106 ein |
| 27. Juni | Mi | die gemeinschaftliche Unterstützungs-Kommission der Brauer und Böttcher wird aufgelöst \| fortan erhalten die entlassenen Böttcher von der Unterstützungs-Kommission pro Woche 9 Mark für Ledige und 10,50 Mark für Verheiratete \| der Verein der Brauereien Berlins und der Umgegend lehnt die Einladung der fünfzehnköpfigen Kommission des Verbands der Schank- und Gastwirte Berlins und der Umgegend zu einem Einigungsgespräch zwischen der Arbeiterschaft und den Brauereien vom 22. Juni mit der Begründung ab, dass er den von den Sozialdemokraten veröffentlichten Flugblättern keinen ernsthaften Willen zur Einigung entnehmen könne |
| 28. Juni | Do | der *Vorwärts* entrüstet sich über das Wort »Bierschnüffler« |
| 29. Juni | Fr | in Dresden werden 42 Sozialdemokraten wegen Verhängung des Boykotts über die Waldschlößchen Brauerei A.G. »zu je 40 Mk. Geldstrafe, eventuell 2 Wochen Haft« verurteilt – und zwar, da es keine Strafbestimmung gegen die Verhängung eines Boykotts gibt, »wegen groben Unfugs« |
| 30. Juni | Sa | die Radeberger Exportbierbrauerei, Pichelsdorf, tritt aus dem Verein der Brauereien Berlins und der Umgegend aus |
| im Juni | | Ignaz Auer lässt bei der Erwähnung des Bierboykotts den Satz fallen, dass es sich dabei um einen Kampf handele, »bei dem es nur Geschädigte geben kann, ohne daß irgend Jemand Vorteile erreichen kann« |
| 1. Juli | So | Paul Singer übernimmt von Ignaz Auer, der einen Erholungsurlaub antritt, die ›Chefredaktion‹ der Bierboykott-Berichterstattung des *Vorwärts* sowie den Vorsitz der Boykott-Kommission \| der Vorwärts berichtet von einer »geradezu grauenhaften Unfallhäufigkeit« in den |

Betrieben der Schultheiss-Brauerei von Richard Roesicke | fortan erhalten die entlassenen Brauer von der Unterstützungskommission pro Woche 9 Mark für Ledige und 12 Mark für Verheiratete

3. Juli Di der *Vorwärts* ersetzt unter der Ägide von Paul Singer den Boykott-Aufruf vom 17. Mai aus der Ära von Ignaz Auer durch einen täglich erscheinenden kompakteren neuen | der Versuch einer fünfzehnköpfigen Kommission des Verbands der Schank- und Gastwirte Berlins und der Umgegend, bei Poppe in der Lindenstraße 106 ein Einigungsgespräch zwischen der Arbeiterschaft und den Brauereien mit dem Ziel herbeizuführen, eine Übereinkunft der beiden streitenden Gruppen zu erreichen, scheitert, ehe er recht begonnen hat, da kein Vertreter der Brauereien zu dem Termin erscheint, weil man sich am 5. Juli ohnedies treffen wird

4. Juli Mi laut einer Meldung des *Leipziger Tageblatts*, haben sich Mitglieder der Boykott-Kommission und der Sozialdemokraten auf einem geheimen Treffen überworfen – Ignaz Auer ist für die Fortführung des Boykotts eingetreten, August Bebel für dessen Beendigung | der Verein der Berliner Weißbierwirte mit seinen 2057 Mitgliedern spricht sich auf seiner monatlichen Versammlung gegen den Bierboykott und die Agitation des *Vorwärts* aus | um die Auswirkungen des Bierboykotts zu illustrieren, gibt die dem Verein der Brauereien Berlins und der Umgegend angehörende Schloßbrauerei Schöneberg bekannt, dass sich ihr Absatz zwischen Oktober 1893 und Juni 1894 um 7 Prozent gesteigert hat | der Bierfahrer Obst wird in der Skalitzer Straße von einem Arbeiter angegriffen und schwer am Kopf verletzt; als ein paar Männer aus einer nahen Maschinenfabrik dem am Boden liegenden Überfallenen zu Hilfe kommen und erfahren, dass es sich um einen Mitarbeiter von Schultheiss handelt, wenden sie sich mit den Worten von ihm ab: »Laßt doch den, der gehört ja zu Rösickes artigen Kindern.«

5. Juli Do auf Initiative des Vorsitzenden des Gewerbegerichts, des Magistratsassessors Max von Schulz, treffen sich drei Vertreter der Arbeitnehmer und zwei der Arbeitgeber zu einer Vorbesprechung zu Verhandlungen über eine Beilegung des Bierboykotts – da es zu keiner Annäherung der Standpunkte kommt, wird das Treffen auf unbekannte Zeit vertagt | der *Vorwärts* ist gemäß § 11 des Reichspressgesetzes vom 7. Mai 1874 gezwungen, eine Berichtigung seiner Behauptung vom 1. Juli über die Unfallhäufigkeit in den Schultheiss-Brauereien zu veröffentlichen | auf einer Brauereiarbeiter-Versammlung in den Concordia-Festsälen in der Andreasstraße 64 wird der Entwurf eines einzurichtenden Arbeitsnachweises vorgelegt | die Zeitungen melden, dass eine Genossenschaft der Gast- und Schankwirte Berlins und der Umgegend eine Brauerei gegründet hat, das Brauhaus Hohen-Schönhausen

| | | |
|---|---|---|
| 6. Juli | Fr | nach dem Scheitern der Vorbesprechung zu Verhandlungen über eine Beilegung des Bierboykotts vor dem Gewerbegericht am 5. Juli ändert die Boykott-Kommission abermals ihren täglich erscheinenden Boykott-Aufruf im *Vorwärts* |
| 7. Juli | Sa | der Verein der Brauereien Berlins und der Umgegend erarbeitet den Entwurf eines Vertrags mit dem Verein der Saalbesitzer, wonach die Saalbesitzer ihre Räumlichkeiten nicht für sozialdemokratische Veranstaltungen zur Verfügung stellen und die Brauereien im Gegenzug auch keinem Wirt mehr Bier liefern, der diese Regelung unterläuft |
| 9. Juli | Mo | der Verein der Brauereien Berlins und der Umgegend verabschiedet den am 7. Juni erarbeiteten Entwurf eines Vertrags mit dem Verein der Saalbesitzer |
| 10. Juli | Di | die Besitzer der fünf letzten größten Säle Berlins, die sich bisher noch nicht jenen Kollegen angeschlossen haben, die ihre Räume den Sozialdemokraten verweigern, tun dies mit dem heutigen Tag – und zwar die Inhaber der Concordia-Festsäle in der Andreasstraße 64, von Joël's Salon in der Andreasstraße 21, des Feenpalasts in der Wolfgang-, Ecke Burgstraße, des Schweizergartens am Friedrichshain und der Alhambra in der Wallner-Theater-Straße 15 |
| 11. Juli | Mi | auf zweiunddreißig über die ganze Stadt verteilten Volksversammlungen beschließt die Berliner Arbeiterschaft, den Bierboykott über sämtliche Mitglieder des Vereins der Brauereien Berlins und der Umgegend auszuweiten \| in der Versammlung im Saal der Brauerei Bismarckshöhe in der Wilmersdorfer Straße 39 in Charlottenburg stellt Wilhelm Liebknecht den Rixdorfer Beschluss als eine Privatsache der »Lokalbeteiligten« dar, in die sich die Parteileitung nicht eingemischt habe |
| 12. Juli | Do | der Bierboykott wird über sämtliche – derzeit 32 – Mitglieder des Vereins der Brauereien Berlins und der Umgegend verhängt \| als Reaktion auf das Scheitern der Vorbesprechung zu Verhandlungen über eine Beilegung des Bierboykotts vor dem Gewerbegericht am 5. Juli, in der die Vertreter der Arbeiter erklärt hatten, von ihren hinlänglich bekannten Forderungen nicht abzuweichen, beschließt der Verein der Brauereien Berlins und der Umgegend, »sich auf Verhandlungen mit der sozialdemokratischen Partei nicht weiter einzulassen« |
| 13. Juli | Fr | das Gewerbegericht weist die Klage von zwei Brauereiarbeitern gegen die Schultheiss A.G. kostenpflichtig zurück, die sich geweigert hatten, ersatzweise Arbeiten der streikenden Böttcher auszuführen, und daraufhin entlassen worden waren |
| 16. Juli | Mo | der Verein der Saalbesitzer und der Verein der Brauereien Berlins und der Umgegend modifizieren die am 5. Juni getroffene Vereinbarung und ratifizieren einen Vertrag, wonach die Saalbesitzer ihre Räumlichkeiten nicht für sozialdemokratische Veranstaltungen zur Verfügung stellen und die Brauereien im Gegenzug auch keinem Wirt mehr Bier liefern werden, der diese Regelung unterläuft – bei Verstößen gegen dieselbe haben die Saalbesitzer |

eine Konventionalstrafe in Höhe von 500 Mark und die Brauereien eine solche in Höhe von 3000 Mark zu bezahlen | in Berlin treffen 37 Eisenbahnwagen mit Bier aus Bayern ein

17. Juli Di — eine im Lokal des Vorsitzenden des Vereins der Berliner Weißbierwirte August Kuckenburg in der Dresdener Straße 105 zusammen mit Vertretern des Vereins der Brauereien Berlins und der Umgegend tagende Kommission stellt fest, »daß der allgemeine Boykott bisher kaum verspürt worden ist«, und beschließt, dass gegen die systematische Beschmierung, Beschädigung und Zerstörung von Firmenschildern von Gastwirtschaften energisch vorgegangen werden soll

18. Juli Mi — 101 Rixdorfer Gastwirte, die auf der Boykottliste der Sozialdemokraten stehen, beschließen, den *Vorwärts* abzubestellen

19. Juli Do — die dem Verein Berliner Gastwirte und dem Verein Berliner Weißbierwirte angehörenden Saalbesitzer von Berlin und Umgegend beschließen auf einer Versammlung im Etablissement Buggenhagen in der Oranienstraße 147 am Moritzplatz das Statut einer gesonderten Saalbesitzerabteilung beider Vereine, um noch effizienter Front gegen »das tyrannische Wesen der Sozialdemokraten« machen zu können

20. Juli Fr — der den Sozialdemokraten nahestehende Verein zur Wahrung der Interessen der Gast- und Schankwirte Berlins und Umgegend beschließt auf einer Verbandssitzung unter Führung Paul Hilperts, sich darum zu bemühen, die Mitglieder des Vereins der Saalbesitzer Berlins und der Umgegend auf seine Seite zu ziehen | eine gleichzeitig stattfindende Versammlung von den Sozialdemokraten nahestehenden Gast- und Schankwirten im Elysium in der Landsberger Allee 40–41 klagt über den mangelnden Zusammenhalt der Kollegen

22. Juli So — die Patzenhofer Brauerei ist mit einer Inschrift in roter Farbe beschmiert: »Trinkt kein boykottirtes Bier!«

23. Juli Mo — die *Volks-Zeitung* berichtet von der Ehefrau des Gastwirts Richard Struck aus der Britzer Straße 19, die sich eine Wäscherin bestellt hatte, die freilich nicht erschien, sondern durch ihre Tochter ausrichten ließ: »Eine schöne Empfehlung von Vatern, Mutter kann nicht zum Waschen kommen, weil bei Herrn Struck boykottirtes Bier ausgeschänkt wird«

24. Juli Di — der den Sozialdemokraten nahestehende Verein zur Wahrung der Interessen der Gast- und Schankwirte Berlins und Umgegend fordert den Verein der Brauereien Berlins und der Umgegend auf, den Flaschenbierhandel zu reduzieren, da er den ohnedies unter dem Boykott leidenden Kneipiers Konkurrenz macht und ihnen einen zusätzlichen wirtschaftlichen Schaden zufügt

26. Juli Do — die Boykott-Kommission ändert abermals ihren täglich erscheinenden Boykott-Aufruf im *Vorwärts*

27. Juli Fr als der sozialdemokratische Reichstagsabgeordnete und Stadtverordnete von Berlin Fritz Zubeil nach einer – aufgelösten – Gewerkschaftsveranstaltung vor dem Lokal von Christian Sauermann in der Adalbertstraße 8 eine Gruppe von Arbeitern dabei erwischt, wie sie boykottiertes Bier trinkt, und sie deshalb anherrscht, kommt es zu Protestreaktionen wie: »Wir sind blos dazu da, die Leithammel groß und dann fett zu machen!«

1. August Mi der Vorstand der Gastwirtsinnung lädt zur Beratung der Beilegung des Bierboykotts Vertreter des Vereins der Brauereien Berlins und der Umgegend sowie der Saalbesitzer-Kommission und des Verbands der Schank- und Gastwirte Berlins und der Umgegend ein und rügt den »Terrorismus, wie er seitens der Sozialdemokratie auf die Wirte und Brauereien ausgeübt wird« | Ignaz Auer übernimmt, zurückgekehrt aus dem Erholungsurlaub, von Paul Singer wieder die ›Chefredaktion‹ der Bierboykott-Berichterstattung des *Vorwärts* sowie den Vorsitz der Boykott-Kommission | in Berlin finden drei von der Frauen Agitations-Kommission veranstaltete Versammlungen zu dem Thema »Die Frauen und der Bierboykott« statt

3. August Fr auf einer Versammlung des Vereins der Berliner Gastwirte schlägt der Chef der Saalbesitzer-Kommission des Vereins der Berliner Gastwirte Hubertus Jacobi vor, dass alle Kollegen den *Vorwärts* abbestellen sollen, da das Blatt »als ›ernst‹ gar nicht mehr betrachtet werden kann«

8. August Mi auf einer Versammlung des Vereins der Berliner Weißbierwirte im Niesigk'schen Saal in der Rixdorfer Bergstraße 129 wird beklagt, dass der Bierboykott am meisten jene kleinen Gastwirtschaften trifft, »welche mit Fabriken- und Werkstätten-Kundschaft zu thun haben«

12. August So der *Vorwärts* (und zwar vermutlich Ignaz Auer) zitiert – wenngleich nicht im Zusammenhang mit dem Bierboykott – gesperrt gedruckt den Aphorimus des englischen Schriftstellers George Herbert: »Ein magerer Vergleich ist besser als ein fetter Prozeß«

14. August Di der Verein der Brauereien Berlins und der Umgegend bildet eine fünfköpfige Kommission, die mit dem Verein der Berliner Gastwirte und dem Verein der Berliner Weißbierwirte Gespräche über das Problem des Flaschenbierhandels aufnehmen soll | die Mitglieder des Vereins der Brauereien Berlins und der Umgegend bitten ihre Geschäftspartner – weitgehend erfolglos – um Spenden für die wirtschaftlich unter dem Boykott besonders leidenden Gastwirte, zusammenkommen alles in allem 70 000 Mark

16. August Do in den Hausfluren der Brunnenstraße sowie der benachbarten Straßen tauchen blutrote Plakate auf mit der Aufschrift »*Cholera asiatica* bekommt jeder, der boykottiertes Bier trinkt. Also trinkt kein Giftbier!«

18. August Sa die Mitglieder des Vereins der Brauereien Berlins und der Umgegend handeln mit denen des Vereins der Berliner Gastwirte sowie des Vereins der Berliner Weißbierwirte ein am

| | | |
|---|---|---|
| | | 1. Oktober in Kraft tretendes detailliertes Abkommen aus, wodurch das Problem des Flaschenbierhandels weitgehend gelöst wird |
| 19. August | So | die Boykott-Kommission ändert abermals ihren täglich erscheinenden Boykott-Aufruf im *Vorwärts* |
| 22. August | Mi | angesichts der Tatsache, dass sich seine Kassen allmählich leeren, findet in Rixdorf eine Versammlung des Gewerkschafts-Kartells statt, auf der empfohlen wird, »recht rege für die Sammlungen der ausgesperrten Brauereiarbeiter zu wirken« |
| 24. August | Fr | in 37 »nicht besonders zahlreich besuchten« öffentlichen Volksversammlungen für Berlin und Umgegend, »für die meist nur kleinere Lokale zur Verfügung« stehen, wird über den gegenwärtigen Stand des Bierboykotts diskutiert |
| 26. August | So | die Boykott-Kommission gibt »zur besseren Durchführung der Kontrolle und Kenntlichmachung der Gastwirthe, welche kein boykottirtes Bier führen,« neue Plakate mit der Aufschrift »Hier wird kein Ringbier ausgeschänkt« aus und zieht die alten Anschläge zurück |
| 29. August | Mi | auf einer Versammlung in Nieft's Salon in der Weberstraße 17 erklärt Hermann Mattutat, dass es nicht schaden könne, sich schon einmal mit dem Gedanken vertraut zu machen, »daß die Arbeiterschaft nicht mehr in der Lage sei, die Unterstützung in der bisherigen Höhe an die Ausgesperrten zahlen zu können« |
| 5. September | Mi | der Bauherr und Besitzer des Hauses Landwehrstraße 38 Gustav Schönberg, ein Gastwirt, feiert mit boykottiertem Bier Richtfest in seinem Lokal, was vierzehn Bauleute bemängeln, weshalb er diese Männer auf der Stelle entlässt |
| 7. September | Fr | auf einer Sitzung des Vereins der Berliner Gastwirte wird über Möglichkeiten der Beilegung des Bierboykotts beraten, woraufhin man sich an die Boykott-Kommission mit der Frage wendet, ob sie zu entsprechenden Verhandlungen bereit sei, und von Ignaz Auer eine positive Rückmeldung erhält |
| 10. September | Mo | die Boykott-Kommission trifft in der Folgezeit »Abmachungen« mit den ›ringfreien‹ Brauereien – zum Beispiel darüber, dass Neueinstellungen nur aus der Schar der gemaßregelten Arbeiter erfolgen dürfen und die Begehung des 1. Mai nicht zur Entlassung führen darf |
| 11. September | Di | ein wütender Haufen gemaßregelter ehemaliger Böttcher der Schloßbrauerei Schöneberg, Schöneberger Hauptstraße 112–114, der sich von der sozialdemokratischen Partei irregeleitet fühlt, überfällt eine Gruppe auswärtiger Berufskollegen, die mittlerweile an ihrer Stelle in der Schloßbrauerei arbeiten |
| 12. September | Mi | ein Kutscher namens Borowsky wird in der Hermannstraße in Rixdorf von ausgesperrten Brauereiarbeitern angegriffen und mit einem Messer verletzt, weil er für die Bergschloß Brauerei in der Wißmannstraße in Rixdorf arbeitet |

| | | |
|---|---|---|
| 15. September | Sa | bei einem Treffen von Vertretern des Vereins der Berliner Gastwirte und der Boykott-Kommission in Dräsel's Festsälen in der Neuen Friedrichstraße 35 kommt es zu keiner Einigung, weil die Boykott-Kommission nicht bereit ist, einen Separatfrieden zu schließen – man trennt sich, wobei zwei Vertreter der Gastwirte ankündigen, sich darum zu bemühen, auch den Verein der Brauereien Berlins und der Umgegend an den Verhandlungstisch zu bekommen |
| 16. September | So | zehn Brauereien, die dem Verein der Brauereien Berlins und der Umgegend nicht angehören, polemisieren in einem großen Inserat im *Vorwärts* im Duktus dieses Blattes gegen Richard Roesicke |
| 18. September | Di | der »gegen den socialdemokratischen Bierboycott« agitierende Verband deutsch-sozialer Antisemiten (notabene: Paul Singer war Jude) diskutiert in zwölf öffentlichen Versammlungen die Frage »Wie steht es mit dem Bierboycott und wie helfen wir den durch den Boycott so schwer geschädigten Ständen, besonders den kleinen Kaufleuten, Bierverlegern, Gastwirten und Arbeitern?« |
| 20. September | Do | auf einer Sitzung des Vereins der Brauereien Berlins und der Umgegend wird der Vorschlag der Gastwirte vom 15. September bezüglich anzustrebender Einigungsverhandlungen diskutiert und mit der Mehrheit von 18 gegen 7 Stimmen angenommen – Roesicke weigert sich unter Hinweis auf die ständigen Schmähungen seiner Person, an solchen Verhandlungen teilzunehmen |
| 22. September | Sa | im Kurhotel in Friedrichsroda versammelt sich auf Initiative des deutschen Brauerbundes eine Reihe von Brauereibesitzern und -direktoren, um sich ihrer gegenseitigen Solidarität zu versichern, und erarbeitet das Statut eines Garantiefonds, der Brauereien unterstützen soll, »welche durch Verrufserklärungen (Boykotts) in ihrem Betrieb und Geschäfte erheblich geschädigt werden« |
| 26. September | Mi | der *Vorwärts* veröffentlicht eine Abmachung zwischen Vertretern der ›ringfreien‹ Brauereien sowie Mitgliedern der Boykott-Kommission, ferner Vertretern der Brauereiarbeiter und der Bier-Kommission bezüglich der Anerkennung der bestehenden Arbeiterorganisation, eines von der Organisation der Brauereiarbeiter zu leitenden Arbeitsnachweises, der Freigabe des 1. Mai sowie der Einführung eines Mindestlohns von 30 Mark und der Festsetzung eines Maximalarbeitstages von 9½ Stunden |
| 27. September | Do | eine Versammlung des Vereins der Saalbesitzer Berlins und der Umgegend beauftragt in Marten's Salon in der Friedrichstraße 236 eine elfköpfige Kommission mit der Ausarbeitung eines Statuts, durch das er sich »gegen sämtliche geschäftlichen Uebergriffe und Ver[r]ufserklärungen, ganz gleich von welcher Seite dieselben kommen mögen«, wappnen kann |

| | | |
|---|---|---|
| 29. September | Sa | im Boltz'schen Lokal in der Alten Jakobstraße 75 treffen Vertreter des Vereins der Brauereien Berlins und der Umgegend sowie der Boykott-Kommission und der Gastwirte und Saalbesitzer zur Verhandlung über eine Einigung im Berliner Bierboykott zusammen, müssen das Treffen aber nach knapp sechs Stunden ergebnislos beenden und vertagen sich auf den 13. Oktober |
| 2. Oktober | Di | der Verein der Brauereien Berlins und der Umgegend beschließt, vier Vertreter zu einer vom Vorsitzenden des Centralvereins für Arbeitsnachweis Dr. Richard Freund einzuberufenden Vorverhandlung über die Errichtung eines Arbeitsnachweises zu entsenden \| die Teilnehmer an einer Sitzung der Inhaber und Direktoren der Berliner Weißbierbrauereien beschließen, alles dazu beizutragen, dass es zu einer Einigung in Sachen des Berliner Bierboykotts kommt |
| 5. Oktober | Fr | in einer öffentlichen Versammlung der ausgesperrten Brauereiarbeiter und Böttcher in Nieft's Salon in der Weberstraße 17 kommt es zu heftigen Angriffen gegen die Verhandlungsführung der Vertreter der Arbeiterschaft auf dem Treffen des Vereins der Brauereien Berlins und der Umgegend sowie der Boykott-Kommission und der Gastwirte und Saalbesitzer am 29. September \| der Verein der Berliner Gastwirte übernimmt den Beschluss der Berliner Weißbierbrauereien vom Vortag, alles dazu beizutragen, dass es zu einer Einigung in Sachen des Berliner Bierboykotts kommt |
| 8. Oktober | Mo | in der Wohnung des Saalbesitzers Gustav Feuerstein in der Alten Jakobstraße 75 findet eine vertrauliche Zusammenkunft von den Vertretern des Vereins der Brauereien Berlins und der Umgegend – nämlich Friedrich Goldschmidt von der Aktien-Brauerei Friedrichshöhe, Dr. Hugo Kaskel von der Victoria Brauerei und Richard Roesicke von der Schultheiss Brauerei – mit dem Vorsitzenden des Centralvereins für Arbeitsnachweis Dr. Richard Freund statt |
| 11. Oktober | Do | der Verein der Brauereien Berlins und der Umgegend bereitet einen erneuten Einigungsversuch am 13. Oktober auf der Grundlage eines Rundschreibens des Direktors des Böhmischen Brauhauses Bernhard Knoblauch vor, in dem einige Streitpunkte so modifiziert sind, dass man hofft, der Boykott-Kommission damit entgegenkommen zu können \| der Verein der Brauereien Berlins und der Umgegend skizziert »Grundsätze eines zu bildenden Arbeitsnachweises für die Arbeitnehmer des Berliner Braugewerbes« |
| 12. Oktober | Fr | Ignaz Auer tritt ohne großes Aufsehen aus der Boykott-Kommission aus |
| 13. Oktober | Sa | im Boltz'schen Lokal in der Alten Jakobstraße 75 treffen Vertreter des Vereins der Brauereien Berlins und der Umgegend sowie der Boykott-Kommission und der Gastwirte und Saalbesitzer zur Fortsetzung der Verhandlung vom 29. September über eine Einigung im Berliner Bierboykott zusammen, die freilich nach kurzer Dauer ergebnislos abgebrochen |

| | | |
|---|---|---|
| | | wird \| unter dem Datum des heutigen Tages bestätigt der Stenograph der Verhandlung Dr. Gustav Steinbrink brieflich die von Ignaz Auer bestrittene Tatsache, dass in dem Zusammentreffen am 29. September durchaus die Rede von »20 oder 30« Arbeitern war – und dies sogar zweimal –, »die durch ihr früheres Betragen es dahin gebracht haben, daß man sie nicht wieder einstellen will« |
| 14. Oktober | So | die Boykott-Kommission ändert abermals ihren täglich erscheinenden Boykott-Aufruf im *Vorwärts* |
| 15. Oktober | Mo | auf einer Versammlung der ausgesperrten Brauereiarbeiter im Etablissement Elysium in der Landsberger Allee 41–42 wird unter der Leitung Paul Hilperts eine Resolution verfasst, in welcher die Aufstellung einer Schwarzen Liste durch den Verein der Brauereien Berlins und der Umgegend gerügt wird, »in der nicht weniger als 33 Ausgesperrte, darunter 23 Verheirathete, dem Elende, der Hungerpeitsche überliefert werden sollen« |
| 16. Oktober | Di | in 27 Versammlungen beschließen die Sozialdemokraten die Aufrechterhaltung des Bierboykotts \| die Kommission der Saalbesitzer Berlins und der Umgegend bleibt dabei, dass auch nach dem Scheitern der Einigungsverhandlung vom 13. Oktober »an eine Aufhebung des Saalboykotts nicht zu denken ist« |
| 17. Oktober | Mi | im Norden Berlins sind Häuser und Zäune über Nacht in roter Farbe mit der Parole beschmiert worden: »Arbeiter! Trinkt kein Boykottbier« |
| 23. Oktober | Di | im Belforter Salon in der Belforter Straße 4, im Kelle'schen Lokal in der Schönhauser Allee 28 und im Jägerhaus in der Schönhauser Allee 103 finden gleichzeitig drei Volksversammlungen zu dem Thema »Der Bier-Boykott und die bürgerliche Gesellschaft« statt |
| 25. Oktober | Do | im Victoria Salon in der Perleberger Straße 13 in Moabit findet eine öffentliche Volksversammlung zu dem Thema »Der Bier-Boykott und die bürgerliche Gesellschaft« statt |
| 2. November | Fr | auf einer internen Sitzung beschließt der Verein der Berliner Gastwirte, sich an den Verein der Brauereien Berlins und der Umgebung mit der Bitte zu wenden, das Konkurrenzverbot vom 24. April 1890 abzuschaffen, weil es die Verdienstmöglichkeiten der ohnehin vom Bierboykott besonders schwer getroffenen Wirte einschränkt |
| 9. November | Fr | der Verein der Brauereien Berlins und der Umgegend verabschiedet einstimmig die inzwischen redigierten »Grundsätze eines zu bildenden Arbeitsnachweises für die Arbeitnehmer des Berliner Braugewerbes« und überträgt die Ausgestaltung der Satzungen des zu vereinbarenden Statuts einer fünfköpfigen Kommission \| zwei Mitglieder des Vereins der Brauereien Berlins und der Umgegend stellen bei diesem den Antrag, zur Absicherung gegen künftige Angriffe auf Mitglieder des Vereins bei einer hiesigen Bank einen Kredit von einer Million Mark aufzunehmen und hierzu die entsprechenden Vorbereitungen zu |

treffen | der rührige Leiter der Saalbesitzer-Kommission des Vereins der Berliner Gastwirte Hubertus Jacobi versendet einen Brief an potentielle – und potente – Sympathisanten, in dem er angesichts der Ergebnislosigkeit der Verhandlungen am 13. Oktober im Boltz'schen Lokal in der Alten Jakobstraße 75 um Spenden »zur Entschädigung der durch den gegenwärtigen Boykott hart bedrängten Saalbesitzer Berlins und Umgegend« bittet

11. November So die Boykott-Kommission veröffentlicht ein Flugblatt mit dem Titel »Der Berliner Bierboykott« | auf einer Versammlung des ›roten‹ Vereins der Brauerei-Hilfsarbeiter Berlins und der Umgegend wird bekannt, dass »das Häuflein der Getreuen« innerhalb von anderthalb Jahren von 1015 zahlenden Mitgliedern auf 300 zusammengeschmolzen ist und die Vereinskasse einen Barbestand von 3,82 Mark aufweist

14. November Mi auf einer Versammlung von 8 Vertretern der ›ringfreien‹ Brauereien, den Mitgliedern der Boykott- und Zwölfer-, respektive Fünfzehner-Kommission sowie Vertretern der ausgesperrten Brauereiarbeiter wird beschlossen, durch die Boykott-Kommission überprüfen zu lassen, ob alle Bedingungen der zwischen diesen Gremien am 26. September getroffenen Abmachung in den Brauereien eingehalten werden

15. November Do gerüchteweise verlautet, dass die Boykott-Kommission das Münchener Brauhaus, »welches in Folge des Boykotts die glänzendsten Geschäfte gemacht hat«, aufgefordert haben soll, 8000 Mark in die Streikkasse zu zahlen

28. November Mi auf einer Sitzung der Berliner Weißbierwirte im Etablissement Buggenhagen in der Oranienstraße 147 am Moritzplatz berichtet der Lokalbesitzer Carl Loppaschewski, der kürzlich eine Petition an den Reichstag eingebracht hat, »ein Gesetz gegen die Verrufserklärungen zu erlassen«, dass er seither von Sozialdemokraten angepöbelt wird und anonyme Morddrohungen erhalten hat

30. November Fr die *Volks-Zeitung* berichtet von einer außerordentlichen Generalversammlung der sozialdemokratischen Gastwirtsgehilfen Berlins und der Umgegend, auf der die Teilnehmer die Forderung erhoben haben, dass jene Parteiführer, »welche in Wiener Kaffeehäusern und in ›Bourgeoiskneipen‹ verkehrten, in denen boykottirtes Bier ausgeschänkt würde, zur Rechenschaft gezogen werden sollen« – es handelt sich dabei, fügt die *Staatsbürger Zeitung* hinzu, »unter anderen um die Personen der Abgg. Liebknecht [und] Bebel«

2. Dezember So in einer Versammlung der ausgesperrten Böttcher bei Wilke in der Andreasstraße 26 klagen die Betroffenen über die mangelnde Solidarität ihrer sich in Arbeit befindenden Kollegen

4. Dezember Do in der Presse tauchen Meldungen auf, dass die angeblich dem Verderben geweihten 33 gemaßregelten Brauereiarbeiter längst allesamt wieder tätig sind und Geld verdienen | nach

einigen Modifikationen werden die am 11. Oktober skizzierten und am 9. November verabschiedeten »Grundsätze eines zu bildenden Arbeitsnachweises für die Arbeitnehmer des Berliner Braugewerbes« einstimmig sowohl vom Verein der Brauereien Berlins und der Umgegend als auch vom nicht-sozialdemokratischen ›blauen‹ Verein der Bierbrauergesellen Berlins und Umgegend übernommen

7. Dezember Fr obwohl der *Vorwärts* Tag für Tag damit agitiert, dass die 33 gemaßregelten Brauereiarbeiter in Not und Elend leben, wird er von der *Berliner Börsen-Zeitung* gezwungen, zuzugeben, dass er weiß, dass die Männer längst wieder in Lohn und Brot sind

8. Dezember Sa der ehemalige Vorsitzende des Vereins der Berliner Gastwirte Emil Triebel gibt auf einer internen Sitzung bekannt, dass der Verein an seine Mitglieder bisher 180 000 Mark an Unterstützungsgeldern ausgezahlt hat

10. Dezember Mo die Zeitungen im Deutschen Reich berichten von einer erneuten Initiative der Saalbesitzer zu einer Einigung und Beendigung des Berliner Bierboykotts

11. Dezember Di die gemäß dem Antrag vom 9. November durch eine siebenköpfige Kommission zu treffenden formalen Vorbereitungen zur Aufnahme eines Kredits von einer Million Mark sind abgeschlossen, sodass ein notarieller Vertragsabschluss mit der Dresdner Bank – allerdings nur über 500 000 Mark – auf den 22. Dezember anberaumt wird (bei demselben Termin sollen drei weitere Sicherungsverträge abgeschlossen werden)

12. Dezember Mi der tägliche Boykott-Aufruf mit der Erinnerung an die »Dreiunddreißig« wird ohne Angaben von Gründen vom *Vorwärts* eingestellt

15. Dezember Sa der Leiter der Saalbesitzer-Kommission des Vereins der Berliner Gastwirte Hubertus Jacobi teilt auf einer gemeinsamen Sitzung mit einigen Direktoren von Mitgliedern des Vereins der Brauereien Berlins und der Umgegend mit, dass er »fortdauernd große Zuschüsse« zur Unterstützung der Kollegen erhält

18. Dezember Di Dr. Freund macht in einem Brief an Richard Roesicke einige Vorschläge zu diplomatischen Formulierungen in den »Grundzügen«, deren Annahme Roesicke ankündigt | der Revisor der Gewerkschafts-Kommission stellt fest, dass seit Beginn des Bierboykotts für die Ausgesperrten 155 148,30 Mark aufgebracht und davon bisher 143 735,00 Mark ausgegeben worden sind und somit nur noch 11 413,30 Mark zur Verfügung stehen

19. Dezember Fr die Boykott-Kommission legt dem *Vorwärts* ein Flugblatt mit dem Titel »Arbeiter! Parteigenossen!« bei, in dem sie dringend zu Spenden für die ausgesperrten Brauereiarbeiter aufruft | auf einer Sitzung des Vereins der Brauereien Berlins und der Umgegend werden die auf Vorschlag von Dr. Freund und Richard Roesicke vorgenommenen redaktionellen Änderungen des Statuts gebilligt, darüber hinaus wird Roesicke bevollmächtigt, namens

des Vereins der Brauereien Berlins und der Umgegend alle weiteren Verhandlungen zu führen – außerdem werden die Mitglieder des Kuratoriums des Arbeitsnachweises gewählt | Emil Struve erhält die Anregung, eine aktenmäßige Darstellung der Ereignisse rings um den Berliner Bierboykott von 1894 zu verfassen

21. Dezember | Fr | die Boykott-Kommission legt dem *Vorwärts* abermals ein Flugblatt mit dem Titel »Arbeiter! Parteigenossen!« bei, in dem sie dringend zu Spenden für die ausgesperrten Brauereiarbeiter aufruft

22. Dezember | Sa | Dr. Freund trifft sich mit Mitgliedern der Boykott-Kommission und stößt auf »rückhaltloses Entgegenkommen« | die vier bereits ausgefertigten Sicherungsverträge vom 11. Dezember werden notariell »glücklich unter Dach und Fach« gebracht

23. Dezember | So | die Boykott-Kommission übersendet Dr. Freund ihre schriftliche Zustimmung zu dem vom Verein der Brauereien Berlins und der Umgegend unter Federführung von Roesicke niedergelegten ›Friedensvertrag‹

24. Dezember | Mo | (Heiligabend) Richard Roesicke als Bevollmächtigter des Vereins der Brauereien Berlins und der Umgegend sowie Paul Singer als Vertreter der an dem Berliner Bierboykott beteiligten Partei, Gewerkschafts- und sonstigen Arbeiterorganisationen unterzeichnen in der Kanzlei von Dr. Richard Freund, Karlsbad 33, ein Protokoll, in dem sie den Friedensschluss zum 31. Dezember 1894 ankündigen

25. Dezember | Di | der *Vorwärts* veröffentlicht das Protokoll des Friedenschlusses als Vorlage für die Beschlussfassung über den Antrag zur Aufhebung des Bierboykotts, damit er auf den zwischen Weihnachten und Neujahr anberaumten 16 Volksversammlungen diskutiert werden kann

28. Dezember | Fr | im Verlauf des Tages finden 16 Volksversammlungen mit Diskussionen über die Aufhebung des Berliner Bierboykotts statt | im Verlauf der Diskussion in Nieft's Salon in der Weberstraße 17 berichtet der Reichstagsabgeordnete der SPD Wilhelm Pfannkuch, dass der Verein der Brauereien Berlins und der Umgegend den 33 gemaßregelten Brauereiarbeitern in den Verhandlungen am 29. September, bzw. 13. Oktober angeblich jeweils 1000 Mark »Entschädigung« angeboten habe (wovon im stenographischen Protokoll der Verhandlung jedoch nichts aufgezeichnet ist) | da Eduard Wiersings Salon in der Rixdorfer Knesebeckstraße 77 um zehn Uhr abends aufgrund des Eintritts der Sperrstunde geschlossen werden muss, wird die Versammlung am 30. Dezember fortgesetzt werden

29. Dezember | Sa | der *Vorwärts* berichtet über die »nicht leidenschaftslos« durchgeführten, aber letztlich dem Friedensschluss zustimmenden Volksversammlungen vom Vortag

30. Dezember | So | der *Vorwärts* berichtet, dass die Aufhebung des Berliner Bierboykotts in den Volksversammlungen vom Freitag »mit überwältigender Majorität« beschlossen worden ist | auf

| | | | |
|---|---|---|---|
| | | | einer Volksversammlung in Eduard Wiersings Salon in der Rixdorfer Knesebeckstraße 77 zitiert Paul Singer einen Brief von Friedrich Engels, in dem dieser die Bedingungen der Aufhebung des Berliner Bierboykotts als »sehr günstig« bezeichnet |
| | 31. Dezember | Mo | auf einer Sitzung des Vereins der Brauereien Berlins und der Umgegend »wird die Aufhebung des Boykotts von den anwesenden Vereins-Mitgliedern anerkannt« \| Ende des Berliner Bierboykotts von 1894 |
| **1895** | 24. Januar | Do | Eröffnung des von Dr. Richard Freund, Richard Roesicke und Paul Singer ausgehandelten Arbeitsnachweises in der Keibelstraße 17 |

# Auswahlbibliographie

Die Literatur zum Stichwort »Der Berliner Bier-Boykott von 1894« ist unüberschaubar, denn es taucht in vielen Zusammenhängen auf. Sei es bei der Auseinandersetzung mit beteiligten Personen oder mit benachbarten Themen wie dem Streik und der Aussperrung. Um die Sache nicht ausufern zu lassen, verzeichnet die folgende Aufstellung allein solche Texte, die für das vorliegende Buch Fakten oder Anregungen geliefert haben. Nicht erwähnt werden dagegen Aberhunderte von Zeitungsartikeln, Adressbücher, Sitzungs- und Verhandlungsprotokolle sowie literarische Werke. Wenn aus solchen Quellen zitiert wird, stehen die notwendigen Angaben in den Anmerkungen.

Heinrich Stanislaus Art'l: Richard Roesicke. Sein Leben und Wirken dem Volke dargestellt, Berlin 1904.

Ignaz Auer: »Entwickelung und Stand des Berliner Bier-Boykotts«, in: Sozialpolitisches Centralblatt 3/40 vom 2. Juli 1894, S. 473–475.

Ignaz Auer: »Rückblick auf den Berliner Bierboykott«, in: Sozialpolitisches Centralblatt 4/14 vom 31. Dezember 1894, S. 159–162.

Hans Baake (Hg.): Die Bierprotzen. Zum Boykott 1894, Berlin 1894.

Eduard Backert: Geschichte der Brauereiarbeiterbewegung, Berlin 1916.

Horst Bartel; Wolfgang Schröder; Gustav Seeber: Das Sozialistengesetz 1878–1890. Illustrierte Geschichte des Kampfes der Arbeiterklasse gegen das Ausnahmegesetz, Berlin (DDR) 1980.

Bericht über die Einigungs-Versuche in Angelegenheiten des Berliner Bierboykotts 1894, Berlin o. J. (1894).

Eduard Bernstein: Ignaz Auer. Eine Gedenkschrift, Berlin 1907.

Eduard Bernstein: »Der große Bierboykott von 1894«, in: Ders.: Die Geschichte der Berliner Arbeiterbewegung. Ein Kapitel zur Geschichte der deutschen Sozialdemokratie. Dritter Teil: Fünfzehn Jahre Berliner Arbeiterbewegung unter dem gemeinen Recht, Berlin 1910, S. 324–354.

Jens Bisky: Berlin. Biographie einer großen Stadt, Berlin $^{5}$2020, S. 359–361.

Werner K. Blessing: »Der polarisierte industrielle Arbeitskampf: der Berliner Bierboykott von 1894«, in: Ders.: »Konsumentenprotest und Arbeitskampf. Vom Bierkrawall zum Bierboykott«, in Klaus Tenfelde; Heinrich Volkmann (Hg.): Streik. Zur Geschichte des Arbeitskampfes in Deutschland während der Industrialisierung (= Arbeitsbücher: Sozialgeschichte und soziale Bewegung), München (Beck'sche Elementarbücher) 1981, S. 109–123; besonders S. 113–123.

Erich Borkenhagen: 125 Jahre Schultheiss-Brauerei. Die Geschichte des Schultheiss-Bieres in Berlin von 1842 bis 1967, Berlin 1967.

Karl Bullemer: »Beiträge zur Geschichte des Berliner Brauwesens und seiner Organisation«, in: Jahrbuch der Gesellschaft für die Geschichte und Bibliographie des Brauwesens e. V. 1959, S. 11–95.

Hans Delbrück: »Maßregeln gegen den Anarchismus. Der Berliner Bier-Boykott«, in: Preußische Jahrbücher 77/2, 1894, S. 385–396

Hans Ehlers: Schultheiss – Patzenhofer. Ein Rückblick, Berlin 1921.

Adolph von Elm: »Der Boykott als Waffe im wirtschaftlichen Kampf«, in: Sozialistische Monatshefte 1, 1905, S. 37–43.

Gustav Freudenstein: Der Bierboykott der Brauereien und Vorschläge zum Ersatz seiner Schäden, Minden i. W. 1894.

Richard Freund: »Der Arbeitsnachweis im Berliner Braugewerbe«, in: Soziale Praxis. Centralblatt für Sozialpolitik 5/6 vom 7. November 1895, Sp. 149–152.

Monroe Friedman: Consumer Boycotts. Effecting Change Through the Marketplace and the Media, New York und London 1999, S. 5–7.

Martin Gerth: »Wenn Verbraucher streiken: ein Überblick zu Rahmenbedingungen moralisierten Verbraucherverhaltens am Beispiel des Konsumboykotts zur Zeit des Deutschen Kaiserreiches«, in Christian Bala *et alii* (Hg.): Verbraucher in Geschichte und Gegenwart. Wandel und Konfliktfelder in der Verbraucherpolitik (= Beiträge zur Verbraucherforschung 7), Düsseldorf 2017, S. 91–103.

Henry Gidom: Berlin und seine Brauereien. Gesamtverzeichnis der Braustandorte von 1800 bis 1925 (= Edition Berliner Unterwelten), Berlin ³2016.

Henry Gidom: Die Geschichte der Berliner Brauereien von 1800 bis 1925, Rostock 2021.

Friedrich Goldschmidt: »Der Bierboycott in Berlin«, in: Deutsche Rundschau 81/34, 1894, S. 448–454.

Josef Gruntzel: »Der Boykott als handelspolitische Waffe«, in: Weltwirtschaftliches Archiv 9, 1917, S. 237–241.

Alexander Hahn: »Der Berliner Bierboykott von 1894. Der Bierkonsum als Instrument des ›Klassenkampfs‹«, in: Feiern und Rausch in Berlin – unter: https://feiern-rausch.public-history.net/der-berliner-bierboykott-von-1894-der-bierkonsum-als-instrument-des-klassenkampfs/.

Friedrich Hayduck: »Richard Roesicke. Ein großer Sozialpolitiker«, in: Jahrbuch der Gesellschaft für Geschichte und Bibliographie des Brauwesens e. V., Berlin 1952, S. 7–24.

Max von Heckel: »Der Boykott«, in: Jahrbücher für Nationalökonomie und Statistik 3/10, 1895, S. 481–510.

Max von Heckel: »Boykott«, in Handwörterbuch der Staatswissenschaften. Erster Supplementband, hg. von Johann Conrad *et alii*, Jena 1895, S. 252–257.

Hugo Heinemann: »Die Strafbarkeit des Boykotts nach geltendem Reichsrecht«, in: Sozialpolitisches Centralblatt 3/44 vom 30. Juli 1894, S. 525–527.

Ernst Hirschberg: Die soziale Lage der arbeitenden Klassen in Berlin, Berlin 1897.

Magnus Hirschfeld: Die Gurgel Berlins, Berlin/Leipzig 1905.

Gerd Hohorst; Jürgen Kocka; Gerhard A. Ritter: Sozialgeschichtliches Arbeitsbuch, Bd. II: Materialien zur Statistik des Kaiserreichs 1870–1914, München ²1978.

Ignaz Jastrow: Sozialpolitik und Verwaltungswissenschaft. Aufsätze und Abhandlungen. Band 1: Arbeitsmarkt und Arbeitsnachweis. Gewerbegerichte und Einigungsämter, Berlin 1902.

Junius (d. i. Theodor Barth): »Der Bierboykott«, in: Die Nation. Wochenschrift für Politik, Volkswirthschaft und Litteratur 11, Nr. 37 vom 16. Juni 1894, S. 549f.

Paul Kampffmeyer; Bruno Altmann: Vor dem Sozialistengesetz. Krisenjahre des Obrigkeitsstaates, Berlin 1928.

Paul Kampffmeyer: Unter dem Sozialistengesetz, Berlin 1928.

Karl Kautsky: »Der Alkoholismus und seine Bekämpfung«, in: Die neue Zeit. Revue des geistigen und öffentlichen Lebens 9/2, 1890–91, Nr. 30, S. 105–116.

August Kleeberg: »Ein Beitrag zur Revision der Begriffe Strike, Lockout und Boykott«, in: Jahrbuch für Gesetzgebung, Verwaltung und Volkswirtschaft im Deutschen Reich 28/4, 1904, S. 1053–1090.

Theodor Leipart: »Der Boykott als gewerkschaftliches Kampfmittel«, in: Sozialistische Monatshefte, 12. Heft vom 11. Juni 1908, S. 724–729.

Heinrich Lux: »Der Boykott als Kampfmittel«, in: Neue Deutsche Rundschau 5, 1894, S. 819–821.

Heinrich Lux: »Aussichten des Berliner Bierboykotts«, in: Sozialpolitisches Centralblatt 3/46 vom 13. August 1894, S. 553–554.

Franz Mehring: »Sozial-Psychologisches«, in: Die neue Zeit. Revue des geistigen und öffentlichen Lebens 12/2, Nr. 44, 1893/94, S. 545–548.

Leo Nast: Die Berliner Brauindustrie (= Diss. Heidelberg), Berlin 1916.

N. N.: »Die Stellung der Sozialdemokratie zum Boykott«, in: Sozialpolitisches Centralblatt 1/5 vom 1. Februar 1892, S. 68f.

N. N.: »Vom Berliner Bierkrieg zum ›Zukunftsstaat‹«, in: Historisch-politische Blätter für das katholische Deutschland 114, 1894, S. 120–133.

N. N.: »Der Berliner Bierboykott vor dem Gewerbegerichte«, in: Sozialpolitisches Centralblatt 3/41 vom 9. Juli 1894, S. 492.

N. N.: »Zur Entwickelung des Berliner Bierboykotts«, in: Sozialpolitisches Centralblatt 3/42 vom 16. Juli 1894, S. 503.

N. N.: »Der Bierkrieg in Berlin«, in: Bayerisches Brauer-Journal. Zeitschrift für Brauerei und Mälzerei. Amtliches Organ der vom Königl. Bayerischen Staate subv. Versuchsstation für Bierbrauerei zu Nürnberg 4, Nr. 22 vom 2. Juni 1894, S. 254f.

N. N.: »Der Kampf der Arbeiter als Consumenten«, in: Ders.: Ein Weg zur Befreiung der Arbeiterklasse, Berlin 1895, S. 13–15.

N. N.: »Berliner Bierboykott«, in: Sozialpolitisches Centralblatt 4/4 vom 22. Oktober 1895, S. 44.

N. N.: »Das Ende des Berliner Bierboykotts«, in: Sozialpolitisches Centralblatt 4/14 vom 31. Dezember 1894, S. 168f.

Paul Oertmann: »Welche zivilrechtlichen Folgen knüpfen sich an die im modernen Lohnkampfe üblichen Verrufserklärungen, insbesondere an das Verbot des Einkaufs und Verkaufs, des Arbeitgebens und des Arbeitnehmens?«, in: Verhandlungen des Achtundzwanzigsten Deutschen Juristentages Kiel 1906, 2. Band, Berlin 1907, S. 33–85.

Paul Oertmann: Der politische Boykott, Berlin 1925.

Karl Oldenberg: »Der Berliner Bierboykott«, in: Ders.: »Die Arbeitseinstellungen in Deutschland«, in: Handwörterbuch der Staatswissenschaften, hg. von Johannes Ernst Conrad *et alii*, Jena 1895, S. 104f.

Karl Oldenberg: »Der Berliner Bier-Boykott im Jahre 1894«, in: Jahrbuch für Gesetzgebung, Verwaltung und Volkswirtschaft im Deutschen Reiche 20/1, 1896, S. 261–293.

Karl Oldenberg: »Der Arbeitsnachweis im Berliner Braugewerbe«, in: Jahrbuch für Gesetzgebung, Verwaltung und Volkswirtschaft im Deutschen Reiche 20/4, 1896, S. 1393–1408 [= S. 303–318].

Uwe Otto (Hg.): Der Berliner Bierboykott von 1894. Ein Beitrag zur Geschichte der sozialen Klassenkämpfe, Berlin 1979.

Hermann Pachnicke: »Richard Roesicke«, in: Ders.: Führende Männer im alten und im neuen Reich, Berlin 1930, S. 51–53.

Max Pfund: »Die Kontrolmarke. Eine Kritik ihrer angeblichen Wirksamkeit«, in: Die neue Zeit. Revue des geistigen und öffentlichen Lebens 10/2, 1892, Heft 38, S. 368–373.

James Redpath: »An Exile of Erin«, in: Ders.: Talks About Ireland, New York 1881, S. 75–90.

Anton Retzbach: Der Boykott. Eine sozial-ethische Untersuchung, Freiburg im Breisgau 1916.

Ursula Reuter: »Der Berliner Bierboykott«, in: Dies.: Paul Singer (1844–1911). Eine politische Biographie, Düsseldorf 2004, S. 291–295.

Wilhelm Röpke: »Boykott«, in: Handwörterbuch der Staatswissenschaft 3, Jena $^{4}$1926, S. 2–6.

Richard Roesicke: »Über das Verhältnis der Arbeitgeber zu ihren Arbeitnehmern«, in: Jahrbuch für Gesetzgebung, Verwaltung und Volkswirtschaft im Deutschen Reiche 17, 1893, S. 1–22.

Richard Roesicke: »An die Arbeiter. Vortrag, gehalten in der Arbeiterversammlung am 18. Februar 1890 im ›Hofjäger‹ zu Dessau«, zuerst gedruckt in München 1911 (= Vorkämpfer deutscher Freiheit, Heft 25), S. 20–40; ferner in: Quellensammlung zur Geschichte der deutschen Sozialpolitik 1867 bis 1914, III. Abteilung (1890–1904), 1. Band: Grundfragen der Sozialpolitik, bearbeitet von Wolfgang Ayaß, Mainz 2016, Nr. 27, S. 74–84.

Richard Roesicke: Rückblick auf die Verhandlungen des Reichstages, betreffend die Erhöhung der Brausteuer am 10. und 11. Januar 1898, Dessau 1893.

Richard Roesicke: »Entwickelung und Stand des Berliner Bier-Boykotts«, in: Sozialpolitisches Centralblatt 3/39 vom 25. Juni 1894, S. 461–463.

Richard Roesicke: »Das Ende des Bierboykotts und der Arbeitsnachweis der Berliner Brauereien. Vortrag, gehalten in der staatswissenschaftlichen Gesellschaft zu Berlin«, in: Preußische Jahrbücher 79, Berlin 1895, S. 312–333.

C. M. Scävola [d.i. Dr. Leo Wulff]: Rothe Bier-Boykott-Lieder. Nach berühmten Mustern und Melodien, Berlin 1894.

Georg von Schanz: »Organisation des Arbeitsmarktes«, in: Handbuch der Politik III. Die Aufgaben der Politik. Dreizehntes Hauptstück: Selbsthilfe und Sozialschutz, 72. Abschnitt, hg. von Paul Laban *et alii*, Berlin und Leipzig 1914, S. 77–82.

Hermann Schueler: Trotz alledem. Der Vorwärts – Chronist des anderen Deutschland (vorwärts buch), Berlin 2006.

Gustav Schütze: Das Reichsgericht und der Boykott im Lohnkampf, Berlin 1923 (Urteil 12. Juli 1906), unter: https://research.wolterskluwer-online.de/document/748c0a12-c110-4e67-8b59-942733d547b9.

Die Schultheiss' Brauerei in Vergangenheit und Gegenwart, Berlin 1910.

Heinrich Schulze-Besse: Aus der Geschichte des Berliner Brauwesens und seiner Braumeister (= Gesellschaft für die Geschichte und Bibliographie des Brauwesens [Institut für Gährungsgewerbe]) , Berlin 1927.

Georg Schwittau: Die Formen des wirtschaftlichen Kampfes (Streik, Boykott, Aussperrung usw.).

Eine volkswirtschaftliche Untersuchung auf dem Gebiete der gegenwärtigen Arbeitspolitik, Berlin 1912.

Fritz Stolt: Geschichte des Vereins der Berliner Gastwirte gegründet 9. Februar 1866. Vier Teile in einem Band, Berlin 1912–1927.

Joachim Strunkeit: »Richard Roesicke – Sozial geprägter Wirtschaftler und Politiker«, in: Mitteilungen des Vereins für die Geschichte Berlins 99/3 2003, unter: https://www.diegeschichteberlins.de/geschichteberlins/persoenlichkeiten/persoenlichkeitenot/395-roesicke.html.

Emil Struve: Der Berliner Bierboykott von 1894. Ein Beitrag zur Geschichte der socialen Klassenkämpfe der Gegenwart. Aktenmäßig dargestellt, Berlin 1897.

Mikuláš Teich: Bier, Wissenschaft und Wirtschaft in Deutschland 1800–1914, Wien/Köln/Weimar 2000.

Johannes Timm: »Die Kontrolmarke als Kampfmittel. Eine Entgegnung an Max Pfund«, in: Die neue Zeit. Revue des geistigen und öffentlichen Lebens 10/2, 1891/92, Heft 46, S. 632–636.

Johannes Timm: »Arbeiterklasse, Sozialdemokratie und Sozialreformer«, in: Die neue Zeit. Revue des geistigen und öffentlichen Lebens 20/2, 1901–1902, Nr. 14 (lauf. Nr. 40), S. 421–429.

Timon d. J.: »Der Berliner Dünnbier-Boycott«, in: Die Gegenwart. Wochenschrift für Literatur, Kunst und öffentliches Leben 45/21 vom 26. Mai 1894, S. 334f.

Eleanor L. Turk: »The Great Berlin Beer Boycott of 1894«, in: Central European History 15/4, 1982, S. 377–397.

Lothar Uebel: Reinstes Rixdorfer Vergnügen. Vom Bierausschank der Vereinsbrauerei Rixdorf zum Kindl-Boulevard, Berlin 1997.

Leo Uhen: Gruppenbewußtsein und informelle Gruppenbildungen bei deutschen Arbeitern im Jahrhundert der Industrialisierung (= Untersuchungen über Gruppen und Verbände 1), Berlin 1964.

Hermann Vogt: »Berliner Bier«, in: Der Bär. Illustrirte Berliner Wochenschrift. Eine Chronik für's Haus 13/28 vom 9. April 1887, S. 353f., 13/29 vom 16. April 1887, S. 361–363 und 13/30 vom 23. April 1887, S. 374–376.

Sartorius von Waltershausen: »Boycotten – ein neues Kampfmittel der amerikanischen Gewerkvereine«, in: Jahrbücher für Nationalökonomie und Statistik 45/1, 1885, S. 1–18.

Martin Weigert: Arbeitsnachweis, Einigungsamt und Tarifgemeinschaft im Berliner Braugewerbe, ihre Entwicklungsgeschichte und Wirksamkeit (= Staats- und sozialwissenschaftliche Forschungen 130), Leipzig 1907.

Axel Weipert: Das Rote Berlin. Eine Geschichte der Berliner Arbeiterbewegung 1830–1834, Berlin 2013.

Josef Wild: Aus meinem Leben und Schaffen in München und Berlin, Berlin 1937.

Ulrich Wyrwa: »The Image of Antisemites in German and Austrian Caricatures«, in: Quest. Issues in Contemporary Jewish History. Journal of the Fondazione CDEC 3, 2012, S. 302–329 unter: https://www.quest-cdecjournal.it/the-image-of-antisemites-in-german-and-austrian-caricatures/#_ftnref8.

# Abbildungsnachweis

Archiv Büro für Architektur und Stadtgeschichte Jockeit, Berlin: S. 43
Eduard Backert: Geschichte der Brauereiarbeiterbewegung, Berlin 1916: S. 15 (2), 41, 80, 85, 138
Der Bär. Illustrierte Wochenschrift für vaterländische Geschichte, Berlin 1882–1895: S. 7, 9, 11, 13, 27, 105
Helga Bemmann: »Die Bösen Buben«, in: Dies.: Berliner Musenkinder-Memoiren. Eine heitere Chronik von 1900–1930, Berlin 1987: S. 186
Eduard Bernstein: Ignaz Auer. Eine Gedenkschrift, Berlin 1907: S. 19, 97
Eduard Bernstein: »Der große Bierboykott von 1894«, in: Ders.: Die Geschichte der Berliner Arbeiterbewegung. Ein Kapitel zur Geschichte der deutschen Sozialdemokratie. Dritter Teil: Fünfzehn Jahre Berliner Arbeiterbewegung unter dem gemeinen Recht, Berlin 1910: S. 89 (2), 132, 208, 209
Bibliothek des Bundesarchivs Berlin-Lichterfelde, Berlin: S. 120, 121, 122
bpk / Deutsches Historisches Museum, Berlin: S. 74, 109
Historische Presse der deutschen Sozialdemokratie online, Bibliothek der Friedrich-Ebert-Stiftung e. V., Bonn: S. 20, 60, 153, 157
Hans Ehlers: Schultheiss – Patzenhofer. Ein Rückblick, Berlin 1921: S. 47, 66, 69
Thomas Fricke, Berlin: S. 82
Glühlichter. Humoristisch-satirisches Arbeiterblatt (Wien) 5/120 vom 22. Juni 1894: S. 98, 124
Illustrirte Zeitung. Wöchentliche Nachrichten über alle Ereignisse, Zustände und Persönlichkeiten der Gegenwart etc., Leipzig 1881–1894: S. 11, 63, 72, 75, 102, 140, 155
Kikeriki! Humoristisches Volksblatt (Wien) 35/7 vom 24. Januar 1895: S. 108
Uwe Otto (Hg.): Der Berliner Bierboykott von 1894. Ein Beitrag zur Geschichte der sozialen Klassenkämpfe, Berlin 1979: S. 168
Reichshandbuch der Deutschen Gesellschaft. Das Handbuch der Persönlichkeiten in Wort und Bild 1, Magdeburg 1930: S. 150
Ruth Schneggenburger, Wien: S. 44, 45
Die Schultheiss' Brauerei in Vergangenheit und Gegenwart, Berlin 1910: S. 21, 29, 50, 65, 66, 73, 76, 78, 101, 148
Stiftung Stadtmuseum Berlin, public domain (Heinrich Zille): S. 34
Fritz Stolt: Geschichte des Vereins der Berliner Gastwirte gegründet 9. Februar 1866. Vier Teile in einem Band, Berlin 1912–1927: S. 133, 137
Gudrun und Michael Stumpp, Gelnhausen: S. 169
Der Wahre Jakob. Illustrirte Zeitschrift für Satire, Humor und Unterhaltung 11/209, Stuttgart 1894: S. 12, 126 (2), 135, 160
Wikimedia Commons gemeinfrei: S. 7, 9, 10, 28, 30, 31, 33, 103, 111, 167, 182

Alle übrigen Abbildungen stammen aus der Sammlung von Dr. Detlef Brennecke, München.

## Danksagung

Bei folgenden Personen und Institutionen habe ich mich sehr herzlich für Auskünfte sowie für Hilfe bei der Beschaffung von Literatur und Illustrationen zu bedanken:

Bibliothek im Archiv der sozialen Demokratie der Friedrich-Ebert-Stiftung, Bonn
Bibliothek des Bundesarchivs Berlin-Lichterfelde, Berlin
Claus Gebhardt, Birstein
Gesellschaft für Geschichte des Brauwesens e. V., Berlin
Olaf Guercke, Bonn
Sven Haarmann, Bonn
Christine Helm, Magdeburg
Dieter G. Maier, Heidelberg
Ellen und Klaus Schwendy, München
Stiftung Preußischer Kulturbesitz. Staatsbibliothek zu Berlin, Berlin
Statistisches Bundesamt, Wiesbaden
Gudrun und Michael Stumpp, Gelnhausen
Technische Universität München, Teilbibliothek Weihenstephan, Freising

## Hinweis

Manches im vorliegenden Buch musste aufgrund des Mangels an diesbezüglichen Dokumenten erschlossen werden. Fehler sind daher trotz allen Bemühens um Genauigkeit nicht ausgeschlossen. Wer Korrekturen oder Ergänzungen zu dem Geschriebenen anbringen kann, möge nicht zögern, sie dem Autor über den Verlag zukommen zu lassen.

Autor und Verlag haben sich nach Kräften bemüht, alle Quellen, Urheberrechtsinhaber und Bildrechte zu ermitteln und zu kennzeichnen. Sollten dennoch Ansprüche nicht berücksichtigt worden sein, wenden Sie sich bitte an den Verlag.

# Über den Autor

Detlef Brennecke, geboren 1944, wuchs in Berlin-Charlottenburg auf. Nach dem Besuch des humanistischen Goethe-Gymnasiums in Wilmersdorf und des humanistischen Lessing-Gymnasiums in Frankfurt am Main studierte er an der dortigen Johann Wolfgang Goethe-Universität Skandinavistik, Germanistik und Anglistik. 1972 wurde er hier zum Dr. phil. promoviert, 1977 zum Dozenten für Skandinavistik berufen und 1980 zum Professor ernannt. Heute lebt er in München.

Neben seinen akademischen Publikationen und zahlreichen populär-wissenschaftlichen Beiträgen, die er in mehr als dreißig Jahren für deutsche Magazine und Rundfunkanstalten geschrieben hat, veröffentlichte er eine Reihe von Büchern – darunter für den Rowohlt Verlag die Titel *Sven Hedin* (1986; Stockholm 1987), *Fridtjof Nansen* (1990), *Roald Amundsen* (1995) und *Tania Blixen* (1996; Wrocław 1997). In der Reihe Edition Erdmann gab er zwischen 2000 und 2004 einundzwanzig Bände heraus. Zuletzt erschienen von ihm 2021 im Lukas Verlag *Der »Spandauer Bock«. Eine Berliner Lokal-Geschichte* sowie 2022 *Die von Schaeffer-Voits. Eine der schillerndsten Familien im preußischen Berlin*.

Für seine Übertragung von Rolf Edbergs europäischer Kulturgeschichte *… och de seglade ständigt* (dt. … und sie segelten weiter) für den Klett-Cotta Verlag wurde er 1988 von der Schwedischen Akademie mit dem Übersetzerpreis der Stiftung »Natur und Kultur« ausgezeichnet.

Detlef Brennecke

## Der »Spandauer Bock«

### Eine Berliner Lokal-Geschichte

Festeinband, 240 Seiten, 120 Abb., durchgängig vierfarbig
ISBN 978-3-86732-380-2

**Berliner Morgenpost:**
»Mit viel Sprachwitz, Bildreichtum, augenzwingernden Vergleichen und einem Talent für Cliffhanger führt Brennecke mittels zeitgenössischer Literatur, Gedichten, Reiseberichten, Liedern, Gesetzestexten, Bildern, Zeitungsartikeln und Postkarten durch die zahlreichen Anekdoten der rund hundertjährigen Geschichte des ›Spandauer Bocks‹. Detlef Brennecke ist […] ein ausgesprochen amüsantes Nachschlagewerk gelungen.«

**Mitteilungen des Vereins für die Geschichte Berlins:**
»Detlef Brennecke gelingt es in beeindruckender Weise, über 150 Jahre Bierbrauergeschichte so zu referieren, dass man sich mühelos in die gute alte Zeit der Berliner Ausflugslokale zurückversetzen kann. So ist es ein buntes, lehrreiches Büchlein geworden, dessen Lektüre sich fraglos lohnt.«

Der »Spandauer Bock« war im 19. und in der ersten Hälfte des 20. Jahrhunderts eines der größten Ausflugslokale Berlins. An manchen Tagen wurde er von zwanzigtausend Menschen besucht. Der Erfolg des hier ausgeschenkten »Bairisch Bieres« führte zur Gründung der »Spandauerberg Brauerei«, die binnen kurzem zu den bedeutendsten Brauereien Berlins gehörte und bald verwickelt war in den legendären »Berliner Bierboykott«. Die Beliebtheit der Vergnügungsstätte förderte die Einrichtung der ersten elektrischen Straßenbahnlinie der Welt mit Oberleitung. Sie fuhr bis vor die Tore des »Spandauer Bocks«. Dessen Ruhm erreichte sogar Australien und die USA. Da verwundert es nicht, dass er auf vielfältige Weise sein Echo in der Literatur fand. Fontane war mit dem Gründer des »Bocks«, Conrad Bechmann, verschwägert. Beim Umfang der Bewirtungsmöglichkeiten des »Spandauer Bocks« wurde er gern als Versammlungsort genutzt. Vor allem die sozialkritische Linke traf sich von Anfang an hier. Das veranlasste am Ende die SA, an diesem Treffpunkt des politischen Gegners einen Folterkeller zu betreiben.

Die unterhaltsam geschriebene und reich illustrierte Darstellung der Geschichte des »Spandauer Bocks« entwirft an einem originellen Beispiel ein lebendiges Bild von anderthalb Jahrhunderten preußischer und deutscher Geschichte. Und vor allem der Geschichte Berlins.

Detlef Brennecke

## Die von Schaeffer-Voits

### Eine der schillerndsten Familien im preußischen Berlin

Festeinband, 237 Seiten, 140 Abb., durchgängig vierfarbig
ISBN 978-3-86732-412-0

Er kam aus Halberstadt, ging 1854 nach Berlin und gründete dort die Modezeitschrift »Der Bazar«. Die machte ihn zum Multimillionär. Dann wurde er geadelt, fügte seinem Namen den seiner Frau hinzu, nannte sich nun Ludwig von Schaeffer-Voit und baute erst eins, dann noch ein Schloss. Doch er wurde nicht glücklich darin. Zumal er miterleben musste, dass seine sechs Söhne in Kriegen und an Krankheiten starben.

Seine Tochter, verheiratet, geschieden und wieder verheiratet, die reichste Frau von Berlin, Exzellenz und Reichsgräfin, war in etliche Skandale verwickelt, stand zum Schluss vor Gericht, wäre um ein Haar im Gefängnis gelandet und zog stattdessen ins Adlon.

Die Nazis rissen das eine Schloss ab, die Kommunisten das andere. Geblieben ist den Berlinern allein der Ruhwaldpark in Charlottenburg – als Erbe der von Schaeffer-Voits.

Detlef Brennecke schildert, gestützt auf umfangreiche Nachforschungen, kurzweilig und mit vielen Bildern das Schicksal von zwei Generationen einer umstrittenen Familie im preußischen Berlin.

**Planerin:**
»Ein eindrucksvolles Panorama des Kultur- und Sittenlebens der Zeit von 1850 bis 1920.«

**Mitteilungen des Vereins für die Geschichte Berlins:**
»Ein schönes, spannendes Buch.«